BIENNALE MUSICA

CHORUSES

La Biennale di Venezia

Arte
Architettura
Cinema
Danza
Musica
Teatro
Archivio Storico

BIENNALE MUSICA

CHORUSES
Drammaturgie vocali

Venezia
17— 26.09.2021

Indice / Index

Roberto Cicutto

Presidente de / President of
La Biennale di Venezia

Il 65. Festival Internazionale di Musica Contemporanea della Biennale è l'ultimo evento del 2021 ed il primo diretto da Lucia Ronchetti.
La conversazione introduttiva fra Lucia Ronchetti e Stefano Nardelli rivela molto della personalità della direttrice: profonda preparazione, formazione internazionale, passione per la ricerca e l'innovazione, uso consapevole di posizioni anticonformiste che possono apparire quasi provocatorie, combattività per l'affermazione della musica contemporanea soprattutto in Italia.
A tutto ciò si aggiunge profondo rispetto e gratitudine per i colleghi che sono stati determinanti per la sua crescita professionale.
Questo quadro si sposa perfettamente con quanto La Biennale è impegnata a fare anche con gli altri direttori, e in particolare con quelli delle arti dal vivo, nella costruzione di un dialogo permanente e interdisciplinare.
Il titolo di questo primo anno del Festival quadriennale diretto da Lucia Ronchetti è *Choruses – Drammaturgie vocali* e centrale è "lo strumento della voce" emanazione del corpo.
Drammaturgie e corpi sono stati protagonisti anche di Teatro e Danza che con Musica si sono idealmente passati il testimone pur nella specificità dei propri linguaggi artistici.
L'altra protagonista della Biennale Musica è Venezia, custode di grandi tradizioni e culla della musica contemporanea.
Venezia ospiterà molti eventi anche in luoghi diversi dai palcoscenici propri della Biennale.
Spettacoli saranno ospitati al Teatro La Fenice, al Teatro Malibran, nella Basilica di San Marco, casa della Cappella Marciana con cui verrà realizzata una delle tre commissioni di questa edizione del Festival e al Conservatorio "Benedetto Marcello" con cui è già in atto una collaborazione assieme ad altre istituzioni di alta formazione per realizzare una ricerca che racchiude tutte le arti della Biennale con il coinvolgimento di più di cento studenti.
Il Leone d'Oro alla carriera a Kaija Saarihao e quello d'Argento ai Neue Vocalsolisten arricchiscono il *palmarès* della Biennale di personalità che hanno portato grandi cambiamenti nella musica contemporanea e regaleranno agli spettatori composizioni inedite e novità di esecuzione.
A proposito di questi riconoscimenti, Lucia Ronchetti dichiara come sia impossibile per un Direttore Artistico essere imparziale. Questo atto di scelta costringe il Direttore Artistico a mettersi in gioco in prima persona e così facendo sancisce la più forte difesa della propria autonomia che diventa l'autonomia della Biennale.
Anche nella ormai consolidata esperienza dell'attività del College Lucia Ronchetti ha portato delle novità importanti allargandone il raggio di azione e ancor di più ha fatto introducendo una giuria composta di giovani studenti sotto

The 65th International Festival of Contemporary Music is the final event of 2021, and the first to be directed by Lucia Ronchetti.
The introductory conversation between Lucia Ronchetti and Stefano Nardelli reveals much about the personality of the director: her thorough preparation and training, her international experience, her passion for research and innovation, her conscious use of unconventional positions that can at times appear almost provocative, and her willingness to fight for a legitimate place for contemporary music.
In addition to all this she has a profound respect for all those colleagues who have played a part in her professional development, to whom she acknowledges her deep sense of gratitude. Her personal and professional profile matches perfectly the spirit and the aims of La Biennale, also in relation to the other directors, particularly those in the performing arts, with whom she has established an ongoing interdisciplinary dialogue.
The first title of the quadriennial Festival directed by Lucia Ronchetti is *Choruses – Drammaturgie vocali* and the central theme is "the instrument of the voice" as an emanation of the body.
Drama and the body have also been the protagonists of the Theatre and Dance Festivals which, together with Music, have passed the baton one to the other in their own specific artistic languages.
The other protagonist of the Biennale Musica 2021 is Venice itself, guardian of its age-old heritage and cradle of contemporary music.
Venice will host many events in various locations besides those usually used by La Biennale.
Performances will be held at Teatro La Fenice, at the Teatro Malibran, in the Basilica di San Marco, home of the Cappella Marciana, who will be involved in the performance of one of the three commissioned works of this year's Festival, and at the Conservatorio "Benedetto Marcello" which, together with other higher education institutions, is working on a research project encompassing all the arts of La Biennale and involving over one hundred students.
The Golden Lion awarded to Kaija Saariaho for her Lifetime Achievement and the Silver Lion awarded to the Neue Vocalsolisten enrich the *palmarès* of La Biennale with personalities who have brought great changes to contemporary music and who will offer new works and original performance styles to this year's audiences.
With regard to this year's two awards, Lucia Ronchetti has stated that it is impossible for an Artistic Director to remain impartial. The final choice is that of the Artistic Director, who is expected to fiercely defend her own autonomy, which becomes the autonomy of La Biennale itself.
Lucia Ronchetti has initiated some important changes in the well-established

i venticinque anni appositamente selezionata nei Conservatori di Musica del Veneto (che potrebbe allargarsi in futuro a livello nazionale). La Giuria attribuirà un Premio alla Migliore Prima Esecuzione Assoluta tra quelle presenti in programma e al Migliore Ensemble Vocale o Coro.
Ho scritto soprattutto della figura della nuova Direttrice della Sezione Musica senza entrare nel merito delle sue proposte artistiche ampiamente descritte nel catalogo.
Vorrei chiudere con un'ultima osservazione: Danza, Musica e Teatro sono festival importanti ma anche, come succede per il Cinema e da quest'anno anche per le Arti Visive, luoghi di ulteriore formazione per tanti giovani artisti. Ci auguriamo che una maggior interazione con le "sorelle" più frequentate (Arte, Architettura e Cinema) aiutino queste discipline a crescere ancora di più e a sensibilizzare il sistema formativo italiano e quello dei teatri dedicati alle arti dal vivo, a dare maggior spazio e diffusione a tutto quanto di nuovo nasce e cresce nel mondo.
Ogni arte racconta fondamentalmente delle storie (drammaturgia appunto) che riguardano tutti, non solo gli addetti ai lavori.

Si ringrazia il Ministero della Cultura e la Regione del Veneto, le Istituzioni del territorio che in vario modo sostengono La Biennale, la Città di Venezia, la Soprintendenza Archeologia, belle arti e paesaggio per il Comune di Venezia e Laguna, la Marina Militare.

Si ringrazia Rai Cultura, Media Partner della Biennale di Venezia e Rai Radio 3.

and proven experience of the College, not only extending its range of action but also introducing for the first time a jury made up of students under the age of twenty-five drawn from the Music Conservatories of Veneto (in future this may be extended to include student representatives from Conservatories across the length and breadth of Italy). The Jury will award a Prize for the Best World Premiere from among those included in the programme and for the Best Vocal Ensemble or Choir.

I have here chosen to focus on the person of the new Director of the Music Department rather than on her artistic choices, which are described in detail in the catalogue.

I would like to close with one final observation: the Festivals of Dance, Music and Theatre are not only important festivals in themselves but also – as in the case of Cinema and, from this year, the Visual Arts – opportunities for further training for many young artists. It is our hope that a greater degree of interaction with our more widely frequented sister sectors (Art, Architecture and Cinema) may serve as an example and a stimulus that will encourage a greater number of established educational institutions and theatres in Italy to become more open to everything that is new in the visual and performative arts.

At its most fundamental, every art form recounts stories (dramaturgies) that concern us all, not just those working in the sector.

Thanks to the Ministero della Cultura and the Veneto Region, the local institutions that support La Biennale di Venezia in various ways, the City of Venice, the Soprintendenza Archeologia, belle arti e paesaggio per il Comune di Venezia e Laguna and the Italian Navy.

Thanks to Rai Cultura, Media Partner of La Biennale di Venezia, and Rai Radio 3.

OLTRA MAR

Kaija Saariaho

I

rev. 7/99

Una conversazione sul programma della Biennale Musica 2021 fra Lucia Ronchetti e Stefano Nardelli

Partiamo dal titolo scelto per il 65. Festival Internazionale di Musica Contemporanea, il Festival numero uno: *Choruses. Drammaturgie vocali*. Un titolo che ha radici antiche che affondano nel teatro, dimensione alla quale fa evidente riferimento il sottotitolo *Drammaturgie vocali*. Perché partire proprio dai "cori" o piuttosto dai "choruses"?

Ho scelto il titolo *Choruses* perché il termine inglese offre una moltitudine di riferimenti, importanti per la programmazione del Festival. *Choruses* si riferisce alla vocazione del comunicare vocalmente insieme, da parte di un vasto numero di persone, ma anche denota la funzione drammaturgica di una singola voce nell'ambito del dramma, una voce che recitando il prologo, spiega il concetto e indica la concezione di un testo teatrale. Allo stesso tempo, la parola *Choruses* rimanda più esplicitamente alla funzione del coro della tragedia greca e, letta in senso verbale, racchiude la potenzialità dell'attivarsi volontario di un ensemble corale nella performance sonora.
Il sottotitolo *Drammaturgie vocali* intende chiarificare la vastità delle possibili intenzioni compositive e il forte rapporto tra la creatività corale e la produzione teatrale e testuale contemporanea.

La voce umana è lo strumento più bello ma anche il più difficile da suonare, ha detto Richard Strauss. La voce è anche lo strumento ancestrale che offre infinite possibilità ai compositori. Quale filo hai seguito per costruire un programma interamente consacrato alla voce?

Il Festival mette in luce i diversi aspetti stilistici della scrittura vocale per ensemble di voci degli ultimi trent'anni, sostenendo la nascita di nuovi lavori legati alla coralità secondo forme vocali storicizzate e nuove tendenze stilistiche. Il Festival *Choruses* non è solo una sintesi, ovviamente parziale e puntuale, di questo nuovo movimento compositivo dedicato alla voce in ensemble, ma uno degli episodi produttivi e spero illuminanti di un nuovo percorso che sta conoscendo uno sviluppo dalle potenzialità imprevedibili.

Negli eventi musicali programmati nel tuo Festival si avverte forte la presenza di Venezia, non tanto perché è la città che lo ospita ma soprattutto perché la grande tradizione della musica veneziana proietta la sua ombra sulla produzione contemporanea. Quanto quella tradizione ha determinato le tue scelte?

Quello che è interessante per la Biennale Musica è constatare come la stessa città di Venezia abbia avuto un ruolo fondamentale per la formazione storica e la rinascita attuale della scrittura per ensemble vocale. La Scuola di San Marco e la consacrazione del contrappunto vocale nel 1500, lo sviluppo della scrittura madrigalistica e l'indagine sulle potenzialità teatrali dell'ordito contrappuntistico vocale attraverso la nascita del *Madrigale rappresentativo*, la nascita dell'opera con una funzione sempre più importante e drammaticamente definita degli interventi corali, sono alcuni degli eventi fondamentali di questo percorso storico. Molto importante è stata, sempre a Venezia, la ripresa dello studio della produzione vocale antica dovuta a Gian Francesco Malipiero che nel 1902 ha iniziato la trascrizione dei manoscritti di Monteverdi conservati nella Biblioteca Marciana. Luigi Nono e Bruno Maderna, allievi e testimoni della lettura illuminata di Malipiero dei classici veneziani, hanno creato le basi compositive di una ripresa della scrittura per ensemble vocale nell'ambito della produzione contemporanea e il trattamento vocale sperimentale nell'ambito corale, influenzando varie generazioni di compositori europei. Gli ensemble vocali che sono stati creati in tutto il mondo già a partire dal Secondo dopoguerra hanno elaborato la possibilità di una vocalità non operistica, ma specifica della musica vocale a cappella, che potesse unire l'interpretazione dei lavori rinascimentali e barocchi con quella della musica contemporanea. Ideazione innovativa e dedizione tecnica hanno portato ensemble come la Schola Cantorum Stuttgart di Clytus Gottwald, fondata nel 1960, il Groupe Vocal de France fondato da Marcel Couraud, nel 1967, e l'Hilliard Ensemble, fondato da Paul Hillier nel 1973, a creare progetti specifici e a commissionare nuovi lavori di polifonia vocale secondo i propri progetti e secondo le tecniche vocali sviluppate.

A tuo avviso, quali sono le realtà più significative che proseguono e rinnovano questa tradizione nel panorama contemporaneo, incluso nel nostro Paese?

Tra i più attivi e straordinari ensemble vocali, presenti nel Festival *Choruses*, sono sicuramente i Neue Vocalsolisten di Stoccarda, l'accentus di Parigi, l'SWR Vokalensemble, l'Ensemble vocale Sequenza 9.3 di Parigi e il Theatre of Voices di Copenhagen. Moltissimi altri ensemble sono attivi e stanno trasformando con la loro attività incessante e appassionata la produzione musicale contemporanea. In Italia è mancato il sostegno per la nascita e la rinascita di questo importantissimo genere le cui origini sono proprio italiane, ma molti

compositori italiani sono stati eseguiti dagli ensemble europei e i loro lavori sono stati repertorizzati quali pietre miliari di questo genere, basti citare i lavori di Luciano Berio, Sylvano Bussotti, Salvatore Sciarrino, Luca Francesconi, Francesco Filidei e Marta Gentilucci quali simboli di una creatività che non si arresta e non smette di generare sorprese.

Hai deciso di assegnare il tuo primo Leone d'Oro alla compositrice finlandese Kaija Saariaho. Se il valore della sua musica è indubbio e oggetto di vasti riconoscimenti, come si lega questa scelta al tema del Festival?

La scelta del Leone d'Oro e del Leone d'Argento è strettamente legata alla tematica del Festival. Nel caso di *Choruses*, ho cercato di capire quale compositore e quale ensemble si fossero distinti e avessero creato una nuova, riconosciuta e fertile tendenza nell'ambito della musica contemporanea per ensemble vocale. Per un Direttore Artistico essere imparziale è impossibile e quindi la motivazione della scelta può essere più profonda, ragionata e difendibile se legata a un evento globale che indaga la fioritura contemporanea di un determinato repertorio. Rispetto al progetto di *Choruses*, ritengo che il lavoro di costruzione polifonica vocale svolto da Kaija Saariaho attraverso gli innumerevoli lavori per coro nell'ambito del suo vasto percorso compositivo sia encomiabile. In particolare il suo lavoro per coro e orchestra *Oltra mar* è un affresco sonoro complesso dove la voce in ensemble crea una dimensione inedita della comunicazione musicale, affidando l'alfabeto costruttivo non alla dimensione melodica solistica ma alla giustapposizione di blocchi corali. Il coro non è mai trattato come un insieme di voci soliste, ma la scrittura è comunque elaborata, precisa e dettagliata, generando una duttilità e trasparenza che non era mai stata raggiunta nell'ambito compositivo di questo specifico repertorio.

Per il Leone d'Argento il legame con *Choruses* è più evidente, ma perché hai deciso di assegnarlo ai Neue Vocalsolisten di Stoccarda?

Il Premio non è attribuito per un'interpretazione in particolare, ma per il lavoro incessante di commissione e repertorizzazione di nuovi pezzi per ensemble vocale a cappella da parte dei Neue Vocalsolisten, la loro attenzione al lavoro e alla specificità di ogni singolo compositore, dal più sconosciuto al più riconosciuto, e la loro battaglia per la democratizzazione del processo di committenza attraverso la ricerca di compositori provenienti da culture e tendenze stilistiche diverse da quelle dominanti. Analizzando il vasto repertorio creato dai Neue Vocalsolisten si incontrano compositori di tutte le nazionalità, di tutte le età e di ogni tendenza, e questo sembra rispondere a un preciso imperativo di ricerca che l'ensemble e il suo Direttore Artistico Christine Fischer si sono posti come principale scopo del loro lavoro.

Con il Leone d'Argento hai voluto segnare una discontinuità rispetto al passato, anche recente, attribuendolo a un gruppo musicale e non più a un giovane compositore. Perché questo cambio di linea?

Ho riflettuto sul fatto che nell'ambito della musica contemporanea sono attivi tanti solisti ed ensemble che lavorano da vari decenni in una situazione di continuità ed entusiasmo, ma non sempre di stabilità economica e organizzativa. Sono persone che affrontano costantemente nuove e difficili sfide esecutive e sono completamente dedite al proprio lavoro come se fosse una missione. Per questi solisti ed ensemble non ci sono importanti riconoscimenti se non quelli che vengono dal partecipare ai concorsi selettivi, e le uniche conferme della qualità del loro lavoro vengono dal fatto che i compositori sono soddisfatti delle loro interpretazioni. Penso che questo non basti e che gli interpreti meritino dei premi che non siano in forma di concorso, ma che siano riconoscimenti importanti del loro lavoro e della loro carriera. Grazie alla fama della Biennale di Venezia e del Leone come Premio riconosciuto in tutto il mondo, credo che l'assegnazione del Leone d'Argento rappresenti per i musicisti scelti un onore e una gratificazione necessaria e propositiva.

Molti degli eventi del programma usciranno dagli spazi pur suggestivi dell'Arsenale per riappropriarsi di alcuni fra i luoghi musicalmente più iconici della città, che appartengono anche alla storia del Festival. Un'esperienza che intendi proseguire anche in futuro?

Venezia è una città dalla conformazione eccezionale, con una storia musicale unica, e i luoghi dove si può ascoltare musica dal vivo sono molteplici e offrono un'esperienza di ascolto particolare. Per questo è importante che il pubblico possa vivere ogni esperienza di ascolto nel luogo ideale rispetto al progetto del concerto. Oltre che nei diversi spazi dell'Arsenale, molto interessanti e diversificati, i lavori in concerto saranno ascoltati nella Basilica di San Marco, nel Teatro La Fenice, nel Teatro Malibran, in diversi spazi del Conservatorio "Benedetto Marcello", nel Teatro del Parco Bissuola a Mestre e nella Sala delle Colonne di Ca' Giustinian. Ogni evento è concepito per questi luoghi e gli ascoltatori potranno capirne la peculiarità acustica. Nel futuro il Festival si svolgerà in luoghi ancora diversi, cercando di coinvolgere altre realtà veneziane da sempre dedite alla produzione musicale e alla conservazione.

Sono tre le commissioni della Biennale Musica 2021: l'opera processionale di Marta Gentilucci, il lavoro di George Lewis e il progetto di Christina Kubisch con la Cappella Marciana. Pur nella sostanziale diversità di linguaggi musicali, hai sottolineato come queste tre composizioni siano tutte legate alla tradizione veneziana. Vuoi spiegare in quale misura entra quella tradizione?

Le nuove commissioni della Biennale Musica 2021 sono per tre grandi lavori che elaborano forme vocali tradizionali veneziane attraverso un rinnovamento del trattamento vocale. Marta Gentilucci presenterà un'opera processionale, *moving still - processional crossings*, coinvolgendo dal vivo le voci di quattro poetesse, autrici del libretto – Elisa Biagini, Irène Gayraud, Evie Shockley, Shara McCallum –, le voci dell'Ensemble vocale Sequenza 9.3 e le voci selezionate degli studenti del Conservatorio "Benedetto Marcello", con i costumi di Maria Grazia Chiuri e la regia di Antonello Pocetti. Il progetto è un chiaro riferimento a una forma performativa della tradizione popolare italiana, molto presente a Venezia, sia in forma di processione lungo il canale che all'interno dello spazio cittadino, come riportato dalla iconografia e dalla documentazione conservata. George Lewis in *Amo*, per le voci dei Neue Vocalsolisten ed elettronica, evoca la figura del filosofo di origine ghanese Anthony William Amo attraverso una rinnovata polifonia vocale, con la spazializzazione delle voci realizzata attraverso il *live electronics*, riprendendo l'esperienza compositiva madrigalistica particolarmente presente nella produzione veneziana, secondo la quale l'ordito vocale di varie voci possa dare luogo all'evocazione complessa e articolata di un personaggio unico. Christina Kubisch in *Travelling voices* rielabora il contrappunto vocale della Scuola di San Marco in collaborazione con le voci della Cappella Marciana dirette da Marco Gemmani, per presentarlo in forma di performance di suoni vocali diffusi nello spazio della Basilica.

Accanto a questi lavori, *Choruses* presenta anche altre prime assolute.

Si tratta di lavori di compositori estremamente originali nell'ambito del trattamento vocale quali Francesco Filidei e Sivan Eldar, e sono commissionati e presentati nel Festival dal SWR Vokalensemble e da accentus, che regala alla Biennale Musica 2021 la prima assoluta del nuovo lavoro di Kaija Saariaho, *Reconnaissance*, per coro, contrabbasso e percussioni, su libretto originale di Aleksi Barrière.
Altri capolavori riconosciuti della produzione contemporanea composti negli ultimi trent'anni da Georges Aperghis, David Lang, Sylvano Bussotti, Luca Francesconi, Samir Odeh-Tamimi, Morton Feldman, Arvo Pärt, Hans Abrahamsen, Sergej Newski e Valentin Silvestrov avranno nuove interpretazioni affidate agli ensemble vocali invitati in collaborazione con i solisti strumentali del Parco della Musica Contemporanea Ensemble e con l'Orchestra del Teatro La Fenice.

Accanto agli ensemble vocali il programma prevede anche i concerti di quattro interpreti/performer provenienti da esperienze e mondi molto lontani. Perché queste presenze nel cartellone?

I quattro eventi sono collegati dall'idea che la voce sola sia vissuta e ascoltata quale espressione diretta dell'artista che la produce, emanazione non solo

delle possibilità vocali dell'interprete ma della sua volontà di comunicazione drammaturgica. I quattro rinomati vocalist e interpreti vocali di questa edizione sono performer provenienti da diverse tradizioni musicali, rappresentativi di tendenze stilistiche diverse, e contribuiranno con i loro interventi a proporre una visione più ampia della vocalità contemporanea. I concerti vedranno protagonisti il carismatico producer e DJ egiziano Ahmed Zuli, la vocalist albanese Elina Duni, che presenta brani sull'idea di distacco e perdita di culture diverse, accompagnandosi con chitarra, pianoforte e tamburi a cornice. La vocalist e compositrice dublinese Jennifer Walshe teatralizza la complessità dei social media in una performance per voce, film e *live electronics* intitolata *Is It Cool To Try Hard Now?*, e la compositrice e vocalist svizzero-ghanese Joy Frempong presenta un progetto che esplora i diversi mondi performativi dello *spoken-word* per voce e *live electronics*.

Da molti anni La Biennale di Venezia vuole anche contribuire a sostenere concretamente le esperienze creative di giovani artisti attraverso l'iniziativa della Biennale College. Anche in questo caso hai deciso di diversificare la formula e di aprire a una molteplicità di esperienze che arricchiranno l'offerta musicale del programma. Di cosa si tratta?

La Biennale College è un progetto già attivato da vari anni ed è per questo che ho potuto raccogliere l'esperienza e i risultati delle edizioni passate e cercare un nuovo equilibrio tra la programmazione del Festival e la scelta dei giovani compositori e performer selezionati per la Biennale College, provenienti da tutto il mondo. Il gruppo di tutor è eccezionalmente importante e include compositori e performer di diverse provenienze e tendenze stilistiche, ed è formato da Samir Odeh-Tamimi, compositore israelo-palestinese, Jennifer Walshe, vocalist, performer e compositrice dublinese, Andreas Fischer, basso dei Neue Vocalsolisten, Catherine Simonpietri, direttrice dell'ensemble parigino Sequenza 9.3, Guido Barbieri, musicologo e drammaturgo, Thierry Coduys, *sound-engineer* francese, Guglielmo Bottin, DJ e producer, e Roberto Benozzo, producer e *sound-engineer*. L'insieme di questi tutor forma una realtà composita di compositori e performer che hanno lavorato sulla voce a livello teorico, stilistico e performativo, e hanno dato vita, attraverso incontri a Venezia e lezioni online, a un laboratorio creativo eccezionale dedicato ai giovani artisti selezionati dal bando della Biennale College Musica. I loro progetti saranno parte integrante del programma del Festival: Maria Vincenza Cabizza e Manuel Hidalgo Navas comporranno un nuovo lavoro per l'ensemble vocale Neue Vocalsolisten; Jack Sheen e Chonglian Yu realizzeranno due nuove installazioni sonore nell'ambito dell'Arsenale e del Conservatorio "Benedetto Marcello"; X. Lee, Agita Reke e Daniele Carcassi produrranno delle performance sperimentali, e l'ensemble vocale EVO presenterà un concerto con composizioni vocali a cappella. L'apporto dei giovani compositori e performer del College rappresenta la parte più importante e innovativa del

programma e le loro produzioni saranno curate e seguite con la massima attenzione dai tutor e dal team organizzativo della Biennale Musica.

Una novità è la collaborazione con lo storico programma di Rai Radio 3 *Lezioni di musica*, con quattro trasmissioni in diretta da Ca' Giustinian, sede della Biennale di Venezia. Come si inserisce questa iniziativa in *Choruses*?

Considero Rai Radio 3 una delle più importanti istituzioni culturali italiane e una vera eccellenza europea della creatività radiofonica. Nella situazione di cronica mancanza di informazioni e coordinamento della pochissima attività musicale italiana relativa alla creazione contemporanea, Radio 3 ha svolto un ruolo importantissimo di produzione, sostegno dei compositori, attenzione alle prime esecuzioni assolute e creazione di un contatto tra le varie realtà creative. Vorrei che la Biennale Musica aiutasse il pubblico interessato a riconoscere ad apprezzare il progetto straordinario che Radio 3 persegue da decenni; è quindi una collaborazione che auspico continui e si sviluppi nei prossimi anni. In questo primo Festival saranno programmate le quattro *Lezioni di Musica* curate da Paola Damiani per Rai Radio 3 e presentate da Giovanni Bietti, riconosciuta voce radiofonica, musicologo e pianista capace di creare un dialogo con un pubblico di musicisti e di appassionati. Le *Lezioni di Musica* saranno in diretta radio dalla Sala delle Colonne di Ca' Giustinian, ed esploreranno la storia della polifonia vocale veneziana e il rapporto con la creazione vocale contemporanea. La collaborazione con Rai Radio 3 include anche cinque audio-documentari per il programma *Tre soldi*, curati da Giovanna Natalini e prodotti da Rai Radio 3 e dalla Biennale Musica per documentare il laboratorio compositivo e performativo generato dai giovani artisti selezionati dal College, dalla ideazione dei nuovi lavori alla realizzazione dei progetti nell'ambito della Biennale Musica 2021.

A conversation on the Biennale Musica 2021 programme between Lucia Ronchetti and Stefano Nardelli

Let's start with the title chosen for the 65th Festival Internazionale di Musica Contemporanea, Festival number one: *Choruses. Vocal Dramaturgies.* A title whose roots are ancient and entrenched in the theatre, a dimension to which the sub-title *Vocal Dramaturgies* is a clear reference to. Why begin precisely with "choirs" or rather "choruses"?

I chose the title *Choruses* because the English term offers a multitude of references, which are important for the Festival's programming. *Choruses* refers to the vocation of communicating vocally together, by a large number of people, but also denotes the dramaturgical function of a single voice within the drama, a voice that recites the prologue, explains the concept and indicates the conception of a theatrical text. At the same time, the word *Choruses* refers more explicitly to the function of the chorus in Greek tragedy and, read in a verbal sense, encapsulates the potential of the voluntary activation of a choral ensemble in the sound performance.
The subtitle *Vocal Dramaturgies* aims to clarify the vastness of possible compositional intentions and the strong relationship between choral creativity and contemporary theatrical and textual production.

Richard Strauss said that the human voice is the most beautiful but also the most difficult instrument to play. The voice is also an ancestral instrument which offers infinite possibilities to composers. What approach did you take in building a programme entirely devoted to the voice?

The Festival highlights the different stylistic aspects of writing for an ensemble of voices in the last thirty years, supporting the composition of new works related to chorality according to historicized vocal forms and new stylistic tendencies. The Festival *Choruses* is not only a synthesis, obviously partial and precise, of this new compositional movement devoted to the voice in ensemble, but one of the productive and, I hope, enlightening episodes of a new path that is experiencing a development of unpredictable potential.

In the musical events on the programme in your Festival, Venice is a tangible presence, not solely as the town hosting it but especially because the great Venetian musical tradition casts its shadow over contemporary production. To what extent did this tradition influence your choices?

What is interesting for the Biennale Musica is to see how the city of Venice itself has played a fundamental role in the historical formation and current renaissance of writing for vocal ensemble. The Scuola di San Marco and the consecration of vocal counterpoint in the 1500s, the development of madrigal writing and the investigation of the theatrical potential of vocal counterpoint through the *Madrigale rappresentativo*, the birth of opera as a new form with an increasingly important and dramatically defined function of choral interventions, are some of the fundamental events of this historical process. Very important, again in Venice, was the study of ancient vocal production due to Gian Francesco Malipiero who in 1902 began the transcription of Monteverdi's manuscripts preserved in the Biblioteca Marciana. Luigi Nono and Bruno Maderna, pupils and witnesses of Malipiero's enlightened reading of the Venetian classics, created the compositional basis for a revival of writing for vocal ensemble in contemporary production and experimental vocal treatment in choral works, influencing several generations of European compesers. The vocal ensembles that have been created worldwide since the Second World War, have elaborated the possibility of a non-operatic vocality, specific to a cappella vocal music, which could combine the interpretation of Renaissance and Baroque works with that of contemporary music. Innovative ideas have led ensembles such as Clytus Gottwald's Schola Cantorum Stuttgart, founded in 1960, the Groupe Vocal de France founded by Marcel Couraud in 1967, and the Hilliard Ensemble, founded by Paul Hillier in 1973, to create specific projects and commission new works of vocal polyphony according to their own designs and newly developed vocal techniques.

In your opinion, what are the most significant ensembles now continuing and renewing this tradition in the contemporary music world, including in Italy?

Among the most active and outstanding vocal ensembles present at the Festival *Choruses* are the Neue Vocalsolisten from Stuttgart, accentus from Paris the SWR Vokalensemble, the vocal ensemble Sequenza 9.3 from Paris and the Theatre of Voices from Copenhagen. Many other vocal ensembles are active, transforming contemporary music production with their incessant and passionate activity. In Italy there has been a lack of support for this very important genre, whose origins are indeed Italian, but many Italian composers have been performed by European ensembles and their works have been repertorised as milestones in this genre. We need only mention the works of Luciano Berio, Sylvano Bussotti, Salvatore Sciarrino, Luca Francesconi, Francesco Filidei and Marta Gentilucci as symbols of a boundless creativity that never ceases to generate surprises.

You have decided to assign your Golden Lion to the Finnish composer Kaija Saariaho. Whilst the value of her work is not in doubt and has received widespread accolades, how does this choice link up with the Festival's theme?

The choice of the Golden Lion and Silver Lion is closely linked to the theme of the Festival. In the case of *Choruses*, I tried to understand which composer and which ensemble had distinguished themselves and created a new, recognised and fertile style in contemporary new music for vocal ensemble. It is impossible for an Artistic Director to be impartial and therefore the motivation for the choice can be deeper and more defensible if it is linked to a global event that investigates the contemporary flowering of a given repertoire. With regard to the *Choruses* project, I believe that the work of polyphonic vocal construction carried out by Kaija Saariaho through the innumerable works for choir in her vast compositional career is commendable. In particular, her work for choir and orchestra *Oltra mar* is a complex sonic fresco in which the voice in ensemble creates an unprecedented dimension of musical communication, entrusting the formal project not to the solo melodic dimension but to the juxtaposition of choral blocks. The choir is never treated as an ensemble of solo voices, but the writing is nonetheless elaborate, precise and detailed, generating a ductility and transparency that had never before been achieved in the composition of this specific repertoire.

The Silver Lion's bond with *Choruses* is clearer, but why did you decide to award it to the Stuttgart-based Neue Vocalsolisten?

The Prize is not awarded for a particular performance, but for the Neue Vocalsolisten's unceasing work of commissioning and repertorising new pieces for a cappella vocal ensemble, their attention to the work and specificity of each individual composer, from the most unknown to the most recognised, and their battle to democratise the commissioning process by seeking out composers from cultures and stylistic tendencies other than the dominant ones. On analysing the vast repertoire created by the Neue Vocalsolisten we encounter composers of all nationalities, all ages and all tendencies, and this seems to respond to a precise research imperative that the ensemble and its Artistic Director Christine Fischer have set as the main aim of their work.

With this Silver Lion choice your intention was to mark a break with the past, both distant and recent, awarding it to a music group and no longer to a young composer. Why this change of direction?

I have reflected on the fact that there are many soloists and ensembles active in the field of contemporary music who have been working for several decades in a situation of continuity and enthusiasm, but not always of economic and organisational stability. They are people who constantly face new and difficult

performing challenges and are completely dedicated to their work as if it were a mission. For these soloists and ensembles there are no important recognitions other than those that come from participating in selective competitions, and the only confirmation of the quality of their work comes from the fact that composers are satisfied with their interpretations. I think that this is not enough and that the performers deserve prizes that are not in the form of competitions, but that are important recognitions of their work and their careers. Thanks to the fame of La Biennale di Venezia and the Lion as a Prize recognised throughout the world, I believe that the awarding of the Silver Lion represents an honour and a necessary and purposeful gratification for the chosen musicians.

Many of the programme's events will be moving out of the attractive spaces of the Arsenale in order to reappropriate some of the town's most musically iconic spaces which are also integral to the Festival's history. Is it an experience you intend to continue in the future too?

Venice is a city with a unique musical history, and the historical venues where live music can be heard offer a special listening experience. For this reason, it is important that the audience can live each listening experience in the ideal place with respect to the concert project. The concerts will be presented in the various spaces of the Arsenale, which are very interesting and diversified, in the Basilica di San Marco, in the Teatro La Fenice, in the Teatro Malibran, in various spaces of the Conservatorio "Benedetto Marcello", in the Teatro del Parco Bissuola in Mestre and in the Sala delle Colonne at Ca' Giustinian. Each event is conceived for these venues and listeners will be able to appreciate their acoustic peculiarities. In the future the Festival will take place in even more venues, trying to involve other Venetian realities that have always been devoted to music production and conservation.

There are three Biennale Musica 2021 commissions: Marta Gentilucci's processional opera, George Lewis's work and Christina Kubisch's project with Cappella Marciana. However diverse their musical lexicons, you have stressed that all three of these have bonds with the Venetian tradition. Can you explain how this tradition comes into play?

The new commissions of the Biennale Musica 2021 are for three major works that elaborate traditional Venetian vocal forms through a renewal of vocal treatment. Marta Gentilucci will present a processional work, *moving still - processional crossings*, involving the live voices of four female poets, authors of the libretto – Elisa Biagini, Irène Gayraud, Evie Shockley, Shara McCallum –, the voices of the vocal ensemble Sequenza 9.3 and the selected voices of the students of the Conservatorio "Benedetto Marcello", with costumes by Maria Grazia Chiuri and direction by Antonello Pocetti. The project is a clear reference to the Italian popular tradition, very present in Venice, both in the

form of a procession along the canal and within the city space, as reported by the iconography and preserved documentation. George Lewis in *Amo*, for the voices of the Neue Vocalsolisten and electronics, evokes the figure of the Ghanaian-born philosopher Anthony William Amo through a renewed vocal polyphony, with the spatialisation of the voices realised through live electronics, taking up the madrigal compositional experience particularly present in Venetian production, according to which the vocal counterpoint of the various voices can give rise to the complex and articulated evocation of a unique character. Christina Kubisch in *Travelling voices* reworks the vocal counterpoint of the Scuola di San Marco in collaboration with the voices of the Cappella Marciana directed by Marco Gemmani, realising a performance of vocal sounds diffused in the space of the Basilica.

Alongside these compositions, *Choruses* also features other world premières.

These are works by highly original composers in the field of vocal treatment such as Francesco Filidei and Sivan Eldar, and are commissioned and presented at the Festival respectively by the SWR Vokalensemble and accentus, which offers to the Biennale Musica 2021 the premiere of Kaija Saariaho's new work, *Reconnaissance* for choir, double bass and percussion, on an original libretto by Aleksi Barrière. Other masterpieces of contemporary production composed over the last thirty years by Georges Aperghis, David Lang, Sylvano Bussotti, Luca Francesconi, Samir Odeh-Tamimi, Morton Feldman, Arvo Pärt, Hans Abrahamsen, Sergej Newski and Valentin Silvestrov will be given new interpretations by the invited vocal ensembles in collaboration with the instrumental soloists of the Parco della Musica Contemporanea Ensemble and the Teatro La Fenice Orchestra.

Alongside the vocal ensembles the programme also involves concerts by four interpreters/performers from very different worlds and experiences. Why have these been included in the programme?

The four events are linked by the idea that the solo voice is experienced as a direct expression of the artist who produces it, an emanation not only of the performer's vocal possibilities but also of his or her desire for dramaturgical communication. The four renowned vocalists and vocal interpreters of this edition are performers coming from different musical traditions, representing different stylistic tendencies, and will contribute with their interventions to propose a wider vision of contemporary vocality. The concerts will feature the charismatic Egyptian producer and DJ Ahmed Zuli, the Albanian vocalist Elina Duni, who presents pieces on the idea of detachment and loss of different cultures, accompanying herself on guitar, piano and frame drums. The Dublin-based vocalist and composer Jennifer Walshe who dramatises the complexity of social media in a performance for voice, film and live electron-

ics entitled *Is It Cool To Try Hard Now?* and Swiss-Ghanaian composer and vocalist Joy Frempong who presents a project exploring the different performance worlds of spoken-word for voice and live electronics.

La Biennale di Venezia has also been giving concrete support to the creative experiences of young artists via the Biennale College initiative for many years. In this case, too, you have decided to diversify the formula and open up to a multiplicity of experiences which enrich the programme's musical range. What is this about?

The Biennale College is a project that has already been running for several years, and I have been able to gather the results of past editions and seek a new balance between the global programme and the choice of very young composers and performers selected from all over the world. The group of tutors is exceptionally important and includes composers and performers from different backgrounds and stylistic tendencies, like Samir Odeh-Tamimi, Israeli-Palestinian composer, Jennifer Walshe, vocalist, performer and composer from Dublin, Andreas Fischer, bass of the Neue Vocalsolisten, Catherine Simonpietri, director of the Parisian ensemble Sequenza 9.3, Guido Barbieri, musicologist and playwright, Thierry Coduys, French sound-engineer, Guglielmo Bottin, DJ and producer, and Roberto Benozzo, producer and sound-engineer. These tutors form a composite reality of composers and performers who have worked on the voice on a theoretical, stylistic and performative level, and have created, through meetings in Venice and online lessons, an exceptional creative workshop dedicated to the young artists selected by the Biennale College Musica. The new projects will be an integral part of the Festival programme: Maria Vincenza Cabizza and Manuel Hidalgo Navas will compose a new work for the Neue Vocalsolisten; Jack Sheen and Chonglian Yu will create two new sound-installations in the Arsenale and at the Conservatorio "Benedetto Marcello"; X. Lee, Agita Reke and Daniele Carcassi will produce experimental performances, and the vocal ensemble EVO will present a concert of a cappella vocal compositions. The contribution of the young composers and performers from the College represents the most important and innovative part of the programme, and their productions will be supervised and followed with the utmost attention by the tutors and the organisational team of the Biennale Musica.

A partnership with the historic Rai Radio 3 programme *Lezioni di Musica*, with four live broadcasts from Ca' Giustinian, La Biennale di Venezia headquarters, is a new feature of the Festival this year. How will this initiative fit into *Choruses*?

I do consider Rai Radio 3 one of the most important Italian cultural institutions and a European excellence of radio creativity. In the situation of chronic

lack of information and coordination of the very little Italian musical activity related to contemporary creation, Radio 3 has played a very important role in production, support of composers, attention to world premieres and creation of contact between the various creative realities. I would like the Biennale Musica to highlight the extraordinary project that Radio 3 has been pursuing for decades and I hope this collaboration will continue and develop over the coming years.
This first Festival will feature the four *Music Lessons* curated by Paola Damiani for Rai Radio 3 and presented by Giovanni Bietti, a recognised radio voice, musicologist and pianist capable of creating a dialogue with an audience of musicians and music lovers. The *Music Lessons* will be broadcast live from the Sala delle Colonne at Ca' Giustinian, and will explore the history of Venetian vocal polyphony and its relationship with contemporary vocal creation.
The collaboration with Rai Radio 3 also includes five audio-documentaries for the programme *Tre Soldi*, curated by Giovanna Natalini and produced by Rai Radio 3 and the Biennale Musica to document the compositional and performing workshops generated by the young artists selected by the College, from the conception of new works to the realization of the projects for the Biennale Musica 2021.

Poco più mosso
meno grave, sempre molto espr.
24
1, 2 Fl. 3, 4
1, 2 Ob. 3, 4
1, 2 Cl. 3, 4
1, 2 Bsn 3, 4
Tpt. 1, 3
1, 3 Hn. 2, 4
Tbn. 1, 3
Tuba
triangle
Perc. I
Perc. II
vibraphone (motor off)
sempre ped.
Perc. III
Timp.
gliss.
(l.v.)
Harp
Pno.
S.
A.
T.
B.
Poco più mosso
meno grave, sempre molto espr.
(S.P. sempre)
24
mp sempre
Vln. I
Vln. II
Vla.
Vlc.
D.B.
N
S.P.
gliss.
mf sempre

Leone d'Oro alla carriera

Golden Lion for Lifetime Achievement

Kaija Saariaho

Il Leone d'Oro a Kaija Saariaho

Kaija Saariaho è tra i compositori contemporanei più eseguiti e riconosciuti del mondo. Il suo successo è planetario, la sua energia compositiva nasce dalla necessità e da una ricerca incessante profonda e complessa. La sua musica è ascoltata dal grande pubblico e apprezzata dalle generazioni più giovani. Un miracolo che ha le sue basi nell'elaborazione severa del materiale e nel controllo estremo dei modelli sonori. Una compositrice che non ha mai fatto compromessi e che compone per se stessa, per la propria esigenza di vita, con una forza creativa ed espressiva che ha conquistato le platee dei più importanti teatri del mondo. Nell'ambito della sua vasta produzione per voce, ensemble vocale e coro, Kaija Saariaho sarà premiata con il Leone d'Oro in particolare per il suo pezzo *Oltra mar*, per coro e orchestra, composto nel 1999, considerato un capolavoro assoluto nell'ambito della produzione musicale contemporanea. *Oltra mar*, che in francese antico significa "Attraverso il mare", presenta una scrittura armonica complessa ma trasparente e la sintesi di colori corali inediti di ascendenza impressionista elaborati secondo modelli post-spettrali, attraverso l'indagine degli armonici all'interno dello spettro sonoro. L'imponente inizio del lavoro, con la sua *texture* armonica complessa, conferma l'ipotesi che Kaija Saariaho, nel costruire un colore orchestrale e corale coerente, pulsante e metamorfico, sia per il nostro tempo una compositrice paragonabile a Debussy, per intraprendenza, sensibilità e originalità della scrittura orchestrale e corale. Nel terzo episodio di *Oltra mar*, sottotitolato *Vagues*, la compositrice si pone di fronte all'ardua scommessa di una rappresentazione sonora di un elemento naturale, complesso e affascinante come l'acqua del mare in movimento, che ha come premessa storica e seminale il poema sinfonico *La Mer*, composto da Claude Debussy nel 1905. La struttura è precisamente studiata per generare un impatto acustico apparentemente "informale", dove aggregati sonori inediti appaiono e scompaiono, rendendo l'idea di attimo, di momentaneità ideale del movimento delle onde, i silenzi colorati del trascorrere delle masse d'acqua, ideando un timbro globale inaudito, ordito attraverso la severità della scrittura e il controllo contrappuntistico di ogni elemento sonoro.

Lucia Ronchetti

The Golden Lion awarded to Kaija Saariaho

Kaija Saariaho is among the world's most acknowledged and frequently performed contemporary composers. Her success is truly global, her compositional energy born of her inner need to compose and nourished by her unceasing research, at once profound and complex. Her music has a wide audience and appeals also to the younger generations. At the basis of this miracle lies the composer's strict development of her musical material and her rigorous control of the sound world that she creates. Kaija Saariaho is a composer who never compromises, writing for herself out of her own inner compulsion with a creative and expressive power that has conquered audiences in major concert halls and theatres the world over.

In the context of her extensive oeuvre for voice, vocal ensemble and choir, Kaija Saariaho will be awarded the Golden Lion in particular for her work *Oltra mar* for orchestra and choir, composed in 1999, a true masterpiece of contemporary music. *Oltra mar*, which in the ancient French language means "Across the sea", presents the listener with a harmonic language at once complex but transparent, and a synthesis of new, original choral colours of impressionistic hue which are elaborated using post-spectral models deriving from her research into the harmonics within the sound spectrum.

The complex harmonic texture of the work's impressive opening confirms that Kaija Saariaho, in her ability to construct a coherent orchestral and choral palette of sound, at once vibrant and metaphorical, is a composer of our time comparable to Debussy in terms of the daring, sensibility and originality of her orchestral and choral writing. In the third episode of *Oltra mar*, entitled *Vagues*, the composer sets herself the daunting task of representing in sound a natural element, the complex, entrancing sound of water in motion, the seminal historical precedent of which is Claude Debussy's symphonic poem of 1905, *La Mer*. The structure is carefully constructed so as to create an apparently "informal" acoustic impact in which new, original combinations of sound appear and disappear, rendering perfectly the idea of the moment, of the characteristic movement of the waves, the silences coloured by the flow of the bodies of water, to create an unprecedented overall timbre woven by the rigour of the writing and the contrapuntal control of each individual sound.

Lucia Ronchetti

Stéphane Roth

Kaija allo specchio

Nel 1981, Kaija fa il suo autoritratto in una cabina per fototessere di Freiburg-im-Breisgau. Gira le spalle all'obiettivo tenendo in mano uno specchietto che riflette il suo occhio sinistro. Un'immagine nell'immagine, una *mise en abyme*, tra introspezione e retrospezione. Non lo sa ancora, ma ha appena preso una decisione che la impegnerà in un percorso senza interruzioni. A ventinove anni, si lascia alle spalle la nativa Finlandia e arriva in Germania per seguire gli insegnamenti di Klaus Huber e Brian Ferneyhough. Poco dopo, nel mese di maggio, scopre Parigi, nel bel mezzo dell'effervescenza per l'elezione di François Mitterand. Tutto sembra follia. Poi, nell'estate, segue i corsi di Darmstadt e fa un incontro decisivo: la musica spettrale e i suoi capofila, Gérard Grisey e Tristan Murail. Il suo desiderio di libertà, in musica e nell'atmosfera, la spinge a trasferirsi nella capitale francese, in cui deciderà ormai di vivere.

Talvolta, da una semplice immagine scaturisce tutta la storia. Nel momento dello scatto, si fissano un prima e un dopo, una svolta, dei tormenti. Non è semplice per una giovane donna, in una società ancora molto patriarcale, ritenersi autorizzata a fare le proprie scelte. I genitori non capivano forse che i suoni che la ragazzina sentiva nel suo cuscino prima di addormentarsi erano i segni premonitori di una potenza creatrice in sonno. Sarebbe quindi stato necessario crescere, accumulare prove, provare risentimento, attingere a se stessa, coltivare se stessa, agire in modo radicale, sposarsi a vent'anni e adottare un altro cognome per poi conservare il proprio dopo la separazione l'anno successivo, perché Laakkonen doveva restare il nome della vita precedente.

Nei primi anni Settanta Kaija esita ancora. Studia appassionatamente l'organo, Musicologia all'università, e Disegno all'Accademia di Belle Arti di Helsinki. La composizione non è cosa semplice, ma le convinzioni cominciano ad affermarsi.

La creatrice emerge poco a poco, all'interno di un nuovo ambiente, quello dei collettivi di artisti, attraverso una presa di coscienza politica ed ecologica, e il percorso con il pittore Olli Lyytikäinen che la ritrarrà diverse volte. L'incontro con Paavo Heininen all'Accademia Sibelius di Helsinki nel 1976 è benefico, così come le amicizie indissolubili con Esa Pekka Salonen e Magnus Lindberg.

Solo presenze maschili sembrano avere un peso sino a questo momento, perché i modelli femminili sono ancora rari nella vita musicale. Occorre cercare altrove, nella letteratura. Quando lascia il Paese è animata da un sentimento di ascesa. Uno degli unici libri che ritroviamo nei suoi bagagli è *L'ombra e la grazia* di Simone Weil, assieme a una biblioteca mentale e alcuni scritti che dice di aver letto come "manuali di sopravvivenza", con in testa Virginia Woolf, Sylvia Plath e Anaïs Nin. Al di fuori di qualsiasi contesto ideologico e senza preavviso, Kaija costruisce il proprio femminismo.

Ed è ormai come compositrice che varca tutte le frontiere. A Parigi, si forma all'IRCAM e incontra proprio qui l'amore della sua vita, Jean-Baptiste Barrière. Insieme, formano un duo che coniuga arte e conoscenza: tra musica spettrale e informatica musicale, analisi del timbro e psicoacustica danno avvio a una vera e propria rivoluzione estetica. È l'avvento di un nuovo temperamento. Gli esperimenti e le opere si susseguono a un ritmo frenetico. L'emulazione è totale. La curva è esponenziale. In poco tempo, con opere quali *Verblendungen*, *Lichtbogen* o *Nymphéa*, Kaija sbalordisce l'ambiente della musica contemporanea.

Da quel momento prende forma un'altra immagine: la compositrice misteriosa, sinestesica e onirica venuta delle fredde contrade nordiche. La stampella dell'esotismo è sempre a portata di mano di giornalisti o programmatori. Ci si fa l'abitudine. Tuttavia, maschera la complessità di una personalità e la profondità della sua riflessione. Riservata, Kaija si esprime poco in pubblico. Si concentra sulla sua musica, dove tutto traspare. Le metafore che la popolano, lontane dall'immagine stereotipata dell'artista ispirata, non sono semplici gesti poetici, distaccati. Sono finestre aperte sulla cosmogonia umana, che mescolano sentimenti, credenze, ideali e relazioni con gli esseri viventi: una relazione quasi sciamanica con il mondo.

Kaija e la sua musica sono una cosa sola, ed è senza dubbio per questo che quest'ultima è così contraddistinta dalla dualità, come un'eco del percorso incerto che l'ha fatta nascere. La sua materia sonora è al contempo statica e in evoluzione, lenta e colma di energia. La scrittura melodica e armonica può sembrare fluire intuitivamente dalla penna, mentre le ricerche sistematiche delle proprietà acustiche ne costituiscono il preludio. L'orecchio crea un tutt'uno con il paesaggio spettrale della sua orchestrazione, ma questo verrà contaminato se non addirittura annientato quasi subito da una forza dinamica, un evento oscuro, a immagine di questa scrittura così caratteristica, quando l'archetto affonda progressivamente sulle corde fino alla saturazione e al rumore bianco, come per far uscire un grido dal ventre dello strumento.

Seppur radicata in una lotta interiore, questa dualità non pesa molto di fronte all'esperienza più forte dell'alterità che una donna può vivere quando sente due cuori battere dentro di sé, e Kaija lo illustra musicalmente nella sua ode alla maternità, *Je sens un deuxième cœur*. L'equazione tra artista e madre poteva apparire come insolubile una volta. Oggi, per una nuova generazione, incarna il modello che all'inizio lei stessa non ha trovato nel mondo della musica.

E comprenderemo la relazione così forte che la lega ai suoi figli Aleksi e Aliisa, che, a suo dire, si sdoppiano anche loro, nel quotidiano e sulla scena, tra attaccamento viscerale, collaborazione artistica e distanza critica.
Su questo palcoscenico, luogo di ogni incontro, Kaija non si impone al centro. È una tra tanti nel raggruppamento di alter ego, questa famiglia allargata in cui si distinguono i suoi compagni di viaggio più fedeli, a cominciare dal violoncellista Anssi Kartunen e la flautista Camilla Hoitenga, ai quali lei dedica alcuni dei pezzi migliori. Si incontrano i suoi personaggi, le eroine delle sue opere: Clémence, Adriana, Émilie, Simone... E tra loro spunta una capigliatura bizzarra, dagli occhi vivaci e spalancati: Peter Sellars, nel ruolo del *troll* benevolo. Kaija era stata folgorata dalle sue produzioni del *Don Giovanni* nel 1989 e *San Francesco d'Assisi* di Olivier Messiaen nel 1992. L'idea di un'opera viene rinsaldata da questi esperimenti, e nel 2000 grazie a Gérard Mortier, si concretizza con *L'Amour de loin* e continua fino a *Only the sound remains* nel 2016.
Sulla genesi di *L'Amour de loin*, Kaija afferma enigmaticamente: "Il mio punto di partenza formale era la combinazione di uno specchio e di un cerchio che si chiude su se stesso." Ancora una volta, questo specchietto riflette una traiettoria, un ciclo. Ma non è più quello di Narciso o di Kay nella *Regina delle Nevi*. Né vanitoso, né distorsivo. Forse è lo specchietto retrovisore del conducente della metropolitana parigina sulla linea 8 che collega l'Opéra Garnier all'Opéra Bastille, che una mattina, vedendo Kaija sulla banchina, la chiama e la invita nella sua cabina per dirle quanto la sua musica lo turbi. O quello parabolico di quest'ultimo pezzo creato nel 2021 e intitolato *Reconnaissance*, in cui, sotto forma di un madrigale fantascientifico, le voci della saggezza ci chiamano: "We do not need other worlds, we need a mirror" (Non abbiamo bisogno di altri mondi, abbiamo bisogno di uno specchio). Da un mondo all'altro, Kaija non è più sola nella cabina per fototessere. È circondata da persone vicine a lei, persone anonime, reali e immaginarie. Lo specchio non dice nulla. Kaija risponde: essere riconosciuta significa riconoscersi.

Stéphane Roth si è formato in Musicologia, Storia dell'arte e Scienze del linguaggio. È stato Direttore Editoriale della Cité de la musique e della Philharmonie de Paris. Dal 2018 è Direttore Generale del Festival Musica di Strasburgo.

Stéphane Roth

Kaija in the mirror

In 1981, Kaija took a self-portrait in a Freiburg-im-Breisgau photo booth. She turned her back on the camera and held up a little mirror which reflected her left eye. An image within an image, a *mise en abyme*, hovering between introspection and retrospection. She didn't know it yet but she had just taken a decision which was to be the start of an unbroken journey. At the age of twenty-nine, she left behind the country of her birth, Finland, and came to Germany to attend lectures by Klaus Huber and Brian Ferneyhough. Soon afterwards, in May, she discovered Paris, in the throes of an effervescent mood revolving around the election of François Mitterand. It all seemed mad. Then, in the summer, she attended courses at Darmstadt and had a fateful meeting: spectral music and its main exponents, Gérard Grisey and Tristan Murail. Her desire for freedom, in music and spirit, prompted her to move to the French capital, where she decided to settle down.

Sometimes a whole story is triggered by a simple image. The shot captures a before and after, a watershed, a torment. It is no simple matter for a young woman, in a still highly patriarchal society, to consider herself authorised to make her own choices. Perhaps her parents did not understand that the sounds she heard in her pillow before she fell asleep were the harbingers of creative power in abeyance. What was needed was for her to grow, accumulate trial and error, feel resentment, draw on herself, nurture herself, act radically, marry at the age of twenty and adopt a new surname before keeping her own after separating the following year, because Laakkonen was to be the name of an earlier life.

In the early 1970s Kaija was still hesitant. She studied the organ passionately, Musicology at university and Drawing at the Helsinki Fine Art Academy. Composition did not come easily but her beliefs started to come to the fore. The creator emerged a little at a time, within a new environment, an art collective, via a political and environmental change in consciousness, and a journey with painter Olli Lyytikäinen who painted her on various occasions. Her meeting with Paavo Heininen at Helsinki's Sibelius Academy in 1976 was beneficial, as were her lasting friendships with Esa Pekka Salonen and Magnus Lindberg.

It seems only to have been men who made their mark up until then because female models were still few and far between in the musical milieu. She had to seek elsewhere, in literature. When she left the country, she was inspired by a feeling of ascent. One of the only books she packed into her suitcase was Simone Weil's *Gravity and Grace* alongside an inner library and certain writings she says she read as "survival manuals", headed by Virginia Woolf, Sylvia Plath and Anaïs Nin. Outside any ideological context and without warning, Kaija had built her own feminism.

And it was as a composer that she crossed all borders. In Paris she trained at IRCAM and it was here that she met the love of her life, Jean-Baptiste Barrière. Together they formed a duo which melded art and knowledge: midway between spectral music and music informatics, timbric analysis and psychoacoustics, breathing life into a fully-fledged aesthetic revolution. It was the dawn of a new temperament. Each experiment and work followed hot on the heels of the last. The emulation was total. The curve was exponential. In a brief space of time, with works such as *Verblendungen*, *Lichtbogen* and *Nymphéa*, Kaija astounded the contemporary music world.

Another image took shape from that moment on: the mysterious, synesthetic and dreamy composer transplanted from cold northern districts. The crutch of exoticism was always within journalists' or programmers' reach. We got used to it. However, it concealed the complexity of the personality and the profundity of her thinking. Kaija is reserved and does not often express herself in public. She concentrates on her music, where everything shines through. The metaphors which populate it, so distant from the stereotypical image of the inspired artist, are not straightforwardly poetic or aloof. They are windows thrown open to the human cosmogony, composing feelings, beliefs, ideals and relations with living beings, a quasi-shamanic relationship with the world. Kaija and her music are one and it is probably for this reason that its duality is so marked, like an echo of the uncertain trajectory which spawned it. Her sound matter is simultaneously static and evolving, slowly and replete with energy. Her melodic and harmonic writing can seem to flow intuitively from her pen while her systematic acoustic property experimentation constitutes its prelude. The ear melds with the spectral landscape of her orchestration, but this is contaminated perhaps even annihilated almost immediately by a dynamic force, a sad event, an image of this so very characteristic writing, when the bow sinks progressively deeper into the strings to the point of saturation and white noise, almost as if it were trying to get a scream out of the instrument.

However, rooted in an inner struggle, this duality weighs less against the more powerful experience of the otherness a woman can feel when she feels two hearts beating within her, and Kaija illustrates this musically in her ode to motherhood, *Je sens un deuxième cœur*. The equation between artist and mother once seemed unsolvable. Now, for a new generation, it embodies the model which she herself did not find in the world of music at the outset. And we

understand the strength of the relationship which binds her to her children Aleksi and Aliisa, who, as she herself has said, double up in their turn, in everyday life and on the stage, between visceral bond, artistic partnership and critical distance.
On this stage, site of all encounters, Kaija does not put herself centre stage. She is one of many in this alter ego group, this extended family amongst whom her most loyal travelling companions can be made out, starting with cello player Anssi Kartunen and flute player Camilla Hoitenga to whom she dedicated some of her best pieces. We meet her characters, the heroines of her work: Clémence, Adriana, Émilie, Simone... And in the midst of these a bizarre hairdo emerges, with lively, wide open eyes: Peter Sellars, in the role of the benevolent *troll*. Kaija was transfixed by his productions of *Don Giovanni* in 1989 and Olivier Messiaen's *Saint François d'Assise* in 1992. The idea of an opera was reinforced by these experiments and, in 2000, thanks to Gérard Mortier, it took concrete shape in *L'Amour de loin* and continued with *Only the sound remains* in 2016.
On the genesis of *L'Amour de loin*, Kaija affirmed enigmatically: "My formal starting point was the combination of a mirror and a circle closing onto itself." Once again, this mirror reflects a trajectory, a ring. But it is no longer that of Narcissus or Kay in the *Snow Queen*. Neither vain nor distorting. Perhaps it is the rear-view mirror in the Paris metro line 8 which links Opéra Garnier to Opéra Bastille whose driver, one morning, seeing Kaija on the platform, called her over and invited her into the cabin to tell her how flabbergasted he was by her music. Or the parabolic mirror of this last piece created in 2021 and entitled *Reconnaissance*, in which, in the form of a sci-fi madrigal, the voices of wisdom call out to us: "We do not need other worlds, we need a mirror". From one world to the next, Kaija is no longer alone in the photo booth. She is surrounded by people close by, anonymous, real and imagined people. The mirror tells us nothing. Kaija answers: being recognised means recognising ourselves.

Stéphane Roth studied musicology, art history and language sciences. He has been Editorial Director of the Cité de la musique and the Philharmonie de Paris. Since 2018, he has been General Director of the Musica Festival in Strasbourg.

Furioso
81
Picc.
Fl. 1, 2, 3
Ob.
Cl.
Bsn.
Tpt.
Hn.
Tbn. 1, 3
Tuba
Perc. I
Perc. II
Perc. III
Timp.
Harp
Pno.
S.
A.
T.
B.
Vln. I
Vln. II
Vla.
Vlc.
D.B.
gliss.
cresc. poco a poco
a
Furioso

Peter Sellars

... onde 'l giorno sen giva,
come l'angel di Dio lieto ci apparse.

Fuor de la fiamma stave in su la riva,
e cantava "*Beati mundo corde!*"
in voce assai più che la nostra viva.

Poscia "Più non si van, se pria non morde,
anime sante, il foco: intrate in esso,
e al cantar di là non siate sorde..."

... In su le man commesse mi protesi,
guardando il foco e imaginando forte
umani corpi già veduta accesi.

Dante *Purgatorio*, Canto XXVII

Messaggeri divini sono sempre presenti nella musica di Kaija Saariaho – nel fruscio leggero delle conchiglie al montare della marea, nei richiami penetranti degli uccelli attraverso le distanze e le vite umane, nello choc improvviso di uno squillo di campane nelle profondità della mente, o nel glissando di un'arpa che disegna un arcobaleno nella notte. Kaija è la compositrice del crepuscolo e dell'aurora, dei giorni pieni di tenebre e delle notti sfolgoranti di luce, dei colori che risplendono dal nero pulsando e ritirandosi ai limiti del percettibile, dell'illuminazione possibile solo in uno stato di profonda disperazione, degli occhi che si chiudono all'inizio di una preghiera.
Con l'angelo splendente di letizia di Dante, Kaija sta scrivendo la colonna sonora di una crisi spirituale in pieno sviluppo.
Naturalmente il piano dell'esistenza su cui ci troviamo è in fiamme, brucia di amore o di odio, brucia di amore e di odio, brucia di violenza, brucia di ingiustizia, brucia di desiderio, di struggimento, brucia di dolore, brucia di speranza, brucia di visioni.
Ci ritraiamo dalle fiamme. L'angelo canta "Beati i puri di cuore" con voce più radiosa della nostra, più viva. Una voce di chiarezza, compassione e coraggio. Una voce che sentiamo dentro di noi. Questa forza vitale risuona attraverso la musica di Kaija Saariaho, penetrando ondate di paura, dubbio, panico e angoscia.
Guardiamo dritto nelle fiamme, trafitti da immagini di persone che bruciano: immagini di epidemie e bombardamenti e avvelenamenti. Il messaggero ci sta

dicendo che dobbiamo procedere, entrare nelle fiamme, in solidarietà con la gente che brucia. Mentre attraversiamo insieme le fiamme udiamo una voce lontana, che ci chiama a sé dall'altro lato del fuoco. La voce lontana ci dice di non rimanere fermi a guardare ma di ascoltare, di agire, di lasciarci commuovere e di commuovere a nostra volta, e di avanzare insieme verso la vita. Per quella voce distante Kaija sta scrivendo una melodia.

Cantando come donna innamorata,
continüò col fin di sue parole:
"*Beati quorum tecta sunt peccata!*"

... Né ancor fu così nostra via molta,
quando la donna tutta a me si torse,
dicendo: "Frate mio, guarda e ascolta."

Ed ecco un lustro subito trascorse
da tutte parti per la gran foresta,
tal che di balenar mi mise in forse.

Ma perché 'l balenar, come vien, resta,
e quell, Durando, più e più splendeva,
nel mio pensier dicea: "Che cosa è questa?"

L'acqua imprendëa dal sinistro fianco,
e rendea me la mia sinistra costa,
s'io riguardava in lei, come specchio anco.

E una melodia dolce correva
per l'aere liminoso...

... dinanzi a noi, tal quale un foco acceso,
ci se fé l'aere sotto i verdi rami;
e 'l dolce suon per canti era già inteso.

Dante *Purgatorio*, Canto XXIX

Nelle partiture di Kaija Saariaho questo canto porta le indicazioni "delicato", "impetuoso", "sostenuto", "feroce", "dolcissimo", "lento expressivo", "furioso", "mysterioso", "Secret, translucent", "On fire", "Awakening", "Eclipse", "Heart of Light". I bagliori del lampo annunciano l'aurora. L'aria è densa di sentimenti, memorie, sogni, fiori e fragranza. Riusciamo di nuovo a respirare. Il flauto ci insegna a respirare più profondamente – respiri infinitamente ricchi, lunghi e teneri dai quali emergono sospiri di malinconia, liberazione spirituale e gioia

segreta. Gli archi grattano, scavano, lottano, vibrano al massimo dell'intensità. Gli archetti non si appoggiano fluidi sulle corde. Si sforzano di cercare una sensualità più profonda, il massimo del contatto, un'interpenetrazione totale, cruda, presente, conflittuale e sublime. Dio accoglie gli spiriti abbattuti e i cuori infranti. Cori invisibili evocano e invocano secoli di vite invisibili, umane e non umane, cicli meteorologici e sistemi emotivi, bisbigliando nel vento: dobbiamo perdonarci l'un l'altro. Le foreste cantano, e anche le acque. Dobbiamo procedere e crescere insieme, nel Cuore della Luce.

Peter Sellars è uno dei registi più innovativi e autorevoli del nostro tempo. Impostosi all'attenzione internazionale con un controverso allestimento della trilogia Mozart-Da Ponte. Sellars vanta importanti collaborazioni con compositori come John Adams e Kaija Saariaho, della quale ha curato gli allestimenti di *L'Amour de Loin*, *La Passion de Simone* e *Only the Sound Remains*.

Peter Sellars

...And thus day was departing
when the blissful angel of the Lord appeared.

He stood beyond the flames there on the terrace
and sang "*Beati mundo corde!*"
with a voice more radiant than ours.

"There is no going on, you blessed souls,
without the fire's stinging bite. Enter,
and do not stop your ears against the distant song..."

...I bent forward over my outstretched hands
and stared into the fire, my mind fixed on the image
of human bodies I once saw being burned[1].

Dante *Purgatorio*, Canto XXVII
(translation by Jean Hollander and Robert Hollander)

Divine messengers are always present in Kaija Saariaho's music – in the soft rustle of shells on the incoming tide, the piercing call of birds across distances and lifetimes, the sudden shock of a clear bell ringing deep in the mind, or the glissando of a harp creating a rainbow in the night. Kaija is the composer of twilight and dawn, of days filled with darkness and nights blazing with light, colors shining out of the black, pulsing and ebbing at the edges of perception, the illumination that is only possible in a state of deep despair, the shutting of the eyes that begins a prayer.

Together with Dante's shining angel of gladness, Kaija is writing the soundtrack of an enveloping spiritual crisis.

Of course, the plane of existence on which we find ourselves is on fire, burning with love or hatred, burning with love and hatred, burning with violence, burning with injustice, burning with desire, with yearning, burning with hurt, burning with hope, burning with vision.

We draw back from the flames. The angel sings, "Blessed are pure hearts" in a voice more radiant than ours, more alive. A voice of clarity, compassion, and courage. A voice that we hear inside ourselves. This life force is ringing through the music of Kaija Saariaho, penetrating waves of fear, doubt, panic, and distress.

We stare into the flames transfixed by images of people burning: images of plagues and bombings and poisonings. The messenger is telling us that we

have to walk forward, into the flames, in solidarity with the burning people. As we walk through the flames together, we hear a distant voice, calling us forward, calling to us from the other side of the flames. The distant voice tells us not to stand here and watch, but to listen, to act, to be moved, to move, and to move together towards life. Kaija is writing a melody for that distant voice.

After she had finished speaking
like a lady touched by love she sang:
"*Beati quorum tecta sunt peccata!*"

... And we had not gone far in that direction
When the lady turned and faced me,
Saying: "My brother, look and listen.'

Suddenly a shining brightness
flared through all the forest
so that I thought it must be lightning.

But since lightning is gone even as it flashes
and that light, shining on, became more lustrous,
I asked myself: 'Now what is this?'

The water to my left was all aglow
and like a shimmering glass gave back
an image of my left side if I turned to look.

Through the luminous air there came a melody...

... beneath the green boughs the air before us
seemed to become a blazing fire
and the sweet sound could now be heard as song[2].

Dante *Purgatorio*, Canto XXIX
(translation by Jean Hollander and Robert Hollander)

In Kaija Saariaho's scores, this song is marked "delicato", "impetuoso", "sostenuto", "feroce", "dolcissimo", "lento expressivo", "furioso", "mysterioso", "Secret, translucent", "On fire", "Awakening", "Eclipse", "Heart of Light". The lightning flashes announce the dawn. The air is thick with feeling, memories, dreams, flowers, and fragrance. We are breathing again. The flute is teaching us to breath more deeply – in infinitely rich, long, tender breaths, out of which arise sighs of melancholy, spiritual release, and secret joy.

The strings are scraping, digging, struggling, vibrating at full intensity. The bows do not lie smoothly across the strings. They are searching out a deeper sensuality, maximum contact, total interpenetration, raw, present, conflicted, and sublime. God welcomes the broken spirits and the broken-hearted. Invisible choruses evoke and invoke centuries of invisible lives, human and nonhuman, weather patterns and emotional systems, whispering inside the winds: we must forgive each other. The forests are singing, and the waters. We must move forward and grow together into the Heart of Light.

Peter Sellars is one of the most innovative and influential directors of our time. He came to international attention with a controversial production of the Mozart-Da Ponte trilogy. Sellars boasts important collaborations with composers such as John Adams and Kaija Saariaho, whose productions of *L'Amour de Loin*, *La Passion de Simone* and *Only the Sound Remains* he directed.

Kaija Saariaho

Biografia

Kaija Saariaho è una personalità di spicco di un gruppo di compositori e interpreti finlandesi che, all'apice della carriera, esercitano un'influenza artistica a livello mondiale. Nata a Helsinki nel 1952, si è formata all'Accademia Sibelius con il pioniere modernista Paavo Heininen e, insieme con Magnus Lindberg e altri, ha fondato il gruppo progressista "Ears Open". In seguito, ha proseguito gli studi a Friburgo con Brian Ferneyhough e Klaus Huber, e frequentato i corsi estivi di Darmstadt. Dal 1982, frequenta l'istituto di ricerca IRCAM di Parigi, città che da allora ha eletto a dimora.
All'IRCAM, Kaija Saariaho ha sviluppato tecniche di composizione *computer-assisted* e ha acquisito competenza nel lavoro con il *live electronics*. Un'esperienza che ha influenzato la sua scrittura orchestrale, concentrandosi sulla modellazione di dense masse di suono in lenta trasformazione. Non stupisce, quindi, che il suo primo pezzo orchestrale, *Verblendungen* (1984), preveda un graduale scambio di ruoli tra orchestra e *tape*. Persino i titoli dei due lavori successivi, *Du Cristal* (1989) per orchestra e *live electronics* e *...à la Fumée* (1990) per flauto contralto, violoncello, orchestra e *live electronics*, testimoniano la sua ricerca attorno al colore e alla *texture*.
Prima di iniziare il lavoro all'IRCAM, Saariaho ha approfondito la conoscenza dei compositori della scuola spettrale francese e delle loro tecniche basate sull'analisi informatica dello spettro sonoro. Un approccio analitico che ha ispirato lo sviluppo di un suo metodo personale orientato a creare strutture armoniche complesse, con una notazione dettagliata che fa uso di parziali, microtonalità e di *continuum* sonori, che si estendono dal tono puro al rumore, tutte caratteristiche che si possono ritrovare in una delle sue opere più eseguite, *Graal théâtre* per violino e orchestra o ensemble (1994/'97).
In seguito il suo interesse si orienta verso il genere operistico, ottenendo eccezionale successo. *L'Amour de loin*, su libretto di Amin Maalouf tratto dalla biografia di un trovatore del XII secolo Jaufré Rudel, ha ricevuto ampi consensi alla prima al Festival di Salisburgo nel 2000 in una produzione firmata dal regista Peter Sellars. Tale successo ha fatto meritare alla compositrice il prestigioso Premio Grawemeyer. Nel marzo 2006 *Adriana Mater*, su libretto originale di Maalouf, una combinazione di cruda realtà contemporanea e sogno, viene creata

Biography

Kaija Saariaho is a prominent member of a group of Finnish composers and performers who are now, in mid-career, making a worldwide impact. Born in Helsinki in 1952, she studied at the Sibelius Academy there with the pioneering modernist Paavo Heininen and, with Magnus Lindberg and others, she founded the progressive "Ears Open" group. She continued her studies in Freiburg with Brian Ferneyhough and Klaus Huber, at the Darmstadt summer courses, and, from 1982, at the IRCAM research institute in Paris – the city which has been most of the time her home ever since.

At IRCAM, Saariaho developed techniques of computer-assisted composition and acquired fluency in working on tape and with live electronics. This experience influenced her approach to writing for orchestra, with its emphasis on the shaping of dense masses of sound in slow transformations. Significantly, her first orchestral piece, *Verblendungen* (1984), involves a gradual exchange of roles and character between orchestra and tape. And even the titles of her next, linked, pair of orchestral works, *Du Cristal* (1989) and *...à la Fumée* (1990) – the latter with solo alto flute and cello, and both with live electronics – suggest their preoccupation with colour and texture.

Before coming to work at IRCAM, Saariaho learned to know the French "spectralist" composers, whose techniques are based on computer analysis of the sound-spectrum. This analytical approach inspired her to develop her own method for creating harmonic structures, as well as the detailed notation using harmonics, microtonaly and detailed *continuum* of sound extending from pure tone to unpitched noise – all features found in one of her most frequently performed works, *Graal théâtre* for violin and orchestra or ensemble (1994/'97).

Later Saariaho turned to opera, with outstanding success. *L'Amour de loin*, with a libretto by Amin Maalouf based on an early biography of the twelfth-century troubadour Jaufré Rudel, received widespread acclaim in its premiere production directed by Peter Sellars at the 2000 Salzburg Festival, and won the composer a prestigious Grawemeyer Award. *Adriana Mater*, on an original libretto by Maalouf, mixing gritty present-day reality and dreams, followed, again directed by Sellars, at the Opéra Bastille in Paris in March 2006. *Emilie*, an opera and monodrama for Karita Mattila had its premiere in Lyon in March 2010.

all'Opéra Bastille, ancora con un allestimento di Sellars. *Emilie*, un'opera e monodramma composta per il soprano finlandese Karita Mattila, ha debuttato a Lione nel marzo 2010.
Accanto alla sua produzione operistica, Saariaho ha composto numerosi altri lavori per voce; in particolare l'affascinante *Château de l'âme* (1996), *Oltra mar* (1999) e il ciclo vocale *Quatre instants* (2002), senza tralasciare l'oratorio *La Passion de Simone*, che rappresenta vita e morte della filosofa Simone Weil e che ha partecipato al Festival internazionale "New Crowned Hope" diretto da Peter Sellars nel 2006/07. La versione da camera di questo oratorio è stata presentata in anteprima da La Chambre aux Echos al Melos Ethos Festival di Bratislava nel 2013.
L'esperienza accumulata nella scrittura vocale, ha portato Kaija Saariaho a spostarsi su un linguaggio più limpido, con una nuova vena melodica orientata verso il sistema modale, con schemi formali più regolari. Un cambio di direzione che si ritrova in lavori orchestrali come *Aile du songe* per flauto e orchestra da camera (2001) e lo straordinario *Orion* per grande orchestra (2002), *Notes on Light* (2006) per violoncello e orchestra, e *Laterna Magica* (2008), ispirato all'omonimo volume autobiografico di Ingmar Bergman e composto per Sir Simon Rattle e i Berliner Philharmoniker, *D'OM LE VRAI SENS* (2010), composto per il clarinettista Kari Kriikku, e *Maan Varjot* (2013) per organo e orchestra, per citarne solo alcuni.
Tra le numerose opere per grande e piccolo organico che la Saariaho ha composto negli ultimi anni, emergono due caratteristiche che hanno marcato tutta la sua carriera. La prima è una collaborazione stretta e feconda con artisti come Amin Maalouf e Peter Sellars, ma anche il direttore d'orchestra Esa-Pekka Salonen, la flautista Camilla Hoitenga, il violoncellista Anssi Karttunen, il soprano Dawn Upshaw e i pianisti Emmanuel Ax e Tuija Hakkila. La seconda è un'attenzione, che si coglie sia nella scelta del soggetto e dei testi, sia nella profusione di segni di espressione nelle sue partiture, a rendere la sua musica non un'elaborazione di processi astratti, ma un veicolo di comunicazione di idee, immagini ed emozioni da parte del compositore verso l'ascoltatore.
Kaija Saariaho ha ricevuto i più prestigiosi premi per la composizione: il Premio Grawemeyer, il Premio Wihuri, il Premio Nemmers e il Premio Sonning nel 2011. Nel maggio 2013 le è stato assegnato il Polar Music Prize, mentre nel 2015 è stata membro della giuria del Toru Takemitsu Composition Award. Da sempre appassionata di programmi formativi, nel 2014/2015 Kaija Saariaho è stata mentore musicale della Rolex Mentor and Protégé Arts Initiative e *professor-in-residence* presso la Facoltà di Musica dell'Università di Berkeley.
Nel 2012, su commissione congiunta della Royal Concertgebouw Orchestra, Boston Symphony Orchestra, Gothenburg Symphony Orchestra, Orchestre National de France, Royal Scottish National Orche-

Around the operas there have been other vocal works, notably the ravishing *Château de l'âme* (1996), *Oltra mar* (1999), and the song-cycle *Quatre instants* (2002). And the oratorio *La Passion de Simone*, portraying the life and death of the philosopher Simone Weil, formed part of Sellars's international festival "New Crowned Hope" in 2006/'07. The chamber version of the oratorio was premiered by La Chambre aux échos at the Bratislava Melos Ethos Festival in 2013.
The experience of writing for voices led to some clarification of Saariaho's language, with a new vein of modally oriented melody accompanied by more regular repeating patterns. This change of direction was carried over into orchestral works including *Aile du songe* for flute and chamber orchestra (2001) and the stunning *Orion* for large orchestra (2002), *Notes on Light* (2006) for cello and orchestra and Bergman inspired *Laterna Magica* (2008), written for Sir Simon Rattle and the Berlin Philharmonic Orchestra, *D'OM LE VRAI SENS* (2010) written for clarinettist Kari Kriikku, *Maan Varjot* (2013) for organ and orchestra, among others.
In the profusion of large and small works which Saariaho has produced in recent years, two features which have marked her whole career continue to stand out. One is a close and productive association with individual artists – not least Amin Maalouf and Peter Sellars, as well as the conductor Esa-Pekka Salonen, the flautist Camilla Hoitenga, the cellist Anssi Karttunen, the soprano Dawn Upshaw and the pianists Emmanuel Ax and Tuija Hakkila . The other is a concern, shown equally in her choice of subject matter and texts and in the profusion of expression marks in her scores, to make her music not a working-out of abstract processes but an urgent communication from composer to listener of ideas, images and emotions.
Saariaho has claimed the major composing awards in the Grawemeyer Award, the Wihuri Prize, the Nemmers Prize and in 2011 was awarded the Sonning Prize. In May 2013, Saariaho was awarded the Polar Music Prize. In 2015 she was the judge of the Toru Takemitsu Composition Award. Always keen on strong educational programmes, Kaija Saariaho was the music mentor of the 2014/'15 Rolex Mentor and Protégé Arts Initiative and was in residence at U.C. Berkeley Music Department in autumn 2015.
In 2012, *Circle Map* was commissioned by the Royal Concertgebouw Orchestra, the Boston Symphony Orchestra, Gothenburg Symphony Orchestra, Orchestre National de France, Royal Scottish National Orchestra and Stavanger Symphony Orchestra. The piece was inspired by six poems of Rumi. These poems recited in Persian are used as the material for the electronic part. *Circle Map* was premiered by Amsterdam's Royal Concertgebouw Orchestra conducted by Susanna Mälkki at the Westergasfabriek Gashouder, Amsterdam on 22 June 2012.

stra e Stavanger Symphony Orchestra, ha composto *Circle Map*, pezzo ispirato da sei poesie di Rumi che, recitate in persiano, sono state impiegate come materiale per la parte elettronica. Questa composizione è stata eseguita per la prima volta dalla Royal Concertgebouw Orchestra diretta da Susanna Mälkki alla Westergasfabriek Gashouder ad Amsterdam il 22 giugno 2012.
Nel 2015 il ciclo *True Fire* è stato eseguito in prima assoluta dal baritono Gerald Finley con la Los Angeles Philharmonic diretta da Gustavo Dudamel. La prima della sua opera *Only the Sound Remains* ha avuto luogo nel marzo 2016 alla Dutch National Opera, mentre il concerto per arpa *Trans* è stato presentato in prima assoluta nell'agosto 2016 da Xavier de Maistre e dalla Tokyo Symphony Orchestra diretta da Ernest Martínez-Izquierdo alla Suntory Hall di Tokyo. Nel febbraio 2017 a Parigi il suo lavoro compositivo è stato al centro della programmazione Festival Presences.
La prima assoluta di *Vista*, commissionata da Helsinki Philharmonic Orchestra, Berliner Philharmoniker, Oslo Philharmonic e Los Angeles Philharmonic Association, è stata eseguita dalla Helsinki Philharmonic sotto la direzione di Susanna Mälkki nel maggio 2021. La sua ultima opera, *Innocence*, è stata presentata in prima mondiale al Festival d'Aix-en-Provence nel luglio 2021.

In 2015 *True Fire* was premiered by Gerald Finley and the Los Angeles Philharmonic, conducted by Gustavo Dudamel. Her opera *Only the Sound Remains* was premiered in March 2016 at the Dutch National Opera. Kaija Saariaho's harp concerto *Trans* was given its world premiere in August 2016 by Xavier de Maistre and the Tokyo Symphony Orchestra, conducted by Ernest Martinez-Izquierdo. February 2017 saw Paris enlivened with her work when she was featured composer at the Festival Presences.
Kaija Saariaho's *Vista* – co-commissioned by the Helsinki Philharmonic Orchestra, the Berlin Philharmonic, the Oslo Philharmonic and the Los Angeles Philharmonic Association – received its premiere by the Helsinki Philharmonic, conducted by Susanna Mälkki, in May 2021.
Her new opera, *Innocence*, received its world premiere at the Festival d'Aix-en-Provence in July 2021.

foto di / photo by © Sebastian-Berger

Leone d'Argento
Silver Lion

Neue Vocalsolisten

Il Leone d'Argento ai Neue Vocalsolisten

I Neue Vocalsolisten sono il più importante e rappresentativo ensemble vocale dedito alla musica contemporanea. L'ensemble è composto da sette solisti eccezionali, le cui interpretazioni si distinguono per teatralità ed efficacia drammaturgica, lasciando emergere la peculiarità di ogni voce e la forte personalità di ogni componente del gruppo.
Johanna Vargas, soprano, Susanne Leitz-Lorey, soprano lirico, Truike van der Poel, mezzosoprano, Daniel Gloger, controtenore, Martin Nagy, tenore, Guillermo Anzorena, baritono, e Andreas Fischer, basso, hanno formato un ensemble che è anche laboratorio sperimentale sulla drammaturgia vocale e gruppo aperto di discussione sulle tecniche vocali contemporanee e sul significato del canto d'insieme nella sua prospettiva storica e potenzialità futura. La manager e direttrice artistica dell'ensemble, Christine Fischer è una delle persone più appassionate e competenti attive nell'ambito della musica contemporanea europea e ha creato un dialogo fertile con tre generazioni di compositori di diversa provenienza e diversa tendenza stilistica, contribuendo a far emergere dal silenzio tanti giovanissimi compositori e compositrici.
I Neue Vocalsolisten stabiliscono con ogni compositore un rapporto di collaborazione nella ricerca vocale, complicità nell'ideazione drammaturgica e condivisione dello spirito di avventura e curiosità che li caratterizza. Per grandi compositori contemporanei i Neue Vocalsolisten hanno rappresentato un laboratorio per la voce e per le più ampie e articolate tecniche vocali, una palestra straordinaria che conduce alla scrittura operistica.
I risultati più importanti del loro incessante lavoro di commissione di nuovi lavori si evidenziano in particolare nella monumentale *Wölfli Kantata* di Georges Aperghis per ensemble vocale e coro del 2005, nel capolavoro di Salvatore Sciarrino *Carnaval* per ensemble vocale ed ensemble strumentale composto nel 2011, e nei progetti di teatro vocale di Sergej Newski.

Lucia Ronchetti

The Silver Lion
awarded to the Neue Vocalsolisten

The Neue Vocalsolisten are today the most important and influential vocal ensemble in the field of contemporary music. The ensemble consists of seven exceptional soloists whose interpretations stand out for their theatricality and dramatic effectiveness, the characteristics of each individual voice and the strong personality of each member of the group clearly emerging in performance.
Johanna Vargas, soprano, Susanne Leitz-Lorey, lyric soprano, Truike van der Poel, mezzosoprano, Daniel Gloger, countertenor, Martin Nagy, tenor, Guillermo Anzorena, baritone, and Andreas Fischer, bass, have formed an ensemble which is also an experimental laboratory for vocal dramaturgy and an open discussion group for questions concerning contemporary vocal techniques and the significance of their singing together both in a historical perspective and in terms of their future potential. The manager and Artistic Director of the ensemble, Christine Fischer, one of the most dedicated, enthusiastic and competent figures in the world of European contemporary music, has been able to create a fertile dialogue with three generations of composers from different national and stylistic backgrounds, and has enabled many young composers to emerge from silence and find their voice.
The Neue Vocalsolisten establish a close collaborative relationship with each composer with whom they work that includes vocal research, involvement in the dramatic conception of the piece, and a shared spirit of adventure and curiosity. For the major composers of today the Neuevocalsolisten have proved a laboratory for the voice and for the widest and most diverse vocal techniques, as well as an extraordinary testing ground for operatic writing.
The most significant results of their steady stream of commissions for new works include the monumental *Wölfli Kantata* for vocal ensemble and choir (2005) by Georges Aperghis, Salvatore Sciarrino's masterpiece *Carnival* for vocal ensemble and instrumental ensemble (2011), and the vocal theatre projects of Sergej Newski.

Lucia Ronchetti

Björn Gottstein

Esplicito, inesprimibile
I Neue Vocalsolisten

Una delle mancanze del linguaggio è che non si è adattato del tutto ad alcune delle innovazioni avvenute in ambito musicale. Al momento di descrivere la varietà di suoni prodotta dall'apparato vocale ci si scontra inevitabilmente con una carenza di parole adatte. Naturalmente sarebbe possibile tentare di celebrare la forma d'arte praticata dai Neue Vocalsolisten utilizzando espressioni come "sibilare", "gargarizzare" o "balbettare", ma sono termini che non trasmettono un particolare apprezzamento della qualità musicale dei suoni in questione: appaiono piuttosto presi in prestito dal campo della patologia. Per questo, di fronte al compito di rendere omaggio all'arte di un ensemble come i Neue Vocalsolisten, ci si trova a corto di parole prima ancora di iniziare.
Perché l'arte dei Neue Vocalsolisten è tanto unica da negarsi addirittura all'espressione verbale? In breve, si potrebbe dire, i Neue Vocalsolisten hanno sviluppato un genere tutto loro. La musica vocale polifonica solitamente è eseguita da gruppi che rientrano nella categoria dei cori o degli ensemble vocali omogenei. L'idea che i cantanti di Stoccarda hanno sviluppato al termine degli anni Novanta è stata davvero rivoluzionaria nel superare questo paradigma. Nati dal desiderio di impegnarsi in profondità nell'arte a cui avevano dedicato la propria vita, i Neue Vocalsolisten hanno parallelamente intensificato il proprio impegno nella creazione della musica. Furono i membri dell'ensemble Angelika Luz, Daniel Gloger e Andreas Fischer a istituzionalizzare, a partire dal loro lavoro quotidiano con le partiture contemporanee, una speciale *non*-divisione del lavoro e *de*-alienazione del processo lavorativo attraverso il proprio coinvolgimento nel processo di creazione musicale come personalità tutte d'un pezzo. Si era ormai stanchi di "comunicare principalmente con il leggio", per usare l'immagine calzante utilizzata in un'occasione da Angelika Luz. In seguito a ciò i cantanti chiesero di prendere parte attiva, cercando il dialogo con i compositori, aumentando significativamente il tempo di prova e soprattutto ampliando le loro stesse abilità e potenzialità. Nel 2000 l'ensemble ha mostrato per la prima volta la sua nuova faccia, e chiunque abbia ascoltato la prima assoluta di brani come *Nein allein* di Carola Bauckholt e *Anatra al sal* di Lucia Ronchetti è stato testimone nientemeno che della nascita di una nuova forma d'arte alla quale, sempre per mancanza di parole adatte, abbiamo

dato il nome di musica vocale da camera, mettendo l'accento sul carattere individuale delle parti e sull'intimità della situazione.
Il risultato di questo spostamento di paradigma è che ogni compositore che ha scritto per i Neue Vocalsolisten ha prodotto musica pensata, più che per sette voci, per sette personalità. La personalità di un cantante si manifesta in molti modi. Prima di tutto c'è la voce, che comprende la tecnica vocale, il timbro ed il tipo di ruolo. Poi vengono l'aspetto fisico, l'arguzia e l'umorismo. Il modo in cui entra e si mostra sul palcoscenico. Non si rende giustizia all'ensemble se ci si limita a definire Andreas Fischer un *basso profondo* e Martin Nagy un *tenore leggero*. Perché si tralascia il riferimento all'asciutta ironia e alla laconicità tragica con cui Fischer può restituire una parte, alla flessibile agilità con cui Nagy si muove sul palcoscenico.
Che i brani per i Neue Vocalsolisten siano scritti per sette personalità naturalmente non significa che non possano essere eseguiti da altri; ma la personalità dei cantanti deve diventare una parte integrante della performance. Né d'altronde i Neue Vocalsolisten eseguono solo brani scritti espressamente per loro. Uno dei brani più importanti del loro repertorio fu anzi composto proprio *ante litteram: A-ronne* di Luciano Berio, scritto nel 1975 per cinque attori vocali, crea uno spazio scenico in cui i cantanti devono dispiegare la loro arte in tutta la sua varietà, dal canto alla recitazione a tutte le altre sfaccettature dell'esibizione vocale e fisica sul palco. Non sorprende dunque che questo brano sia diventato uno standard nel repertorio dei Vocalsolisten.
Ci si potrebbe chiedere: come si è sviluppata l'arte dei Neue Vocalsolisten nei due decenni trascorsi? Innanzitutto bisogna prendere in considerazione il corpo delle composizioni realizzate per l'ensemble. Non c'è un compositore famoso che non abbia scritto per loro: da Georges Aperghis a Walter Zimmermann, un corpus di capolavori ormai divenuti paradigmatici del repertorio moderno. Ma altrettanto o forse più importante è l'idea di costante rinnovamento intrinseca nell'*ethos* dei Vocalsolisten. Visitando in un giorno qualunque il Theaterhaus, la sede dei Vocalsolisten a Stoccarda, è probabile che capiti di incontrare uno o l'altro dei molti giovani compositori con i quali i cantanti stanno lavorando al momento. Nel corso dei workshop e delle audizioni i cantanti trasmettono la loro conoscenza ed allo stesso tempo imparano a conoscere le necessità della generazione più giovane.
La musica scritta per loro propende spesso verso una dimensione scenica e teatrale. Nella storia dei Vocalsolisten ci sono state produzioni teatrali grandi e piccole, tra cui *Shadowtime* di Brian Ferneyhough e *Buenos Aires* di Simon Steen-Andersen, il video *Freizeitspektakel* di Hannes Seidl e Daniel Kötter e una moltitudine di dialoghi e bozzetti. Ci sono state situazioni performative aperte più simili a giochi che a composizioni. Ci sono state performance durante le quali le azioni e i movimenti nello spazio sono diventate più importanti del canto in sé. Non tutti questi brani sono entrati a far parte del repertorio. Ma non è esattamente questo il senso? Non smettere mai di provare, cercare, scoprire, sperimentare?

Bisogna aggiungere che tutto questo diventa possibile grazie a condizioni ideali: tra queste la presenza di una propria sede, che comprende uno spazio per provare e perfino piccoli alloggi per gli ospiti. Inoltre non si darà mai troppa importanza al ruolo che nel progetto svolge la manager dell'ensemble, Christine Fischer, che un tempo è stata membro del gruppo ma dal 1985 ne gestisce e dirige la linea artistica, non solo commissionando i brani e invitando giovani artisti ma anche organizzando i circa sessanta concerti in cui i Vocalsolisten si esibiscono ogni anno. E assicurando così non solo la presenza internazionale del gruppo ma anche il legame quasi familiare tra i cantanti che si può creare soltanto attraverso esibizioni regolari.
Il Leone d'Argento assegnato quest'anno ai Neue Vocalsolisten per i loro straordinari meriti nell'ambito della musica contemporanea vocale è un riconoscimento annunciato e atteso da tempo. La musica che fanno, e il modo in cui la fanno, è un arricchimento indispensabile delle arti del nostro tempo. L'unica cosa che sembra mancare sono le parole adatte con cui rendere giustizia alla loro attività e descrivere e significare realmente ciò che questi cantanti hanno fatto e stanno facendo.

Björn Gottstein ha studiato Musicologia, Filologia germanica ed Economica politica. Come giornalista e critico musicale ha firmato articoli per quotidiani e riviste tedesche e internazionali. Inoltre è produttore radiofonico per la musica contemporanea presso la SWR di Stoccarda. Dal 2009 al 2013 ha presieduto Initiative Neue Musik di Berlino, dal 2013/'14 ha codiretto il Festival ECLAT di Stoccarda e dal 2015 è Direttore Artistico del Festival Donaueschinger Musiktage.

(accel.)
Più agitato, ma dolce ♩ = c.90
Picc.
Fl.
Ob.
Cl.
Bsn.
Tpt.
Hn.
Tbn.
Tuba
Perc. I
Perc. II
Perc. III
Timp.
Harp
Pno.
poco ped.
S.
A.
T.
B.
Vln. I
Vln. II
Vla
Vlc
D.B.
S.P.
N
attacca

Björn Gottstein

Outspoken, unutterable
The Neue Vocalsolisten

One of the shortfalls of language is that it hasn't properly adapted to some of the innovations in the field of music. There is an apparent lack of words when it comes to describing the variety of sound produced by the vocal apparatus. Of course, one could attempt to praise the art form of the Neue Vocalsolisten by using verbs like "hissing", "gargling" or "stuttering", but these are terms that are not particularly appreciative of the musical quality of the sounds, but rather borrowed from the field of pathology. So when one's task is to honour the art of an ensemble like the Neue Vocalsolisten, one is at a loss before one has even begun.

Why is the art of Neue Vocalsolisten so unique that it denies itself to language? In a nutshell, one might say that Neue Vocalsolisten have developed a genre of their own. Polyphonic vocal music is usually performed by groups that are best described either as a choir or as a homogenous vocal ensemble. The idea the singers from Stuttgart developed at the end of the 1990s is truly revolutionary in overcoming this paradigm. Born from the desire to engage deeply in the art they had devoted their life to, they intensified the degree of engagement in the making of music. It was the ensemble members Angelika Luz, Daniel Gloger, and Andreas Fischer who from their daily work with contemporary scores institutionalized a particular *non*-division of labour and the *de*-alienation of the working process by involving themselves in the music making as self-standing personalities. One had become tired of "mainly communicating with the music stand" as Angelika Luz once aptly put it. As a result, the singers asked to partake, seeking a dialogue with the composers, significantly increasing the amount of rehearsal time, and above all broadening their own skills and potential. In 2000, the thus refaced ensemble presented itself for the first time, and whoever heard the premiere of pieces like Carola Bauckholt's *Nein allein* and Lucia Ronchetti's *Anatra al sal* witnessed nothing less than the becoming of a new art form, which we, due to yet another lack of words, have come to call vocal chamber music, stressing the individuality of the parts and the intimacy of the situation.

The result of this paradigm shift is that every composer who has written for Neue Vocalsolisten is not in fact writing music for seven voices but rather for

seven personalities. This personality of a singer unfolds in many ways. There is above all the voice, including the technique and the range, its timbre and its role character. There is the physical appearance, the wit and the humour. The way one enters and and poses on stage. You are not doing justice to the ensemble by just declaring Andreas Fischer to be a *basso profondo* or Martin Nagy a *tenore leggero*. Because you are missing the dry humour and the tragic laconism with which Fischer can revet a part, the pliable agility with which Nagy moves on stage.

That the pieces for Neue Vocalsolisten are written for seven personalities, does, of course, not mean that they cannot be performed by others; but the personality of the singer has to become an integral part of the performance. Nor do the Neue Vocalsolisten only perform pieces written explicitly for them. In fact, one of the most important pieces of their repertoire was literally written *avant la lettre*; Luciano Berio's *A-ronne*, written in 1975 for five voice actors, opens a platform for the singers to unfold the variety of their art from singing to acting and all other facets of performing vocally and physically on stage. It is thus not surprising that this piece has become a standard in the Vocalsolisten's repertoire.

How, may one ask, has Neue Vocalsolisten's art developed in the two decades since? First, there is the body of works that have been written for the ensemble. There is not a composer of fame that has not written for them: from Georges Aperghis to Walter Zimmermann, a whole body of masterpieces that have become paradigms of the modern repertoire. But just as and maybe even more important is the idea of constant renewal as part of the Vocalsolisten's *ethos*. You may visit the Theaterhaus, the Vocalsolisten's residence in Stuttgart, on any day and you will probably meet one of many young composers with whom the singers are working. In workshops and tryouts the singers pass on their knowledge while at the same time coming to an understanding of the needs of a younger generation.

Often the music written for them leans toward the scenic and the theatrical. There have been major and miniature theatre productions, from Brian Ferneyhough's *Shadowtime* and Simon Steen-Andersen's *Buenos Aires* and Hannes Seidl's and Daniel Kötter's film based *Freizeitspektakel* to dialogues and sketches. There have been open performative situations that resemble a game more than a composition. There have been performances where the movement in space, the actions taken become more important than the actual singing. Not everyone of these pieces becomes part of the repertoire. But is that not exactly what it is about? About never stop trying, searching, discovering, experimenting?

One must add, that all of this becomes possible under ideal conditions, with a venue of their own, including rehearsal spaces, and even small rooms to accommodate guests. And it is probably not possible to overestimate the role that the ensemble's manager plays in the concept, Christine Fischer, who was once a member of the group herself but has now been managing and directing

the artistic alignment of the group since 1985, not just commissioning pieces and inviting young artists, but also arranging the sixty or so concerts that the Vocalsolisten perform each year, assuring not just the international presence of the group but also the family-like ties among the singers that comes only with regular performances.
When the Neue Vocalsolisten are awarded this year's Silver Lion for their outstanding merits in the field of contemporary vocal music one might say that this is absolutely overdue. The music they make and the way they make it is an indispensable enrichment of the arts of our time. The only thing that seems to be missing is the suitable vocabulary with which one might do justice to their trade and might actually describe and signify that which these singers have been and are doing.

Björn Gottstein studied musicology, Germanic philology and political economy. As a journalist and music critic he has authored articles for German and international newspapers and magazines. He is also a radio producer for contemporary music at SWR in Stuttgart. Between 2009 and 2013 he was the chairman of the Initiative Neue Musik Berlin, from 2013/'14 he co-directed the ECLAT Festival in Stuttgart and since 2015 he has been Artistic Director of the Donaueschinger Musiktage.

Più calmo, misterioso
Picc.
Ob
Cl
Bsn.
Hn.
Perc. I
Perc. II
vibraphone
(poco ped.)
Perc. III
Timp.
Harp
Pno.
(intensive whispering)
ryth-me des
ryth-me des
pas - si - ons
pas - si - ons.
Le temps,
S.
A.
T.
B
Vln I
Vln. II
Vla.
Vlc.
D.B.
S.P.
N
arco
gliss.

Neue Vocalsolisten

Biografia

—

I sette cantanti dei Neue Vocalsolisten si considerano esploratori alla continua ricerca di nuove forme di espressione vocale tramite lo scambio costante con i compositori. Al centro c'è la collaborazione con artisti in grado di utilizzare sapientemente le potenzialità dei media digitali, desiderosi di lavorare in rete, inclini a giocare con i generi e capaci di dissolvere spazio, prospettive e funzioni. I progetti dell'ensemble sono caratterizzati da una interdisciplinarietà fuori dal comune che unisce teatro musicale, performance, installazioni e messa in scena di concerti. Con oltre trenta prime mondiali all'anno il lavoro dell'ensemble è riconosciuto nel panorama internazionale della musica vocale contemporanea come unico e all'avanguardia.

In virtù di tutto questo, i Neue Vocalsolisten hanno creato il genere del teatro musicale vocale da camera annoverando lavori di Georges Aperghis, Carola Bauckholt, Luciano Berio, Francesco Filidei, Luca Francesconi, Gordon Kampe, Mischa Käser, Sarah Nemtsov, Sergej Newski, Lucia Ronchetti, Katharina Rosenberger, Oscar Strasnoy e Claude Vivier, solo per citarne alcuni. Inoltre collaborano regolarmente con altri ensemble e orchestre specializzate di alto profilo, teatri d'opera internazionali, la scena teatrale indipendente, studi di elettronica così come con numerosi organizzatori di festival e concerti di nuova musica in tutto il mondo.

I Neue Vocalsolisten amano collaborare spesso con artisti di generi e culture musicali di origine extraeuropea. È così che nel 2014 insieme a dodici compositori del Mediterraneo hanno dato vita al progetto "Mediterranean Voices" che con il suo suono unico frutto dell'incontro tra la musica d'autore europea e le tradizioni musicali del Mediterraneo, ancora oggi emoziona profondamente le persone di moltissimi Paesi.

Nel 2021 con il progetto VOICE AFFAIRS i Neue Vocalsolisten intraprendono un percorso di contaminazione artistica in cui la musica contemporanea si fonde con la diversità della scena musicale sperimentale libanese.

Il sodalizio tra i cantanti dell'ensemble ed otto artisti di Libano, Egitto, Palestina ed Israele dà voce al racconto della varietà, contraddittorietà, esplosività e poesia di questo spazio culturale attraverso il prisma della composizione, della musica elettronica, della Sound Art, dell'improvvisazione e del pop sperimentale.

Biography

Neue Vocalsolisten's seven singers see themselves as explorers in constant search of new forms of vocal expression via an ongoing exchange with composers. Working together with artists capable of making skilled use of digital media's potential is centre-stage together with a desire to network, an inclination to play around with genres and an ability to break down spaces, perspectives and functions. The ensemble's projects take an unusual interdisciplinary form combining musical theatre, performance, installations and concerts. With over thirty world premières per year the ensemble's work is seen as unique and avant-garde in the contemporary international vocal music panorama.
On the strength of all this, Neue Vocalsolisten created the vocal chamber musical theatre genre with the work of Georges Aperghis, Carola Bauckholt, Luciano Berio, Francesco Filidei, Luca Francesconi, Gordon Kampe, Mischa Käser, Sarah Nemtsov, Sergej Newski, Lucia Ronchetti, Katharina Rosenberger, Oscar Strasnoy and Claude Vivier, to cite just a few. They also work regularly with other high profile specialised ensembles and orchestras, the independent theatre scene and electronic studios, as well as participating in a great many new music festivals and concerts the world over.
Neue Vocalsolisten love to work together, often with artists from non-European musical genres and cultures. And so it was that in 2014, together with twelve Mediterranean composers, they set up the "Mediterranean Voices" project whose unique sound arising at the crossroads between European art house music and Mediterranean musical traditions still touches the hearts in a great many countries.
In 2021, with the project VOICE AFFAIRS, Neue Vocalsolisten embarked on an artistic cross fertilisation process in which contemporary music melded with the diverse Lebanese experimental music scene. The partnership between the ensemble's singers and eight artists from Lebanon, Egypt, Palestine and Israel gave voice to the variety, contradictory nature, explosivity and poetry of this cultural space via the prism of composition, electronic music, Sound Art, improvisation and experimental pop.

A Stoccarda i Neue Vocalsolisten continuano la loro serie *Magical Spaces*, cominciata alla fine del 2020, nella quale, insieme a tre giovani web designer e sfruttando tutte le potenzialità dei media digitali, sperimentano nuove modalità di performance, tra percezione analogica e digitale, adatte allo scenario indotto dalla crisi sanitaria. Le prime esecuzioni assolute di questa serie sono *Echokammern* di Raed Yassin (31 Marzo) e *Modular perspectives* di Juliana Hodkinson (fine maggio 2021). Per l'estate del 2021 è prevista a Stoccarda la prima del teatro musicale *Die Einfachen* di Sergej Newski.
Sono numerose le prime assolute programmate per il 2021, tra cui quelle dei lavori di Cynthia Zaven, Raed Yassin, Dániel Péter Biró, Aya Metwalli, Samir Odeh-Tamimi, Youmna Saba, Manolis Manousakis, Christian Mason, Alessandro Bosetti, Juliana Hodkinson, Sergej Newski e George Lewis.

In Stuttgart Neue Vocalsolisten are continuing with their *Magical Spaces* series, begun at the end of 2020 in which they exploit the potential of digital media together with three young web designers, experimenting with new performance approaches hovering between analogue and digital and suited to the scenario ushered in by the health crisis. The very first performances in this series were Raed Yassin's *Echokammern* (31 March) and Juliana Hodkinson's *Modular perspectives* (late May 2021). The première of Sergej Newski's music theatre *Die Einfachen* is planned for the summer of 2021 in Stuttgart.
The world premieres planned for 2021 are numerous, including works by Cynthia Zaven, Raed Yassin, Dániel Péter Biró, Aya Metwalli, Samir Odeh-Tamimi, Youmna Saba, Manolis Manousakis, Christian Mason, Alessandro Bosetti, Juliana Hodkinson, Sergej Newski and George Lewis.

Saggi analitici
Analytical essays

Il Festival *Choruses* intende presentare aspetti e risultati della teoria e della ricerca analitica relativa alla musica contemporanea, riconoscendo un ruolo fondamentale e imprescindibile al lavoro dei musicologi, giornalisti e analisti musicali. Il *logos* intorno alla musica e alla creatività musicale contemporanea è difficile e complesso e ogni evento teorico, dibattito, conferenza, introduzione e dialogo rientra nel programma del Festival come evento in sé, allo stesso livello comunicativo dei concerti.

La Biennale di Venezia ha commissionato due articoli analitici a due musicologi esperti nello studio dei linguaggi musicali contemporanei.

Ingrid Pustijanac, Professore Associato all'Università di Pavia, e Camille Lienhard, ricercatore all'Università di Strasburgo, hanno analizzato due capolavori della musica corale contemporanea, *Oltra mar* di Kaija Saariaho e la *Wölfli Kantata* di Aperghis. I loro testi sono concepiti per lettori non specialisti che volessero entrare nel vivo del laboratorio compositivo ordito dai due grandi compositori. La presenza di questi due testi nel programma è, al pari di un'esecuzione, un'esposizione non performativa ma determinante, che intende generare interesse e discussione su alcuni dei grandi affreschi sonori corali degli ultimi vent'anni.

La creatività musicale contemporanea offre infatti un vasto orizzonte di ricerca stilistica, secondo diverse intenzioni espressive non traducibili in linguaggio verbale. I due saggi analitici costruiscono un ponte virtuale tra la cripticità del linguaggio musicale, assoluto e non translitterabile, e l'esperienza dell'ascoltatore, anche unica e non trasferibile a parole. I due analisti musicali elaborano la propria strategia di indagine e sollecitano con riferimenti tecnici e puntuali l'attenzione del lettore sull'arte di costruire cattedrali acustiche, per una realtà musicale che vuole essere una testimonianza scritta di un'esperienza d'ascolto unica che possa essere tramandata e non più un'*Ars moriendi* come descritta da Adam de Fulda nel 1400, un'arte destinata a vanificarsi nel tempo.

I due saggi che seguono offrono una visione tecnica di due straordinarie partiture destinate ad essere storicizzate in un futuro non lontano.

Lucia Ronchetti

The purpose of the *Choruses* Festival is to showcase various different aspects of music theory and the results of analytical research in the field of contemporary music in recognition of the fundamental and indispensable role played by the work of musicologists, journalists and music analysts. The *logos* around contemporary music and musical creativity is a difficult and complex one, and each of the events involving music theory, each debate, conference, introductory lecture and dialogue is itself an integral part of the Festival programme, of equal importance at a communicative level as the concerts.
La Biennale di Venezia has commissioned analytical articles from two musicologists, both of whom are experts in the field of contemporary musical languages.
Ingrid Pustijanac, Senior Lecturer at the University of Pavia, and Camille Lienhard, Research Fellow at Strasbourg University, have analysed two contemporary choral music masterpieces, Kaija Saariaho's *Oltra mar* and Aperghis's *Wölfli Kantata*. Their texts are written for a non-specialist readership wishing to gain an insight into the compositional methods and processes of these two great composers. The presence of these two texts in the programme is on a par with a performance, a non-performative but authoritative exposition designed to generate interest and discussion around two of the great choral sound canvases of the last twenty years.
Contemporary musical creativity offers a vast horizon for stylistic research, not least because of the wealth of different expressive intentions which cannot easily be translated into verbal language. The two analytical essays build a virtual bridge between the cryptic, absolute and non-transliterable nature of musical language and the listener's experience, which is itself unique and non-transferable through the medium of words. The two music analysts develop their own research strategies and, with their precise technical observations, raise the readers awareness of the art of building cathedrals in sound; the result is a musical reality designed to provide written testimony of a unique listening experience which can be passed on, rather than the *Ars moriendi* described by Adam de Fulda in 1400, an art destined to disappear over time.
The two essays which follow offer a technical vision of two extraordinary scores which are destined to become classics of their own time.

Lucia Ronchetti

Ingrid Pustijanac

Oltra mar di Kaija Saariaho. Una musica per l'alba dell'umanità

Di fronte a un compito immenso come quello di comporre un "Messaggio per il Millennio" – come recitava la commissione da parte della New York Philharmonic Orchestra rivolta a Kaija Saariaho e ad altri cinque compositori (Thomas Adès, Somei Satoh, Hans Werner Henze, John Corigliano e Giya Kancheli) – il pensiero non poteva che volare con forza e forse con un po' di timore reverente verso i grandi temi dell'umanità. La compositrice finlandese infatti sceglie di costruire un grande affresco vocale-orchestrale articolato in sette preludi (come recita il sottotitolo del brano), che raccontano l'esperienza umana metaforicamente descritta come una traversata marittima. Anche se sono stati dotati di titoli tutti e sette i movimenti, sono quelli dispari a esprimere con i mezzi musicali memori della grande tradizione della pittura sonora il tema dell'acqua ("I. Partenza", "III. Onde", "V. Ricordo delle onde", "VII. Arrivo"). Sebbene tutti e quattro utilizzino la compagine corale, il coro non intona alcun testo ma partecipa alla creazione della ricchissima tavolozza che la compositrice dispone con accuratissima e minuziosa cesellatura di ogni singola componente armonica e strumentale. La rinuncia alla costruzione della grande forma intesa come un unico arco di metamorfosi armonico-timbriche, caratteristica questa delle sue opere orchestrali precedenti come *Du cristal* (1990), *...à la fumé* (1990) o *Graal théatre* (1994), conferisce a *Oltra mar* una forza espressiva nuova. Lo si evince già dai gesti iniziali del primo movimento ("Départ" / "Partenza"), che con maestosa e quasi inesorabile ciclicità ripete lo stesso spettro armonico – scaturito dalla fondamentale di *fa diesis* espressa dagli strumenti più gravi dell'orchestra come contrabbassi, pianoforte, arpa, tuba e tromboni – reso sempre più ricco e pieno grazie al sapiente uso della tecnica della cosiddetta 'sintesi strumentale' che vede l'aggiunta delle voci strumentali o vocali in posizioni determinate dello spazio acustico con l'intenzione di conferire una colorazione particolare al timbro globale (si veda la **fig.1**). Gli effetti di questa tecnica si possono percepire sin dalle prime battute in cui la sezione dei contralti (raddoppiata dal pianoforte, arpa, viole e corni) entra con un *mi naturale*, settimo armonico dello spettro di *fa diesis*, modificando la stabilità e il colore del gesto iniziale dominato dalla quinta vuota (*fa diesis-do diesis*).

A ogni ripetizione del campo iniziale si aggiungono parziali armoniche sempre più lontane (come il *si*^{3} o il *sol diesis*^{4}, le prime a essere stabilmente aggiunte al campo). Il movimento si fa prima mosso, poi agitato, per chiudere bruscamente nel momento della massima intensità armonica e ritmica con una sezione emblematicamente indicata come "Furioso".

Fig.1
Kaija Saariaho, *Oltra Mar* – I. Dèpart. Riduzione armonica delle battute iniziali (1-5)

Il secondo preludio ("Amour" / "Amore") sopraggiunge come un'improvvisa implosione della furia della sezione precedente. Esso si configura inizialmente come una contemplazione del vuoto creato da un pedale armonico di due altezze polarizzate agli estremi dell'estensione (*si*$_\flat$ grave e *si naturale* armonico dei violini primi acuto). Ma ben presto, questo spazio vuoto accoglie il messaggio poetico, la cui dimensione universale e simbolica viene affidata al testo di una delle quartine ermetiche più famose del poeta mistico persiano Abū Sa'īd (967-1049). La musica si fa più generosa e si riempie di armonia densa (negli archi, pianoforte e arpa), che avvolge una scrittura delle parti corali più mossa e fittamente intrecciata grazie alla suddivisione delle voci femminili (le uniche che pronunciano il testo), sostenute dalla tecnica di *tutti divisi* nella sezione dei legni che fungono da spazio di proiezione ai gesti melodici vocali. Il mondo sonoro traslucente di questo preludio, unito al campo armonico dominato dalla fondamentale spettrale di *si*$_\flat$, anticipano gesti che in quegli stessi anni la compositrice stava mettendo a punto per la caratterizzazione di Clémence, uno dei tre personaggi della sua prima opera scenica *L'amour de loin* (2000), con cui *Oltra mar* è strettamente connesso.

Dai brandelli delle cellule melodiche del secondo preludio, attraverso la riduzione alle sole due altezze alternate (la figura della nota di volta), si genera il movimento del terzo preludio che riprende il tema della traversata ("Vagues" / "Onde"). Lo spazio armonico è nuovamente delineato attraverso la massima fusione tra parti strumentali e quelle vocali, che compiono un minimo movimento di espansione nel corso del brano, contrapponendo allo strato di campi armonici tenuti (si veda la riduzione nella **fig.2**) le increspature di superficie affidate al pianoforte, arpa e percussioni.

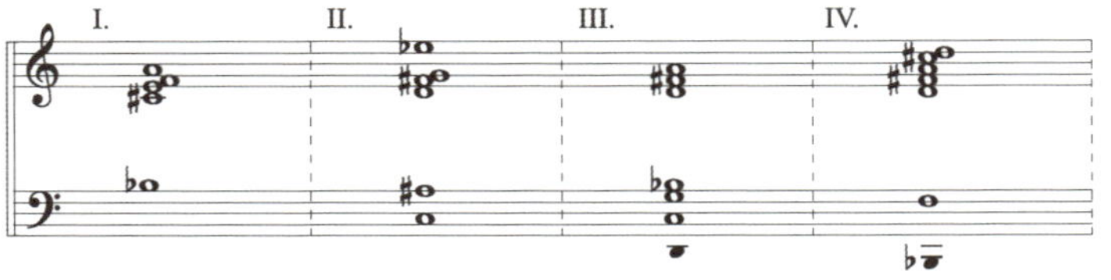

Fig.2
Kaija Saariaho, *Oltra mar* – II. Vagues. Percorso armonico del coro (le note nere indicano l'estensione dello spettro armonico operata dalle parti strumentali)

Il quarto preludio ("Temps" / "Tempo") si inserisce senza soluzione di continuità nel moto 'striato' dalla scansione in sedicesimi del brano precedente. Mantenendo la stessa indicazione metronomica (semiminima = c. 90) e riducendo progressivamente il movimento di note alternate a note ribattute (soprattutto nella parte delle percussioni e degli archi) si rafforza l'immagine del tempo cronometrico. L'eterna questione dello scorrere del tempo viene qui affidata alle parole dell'astronomo, matematico, filosofo e poeta persiano dell'XI secolo, Omar Khayyam, personaggio principale del romanzo *Il manoscritto di Samarcanda* dello scrittore franco-libanese Amin Maalouf e autore del libretto dell'opera *L'amour de loin*[1]. La frase intonata dal coro raccoglie in modo superbo due delle principali preoccupazioni della compositrice. Da una parte vi è il tema della luce, fortemente intersecato con lo scorrere del tempo del tutto singolare alle latitudini natali della compositrice finlandese[2] ma anche strettamente connesso con la tecnica compositiva spettrale che Saariaho ha trasformato col tempo in un linguaggio sempre più suggestivo e di cui *Oltra mar* ne è un esempio magistrale. Dall'altra emerge la questione dello spessore del tempo che viene modulato grazie all'intensità del vissuto, per dirla con Bergson. Questa immagine si traduce in una narrazione musicale che vede il ticchettio di ostinati ritmici di varie densità, su cui si stagliano i maestosi *memento mori* corali che, su un ampio accordo potente e immutabile (*sol*^{1}*-mi bemolle*^{2}*-la*^{3}*-fa*^{4}) preceduto da quinta vuota *re*^{2}*-la*^{3}, intonano ripetutamente la parola "le temps". Le sezioni intermedie vedono invece alternarsi di gesti melodici di spiccata cantabilità e quelli più percussivi del bisbigliando (*intensive whispering*).
Ancora più monolitico, quasi pietrificato risuona il sesto preludio dedicato alla morte ("Mort" / "Morte"), introdotto da un breve interludio ("V. Souvenir

de vagues") che ripristina la fondamentale *fa diesis* abbandonata nei movimenti centrali. Il dolore sordo e incredulo che aveva lasciato il mondo della composizione contemporanea senza parole per la scomparsa prematura del compositore spettrale Gérard Grisey si immobilizza in questo movimento *Dolente, ma calmo* in una sorta di declamazione corale, antica e rituale, in cui sono proprio la densità della dimensione armonica (si veda la **fig.3**), rafforzata dalla compressione delle voci corali e orchestrali nel registro medio-grave ad esprimere l'ombra.
Ma qui la morte è vista come l'attraversamento della soglia, gesto a cui lo stesso Grisey aveva dedicato la sua ultima composizione per soprano ed ensemble intitolata appunto *Quatre Chants pour franchir le seuil* (1998).

Fig.3
Kaija Saariaho, *Oltra mar* – VI. Mort. In memory of Gérard Grisey. Trascrizione degli spettri inarmonici della parte orchestrale che accompagnano la declamazione corale articolata su due soli ambiti (sib-mi e fa#-do)

In maniera analoga alla *Berceuse* finale per l'alba dell'umanità con cui si chiude il brano di Grisey, anche l'ultimo movimento di *Oltra mar*, "L'arrivo", si apre ad armonie più luminose (alternando i due campi sulle fondamentali *si bemolle* e *fa diesis*) e a gesti espressivi e melodici (soprattutto nella parte del piccolo) che contemplano il viaggio compiuto da una prospettiva di pienezza, un messaggio dunque di responsabilità e di speranza.

---

1 "Il tempo ha due volti, due dimensioni: la lunghezza ha il ritmo del sole, lo spessore quello delle passioni." In Amin Maalouf, *Il manoscritto di Samarcanda*, traduzione italiana di Enrico Fubini, Longanesi, Milano 1989, (ed. orig. *Samarcande*, Editions Jean-Claude Lattès, Paris 1988).

2 Nel testo *Aérienne et terrestre*, scritto nel 2005 durante una residenza al Conservatorio di Strasburgo, la compositrice ha risposto ad alcuni spunti e riflessioni che le sono stati rivolti. Tra questi vi è anche una riflessione sul tempo e sulla luce. Cfr. Kaija Saariaho, *Aérienne et terrestre*, in Id. *Le passage des frontières: écrit sur la musique*, texte réunis, présentés et traduits sous la direction de Stéphane Roth, MF edizioni, 2013, pp. 216-218.

Ingrid Pustijanac è Professore Associato presso il Dipartimento di Musicologia e Beni culturali dell'Università di Pavia e coordinatrice del gruppo di ricerca sugli approcci dialogici sulle musiche viventi. Autrice della monografia *György Ligeti. Il maestro dello spazio immaginario*, si occupa da anni dello studio dei processi compositivi e delle prospettive teorico-analitiche dei linguaggi contemporanei.

VI

in memory of Gérard Grisey

Ingrid Pustijanac

Kaija Saariaho's *Oltra mar*. Music for the dawn of humanity

Faced with the immense task of composing a "Message for the Millennium" – the term used in the New York Philharmonic Orchestra's commission to Kaija Saariaho and five other composers (Thomas Adès, Somei Satoh, Hans Werner Henze, John Corigliano and Giya Kancheli) – the composer's thoughts must surely have turned instinctively, perhaps not without a feeling of awe and reverence, to the great themes of humanity. The Finnish composer, in fact, chose to construct a large-scale vocal and orchestral canvas in seven sections or preludes (as they are called in the subtitle to the work) which describe the human experience using the metaphor of a sea voyage. Each of the seven movements has its own title, but it is the odd-numbered preludes that express, through musical means recalling the great tradition of tone painting, the theme of water ("I. Départ", "III. Vagues", "V. Souvenir de vagues", "VII. Arrivée"). Though all four of these movements involve the choral forces, the choir sings without words as part of the orchestral texture to create a rich palette of sound which the composer uses with meticulous care and scrupulous precision towards every individual harmonic and instrumental component of the score.

Saariaho's choice to abandon the construction of a large-scale form consisting of a single arch of harmonic and timbric metamorphoses – a method characteristic of her previous orchestral works such as *Du cristal* (1990), *...à la fumé* (1990) or *Graal théâtre* (1994) – imparts to *Oltra mar* a new expressive power. This is evident from the very opening gestures of the first movement "Départ" / "Departure"), which repeats the same harmonic spectrum with majestic and almost inexorable cyclicity. The harmonic spectrum itself, which derives from the fundamental tone *F sharp* heard on the lowest instruments of the orchestra including the double basses, piano, harp, tuba and trombones, is rendered increasingly full and rich thanks to the careful use of the technique known as 'instrumental synthesis', which sees the addition of instrumental or vocal parts at specific positions in the acoustic space so as to impart a particular colour to the overall timbre (see **Figure 1**). The effects of this technique can be heard from the first bars in which the altos (doubled by the piano, harp, violas and horns) enter with an *E natural*, the seventh harmonic of the *F sharp* harmonic spectrum, thus altering the stability and colour of the original gesture dominated by

the open fifth (*F sharp – C sharp*). At each repetition of the original field, ever more distant harmonic partials are added (such as *B*^{4} or *G sharp*^{5}, which are the first to be stably added to the field). The tempo of the movement is increased through *più mosso*, then *agitato*, to end abruptly at the moment of greatest harmonic and rhythmic intensity with a section emblematically marked *Furioso*.

Figure 1
Kaija Saariaho, *Oltra Mar* – I. Départ. Harmonic reduction of the opening bars (1-5)

The second prelude ("Amour" / "Love"), which follows without a break, brings a sudden implosion of the fury of the previous section. The movement begins as a contemplation of the void created by a harmonic pedal of two tones at the extremities of the orchestral spectrum, (a low *B flat* and a high *B natural*, the latter played as a harmonic by the first violins). It is not long, however, before this empty space gives way to the poetic message, the universal and symbolic dimension of which is entrusted to the text of one of the best known hermeneutic quatrains of the Persian mystic poet Abū Saʿīd (967-1049). The music becomes richer, the dense harmonies on the strings, piano and harp enveloping the less static choral writing; the choral parts themselves are closely interwoven thanks to the subdivision of the female voices (it is only the women who utter the text), the *tutti divisi* writing in the woodwinds acting as the space against which the melodic gestures of the voice parts are projected. The translucent sound world of this prelude and its harmonic field dominated by the fundamental spectrum of *B flat* anticipate the musical gestures that Saariaho was developing at that time to characterise Clémence, one of the three characters of her first opera *L'amour de loin* (2000), to which *Oltra mar* is closely linked.

The material of the third prelude (“Vagues” / “Waves”), which returns to the theme of the voyage, is generated from scraps of the melodic cells of the second prelude, now reduced to only two alternating tones (the neighbouring tone figure). The harmonic space is again delineated by means of the very close fusion of the instrumental and vocal parts, which remain largely static throughout the piece, the rippling effect of the piano, harp and percussion parts acting as a contrast to the more static layer of the sustained harmonic fields of the chorus (see **Figure 2**).

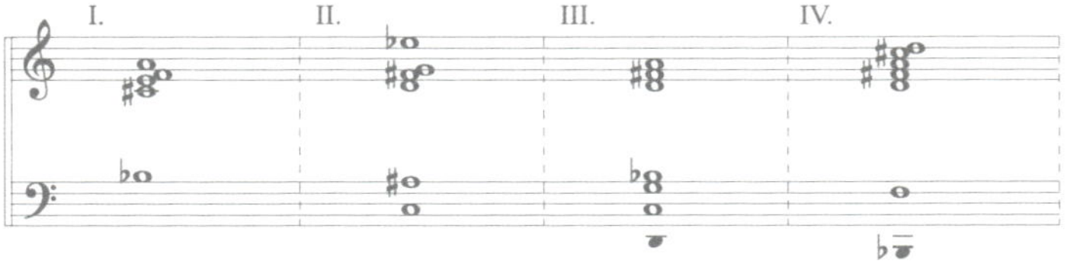

Figure 2
Kaija Saariaho, *Oltra Mar*– II. Vagues. Harmonic path of the chorus (the black notes indicate the range of the harmonic spectrum in the instrumental parts)

The fourth prelude (“Temps” /“ Time”) follows seamlessly, with the same ‘striated’ semiquaver motion of the previous piece. By maintaining the same metronome marking (crotchet = c. 90) and steadily reducing the movement from alternating tones to repeated notes (particularly in the percussion parts and in the strings) Saariaho foregrounds the image of chronometric time. The eternal question of the passing of time is here expressed in the words of the eleventh-century astronomer, mathematician, philosopher and poet Omar Khayyam, the principal character of the novel by the French-Lebanese writer Amin Maalouf, who also wrote the libretto for the opera *L'amour de loin*[1]. The phrase intoned by the chorus expresses perfectly the two main concerns of the composer. On one hand there is the theme of light, closely entwined with the very particular passing of time in the latitudes of the composer’s native Finland[2], but also closely connected with the spectral technique of composition that Saariaho has transformed over time into an increasingly suggestive musical language, of which *Oltra mar* is a masterly example. On the other hand emerges the question of the depth of time – or, to borrow Bergson’s term, ‘lived time’ – which depends on the intensity with which it is lived. This image is transformed into a musical narration that sees the ticking of rhythmic ostinati of varying density acting as a backdrop against which the majestic choral *memento mori* stand out; these memento mori, with their powerful, unchanging chord (*G^2-E flat^3-A^4-F^5*) preceded by the open fifth *D^3-A^4*, repeatedly intone the word “le temps”. The intermediate sections, on the other hand, alternate melodic gestures of considerable *cantabile* quality with more percussive *intensive whispering*. The sixth prelude (“Mort” / “Death”) is even more monolithic, almost as if cast in stone. It is introduced by a brief interlude (“V. Souvenir de

vagues") that brings back the fundamental tone *F sharp* that had been abandoned in the central movements. The sense of pain and loss that had left the world of contemporary composition without words on the premature death of the spectral composer Gérard Grisey is expressed in this movement, *Dolente, ma calmo*, in a sort of ancient, ritual choral declamation in which the density of the harmonic dimension (see **Figure 3**) gains extra strength from the dark hues resulting from the compression of the choral and orchestral parts into the medium-low register.
But here death is seen as a crossing of the threshold, a concept which Grisey himself had dealt with in his last composition for soprano and ensemble entitled *Quatre Chants pour franchir le seuil* (1998).

Figure 3
Kaija Saariaho, *Oltra Mar*– VI. Mort. In memory of Gérard Grisey. Transcription of the harmonic spectra of the orchestral parts accompanying the choral declamation consisting of only two fields (b flat-e natural and f sharp-c natural)

In a manner similar to that of the *Berceuse* finale for the dawn of humanity with which Grisey's work ends, the last movement of *Oltra mar*, "Arrival", opens to the sound of more luminous harmonies (alternating the two fields on the fundamentals *E flat* and *F sharp*), its expressive, melodic gestures (particularly in the piccolo) contemplating the journey made from the perspective of fulfilment, a message therefore of responsibility and hope.

1 "Time has two faces, two dimensions: its length has the rhythm of the sun, its depth that of the passions." Translated from the Italian edition in Amin Maalouf, *Il manoscritto di Samarcanda*, Italian translation by Enrico Fubini, Longanesi, Milano 1989, (ed. orig. *Samarcande*, Editions Jean-Claude Lattès, Paris 1988).

2 In the text *Aérienne et terrestre*, which the composer wrote in 2005 while in residence at the Strasburg Conservatoire, Saariaho responded to some ideas and observations which had been put to her. Among these there is a reflection on time and light. Cf. Kaija Saariaho, *Aérienne et terrestre*, in Kaija Saariaho, *Le passage des frontiers: écrit sur la musique*, texte réunis, présentés et traduits sous la direction de Stéphane Roth, MF edizioni, 2013, pp. 216-218.

Ingrid Pustijanac is Associate Professor at Pavia University's Musicology Department and coordinator of its research group in dialogue approaches to living musics. She has written a monograph entitled *György Ligeti. Il maestro dello spazio immaginario* and has been working for many years in the field of compositional processes and theoretical-analytical perspectives in contemporary languages.

61
Meno mosso,
più lontano
morendo
Picc.
Fl.
Ob.
Cl.
Bsn.
Tpt.
Hn.
Tbn.
Tuba
Perc. I
Perc. II
Perc. III
Timp.
bass drum
Harp
Pno
S.
A.
T
B.
Vln. I
Vln. II
Vla
Vlc.
D.B.
gliss
morendo
Paris

Camille Lienhard

Scrittura vocale e logiche formali nella *Wölfli-Kantata* di Georges Aperghis

Nella produzione di Georges Aperghis, la musica vocale per ensemble trae la sua linfa dalla sua posizione intermedia tra il teatro musicale, da una parte, e la musica strumentale, dall'altra. La *Wölfli-Kantata* (2005), ciclo di cinque pezzi ispirati all'opera letteraria e pittorica di Adolf Wölfli, offre un esempio significativo del contatto tra i materiali originati da un pensiero drammaturgico con le logiche formali della musica concertistica[1].

Il "Petrrohl" al quale si riferisce il titolo del primo sestetto vocale è quello dei "re del petrolio": a partire da singole parole tratte dalle opere di Wölfli, Aperghis costruisce un campo lessicale che evoca la ricchezza attraverso nomi di palazzi e di magnati, intriso di incantesimi e di risate. Rispecchiando l'estrema saturazione semantica del testo e del suo dispiegarsi polifonico, la forma musicale si svolge inanellando brevi sezioni variate. A partire da poche note iniziali che sfiorano appena il silenzio, il tema principale prolifera per mezzo di un disegno serrato di microintervalli. Attraverso una contaminazione progressiva, l'articolazione puntiforme delle diverse parti traccia una curva che si sedimenta in una figura veloce, prontamente ripresa da ciascuna voce e moltiplicata attraverso imitazioni incastonate, producendo una micropolifonia nel senso ligetiano: un tessuto polifonico la cui densità offusca la percezione delle singole parti. Si aggiunge un secondo tema, che compare dapprima nel basso e poi nel penetrante registro sovracuto del soprano, creando un contrasto grazie al lirismo delle note tenute. Parallelamente, il materiale motivico originario assume una seconda forma dai contorni omoritmici. Tutta la prima metà del brano si configura come un gioco di rielaborazione perpetua dell'insieme di questi materiali, che appaiono ora solidificati ora liquefatti. La seconda metà invece evolve verso un'articolazione più decisa, che abbandona a poco a poco la micropolifonia a vantaggio di una *texture* più verticale, culminante negli accordi tenuti della coda.

Per la sua durata e l'organico (un coro a 36 parti reali), "Die Stellung der Zahlen" ("Il posto dei numeri") è il movimento più ampio del ciclo. Come il precedente, anche questo movimento gioca con diverse forme derivate da un materiale principale che prolifera per tutto il tempo, e con un altro, secondario, che crea contrasto attraverso accordi tenuti a polarità fisse. Tuttavia, emer-

gono differenze importanti. Da un lato, la presenza di un ulteriore materiale, enunciato fin dalla prima battuta, consistente in un *parlando* dalla scrittura quasi esclusivamente ritmica, solo saltuariamente dotato di altezze determinate e che assume occasionalmente la forma di un testo da pronunciare il più velocemente possibile. Dall'altro lato, la trama complessiva articolata più chiaramente, grazie ai profili più caratteristici di questi materiali costitutivi, ma anche grazie all'effetto strutturante del testo. Quest'ultimo, sebbene privo di contenuto narrativo, evoca una serie di ordini – in parte fittizi, ma plausibili – attraverso l'enumerazione di cifre per lo più astronomiche e dai nomi spesso immaginari. Infine, come un'eco a questo mirabile elenco, il gigantismo polifonico della partitura permette il dispiegamento delle trame cumulative e imitative dai contorni geometrici tipici della scrittura del compositore (vedi **fig.1**).

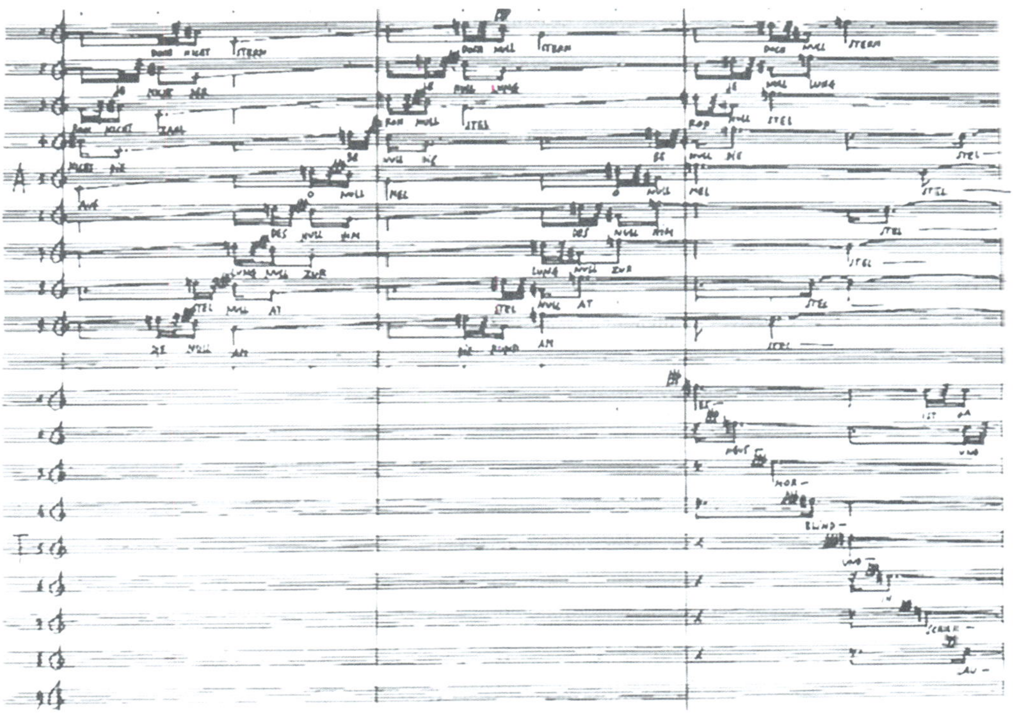

Fig.1
Georges Aperghis, *Wölfli-Kantata* – II. Die Stellung der Zahlen. Battute 167-169, parti dei contralti e dei tenori (© Éditions Durand)

Il terzo pezzo, "Vittriool", torna al sestetto di solisti. Il testo, sempre enumerativo, questa volta snocciola un inventario di strumenti musicali le cui evocazioni sonore si mescolano con parole immaginarie e con onomatopee. All'inizio, il movimento assume una parvenza aforistica grazie alla presentazione concen-

trata di materiali contrastanti. Come in "Petrrohl", ci sono linee inafferrabili e coalescenti da un lato, che scivolano su quarti di tono, e dall'altro, figure omoritmiche che procedono per semitoni. Superata questa sezione iniziale, tuttavia, una dinamica di sviluppo continuo rende ardua qualsiasi individuazione di profili melodici definiti. L'incedere formale è in gran parte elaborato a livello timbrico, attraverso l'imitazione vocale degli strumenti – tremolo serrato del mandolino, attacchi delle percussioni – e attraverso il gioco sui fonemi, progressivamente separati dalle loro combinazioni semantiche (si veda **fig.2**).

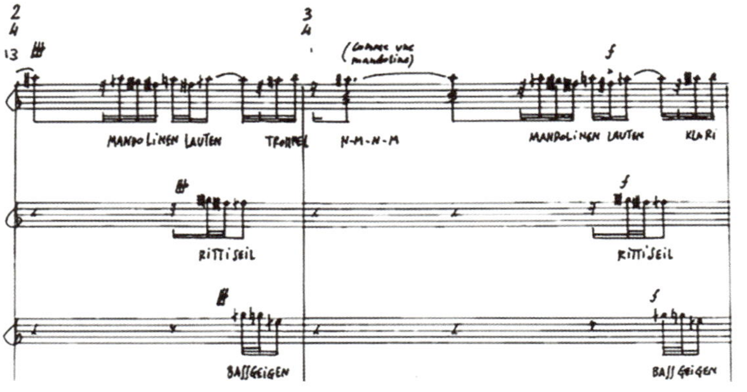

Fig.2
Georges Aperghis, *Wölfli-Kantata* – III. Vittriool. Battute 13-14, parti del soprano di coloratura, mezzosoprano e controtenore (© Éditions Durand)

La solennità cerimoniale della "Trauer-Marsch" ("Marcia-Funebre"), i cui testi sono tratti dalla raccolta omonima in cui Wölfli immagina la propria morte, si esprime in una simmetria formale che contrasta con tutto ciò che è venuto prima. Sebbene il pezzo riprenda la grande formazione corale di "Die Stellung der Zahlen" e alcuni dei suoi materiali tematici, il compositore sceglie una struttura più rigida di tipo tripartito ABA'. La prima parte si apre con una sovrapposizione imponente di tre strati: blocchi di accordi tenuti nei soprani, *parlando* ritmico nei contralti, blocchi di accordi più veloci nei bassi. Questi ultimi due materiali sonori si alternano, in seguito, in tutte le voci, prima di dare luogo a una ripresa variata, facendo rivivere anche visivamente, attraverso l'organizzazione della pagina scritta, la logica grafica delle trame del secondo movimento (si veda **fig.1**). La seconda parte (B) si contraddistingue per dinamiche e densità contrastanti – le 36 linee vocali sono ridotte a sei – e per la presenza di un nuovo tema. Accostati al *parlando* sussurrato dei soprani e dei contralti, i tenori e i bassi attaccano degli accordi tenuti, che le sonorità sovrapposte (in *-tz*, *-ing*, *-m*) sembrano avvicinare ~~al~~ ad un timbro di campane. La terza parte (A') riprende i materiali e le densità della prima parte, giocando ancora di più sulle disposizioni visive della scrittura.
Il quinto e ultimo pezzo, "Von der Wiege bis zum Graab" ("Dalla culla alla

tomba"), opera una sintesi delle compagini precedenti riunendo il sestetto vocale e il coro. Si apre, tuttavia, con un assolo di controtenore, la cui monodia microtonale contrasta con il clima polifonico del resto dell'opera. Questa irruzione di una melodia continua può essere collegata alla sintassi del testo: non più un elenco o una serie di incantesimi, ma un unico componimento poetico, che parla di un bambino "senza casa né focolare" pizzicato da un "perfido"[2]. Sul piano formale, la simmetria è più accentuata che in "Trauer-Marsch" (**fig.3**). All'inizio, la linea vocale solista segue una delle logiche di proliferazione care al compositore: partendo da un intervallo infinitesimale contenuto in un semitono, si espande gradualmente verso l'acuto e verso il grave (A). Come in una risonanza prolungata, si aggiungono le voci acute del coro, seguite dal contralto solista (B). Le linee si accumulano, il coro diventa autonomo con l'ingresso delle voci più basse (C), prima che esse si dissolvano nella sezione centrale (D). A metà del movimento, il sestetto dei solisti raggiunge la massima estensione; in questo punto culminante, il coro completo interviene sulla parola "Graab" ("tomba"). La seconda metà del movimento segue un procedimento all'incontrario, non in senso letterale, portando gradualmente la musica verso la dissoluzione.

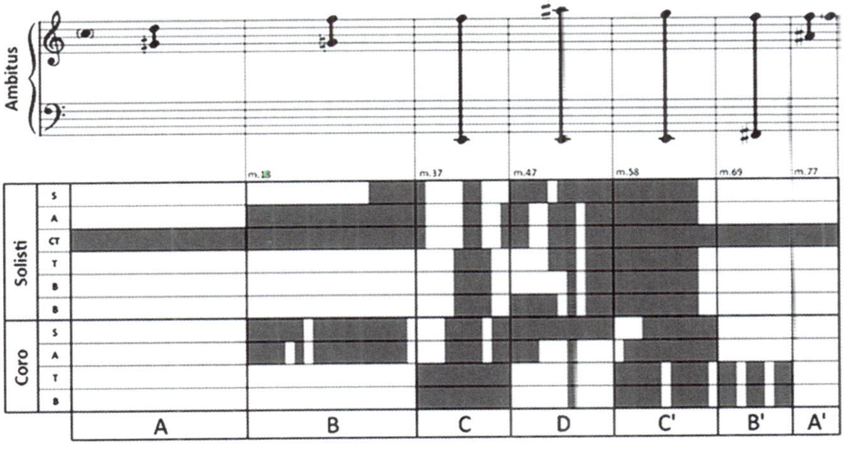

Fig.3
Georges Aperghis, *Wölfli-Kantata* – V. Von der Wiege bis zum Graab. Piano formale

1 Per una analisi più dettagliata delle fonti testuali di questa cantata nella produzione di Wölfli si veda Evan Rothstein, "Sur la *Wölfli-Kantata* de Georges Aperghis", consultabile sul sito ufficiale del compositore http://www.aperghis.com/wolfli.html.

2 Il senso di questa composizione poetica è equivoco, sapendo che l'internamento psichiatrico di Wölfli era motivato dai suoi tentativi di stupro su minori. Evan Rothstein si interroga sulla possibilità che l'autore si riferisca a ciò che ha commesso, a ciò che avrebbe voluto commettere o che avrebbe subito.

Camille Lienhard è musicologo, compositore e docente presso l'Università di Strasburgo. I suoi lavori, compresa la tesi di dottorato *Le devenir des hauteurs dans l'écriture instrumentale depuis 1980*, difesa nel 2020 e in corso di pubblicazione, si concentrano sulle questioni tecniche e filosofiche della scrittura musicale contemporanea nella prospettiva di una epistemologia storica della musica occidentale.

Camille Lienhard

Vocal Writing and Formal Structure in the *Wölfli-Kantata* of Georges Aperghis

Georges Aperghis's works for vocal ensemble owe their richness to their positioning midway between musical theater and instrumental writing. The *Wölfli-Kantata* (2005), a set of five pieces inspired by the literary and pictorial work of Adolf Wölfli, offers a significant example of the meeting of materials drawn from dramaturgical thought and the architectural logic of concert music[1].

The "Petrrohl" of the first sextet refers to the "kings of petrol." Using words taken from Wölfli, Aperghis creates a lexical field of wealth in which the names of palaces and magnates are intermixed with incantations and laughter. Like the extreme semantic saturation of the text and its polyphonic setting, the musical form moves through the continuous development of short and varied sections. From a few initial notes that barely break the silence, the main theme proliferates in dense micro-intervals. In a process of progressive contamination, the intermittent scansion of the different lines traces a curve and falls into a rapid figure that is soon taken up by all of the voices and multiplied through interlocking imitations, creating a micropolyphony in Ligeti's sense of the term, a polyphonic weaving so dense that its individual parts cannot be distinguished. A second theme is added, first announced by the bass and then in the piercing high range of the soprano, contrasting through the lyricism of its sustained notes. At the same time, the first theme assumes a new homorhythmic form. The whole first half of the piece plays with the perpetual elaboration of these materials which sometimes seem to solidify, then liquify. The second half evolves toward more defined articulation, gradually leaving behind micropolyphony in favor of more vertical textures and culminating with long chords in the coda.

In terms of length and scoring "Die Stellung der Zahlen" ("The Place of Numbers") for 36 individual parts is the largest piece of the cycle. Like the previous piece, it plays with different forms of a main theme that proliferate for the entire length of the work and a secondary theme that contrasts with the first through its long chords on fixed tone centers. There are, nevertheless, several notable differences. On one hand, there is new thematic idea affirmed from the first measure and created by almost exclusively *parlando* rhythmic notation sometimes very rarely indicated on defined pitches and occasionally

taking the form of text to be spoken as quickly as possible. On the other hand, the global structure of the movement is more clearly articulated, due to the more characteristic profiles of its material, but also the structuring effect of its text. Although devoid of narrative content, the text is reminiscent of partially fictitious but plausible orders with its enumeration of numbers that are mostly astronomical, often with imaginary names. Finally, in an echo of this admirable list, the polyphonic gigantism of the score allows for the deployment of cumulative and imitative textures with the geometrical outlines that are so typical of the composer's writing (see **Figure 1**).

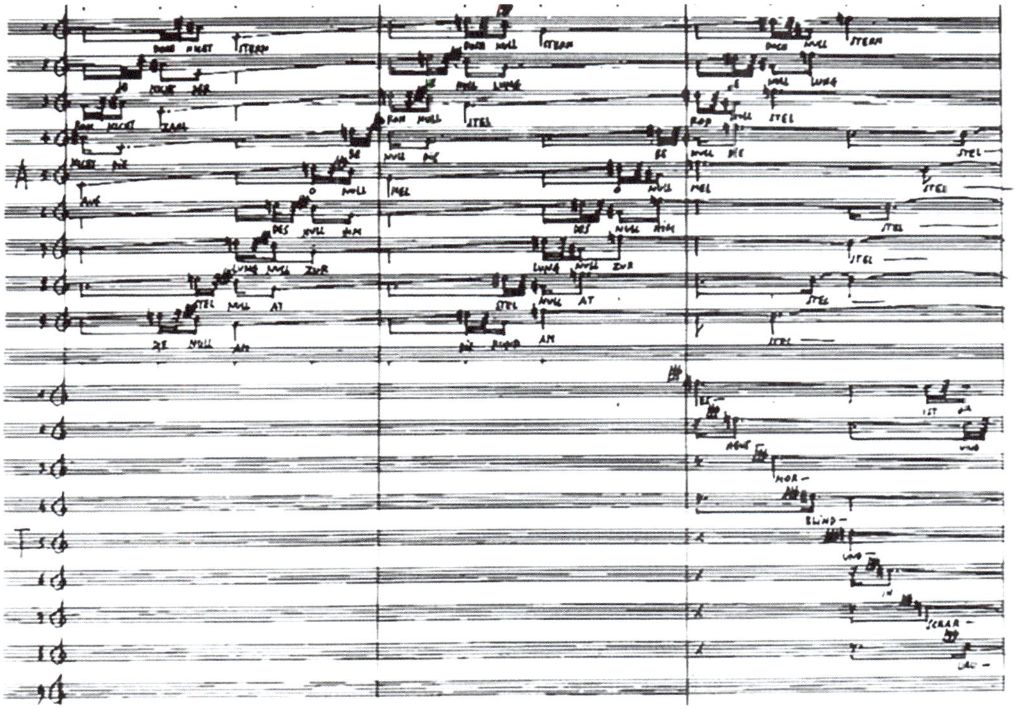

Figure 1
Georges Aperghis, *Wölfli-Kantata* – II. Die Stellung der Zahlen. Bars 167-169, alto and tenor parts
(© Éditions Durand)

The third piece, "Vittriool", returns to the sextet of soloists. The text is again enumerative, this time offering an inventory of musical instruments, the evocations of which are mixed with imaginary words and onematopoeias. From the start, the piece takes on an aphoristic feeling, with a concentrated presentation of contrasting materials. As in "Petrrohl," there are elusive, coalescing lines of sliding quarter tones on one hand and homorhythmic figures in semitones on the other. After this beginning, however, a dynamic of continual development makes it difficult to offer an analysis in terms of precise themes.

The progression is in large part timbral, effected through the vocal imitation of instruments (from the quick strumming of the mandolin to the attacks of percussion) and through play with phonemes that are progressively separated from their original sematic contexts (see **Figure 2**).
The ceremonial gravity of "Trauer-Marsch" ("Funeral March"), the texts of which are taken from the eponymous collection in which Wölfli imagines his

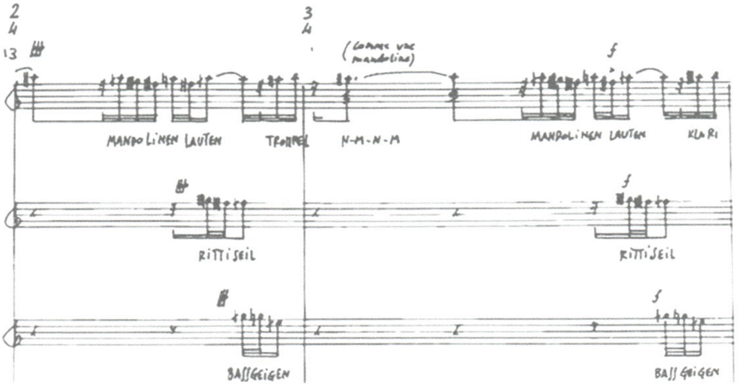

Figure 2
Georges Aperghis, *Wölfli-Kantata* – III. Vittriool. Bars 13-14, coloratura soprano, mezzo-soprano and countertenor parts (© Éditions Durand)

own death, is expressed by a formal symmetry that contrasts with the previous movements. Although the piece returns to the large choral ensemble of "Die Stellung der Zahlen," as well as part of that movement's thematic material, it assumes the rigid structure of a ternary ABA' form. The first section opens with a massive three-tier superposition: blocks of chords held in the sopranos, rhythmic *parlando* in the altos, and blocks of shorter chords in the basses. The two latter textures then alternate between all of the voices, before giving way to a varied reprise that, in the score, returns to the graphic logic of the textures in the second piece (see **Figure 1** above).
The second section (B) is announced by a contrast in dynamics and density (the 36 individual lines are condensed to six) and the by a new theme. Flanked by the murmured *parlando* of the sopranos and altos, the tenors and basses attack held chords in which the superposition of the sounds *-tz*, *-ing*, and *-m*, create bell-like timbres. The third section (A') returns to the material and densities of the first but plays even further with the visual arrangements of the writing.
The fifth and final piece, "Von der Wiege bis zum Graab" ("From the Cradle to the Grave"), combines the previously used ensembles of sextet and choir. It opens, however, with a counter-tenor solo, the microtonal monody of which breaks with the polyphonic climate of the rest of the work. This irruption of

a continuous melody can be linked to the syntax of the text: no longer a list or a series of incantations, it is single poem evoking a child "without house or home," groped by a "perfidious one"[2]. On a formal level, symmetry is pushed even further than it was in "Trauer-Marsch" (**Figure 3**). In the beginning the soloist's vocal line follows a logic of proliferation typical of Aperghis: beginning from the tiny ambitus of a semitone, it gradually extends upward and downward, by levels (A). As though in prolonged resonance, the high voices of the choir are added to the soloist, followed by the altos (B). The lines accumulate and the choir gains its independence with the entry of the lower voices (C), before these fade away in the central section (D). Here, the sextet of soloists reaches the movement's maximum ambitus; at this culminating point the full chorus enters on the word "Graab." The second half of the piece follows this progression in reverse, without literally reversing anything, carrying the music, little by little, to the point of erasure.

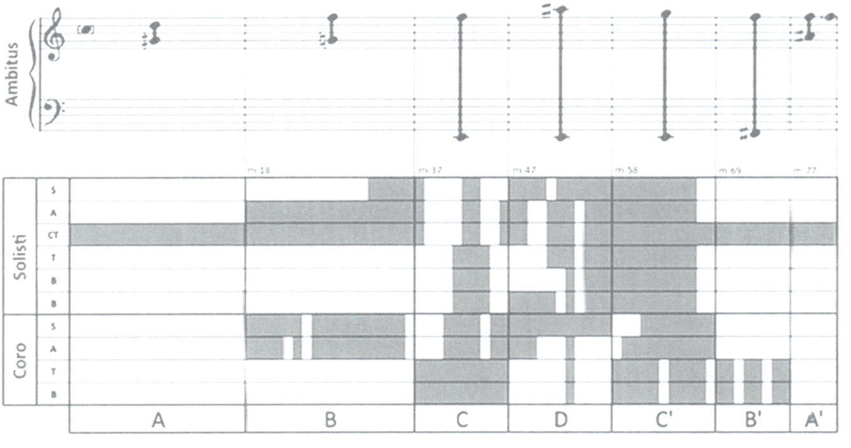

Figure 3
Georges Aperghis, *Wölfli-Kantata* – V. Von der Wiege bis zum Graab. Form chart

1 For a more detailed analysis of the textual sources for this cantata in the work of Wölfli, see Evan Rothstein, "Sur la *Wölfli-Kanata* de Georges Aperghis" on the composer's website http://www.aperghis.com/wolfli.html.

2 The meaning of this poem is ambiguous, given that the reason for Wölfli's psychiatric internment was his attempted rape of minors. In his above-mentioned study, Evan Rothstein wonders whether the perpetrator is referring to what he did, what he wanted to do, or what he suffered.

Camille Lienhard is a musicologist, composer and lecturer at Strasbourg University. His work, including his doctoral thesis *Le devenir des hauteurs dans l'écriture instrumentale depuis 1980*, completed in 2020, is currently being published and focuses on technical and philosophical issues in contemporary music composition from the perspective of a historical epistemology of Western music.

CHORUSES
Foto di / Photos by
Marco Borggreve (2021)

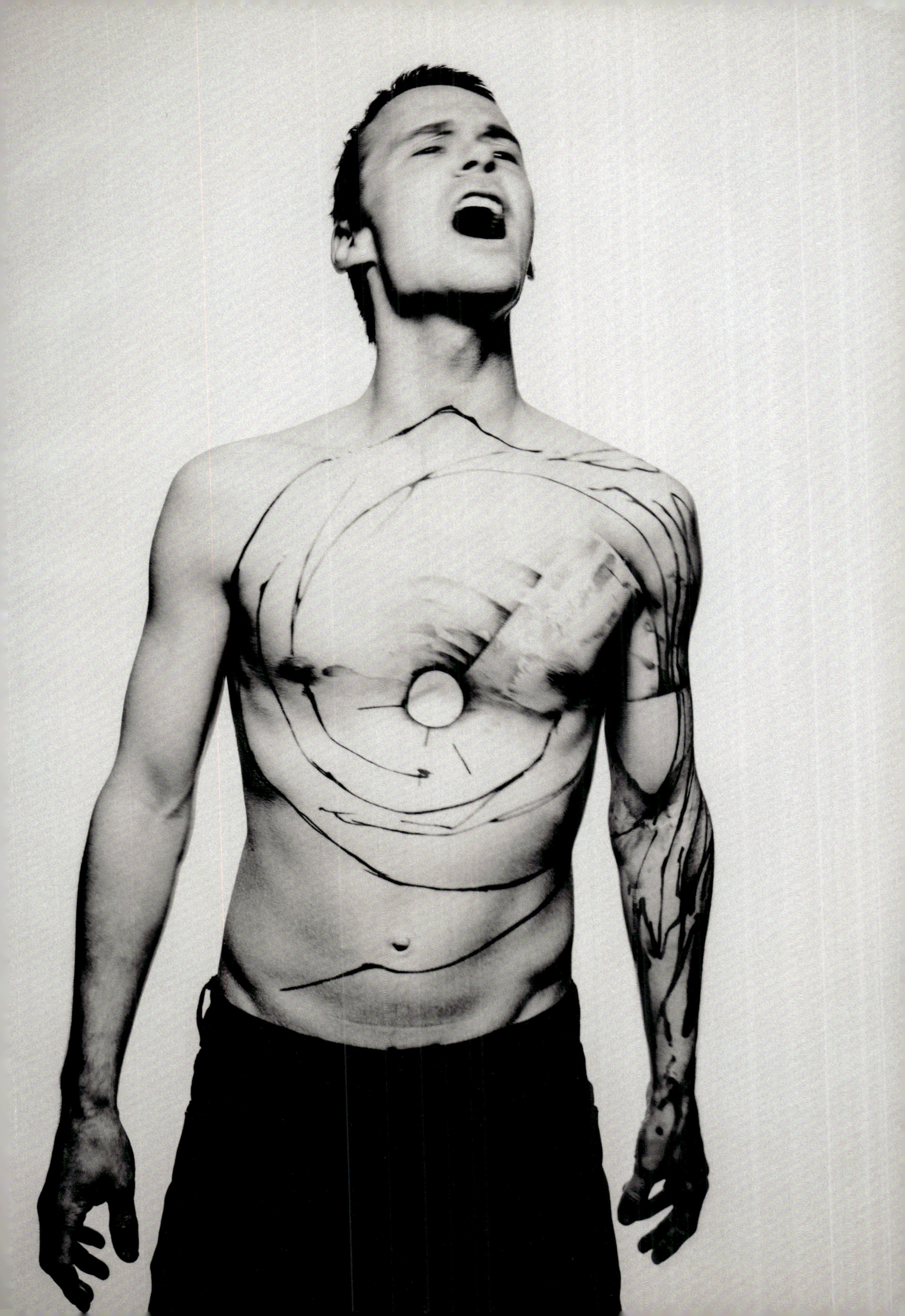

Marco Borggreve lavora da trent'anni come fotografo esclusivamente di musica classica. La musica per lui è più importante della fotografia, e combinare queste due forme d'arte gli ha fornito un percorso nella vita che non ha ancora smesso di regalare nuove immagini.

Marco Borggreve is now in his 30th year of photographing only classical music. Music is more important to him than photography, and combining these two art forms has provided him with a path through life which has never ceased delivering up new images.

CHORUSES
Drammaturgie vocali

65. Festival Internazionale di Musica Contemporanea

65th International Festival of Contemporary Music

Kaija Saariaho / Leone d’Oro alla carriera | Golden Lion for Lifetime Achievement

Cerimonia di consegna
Leone d’Oro alla carriera /
Golden Lion for Lifetime Achievement
Award Ceremony
KAIJA SAARIAHO

a seguire / to be followed by
Tom Service
in dialogo con / in dialogue with
Kaija Saariaho

17.09.2021 | H 12.00
Ca’ Giustinan, Sala delle Colonne

Leone d’Oro alla carriera
Golden Lion for Lifetime Achievement
Kaija Saariaho

Tom Service è uno scrittore britannico, giornalista musicale e presentatore televisivo e radiofonico, scrive abitualmente per “The Guardian” dal 1999 e presenta su BBC Radio 3 dal 2001. Conduce regolarmente The Proms per BBC Radio 3 oltre a diversi documentari su vari temi di musica classica.

Tom Service is a British writer, music journalist and television and radio presenter, who has written regularly for “The Guardian” since 1999 and presented on BBC Radio 3 since 2001. He is a regular presenter of The Proms for Radio 3 and has presented several documentaries on the subject of classical music.

JACK SHEEN (1993)
CROON HARVEST (1490 – 1562)
installazione sonora / sound installation
2021 (90')

produzione / production
La Biennale di Venezia –
CIMM, Centro Informatica Musicale e Multimediale
prima assoluta / world premiere

Biennale COLLEGE

17.09.2021 | H 16.00 – 18.00
18.09 > 26.09.2021 | H 10.00 – 18.00
Conservatorio di Musica "Benedetto Marcello"

Croon harvest (1490 – 1562)

Jack Sheen

Croon harvest (1490-1562) si basa sulla potenzialità della voce di creare un senso di straordinaria intimità nella sua forma più sommessa e meno esteriorizzata: una forma entro la quale piccoli difetti, granulosità e imperfezioni fanno da ornamento al suono risultante.

L'opera è composta da frammenti di musica di Adrian Willaert, decostruiti, sfocati e piegati fino a deformarsi, interpretati dai Neue Vocalsolisten in modo più simile a un borbottio o a un mormorio che a un canto ben proiettato. Tali materiali sono accostati a registrazioni effettuate in ampi spazi vuoti nelle vicinanze di Venezia e a suoni vocali che fanno eco a questi riverberi architettonici, circolando l'uno attorno all'altro e incontrandosi solo in alcuni momenti fugaci.

In un certo senso, come installazione, *Croon harvest (1490-1562)* costruisce un ecosistema a partire da rovine infestate da fantasmi: i detriti semidimenticati e deformati della scuola corale veneziana; i tentativi fallimentari di registrare il suono di aree vuote o abbandonate della città. È un ecosistema che affonda le sue radici nei segni dell'inevitabile declino del nostro ambiente qui a Venezia.

In un altro senso, tuttavia, il brano invita ad una celebrazione dell'intimità, ponendo in dialogo tenui lamenti vocali con un silenzio pressoché totale per creare una delicata tappezzeria di attività rituale, lievi borbottii e rumore bianco.

Jack Sheen

Croon harvest (1490-1562) centres on the voice's potential to create incredible intimacy in its most hushed, unprojected state, a state within which blemishes, grain, and imperfections ornament the resulting sound.

The piece is made up of fragments of music by Adrian Willaert, deconstructed, blurred, bent out of shape, performed by Neuen Vocalsolisten in a way that is closer to humming or murmuring rather than singing in a projected manner. These are set alongside recordings taken from large, empty spaces around Venice and vocal sounds that echo these architectural reverberations, circling around one another with only fleeting moments of unity.

In one sense, as an installation, *Croon harvest (1490-1562)* constructs an ecosystem out of haunted ruins: the misremembered, twisted debris of the Venetian choral school; the failed attempts to capture sound from vacant or abandoned areas of the city. It is an ecosystem rooted in reminders of the inevitable demise of our environment here in Venice.

Yet in another sense, the piece invites a celebration of intimacy, placing gentle vocal lamentations in dialogue with near-silence to create a gentle tapestry of ritualistic activity, soft mumbling, and white noise.

Jack Sheen

Jack Sheen

compositore / composer

Jack Sheen (Manchester, 1993) è direttore d'orchestra e compositore. Collabora abitualmente con le principali orchestre, ensemble, gallerie e artisti per attività concertistiche e operistiche, commissioni, installazioni e progetti interdisciplinari. La sua musica è arricchita da composizioni per orchestra, ensemble e solisti, accanto a performance-installazioni immersive che disperdono dal vivo musicisti, audio, video e ballerini in grandi spazi aperti, senza posti a sedere, come gallerie o magazzini, sfumando i confini tra la composizione di lunga durata e la scultura.

La sua musica è stata commissionata da orchestre e direttori come la London Symphony Orchestra (Daniel Harding), BBC Philharmonic (Clark Rundell), Aurora Orchestra (Nicholas Collon) e Manchester Camerata (Gábor Takács-Nagy), ensemble come Apartment House, Les Métaboles e Plus Minus Ensemble, oltre che da organizzazioni come il London Contemporary Music Festival, Aldeburgh Festival, Northern Chords, e BBC Young Artists Day.

Jack Sheen è co-direttore del London Contemporary Music Festival e co-fondatore della LCMF Orchestra, con il curatore Igor Toronyi-Lalic. Ha collaborato con numerosi importanti compositori, improvvisatori, coreografi e artisti visivi, tra cui Christian Wolff, Michael Finnissy, Cerith Wyn Evans, Heiner Goebbels, Gerald Barry, Jonathan Burrows & Matteo Fargion, Chaya Czernowin, Cassandra Miller, Sir George Benjamin, Julian Anderson ed Eli Keszler.

Jack Sheen (Manchester, 1993) is a conductor and composer. He regularly works with leading orchestras, ensembles, galleries, and artists on concert and operatic performances, commissions, installations, and interdisciplinary projects. His music encompasses concert works for orchestras, ensembles and soloists, alongside immersive performance-installations that disperse live musicians, audio, film, and dancers around large, open, non-seated spaces, such as galleries or warehouses, blurring the lines between long-durational composition and sculpture.

His music has been commissioned by orchestras and conductors such as the London Symphony Orchestra (Daniel Harding), BBC Philharmonic (Clark Rundell), Aurora Orchestra (Nicholas Collon) and Manchester Camerata (Gábor Takács-Nagy), ensembles including Apartment House, Les Métaboles and Plus Minus Ensemble, and commissioned by organisations such as London Contemporary Music Festival, Aldeburgh Festival, Northern Chords, and BBC Young Artists Day.

He is the co-director of London Contemporary Music Festival and co-founder of the LCMF Orchestra with curator Igor Toronyi-Lalic. He has collaborated with many leading composers, improvisers, choreographers, and visual artists, including Christian Wolff, Michael Finnissy, Cerith Wyn Evans, Heiner Goebbels, Gerald Barry, Jonathan Burrows & Matteo Fargion, Chaya Czernowin, Cassandra Miller, Sir George Benjamin, Julian Anderson, and Eli Keszler.

HANS ABRAHAMSEN (1952)
CLAUDE DEBUSSY (1862-1918)
CHILDREN'S CORNER
versione per orchestra /
version for orchestra

I. Doctor Gradus ad Parnassum
II. Jimbo's Lullaby
III. Serenade for the Doll
IV. The Snow is Dancing
V. The Little Shepherd
VI. Golliwog's Cake-Walk

2012 (18')

prima italiana / Italian premiere

KAIJA SAARIAHO (1952)
NOTES ON LIGHT
per violoncello e orchestra /
for cello and orchestra

I. Translucent, secret
II. On fire
III. Awakening
IV. Eclipse
V. Heart of light

2006 (28')

prima italiana / Italian premiere

concerto inaugurale / opening concert
in collaborazione con / in collaboration with
Fondazione Teatro La Fenice

Orchestra del Teatro La Fenice

Ernest Martinez-Izquierdo
direttore / conductor

Anssi Karttunen
violoncello / cello

17.09.2021 | H 20.00
Teatro La Fenice

Orchestra del Teatro La Fenice

Hans Abrahamsen
Kaija Saariaho

La rilevanza data al timbro nella sua produzione musicale e il decisivo contributo alla sua affermazione come uno dei fondamentali parametri compositivi nel corso del XX secolo assegnano a Claude Debussy un ruolo di spicco nell'esperienza della musica spettrale di Tristan Murail e Gérard Grisey, riferimenti fondamentali nel percorso estetico di Kaija Saariaho.

Nel segno di Debussy si apre il concerto inaugurale del 65. Festival Internazionale di Musica Contemporanea con una versione per orchestra del *Children's Corner*, commissionata al danese Hans Abrahamsen dalla Nederlands Radio Kamer Filharmonie per essere eseguita a Utrecht sotto la direzione di Michael Schønwandt nel febbraio del 2012 nella ricorrenza del 150° anniversario della nascita del compositore francese. Ironico fin dalla dedica alla figlia Claude-Emma, allora di tre anni, chiamata affettuosamente Chouchou ("*A ma chère petite Chouchou, avec les tendres excuses de son Père pour ce qui va suivre. C.D.*"), l'album pianistico, pubblicato nel 1908, non è affatto classificabile come musica per bambini né i suoi pezzi sono facili come tecnica pianistica. Si tratta piuttosto di sei sguardi su un universo infantile, ognuno dei quali porta insolitamente un titolo inglese, come a voler ammiccare alla tata inglese della piccola Chouchou.

Se abbandonando la tastiera dell'originale inevitabilmente si perdono i sottili giochi musicali pensati per il pianista, Hans Abrahamsen punta piuttosto alla mimesi debussyana attraverso l'espansione estrema dello spettro timbrico tipica del modello orchestrale del compositore francese. Rispetto alla precedente versione per orchestra realizzata nel 1911 da André Caplet, Abrahamsen amplia l'organico orchestrale classico, soprattutto nelle percussioni, accostando a timpani, tamburo, grancassa e triangolo già previsti da Caplet, campanelli, campane tubolari, campane da slitta, campane crotali, tam-tam, nacchere, piatti e xilofono oltre alla celesta. Più ampia è anche la gamma sonora dei fiati, che prevedono un corno inglese accanto all'oboe, un clarinetto basso accanto ai clarinetti in si bemolle e in la, due soli corni in fa in luogo dei quattro

The importance reserved for timbre in the works of Claude Debussy and the composer's decisive contribution to its affirmation as one of the fundamental parameters of composition throughout the course of the twentieth century accord the French master a major role in the experience of the spectral music of Tristan Murail and Gérard Grisey, both of whom were fundamental points of reference in the aesthetic journey of Kaija Saariaho.

It is with the music of Debussy that the inaugural concert of the 65th International Festival of Contemporary Music opens, with Hans Abrahamsen's orchestration of *Children's Corner*, commissioned by the Nederlands Radio Kamer Filharmonie and first performed in Utrecht in February 2012 under the baton of Michael Schønwandt to mark the 150th anniversary of the French composer's birth. Debussy's *Children's Corner*, with its ironic dedication to the composer's three-year-old daughter Claude-Emma, known affectionately as Chouchou ("A ma chère petite Chouchou, avec les tendres excuses de son Père pour ce qui va suivre. C.D."), was published in 1908; despite its title, however, it is anything but children's music, and its six movements are far from easy in terms of pianistic technique. The suite, in fact, consists of six glimpses into a child's world, each of which unusually bears a title in English, almost as if the composer were including little Chouchou's English nanny in the joke.

Though abandoning the keyboard of the original piano suite inevitably results in the loss of its subtle pianistic nuances, Hans Abrahamsen's orchestration sets out to achieve a mimesis of Debussy by means of an extreme expansion of the typical timbral spectrum of the French master's orchestral model. Compared to André Caplet's 1911 orchestral version, Abrahamsen expands the classical orchestral forces, especially the percussion section; in addition to Caplet's timpani, drum, bass drum and triangle, Abrahamsen adds bells, tubular bells, sleigh bells, crotal bells, tam-tam, castanets, cymbals and xylophone, as well as a celesta. The sound range of the wind section is also expanded to include a cor anglais beside the oboes and a bass clarinet along-

previsti da Caplet, compensati da due tromboni tenore e un basso tuba. La vastità dell'organico strumentale è funzionale a restituire in immagini vivide le sei miniature debussyane, più ancora che attraverso i virtuosismi del primo movimento o del vivace *cakewalk* delle bambole nere di pezza del movimento finale, nelle atmosfere sognanti della ninnananna dell'elefantino Jimbo, nei delicati esotismi della serenata alla bambolina di porcellana, nel sinuoso oboe del pastorello e soprattutto nelle sonorità metalliche della danza dei fiocchi di neve, che denuncia un'intima empatia con i temi legati alla natura, fonte di ispirazione inesauribile per il compositore francese.

Anche nella musica di Kaija Saariaho il dialogo con la natura è costante. Lo è anche in *Notes on Light* eseguito per la prima volta il 22 febbraio 2007 dalla Boston Symphony Orchestra sotto la direzione di Jukka-Pekka Sarastre e dedicato al solista Anssi Karttunen, il suo secondo concerto per violoncello dopo *Amers* del 1992, dedicato allo stesso interprete. Se era il mare a ispirare *Amers* attraverso la collezione di poesie di Saint-John Perse, è la luce che la compositrice finlandese sceglie come tema per questo suo pezzo diviso in cinque movimenti, ognuno dei quali porta un titolo che della luce esplora diversi aspetti: "Translucent, secret" (Traslucido, segreto), "On fire" (In fiamme), "Awakening" (Risveglio), "Eclipse" (Eclissi) and "Heart of Light" (Cuore di Luce).

Anche se la sua struttura formale sfugge alle definizioni classiche di genere, è soprattutto il dialogo fra l'irrequieta versatilità del violoncello solista e quella timbricamente mutevole della grande massa orchestrale che richiama la forma del concerto per solista e orchestra. Un dialogo che il suo primo interprete Anssi Karttunen descrive piuttosto come una lotta: "Il solista non è solo l'eroe di *Notes on Light*, deve anche difendere i suoi diritti, lottare, condurre, collaborare e talvolta sottomettersi all'orchestra. Tutto questo fa di *Notes on Light* un ricco viaggio che potrebbe condurci nel cuore stesso della luce".

side the clarinets in B flat and A; Abrahamsen's score includes only two horns in F rather than the four used by Caplet, but makes up for this with the addition of two tenor trombones and a bass tuba. The vast orchestral resources at Abrahamsen's disposal serve to re-create Debussy's six miniatures in vivid images, not only in the virtuosity of the first movement and in the lively *cakewalk* for the black dolls that forms the finale, but even more so in the dream-like atmosphere of the little elephant Jimbo's lullaby, in the delicate exoticism of the serenade for the porcelain doll, in the sinuous oboe line of the little shepherd, and most of all in the metallic sounds of the dance of the snowflakes, which reveal an intimate empathy for the themes of nature, a source of endless inspiration for the French composer.

The dialogue with nature is a constant feature of the music of Kaija Saariaho as well, as can be heard in *Notes on Light*, dedicated to the cellist Anssi Karttunen and first performed on 22nd February 2007 by the Boston Symphony Orchestra conducted by Jukka-Pekka Sarastre; the work is effectively Saariaho's second cello concerto, the first being *Amers* of 1992, which was dedicated to the same soloist. If in *Amers* it was the sea that provided the inspiration, navigated through the collection of poems by Saint-John Perse, in the five-movement *Notes on Light* the Finnish composer chose light as her theme. Each of the five movements, in fact, bears a title relating to the exploration of different aspects of light: "Translucent, secret", "On fire", "Awakening", "Eclipse", and "Heart of Light".

Though the formal structure can hardly be described according to classical definitions of genre, the dialogue between the restless versatility of the solo cello and the ever-changing timbres of the large orchestral resources brings to mind the genre of the concerto for solo instrument and orchestra. It is a dialogue that Anssi Karttunen, the work's dedicatee and first interpreter, describes in terms of a struggle: "The Soloist is not just the hero of *Notes on Light*, he/she also

Il primo movimento ("Misterioso" secondo l'indicazione in partitura) si apre su un tema sospeso del violoncello solo che si insinua fra forme sonore indefinite evocate dalla massa orchestrale organizzata in piccoli ensemble. Le fiamme del secondo movimento ("Sempre energico") sono quelle evocate delle nervose sonorità del solista in contrastato dialogo con l'orchestra. Segue il più lungo e sviluppato terzo movimento ("Dolce languido"), nel quale il violoncello si esprime attraverso linee più liriche e distese e più calde sonorità orchestrali. Fra note tenute e lunghe pause si eclissa il violoncello solista nel quarto movimento ("Molto calmo, ma sempre") lasciando il campo alle oscure onde di suono della massa orchestrale, che proseguono nel movimento finale ("Dolce espressivo"), quando torna anche il violoncello solista per unirsi al viaggio verso la luce in un clima sospeso che trascolora lentamente nel silenzio delle ultime battute "Senza tempo". Nell'ultima pagina della partitura, la compositrice ha voluto riportare alcuni significativi versi da *The Waste Land* (La terra desolata) di T.S. Eliot: "... I could not / Speak, and my eyes failed, I was neither / Living or dead, and I knew nothing / Looking into the heart of light, the silence" ("... non riuscivo / a parlare, e i miei occhi non riuscivano, non ero / né vivo né morto, e non sapevo nulla / guardando nel cuore della luce, il silenzio"). (*sn*)

has to stand up for his rights, fight, lead, collaborate with and sometimes submit to the orchestra. All these make *Notes on Light* a rich voyage that could well lead us into the very heart of light".

The first movement (marked "Misterioso" in the score) opens with a hesitant cello theme that weaves its way through the indefinite sound forms evoked by the orchestra, arranged in small ensembles. The flames of the second movement ("Sempre energico") are those evoked by the agitated sounds of the soloist in fiery dialogue with the orchestra. The third movement that follows ("Dolce languido") is the longest and most fully developed, the solo cello now more lyrical and relaxed and the orchestral sounds warmer. In the fourth movement ("Molto calmo, ma sempre") the cello, with its sustained notes and long pauses, is eclipsed by the dark waves of sound of the orchestral forces, which continue into the fifth and final movement ("Dolce espressivo"). Here the solo cello returns, joining the voyage towards the light in a suspended atmosphere that dissolves slowly into the silence of the final bars ("Senza tempo"). On the last page of the score Saariaho quotes these lines from T.S. Eliot's poem *The Waste Land*: "... I could not / Speak, and my eyes failed, I was neither / Living or dead, and I knew nothing / Looking into the heart of light, the silence". (*sn*)

Hans Abrahamsen

compositore / composer

Il compositore danese Hans Abrahamsen è una delle voci più originali e indipendenti della scena musicale contemporanea. Dopo lo studio di corno e composizione, ha iniziato la carriera di compositore negli anni Settanta con opere caratterizzate da una semplicità quasi naïf, che lo portarono a essere considerato uno dei rappresentanti del movimento danese della "nuova semplicità", nato in reazione alla complessità dell'avanguardia musicale europea, con centro nella Scuola di Darmstadt. Le sue composizioni hanno ottenuto riconoscimenti e importanti commissioni, come quelle della Filarmonica di Berlino, l'Orchestra di Cleveland e la Danish Royal Opera di Copenaghen. Tra il 1990 e il 1998 ha subito una arresto creativo, che definì "fermata", dovuto alle difficoltà di trovare il modo di comporre la musica che desiderava. Durante questa fase, prefigurando un cambiamento estetico nella sua musica futura, orchestrò e arrangiò opere di Johann Sebastian Bach, György Ligeti, Carl Nielsen, Robert Schumann, Arnold Schönberg e Claude Debussy, la musica dei quali esercita un'influenza anche sulle sue composizioni. Il suo *Schnee* (Neve) per ensemble da camera risale al 2008. Insieme a *Winternacht*, questa composizione fondamentale ha generato e segnato un successivo ciclo di opere, con numerose connessioni nel contenuto e nel tema, che continua a crescere. Il suo concerto per pianoforte per la mano sinistra (*Left, alone*) e il monodramma *let me tell you*, composto per il soprano Barbara Hannigan grazie al quale la sua musica ha finalmente ottenuto un riconoscimento mondiale, ne fanno parte tanto quanto la sua prima opera, *The Snow Queen*, basata sulla fiaba di Hans Christian Andersen ed eseguita in prima assoluta alla Danish Royal Opera nel 2019.

Danish composer Hans Abrahamsen is one of the most original and independent voices on the contemporary music scene. After studying the horn and composition, he began his career as a composer in the 1970s with works characterised by an almost naive simplicity that made him considered one of the representatives of the Danish "new simplicity" movement, born in reaction to the complexity of the European musical avant-garde whose centre was the Darmstadt School. His compositions have won recognition and important commissions, such as from the Berlin Philharmonic, the Cleveland Orchestra and the Danish Royal Opera in Copenhagen. Between 1990 and 1998 he experienced a creative break, which he called "fermata", due to difficulties in finding the way to make the music he wanted. During this phase, prefiguring an aesthetic change in his future music, he orchestrated and arranged pieces by Johann Sebastian Bach, György Ligeti, Carl Nielsen, Robert Schumann, Arnold Schönberg and Claude Debussy, whose music also influences his own compositions. His *Schnee* (Snow) for chamber ensemble dates from 2008. Along with *Winternacht*, this seminal composition has generated and marked a subsequent cycle of works, with many connections in content and motif, which continues to grow. His piano concerto for the left hand (*Left, alone*) and the monodrama *Let me tell you*, composed for the soprano Barbara Hannigan and with which his music finally gained worldwide recognition, are just as much a part of this as his first opera *The Snow Queen*, based on Hans Christian Andersen's fairy tale, premiered at the Danish Royal Opera in 2019.

Orchestra del Teatro La Fenice

La storia dell'Orchestra del Teatro La Fenice è legata a quella dello stesso teatro, uno dei più importanti teatri lirici del XIX secolo, con prime mondiali di lavori come *Semiramide*, *I Capuleti e i Montecchi*, *Rigoletto* e *La traviata*. Nei primi decenni del XX secolo l'orchestra è stata diretta da importanti personalità della musica, tra cui Richard Strauss, Pietro Mascagni, Ildebrando Pizzetti, Giuseppe Martucci, Alfredo Casella, Gian Francesco Malipiero, Ermanno Wolf-Ferrari, Goffredo Petrassi, Arturo Toscanini, Bruno Walter, Vittorio Gui, Guido Cantelli, Thomas Schippers e Dimitri Mitropoulos. Una tradizione che è continuata in seguito con celebri direttori d'orchestra come Hermann Scherchen, Sergiu Celibidache, Herbert von Karajan, Karl Böhm, Leonard Bernstein, Claudio Abbado, Riccardo Muti, Georges Prêtre, Seiji Ozawa, Giuseppe Sinopoli e, più recentemente, Kurt Masur, Rudolf Barshai, Yuri Temirkanov e Myung Whun Chung. La collaborazione tra il Teatro La Fenice e La Biennale di Venezia ha prodotto alcune opere fondamentali nella seconda metà del XX secolo, che hanno visto la partecipazione dell'Orchestra. Tra queste: *La carriera di un libertino* (1951) di Igor Stravinsky diretta dal compositore, *Il giro di vite* (1954) di Benjamin Britten, *L'angelo di fuoco* (1955) di Sergei Prokofiev e *Intolleranza 1960* (1960) di Luigi Nono. In anni più recenti l'Orchestra ha partecipato alle prime mondiali di *Entführung im Konzertsaal ovvero sequestro di persone al Palafenice* di Mauricio Kagel (2001), *Medea* di Adriano Guarneri (2002), *Signor Goldoni* di Luca Mosca (2010), *Il killer di parole di* Claudio Ambrosini (2011) e *Aquagranda* di Filippo Perocco (2016), mentre nella prossima stagione è in programma la prima mondiale di *Le baruffe* di Giorgio Battistelli. Suoi direttori principali sono stati Eliahu Inbal, Vjekoslav Sutej, Isaac Karabtchevsky, Marcello Viotti e Diego Matheuz.

The history of the Orchestra of the Teatro La Fenice is associated with that of the theatre, one of the most important opera houses in the 19th century, with world premieres of operas such as *Semiramide*, *I Capuleti e i Montecchi*, *Rigoletto*, and *La traviata*. In the first decades of the 20th century, the orchestra was conducted by leading music personalities, including Richard Strauss, Pietro Mascagni, Ildebrando Pizzetti, Giuseppe Martucci, Alfredo Casella, Gian Francesco Malipiero, Ermanno Wolf-Ferrari, Goffredo Petrassi, Arturo Toscanini, Bruno Walter, Vittorio Gui, Guido Cantelli, Thomas Schippers, and Dimitri Mitropoulos among others. A tradition that continued later with distinguished conductors such as Hermann Scherchen, Sergiu Celibidache, Herbert von Karajan, Karl Böhm, Leonard Bernstein, Claudio Abbado, Riccardo Muti, Georges Prêtre, Seiji Ozawa, Giuseppe Sinopoli and, more recently, Kurt Masur, Rudolf Barshai, Yuri Temirkanov and Myung Whun Chung. The collaboration between the Teatro La Fenice and La Biennale di Venezia led to the production of some fundamental operas in the second half of the 20th century, in which the Orchestra participated. Among these are Igor Stravinsky's *The Rake's Progress* (1951) conducted by the composer, Benjamin Britten's *The Turn of the Screw* (1954), Sergei Prokofiev's *The Fiery Angel* (1955), Luigi Nono's *Intolleranza 1960* (1960). In more recent years the Orchestra participated in the world premieres of Kagel's *Entführung im Konzertsaal ovvero sequestro di persone al Palafenice* (2001), Adriano Guarneri's *Medea* (2002), Luca Mosca's *Signor Goldoni* (2010), Claudio Ambrosini's *Il killer di parole* (2011) and Filippo Perocco's *Aquagranda* (2016), while the world premiere of Giorgio Battistelli's *Le baruffe* is planned in the next season. Principal conductors have included Eliahu Inbal, Vjekoslav Sutej, and Isaac Karabtchevsky, Marcello Viotti and Diego Matheuz.

Ernest Martínez Izquierdo

direttore / conductor

Nato a Barcellona, Ernest Martínez Izquierdo (direttore d'orchestra) è direttore onorario dell'Orchestra Sinfonica Navarra di Pamplona e direttore principale ospite dell'ensemble di musica contemporanea Barcelona 216, da lui fondato nel 1985. È stato direttore musicale dell'Orchestra Sinfonica Navarra (1997-2013) e direttore musicale dell'Orchestra Sinfonica di Barcellona (2002-'06), dove ha continuato a lavorare come direttore principale ospite fino al 2009. Izquierdo ha anche diretto diverse delle principali orchestre ed ensemble spagnoli. A livello internazionale, ha collaborato con orchestre come quelle sinfoniche di Tokyo e Kyoto, l'Orchestra Sinfonica della Radio Finlandese, la Filarmonica di Helsinki e Trondheim, l'Orchestre Philharmonique de Radio France, l'Orchestre National de Lyon e la Filarmonica di Varsavia. Nella primavera 2019 ha debuttato con l'Orchestra Filarmonica di Hong Kong e tornerà all'Orchestre National Montpellier Occitanie. Fra le sue produzioni operistiche vi sono *Adriana Mater* di Kaija Saariaho, diretta da Peter Sellars (con prime alla Finnish National Opera e alla Santa Fe Opera) e *Only the Sound Remains* (Opéra national de Paris), *Le nozze di Figaro* di Mozart, con la regia di Emilio Sagi, *Carmina Burana* di Orff, con la regia di La Fura dels Baus, *L'Amour de loin* di Saariaho, con la regia di Robert Lepage e la prima mondiale de *L'Ombre de Venceslao* di Martin Matalon, con la regia di Jorge Lavelli. Ha registrato per Deutsche Grammophon, Telarc, Harmonia Mundi, Col Legno, Ircam, Stradivarius e Naxos. Izquierdo è stato insignito di diversi premi, tra cui El Ojo Crítico (1995), il Premio Roland de Periodisme de Música Clàssica de Catalunya (2000), il Latin Grammy (2006) e il Diapason d'Or (2012). Dal 2006 è membro della Reial Acadèmia Catalana de Belles Arts de Sant Jordi.

Born in Barcelona, Ernest Martínez Izquierdo (conductor) is honorary conductor of the Navarre Symphony Orchestra of Pamplona and principal guest conductor of the contemporary-music ensemble Barcelona 216, which he founded in 1985. He has been music director of the Navarre Symphony Orchestra (1997/2013) and music director of the Barcelona Symphony Orchestra (2002/'06), where he continued to serve as principal guest conductor through 2009. Mr. Izquierdo has also conducted many principal Spanish orchestras and ensembles. Internationally, he has worked with orchestras such as the Tokyo and Kyoto Symphony Orchestras, Finnish Radio Symphony Orchestra, Helsinki Philharmonic Orchestra, Trondheim Symphony Orchestra, Orchestre Philharmonique de Radio France, Orchestre National de Lyon, and Warsaw Philharmonic. In spring 2019 he will make his debut with the Hong Kong Philharmonic Orchestra and return to the Orchestre National Montpellier Occitanie. Mr. Izquierdo's opera credits include Kaija Saariaho's *Adriana Mater*, directed by Peter Sellars (with premieres at the Finnish National Opera and Santa Fe Opera) and *Only the Sound Remains* (Paris National Opera); Mozart's *Le nozze di Figaro*, directed by Emilio Sagi; Orff's *Carmina Burana*, directed by La Fura dels Baus; Saariaho's *L'Amour de loin*, directed by Robert Lepage; and the world premiere of *L'Ombre de Venceslao* by Martin Matalon, directed by Jorge Lavelli. He has recorded for Deutsche Grammophon, Telarc, Harmonia Mundi, Col Legno, Ircam, Stradivarius, and Naxos. Mr. Izquierdo has been honored with several prizes, including El Ojo Crítico (1995), the Catalan Roland Journalism Prize for Classical Music (2000), the Latin Grammy (2006), and the Diapason d'Or (2012). Since 2006 he has been a member of the Reial Acadèmia Catalana de Belles Arts de Sant Jordi.

Anssi Karttunen

Appassionato sostenitore della musica contemporanea, Anssi Kartunen ha eseguito in prima assoluta ventinove opere per violoncello e orchestra e numerosi brani di musica da camera. Tra i primi, i due concerti per violoncello di Magnus Lindberg, il concerto *Mania* di Esa-Pekka Salonen, il concerto per violoncello *Yi1* di Tan Dun, il concerto per violoncello *Rest* di Luca Francesconi e *Oire* di Jukka Tiensuu. Il concerto *Notes on Light* di Kaija Saariaho è stato commissionato dalla Boston Symphony Orchestra per lui. Nell'ottobre 2018 ha eseguito per la prima volta *Side Roads* di Betsy Jolas con la Swedish Chamber Orchestra.

Si è esibito con molte delle più importanti orchestre del mondo e in recital e musica da camera nei principali festival europei come quelli di Edimburgo, Salisburgo, Lockenhaus, Spoleto, Berlino, della Biennale di Venezia, Montpellier, Strasburgo, Helsinki ecc. Karttunen suona nello Zebra Trio con il violinista austriaco Ernst Kovacic e il violista canadese Steven Dann. Partecipa a recital con Magnus Lindberg e Nicolas Hodges. Insieme al polistrumentista John Paul Jones, ha creato due gruppi: Sons of Chipotle e Tres Coyotes. Attivo anche come direttore d'orchestra, ha diretto *Kraft* di Lindberg con la Filarmonica delle Fiandre, la Los Angeles Philharmonic cello ensemble, il Gaida Ensemble di Vilnius, la NJO String Orchestra e altri. È stato Direttore Artistico dell'Avanti!-Chamber Orchestra tra il 1994 e il 1998, della Biennale di Helsinki nel 1995, del Suvisoitto-Festival di Porvoo (Finlandia) tra il 1994 e il 1997 e del Musica nova Helsinki Festival nel 2015. Tra il 1999 e il 2005, Anssi Karttunen è stato primo violoncellista della London Sinfonietta. Karttunen suona un violoncello di Francesco Ruggeri, Cremona, risalente al 1670 circa.

As a passionate advocate of contemporary music, Anssi Kartunen has premiered twenty-nine works for cello and orchestra and numerous chamber music pieces. Among the former, Magnus Lindberg's two Cello Concertos, Esa-Pekka Salonen's Concerto *Mania*, Tan Dun's Cello Concerto *Yi1*, Luca Francesconi's Cello Concerto *Rest* and Jukka Tiensuu's *Oire*. Kaija Saariaho's Concerto *Notes on Light* was a Boston Symphony Orchestra commission for Anssi Karttunen. In October 2018 he gave the premiere of Betsy Jolas's *Side Roads* with the Swedish Chamber Orchestra.

He has performed with many of the most prominent orchestras of the world and in recitals and chamber music at major festivals in Europe such as those of Edinburgh, Salzburg, Lockenhaus, Spoleto, Berlin, of La Biennale di Venezia, Montpellier, Strasbourg, Helsinki etc. Karttunen plays in the Zebra Trio with the Austrian violinist Ernst Kovacic and Canadian viola player Steven Dann. He appears in recitals with Magnus Lindberg and Nicolas Hodges. Together with the multi-instrumentalist John Paul Jones, Karttunen has two groups: Sons of Chipotle and Tres Coyotes. Anssi Karttunen is also active as a music conductor. He has conducted Lindberg's *Kraft* with the Flanders Philharmonic, the Los Angeles Philharmonic cello ensemble, the Gaida Ensemble in Vilnius, NJO String Orchestra and others. He was the Artistic Director of the Avanti!-Chamber Orchestra between 1994 and 1998, of the 1995 Helsinki Biennale, of the Suvisoitto-Festival in Porvoo (Finland) between 1994 and 1997, and of the Musica nova Helsinki Festival in 2015. Between 1999 and 2005, Anssi Karttunen was the principal cellist of the London Sinfonietta.

Karttunen plays a cello by Francesco Ruggeri, Cremona ca. 1670.

LEZIONI DI MUSICA / MUSIC LESSONS

ADRIAN WILLAERT (ca. 1490-1562)
SALMI SPEZZATI A DUE CORI (1550)

un programma di Rai Radio 3 condotto da /
a Rai Radio 3 program presented by
Giovanni Bietti

a cura di / curated by
Paola Damiani

18.09.2021 | H 9.00
Rai Radio 3
in diretta da / live from
Ca' Giustinian, Sala delle Colonne

Giovanni Bietti

Lezioni di Musica

Quattro *Lezioni di Musica*, ampliano il tema della Biennale Musica 2021 esplorando la storia della grande coralità veneziana, che si sviluppò negli spazi particolarissimi offerti dalla città lagunare. Il percorso cronologico delle *Lezioni*, che va dal Cinquecento al Settecento, comincia naturalmente da colui che viene in genere considerato il fondatore della scuola veneziana: il grande compositore fiammingo Adrian Willaert (ca. 1490-1562), Maestro di cappella nella Basilica di San Marco dal 1527 fino alla morte. Nel 1550 Willaert pubblicò i *Salmi spezzati*, una raccolta di brani polifonici scritti per due diversi cori che interagiscono tra loro realizzando una sorta di effetto stereofonico. Lo stimolo per questo tipo di scrittura, che ritroviamo in altre composizioni coeve del nord Italia ma che diventerà un tratto distintivo della polifonia veneziana nei decenni successivi, fu senz'altro offerto dalle due diverse cantorie presenti nella Basilica marciana. La Lezione ci farà ascoltare due Salmi della grande raccolta del 1550: il *Dixit Dominus* e il *Laudate Pueri*.

Giovanni Bietti

The four *Music Lessons* expand the theme of the Biennale Musica 2021 by exploring the history of the great Venetian choral music, which developed in the very special spaces offered by the lagoon city. The chronological path of the *Lessons*, which goes from the 16th to the 18th century, naturally begins with the composer who is generally considered the founder of the Venetian school: the great Flemish composer Adrian Willaert (ca. 1490-1562), "Maestro di cappella" in St Mark's Basilica from 1527 until his death. In 1550 Willaert published the *Salmi spezzati*, a collection of polyphonic pieces written for two different choirs interacting with each other to create a sort of stereophonic effect. The stimulus for these compositions, which one also finds in other contemporary compositions from northern Italy but which was to become a distinctive feature of Venetian polyphony in the following decades, was undoubtedly provided by the two different choirs present in the Basilica Marciana. In this lesson we will hear two Psalms from the great 1550 collection: the *Dixit Dominus* and the *Laudate Pueri*.

Giovanni Bietti

Giovanni Bietti, conduttore.
Compositore, pianista e musicologo, Giovanni Bietti è considerato uno dei migliori divulgatori musicali italiani. È una delle più note voci radiofoniche delle *Lezioni di Musica* (seguitissima trasmissione settimanale di Rai Radio 3), e ha pubblicato libri dedicati a Beethoven (Laterza, 2013), a Mozart (Laterza, 2015) e a Haydn (EDT, 2020). Tra i suoi volumi recenti *Lo spartito del mondo* (Laterza, 2018), dedicato alla multiculturalità, alla capacità della musica di far dialogare tra loro culture diverse, e *La musica della luce* (Laterza, 2021), sul rapporto tra musica e Illuminismo.
Tiene regolarmente lezioni-concerto, direttamente al pianoforte, presso molte delle più prestigiose istituzioni italiane, tra le quali il Teatro alla Scala, il Teatro La Fenice, l'Accademia Nazionale di Santa Cecilia, il Teatro dell'Opera di Roma, il Teatro Regio di Torino e molte altre. Collabora regolarmente con alcuni importanti eventi internazionali, come il Festival Internazionale di Cartagena, in Colombia. Tra le sue apparizioni televisive si ricordano le cinque puntate di *SuperQuarkMusica* su Rai 1, accanto a Piero Angela, e le recentissime dodici puntate di *Musica da camera con vista* su Rai 5, delle quali lo stesso Bietti è ideatore e conduttore.

Giovanni Bietti, presenter.
Composer, pianist and musicologist, Giovanni Bietti is regarded as one of the best Italian music communicators. He is one of the best-known radio voices of the *Lezioni di Musica*, a popular weekly broadcast on Rai Radio Tre, and has published books dedicated to Beethoven (Laterza, 2013), Mozart (Laterza, 2015) and Haydn (EDT, 2020). His most recent books include *Lo spartito del mondo* (Laterza, 2018), dedicated to multiculturalism and the capacity of music to bring different cultures together, and *La musica della luce* (Laterza, 2021), on the relationship between music and the Enlightenment.
He regularly holds concert-lessons, playing the piano himself, at some of the most prestigious Italian music institutions, including Teatro alla Scala, Teatro La Fenice, Accademia Nazionale di Santa Cecilia, Teatro dell'Opera di Roma, Teatro Regio di Torino and many others. He regularly collaborates with various important international events, such as the International Festival of Cartagena, Colombia. His television appearances include the five episodes of *SuperQuarkMusica* on Rai 1, alongside the popular scientific journalist Piero Angela, and the very recent twelve episodes of *Musica da camera con vista* on Rai 5, which Bietti himself conceived and presented.

Rai Radio 3 lavora da sempre con e per la musica. Le *Lezioni di Musica*, in onda ogni sabato e domenica dalle 9.00 alle 9.30, si propongono come un segnapassi alla scoperta di composizioni di ogni epoca: celebri o quasi sconosciute, lette e analizzate da compositori ed esecutori di profonda esperienza, solidi interessi musicologici e grande talento divulgativo.

Le lezioni nascono quasi dieci anni fa, nel gennaio 2012, dal fortunato incontro fra l'esperienza delle lezioni dal vivo di Giovanni Bietti all'Auditorium di Roma per l'Accademia di Santa Cecilia e lo storico e quotidiano impegno di Radio 3 nella divulgazione della musica, un impegno condensato in migliaia di ore di trasmissione, con concerti trasmessi in diretta da tutto il mondo, approfondimenti e attualità musicali.

Nel tempo si è costituito un nutrito gruppo di autori delle Lezioni formato, oltre che da Giovanni Bietti, da compositori, interpreti e musicologi (fra gli altri, Francesco Antonioni, Carlo Boccadoro, Luca Mosca, Alessandro Solbiati, Rinaldo Alessandrini, Andrea Lucchesini, Maria Cecilia Farina, Roberto Prosseda, Giorgio Pestelli ed Enzo Restagno).

Le trasmissioni sono pensate per un pubblico il più ampio possibile: professionisti, amatori, dilettanti, studenti e musicisti in carriera, ma soprattutto per tutti coloro che hanno curiosità per l'esperienza musicale senza una preparazione di base. Mettendo insieme esempi dal vivo al pianoforte o con altri strumenti, frammenti di ascolto accuratamente selezionati, la musica svela i suoi segreti e le sue architetture e i termini tecnici vengono sempre sciolti e illustrati.

Il punto di vista delle Lezioni è tutto interno alla musica e ai meccanismi compositivi e si completa con appropriati riferimenti storico-culturali. La scelta dell'argomento coincide con un interesse personale dell'autore, ma può corrispondere anche all'idea di analizzare un brano o un repertorio meno noti da scoprire e valorizzare insieme agli ascoltatori.

La selezione degli argomenti spazia dalla musica da camera a quella sinfonica e a quella sacra. Si proce-

Rai Radio 3 has always worked with and for music. *Lezioni di Musica* (Music Lessons), broadcast every Saturday and Sunday from 9.00 to 9.30, are a step-stone in the discovery of compositions from all eras: famous or almost unknown, read and analysed by composers and performers with deep experience, solid musicological interests and great popular talent.

The lessons began almost ten years ago, in January 2012, from the fortunate encounter between the experience of Giovanni Bietti's lectures at the Auditorium in Rome for the Accademia di Santa Cecilia and the historic and daily commitment of Radio 3 in the dissemination of music, which translates into thousands of hours of broadcasting, with concerts broadcast live from all over the world, in-depth analysis and music news.

Over time, a large group of authors of the Lessons has been formed. This group includes Giovanni Bietti, composers, performers and musicologists as well as Francesco Antonioni, Carlo Boccadoro, Luca Mosca, Alessandro Solbiati, Rinaldo Alessandrini, Andrea Lucchesini, Maria Cecilia Farina, Roberto Prosseda, Giorgio Pestelli and Enzo Restagno.

The lessons are designed to reach out the widest possible audience: professionals, amateurs, students and career musicians, but above all for all those who are curious about the musical experience without any basic preparation. By putting together live examples on the piano or with other instruments, carefully selected listening fragments, the music reveals its secrets and architectures and technical terms are always loosened up and illustrated.

The viewpoint of the Lessons is entirely internal to music and compositional mechanisms and is completed with appropriate historical and cultural references. The choice of topic coincides with a personal interest of the author, but can also correspond to the idea of analysing a lesser-known piece or repertoire to be discovered and enhanced together with the listeners.

The selection of topics ranges from chamber music

de senza limiti cronologici dalla musica antica a quella dei nostri giorni e questa libertà e varietà di proposte ha portato negli anni gli ascoltatori a vivere esperienze di ascolto sempre diverse, varcando, nel caso del repertorio contemporaneo, confini ritenuti invalicabili.
Le Lezioni sono premiate dagli ascolti e nel tempo hanno guadagnato uno strumento fondamentale per la loro diffusione con la possibilità di essere riascoltate sempre, tutte, anche in podcast dal sito di Rai Radio 3 e con l'app Rai PlayRadio.
Un momento felice e di crescita per le Lezioni di Musica è stato l'incontro con il pubblico dal vivo in occasione dei Festival di Radio 3 a Matera, a Forlì e a Cesena. Non potrebbe esserci occasione più felice, dopo tante, dolorose chiusure, essere presenti ora in questa edizione della Biennale Musica, immersi nelle voci del nostro tempo con un percorso nella musica corale sacra veneziana.

Paola Damiani
Curatrice di *Lezioni di Musica*

to symphonic music and sacred music, with no chronological limits, from early music to modern music, and this freedom and variety has led listeners over the years to enjoy ever-changing listening experiences, and in the case of the contemporary repertoire, to cross boundaries that were considered inaccessible.
The Lessons are rewarded by the audience and over time have added a fundamental tool for their dissemination with the possibility of being listened to again and again, all of them, and their podcast downloaded from the Rai Radio 3's website and with the Rai PlayRadio app.
A fortunate moment of growth for *Lezioni di Musica* was marked by a direct exchange with the audience on the occasion of the Radio 3 Festivals in Matera, Forlì and Cesena. There could not be a happier occasion, after so many painful closures, to be present at the Biennale Musica 2021, plunged in the voices of our time with a journey through Venetian sacred choral music.

Paola Damiani
Curator of *Lezioni di Musica*

CHONGLIAN YU (1993)
I SEE THE CLOUD IN THE WATER
installazione sonora / sound installation

2021 (30')

prima assoluta / world premiere

produzione / production
La Biennale di Venezia –
CIMM, Centro Informatica Musicale e Multimediale

Biennale COLLEGE

18.09.2021 | H 15.00
19.09 > 26.09.2021 | dalle / from H 10.00
20.09.2021 | H 18.00 – 20.00
Arsenale, Sala d'Armi E

I see the cloud in the water

Chonglian Yu

I see the cloud in the water esplora come la presenza modellata e aumentata della voce e dello spazio relativo si mette in relazione con la presentazione del sé nel contesto della comunicazione sociale.

L'installazione presenta otto *personae* composte di registrazioni di voci vere e sintetizzate in alcune lingue selezionate. Ognuna è abbinata a una singola scultura umana, a forma di cubo, costruita con la stampa 3D, l'elettronica e il legno. Accanto alle sculture, è ricostruito un ambiente sonoro con materiali provenienti da registrazioni sul campo in vari luoghi della città di Venezia.

In senso musicale, il pezzo scorre costantemente tra stati diversi: da processi stocastici a strutture composte, ispirate alla scuola veneziana di scrittura corale; da una voce inedita a frammenti rallentati, filtrati e granulati; da un assolo a un duetto a un brano corale. Flussi che ricompongono le caratteristiche della città di Venezia che, come l'acqua, è in continuo cambiamento. In generale, il lavoro mette in scena uno spazio sociale immaginario e alterato e ci invita a sentire e iniziare a metterci in relazione con gli esseri che ci circondano. Possiamo anche vivere su un grande palcoscenico come interpreti nella vita, ma la connessione che creiamo è più magica del solo risultato della performance.

Chonglian Yu

I see the cloud in the water explores how the shaped, augmented presence of the voice and relative space relates to the presentation of the self in the context of social communication.

The installation consists of eight *personae* made of actual voice recordings and synthesized voices in selected languages. Each persona is implemented to an individual, cube-shaped, human figure sculpture built with 3D printing, electronics and wood. Along with the sculptures, an ambiance is reconstructed with the materials from field recordings of various places in the city of Venice.

In the musical sense, the piece constantly flows between different states: from stochastic processes to composed structures inspired by the Venetian school of choral writing; from unedited voice to stretched, filtered, granulated fragments; from solo, duo to tutti. Those flows reassemble the characteristics of Venice city, like water, ever-changing. Overall, the piece stages an imaginary, altered social space and invites us to feel and start our connections with the beings surrounding us: we may live on a grand stage as a performer in life. However, the connection we create is more magical than just the outcome of the performance.

Chonglian Yu

Chonglian Yu

compositore / composer

Chonglian Yu è un compositore, artista del suono e performer che pone al centro della sua pratica artistica la modellazione del linguaggio sonoro come mezzo di collegamento con la realtà esterna. Spaziando dalla musica strumentale a quella elettronica, installazioni sonore e performance interdisciplinari, le sue opere esplorano il legame tra esperienza sensoriale e percezione artistica. Gli interessi compositivi di Yu sono strettamente legati alla realizzazione della tecnologia e alle sue radici culturali.

Le sue opere sono state eseguite ed esposte in tutto il mondo in vari concerti e festival da ensemble e musicisti come Ensemble Linea, Ensemble PHACE, Hong Kong New Music Ensemble (HKNME), Jack Quartet, Keiko Murakami, Mivos Quartet, MolOt-Ensemble, Proxima Centauri, Roadrunner Trio, Sound Icon, ecc.

Nato a Hangzhou, in Cina, ha iniziato a studiare violoncello e, successivamente, composizione sin da giovanissimo. Ha ottenuto la laurea in composizione classica a Boston e un master in composizione contemporanea al Conservatorio di Amsterdam con Wim Henderickx e Jorrit Tamminga. Attualmente è impegnato nello studio della *computer music* allo IEM di Graz con Marko Ciciliani.

Chonglian Yu is a composer, sound artist, and performer. The focus of his artistic practice is shaping sonic language into a connective medium with the external reality. Ranging from instrumental music to electronic music, sound installations, interdisciplinary performance, his works explore the connection between sensory experience and artistic perception. His compositional interests are closely tied to the realization of technology and his cultural roots.

Yu's works have been performed and exhibited worldwide at various concerts and festivals by ensembles and musicians such as Ensemble Linea, Ensemble PHACE, Hong Kong New Music Ensemble (HKNME), Jack Quartet, Keiko Murakami, Mivos Quartet, MolOt-Ensemble, Proxima Centauri, Roadrunner Trio, Sound Icon, etc.

Born in Hangzhou, China, Yu studied cello and later composition from a very young age. He completed his bachelor's degree in classical composition in Boston and his master's degree in contemporary composition at the Conservatorium van Amsterdam with Wim Henderickx and Jorrit Tamminga. Currently, he is studying computer music at IEM, Graz, with Marko Ciciliani.

KAIJA SAARIAHO (1952)
ONLY THE SOUND REMAINS
opera in due parti / opera in two parts
tratta dai drammi nō "Tsunemasa" (prima parte) e "Hagoromo" (seconda parte) /
after the Noh plays "Tsunemasa" (first part) and "Hagoromo" (second part)
nella traduzione di Ezra Pound e Ernest Fenollosa /
in the translations by Ezra Pound and Ernest Fenollosa

2016 (100')

prima esecuzione al / premiered at the
Tokyo Bunka Kaikan
6 giugno 2021 / 6 June 2021

prima europea della nuova produzione /
European premiere of the new production

coproduzione / co-production
La Biennale di Venezia, Tokyo Bunka Kaikan, Palau de la Musica
in collaborazione con / in collaboration with
Fondazione Teatro La Fenice

Michał Sławecki
controtenore solista / contertenor soloist
Bryan Murray
baritono solista / baritone soloist
Kaiji Moriyama
danza / dance

Theatre of Voices
Else Torp soprano
Iris Oja mezzosoprano / mezzo-soprano
Paul Bentley-Angell tenore / tenor
Jakob Bloch Jespersen basso / bass

Marco Thèves, Léo Marillier violino / violin
Yuko Hara viola
Dima Tsypkin violoncello / cello
Eija Kankaanranta kantele
Camilla Hoitenga flauto / flute
Mitsunori Kambe percussioni / percussion

Clément Mao-Takacs
direttore / conductor

Aleksi Barrière
regia, scene, costumi e /
direction, stage, costume and video design
Étienne Exbrayat
scene, costumi, disegno luci / set, costumes, lighting design
Kaiji Moriyama
coreografia / choreography
Christophe Lebreton
design del suono originale e /
original sound design and Max Program
Timo Kurkikangas
ingegnere del suono / sound engineer
David Poissonnier
assistente ingegnere del suono /
sound engineer assistant

18.09.2021 | H 19.00
Teatro Malibran

Only the Sound Remains

Kaija Saariaho
Aleksi Barrière

Durante la Prima guerra mondiale, Ezra Pound rielaborò e adattò le traduzioni di quindici opere di teatro nō dello scomparso Ernest Fenollosa, che aveva potuto studiare con il grande attore Umewaka Minoru. Pound credeva nell'importanza fondamentale della traduzione per il rinnovamento dell'arte e della società e aveva ragione: le sue opere nō hanno influenzato il teatro occidentale per oltre un secolo. *Only the Sound Remains*, basata su queste traduzioni, parte dal presupposto che le culture hanno molto da imparare le une dalle altre: è un tentativo di non farsi unicamente ispirare a vicenda da lontano, ma di creare una rete comune di collaborazione interculturale.

La poesia "ideogrammatica" di Ezra Pound e il mondo sonoro di Kaija Saariaho (pieno di influenze diverse e strutturato attorno a un senso del tempo dilatato e a campi di forza che possono essere descritti in termini di *yugen*) sono il materiale perfetto per un incontro fra artisti dell'Est e dell'Ovest. In quest'opera, che affronta un desiderio profondamente umano di bellezza che trascende le specificità culturali, possiamo sognare la possibilità di una commistione fra opera e nō, ma anche musica contemporanea, danza e teatro da tre continenti. Di un'arte realmente viva.

In *Hagoromo*, il Tennin lascia "qui una danza, una nuova gioia per gli uomini". Nel fare arte insieme impariamo ad abbracciare le nostre molte differenze, ma anche a scoprire i tanti aspetti che ci accomunano. Nelle nostre singole discipline e tradizioni culturali, sapevamo già che tale arte è un duro lavoro. Eppure, quando uniamo le nostre arti, in particolare in questi mesi di "distanziamento" e sfiducia, capiamo che il nostro è un lavoro necessario per rendere questo mondo, come dice il personaggio del Pescatore, un po' meno un "luogo triste in cui abitare".

Aleksi Barrière

During World War One, Ezra Pound reworked and adapted the translations of fifteen Noh plays by the late Ernest Fenollosa, who had studied them first-hand with the great actor Umewaka Minoru. Pound believed in the fundamental importance of Translation for the renewal of art and society, and he was right: his Noh plays influenced Western theatre for over a century. *Only the Sound Remains*, which is based on these translations, takes the idea that cultures have much to learn from each other one step further: it is an attempt to not just be inspired by each other from afar, but to create a work of intercultural collaboration, together.

Ezra Pound's "ideogrammic" poetry and Kaija Saariaho's sound world (which is full of diverse influences, and structured by a sense of dilated time and by force fields that can be described in terms of *yugen*) provide the perfect material for an encounter between artists of the East and the West. In this piece, which deals with a deeply human craving for beauty that transcends cultural specifics, we can dream the dream of something like a cross between opera and Noh, but also contemporary music, dance and theatre from three continents. Of an art that is alive.

In *Hagoromo*, the Tennin "leaves a dance here, / a joy to be new among men". In the act of making art together we learn to embrace our many differences, and also uncover the many things we have in common. Within our separate disciplines and cultural traditions, we already knew that such art is hard work. But as we bring our crafts together, especially in these times of "distancing" and distrust, we understand that our work is necessary to make this world, as the character of the Fisherman puts it, less of "a sorry place to dwell in".

Aleksi Barrière

Spesso impiego anni prima di trovare gli elementi giusti e arrivare al punto in cui posso iniziare a comporre un'opera. Nel caso di *Only the Sound Remains*, ho discusso a lungo varie idee con Peter Sellars, che ha curato l'allestimento della prima mondiale della mia creazione. Stavo cercando qualcosa di innovativo, che non avevo mai fatto prima. Quando lavoro a un nuovo progetto importante, per me è fondamentale escludere qualunque cosa abbia proposto in passato. Dal 2010, ho trascorso qualche anno negli Stati Uniti. In particolare, collaboravo stabilmente con la Carnegie Hall. Stavo lavorando a un altro progetto in cui utilizzavo brevi estratti dai *Cantos* di Ezra Pound. Mi piacevano quei testi, che lasciavano tanto spazio alla musica e mi sono detta che mi sarebbe piaciuto continuare a lavorare con i suoi scritti.

Ne parlai con Peter e scegliemmo *Tsunemasa* e *Hagoromo*, due opere di nō - una forma di teatro giapponese che mi interessa e che Peter conosce molto bene - adattati da Ezra Pound. Il materiale però è solo un punto di partenza. Per quanto riguarda la struttura generale, le trame di Tsunemasa e Hagoromo restano invariate. In un certo senso, tutto il teatro nō tratta il medesimo argomento: l'interazione tra umano e soprannaturale. Queste due opere, tuttavia, sono molto diverse l'una dall'altra. La prima è cupa e straziante, mentre la seconda tende verso la luce, la danza e termina con l'angelo che svanisce tra le nuvole.

All'inizio avevo pensato a un baritono e a un contraltista per le voci della prima opera, e a un baritono e a una soprano per la seconda. Mentre parlavamo con Philippe Jaroussky, che conoscevo e ammiravo da anni, mi suggerì di eseguire lui stesso entrambi i ruoli - lo spirito e l'angelo. Questa idea ha reso possibile unificare le opere in un modo interessante e Philippe è stato un'importante fonte di ispirazione. Mentre stavamo cercando di immaginare come questi due ruoli potessero essere caratterizzati da tessiture diverse, Philippe ha suggerito di concentrare le note più alte nella seconda parte, lasciandogli il tempo di scaldare la voce. Ho quindi usato un registro più basso e una

It often takes me several years to find all the right elements before I get to the point where I can begin to compose an opera. In the case of *Only the Sound Remains*, I discussed ideas with Peter Sellars, who directed the world premiere of my opera, for a long time. I was looking for something new that I had never done before. It's important to me, when I am workshopping a new major project, to exclude everything that I have done previously. At the beginning of the 2010s, I spent a lot of time in the United States. Notably, I was in residence at Carnegie Hall. I was working on another project in which I used short excerpts from Ezra Pound's *Cantos*. I liked these texts, which left a lot of room for the music. I told myself that I would like to continue to work with Pound's writings.

I talked about this with Peter and we decided on *Tsunemasa* and *Hagoromo*, two plays from Noh—a Japanese theatrical form that interests me and that Peter knows very well—adapted by Ezra Pound. This material is just a starting point. With regards to the overall structure, the stories of Tsunemasa and Hagoromo remain the same. In some ways, all Noh theater pieces deal with the same thing: the interaction between the human and the supernatural. Yet, these two plays are very different from each other. The first is somber and harrowing while the second one reaches for the light, the dance, ending with the angel vanishing into the clouds.

I had originally thought of a baritone and a countertenor for the voices in the first play, and a baritone and a soprano for the second. While we were talking with Philippe Jaroussky, whom I had known and admired for years, he suggested taking on both roles – the spirit and the angel. This idea made it possible to unify the plays in an interesting way and Philippe was an important inspiration. While we were envisioning how these two roles could be characterized by different tessituras, he suggested that I save the highest notes for the second part, when his voice would be warmed up. I therefore used a lower register and more dramatic writing for *Tsunemasa*, while the music

scrittura più drammatica per *Tsunemasa*, mentre la musica per *Hagoromo* è più acuta ed elaborata.
Mi sono messa alla prova, sfidandomi a scrivere un lavoro intimo per uno spazio di grandi dimensioni, con una strumentazione contenuta che comprendeva i flauti per estendere il respiro umano e i canti degli uccelli; il kantele – uno strumento tradizionale finlandese per il quale volevo scrivere da tempo – che incarna il suono magico della prima opera; le percussioni; e un quartetto d'archi – un ensemble particolarmente ricco che permette di coprire una vasta gamma di tonalità. Il mio obiettivo era quello di scrivere una musica raffinata e ben definita che respirasse nell'acustica di un ampio spazio. Ho anche fatto uso dell'elettronica per estendere questo senso di intimità con il pubblico in tutto lo spazio. In *Emilie*, la mia opera precedente, mi ero già avvalsa dell'elettronica per trasformare la voce della soprano e per creare quelle dei bambini, di suo padre, dei suoi amanti... Qui, volevo continuare questo lavoro ma uscendo dai confini del realismo: desideravo trasformare la voce per spingermi verso qualcosa di più astratto e soprannaturale. Nella prima opera, le elaborazioni in tempo reale della voce del contraltista creano impasti velati e profondi, come un'ombra che attraversa la stanza; nella seconda, ripropongono toni alti, come di campane.
L'idea di coinvolgere un danzatore è di Peter Sellars. Si domandava come rappresentare la scomparsa finale dell'angelo quando il testo evocava le sue danze. Per lui non è stato facile pensare che potessi comporre musica per la danza... Per me, la soluzione era chiara: il materiale musicale dell'angelo si sarebbe evoluto in una scrittura sempre più ritmica, sempre più veloce, rappresentando la danza di una creatura incantata che scompare tra le nuvole del monte Fuji.

Kaija Saariaho

(Testo tratto da un'intervista di Simon Hatab in occasione dell'allestimento di *Only the Sound Remains* all'Opéra di Parigi)

for *Hagoromo* is higher and more ornamented.
I challenged myself to write an intimate work for a big space, with restrained instrumentation that includes flutes to extend the human breath and the bird songs; kantele – a traditional Finnish instrument for which I've wanted to write for a long time – which embodies the magical sound of the first play; percussion; and a string quartet – a particularly rich ensemble that makes it possible to cover a large pitch range. My goal was to write refined, well-defined music that breathes in the acoustics of a big space. I also made use of electronics to extend this sense of intimacy with the audience throughout the whole space. In *Emilie*, my previous opera, I was already using electronics to transform the soprano's voice and to create the voices of children, her father, her lovers... Here, I wanted to continue this work but move out of the realistic framework: transform the voice to move towards something more abstract and supernatural. In the first play, the real-time treatments of the countertenor's voice create veiled, low textures, like a shadow traveling through the room; in the second, they create high bell tones.
The idea of incorporating a dancer came from Peter Sellars. He was wondering how to represent the final disappearance of the angel when the text evoked its dances. He had a hard time imagining that I could compose the dance music... For me, the solution was clear: the angel's musical material would evolve into writing that was more and more rhythmic, faster and faster, representing the dance of an enchanted creature that disappears into the clouds of Mount Fuji.

Kaija Saariaho

(From an interview with Simon Hatab on the occasion of the *Only the Sound Remains* performance at Opéra de Paris. Translated by Amanda MacBlane)

Sinossi

Sempre forte (Tsunemasa)

Sodzu Gyokei, sacerdote del tempio della corte reale, sta pregando per Tsunemasa, morto nella battaglia dei mari occidentali. Tsunemasa era uno dei favoriti dell'Imperatore, che gli aveva regalato un liuto chiamato Seizan (Montagna Blu). Gyokei offre ora lo strumento all'altare del defunto, nella speranza di donare pace alla sua anima tormentata. Mentre risuonano le preghiere e la musica per Tsunemasa, appare la debole ombra di un uomo. Gyokei chiede chi sia, e l'ombra risponde di essere il fantasma di Tsunemasa, attirato sin lì dalla melodia delle preghiere. Poi l'ombra svanisce e resta solo il suono della sua voce, che ricorda al sacerdote quanto gli manchino i vecchi tempi. Una felicità che, tuttavia, dura un istante.

Il fantasma di Tsunemasa è tormentato dalle visioni della battaglia in cui ha combattuto. Desidera che siano spente le luci e scompare.

Il mantello di piume (Hagoromo)

Una mattina di primavera, mentre il pescatore Hakuryo esce per andare a pescare con i suoi compagni, trova uno stupendo mantello di piume appeso al ramo di un pino. Sta pensando di portarlo a casa con sé quando gli appare un Tennin (uno spirito della luna) che gli chiede di restituirglielo. In un primo momento Hakuryo rifiuta. Si lascia però commuovere dal lamento dello spirito della luna che non può fare ritorno in cielo senza il prezioso indumento. Gli restituirà il mantello se, in cambio, potrà ammirarlo eseguire una danza celeste. Quando il pescatore si mostra di nuovo diffidente, lui risponde: "Il dubbio è per i mortali; con noi non esiste inganno". Lo spirito danza avvolto nel mantello di piume; una delle danze rappresenta i movimenti crescenti e calanti della luna. Scompare quindi nella foschia che avvolge la vetta del monte Fuji.

Synopsis

Always Strong (Tsunemasa)

Sodzu Gyokei, a priest serving at the temple of the royal court, is praying for Tsunemasa, who died in the battle of the Western Seas. Tsunemasa was a favorite of the Emperor, who had given him a lute named Seizan (Blue Mountain). Gyokei now offers the instrument at the altar of the deceased, to bring peace to his tormented soul. While the prayers and music for Tsunemasa resonate, the faint shadow of a man appears. Gyokei asks who it is, and the shadow replies that he is the ghost of Tsunemasa, lured there by the sound of the prayers. Then the shadow vanishes and only the sound of his voice remains, telling the priest how it misses the old days. This happy moment, however, is short-lived.

Tsunemasa's ghost is tormented by visions of the battle in which he fought. He wants the lights to be extinguished and disappears.

Feather Mantle (Hagoromo)

One spring morning, as the fisherman Hakuryo sets out to go fishing with his companions, he finds a beautiful feather robe hanging on a pine branch. When he plans to take it home, a Tennin (moon spirit) appears and asks him to return the robe to her. At first Hakuryo refuses. But he is eventually moved by the moon spirit's lament that she cannot go back into heaven without it. He will give her the robe in return for seeing her perform a celestial dance. When the fisherman again expresses distrust, she responds: "Doubt is for mortals; with us there is no deceit". The Tennin dances in the feather robe; one of the dances represents the waxing and waning of the moon. Eventually she disappears in the haze beyond the peak of Mount Fuji.

Kaija Saariaho

Resta solo il suono

libretto
Opere teatrali nō: *Sempre forte* e *Manto di piume*
Libretto (originale in inglese) basato sulla traduzione di Ezra Pound e Ernest Fenollosa

I. Sempre forte

Personaggi

Sacerdote (basso-baritono)
Spirito (contro-tenore)
Coro

Kaija Saariaho

Only the Sound Remains

libretto
Noh plays: *Always strong* (original title: Tsunemasa) and *Feather Mantle* (original title: Hagoromo)
Libretto (English) based on the translation by Ezra Pound and Ernest Fenollosa

I. Always Strong

Characters

Priest (bass-baritone)
Spirit (counter-tenor)
Chorus

Sacerdote
Sono Sodzu Giokei, custode del tempio di Ninnaji. Tajima no Kami Tsunemasa, della casata Taira, da ragazzo era il favorito dell'Imperatore, ma venne ucciso molto tempo fa, nella battaglia dei Mari d'Occidente. Questo è il liuto, chiamato Montagna Blu, che l'Imperatore gli donò prima di quella battaglia. Offro questo liuto al suo spirito al posto delle libagioni; e compio il rito prescitto.

[*Rito in suffragio dello spirito di Tsunemasa*]

Sacerdote
Sebbene sia mezzanotte, scorgo la forma di un uomo, una forma indistinta, nella luce laggiù. Se sei uno spirito, chi sei?

Spirito
Sono il fantasma di Tsunemasa. Il tuo rito mi ha richiamato.

Priest
I am Sodzu Giokei, keeper of the temple of Ninnaji. Tajima no Kami Tsunemasa, of the house of Taira, was loved by the Emperor when he was a boy, but he was killed in the old days at the battle of the West Seas. And this is the lute called Blue Mountain that the Emperor gave him before that fighting. I offer this lute to his spirit in place of libation; I do the right service before him.

[*They perform a service to the spirit of Tsunemasa*]

Priest
Although it is midnight I see the form of a man, a faint form, in the light there. If you are spirit, who are you?

Spirit
I am the ghost of Tsunemasa. Your service has brought me.

Sacerdote
Il fantasma di Tsunemasa? Non percepisco alcuna forma, solo una voce.

Spirito
Rimane solo un fievole suono.

Sacerdote
Eppure io ho visto la forma.

Spirito
Se la vedi, c'è.

Sacerdote
La vedo.

Spirito
Sei sicuro di vederla veramente?

Sacerdote
Oh, ti vedo o non ti vedo?

Coro
Il mutevole Tsunemasa, colmo dell'inquietudine universale, guardò indietro, al mondo. Si udì la sua voce, una voce senza forma. Nessuno avrebbe potuto vederlo, ma lui dal suo fantasma gettò uno sguardo, un sogno che rimirava il nostro mondo.

Sacerdote
Che strano! Tsunemasa!
La sua figura era lì, e ora non c'è più, resta solo un debole suono.
La pellicola di un sogno, forse.
Una ricompensa per questo rito.

Spirito
Da giovane, entrai a corte.
In quel momento, vidi la vita. Godevo di molti favori. L'Imperatore mi donò il suo liuto. Quello stesso liuto che hai lì.
È il liuto chiamato Montagna Blu.
Lo avevo con me quando attraversavo il mondo.

Priest
Is it the ghost of Tsunemasa? I perceive no form, but a voice.

Spirit
It is the faint sound alone that remains.

Priest
O! But I saw the form, really.

Spirit
It is there if you see it.

Priest
I can see.

Spirit
Are you sure that you see it, really?

Priest
O, do I, or do I not see you?

Chorus
Changeful Tsunemasa, full of the universal unstillness, looked back upon the world.
His voice was heard there, a voice without form.
None might see him, but he looked out from his phantom, a dream that gazed on our world.

Priest
It is strange! Tsunemasa!
The figure was there and is gone, only the thin sound remains.
The film of a dream, perhaps! It was a reward for this service.

Spirit
When I was young I went into the court. I had a look at life then. I had high favour.
I was given the Emperor's lute.
That is the very lute you have there. It is the lute called Blue Mountain.
I had it when I walked through the world.

Coro
È il liuto che aveva in questo mondo, ma ora suonerà la musica del Buddha.

Sacerdote
Portate tutti i liuti che avete, e seguite la sua musica.

Spirito
Vi condurrò senza essere visto.

Sacerdote
La mezzanotte è arrivata;
suoneremo il "canto di mezzanotte", Yabanraku.

Spirito
Il cielo limpido si è rannuvolato;
la pioggia cammina con piedi più pesanti.

Sacerdote
Scuotono l'erba e gli alberi.

Spirito
Non erano i piedi della pioggia. Guarda lassù.

Coro
Una luna pende luminosa su un ramo di pino.
Il vento fruscia come scosso dalla pioggia.
È un'ora magica.
Le corde basse sembrano pioggia;
le corde alte quasi sussurrano.
La prima corda è una voce ventosa d'autunno;
la terza e la quarta corda paiono il pianto della cicogna nella sua gabbia, quando pensa ai suoi piccoli al calar della sera.
Che i galli non cantino.
Che nessuno annunci l'alba.

Spirito
La voce di un flauto ha mosso le nuvole di Shushinrei. E la fenice è uscita dalle nuvole: stanno scendendo con la musica.
Musica triste e meravigliosa!
Sono ridisceso nel mondo.

Chorus
It is the lute that he had in this world, but now he will play Buddha's music.

Priest
Bring out what stringed lutes you possess, and follow his music.

Spirit
And I will lead you unseen.

Priest
Midnight is come; we will play the "midnight-play," Yabanraku.

Spirit
The clear sky is become overclouded; the rain walks with heavier feet.

Priest
They shake the grass and the trees.

Spirit
It was not the rain's feet. Look yonder.

Chorus
A moon hangs clear on the pine-bough.
The wind rustles as if flurried with rain.
It is an hour of magic.
The bass strings are something like rain;
the small strings talk like a whisper.
The deep string is a wind voice of autumn;
the third and the fourth strings are like the crying stork in her cage, when she thinks of her young birds toward nightfall.
Let the cocks leave off their crowing.
Let no one announce the dawn.

Spirit
A flute's voice has moved the clouds of Shushinrei.
And the phoenix came out from the cloud; they descend with their playing.
Pitiful, marvellous music! I have come down to the world.

Ho ripreso il mio antico suonare.
Sono stato felice qui.
Tutto finisce in un attimo.

Sacerdote
Ora lo vedo di nuovo, è la figura che ho visto prima; sarà Tsunemasa?

Spirito
Il mio volto ha un'espressione triste. Abbassate le luci se mi vedete.

Coro
Il dolore del cuore è un fuoco che si diffonde rapido. Le fiamme si trasformano in pioggia fitta.
Ha ucciso con la spada, e di spada perì.
L'onda rossa del sangue si è alzata come fuoco,
e lui ora brucia con quella fiamma.
Ci ha ordinato di spegnere le luci; è volato via
come una falena d'estate.

Il fruscio delle sue ali si fece tempesta.
Il suo spirito scomparve nell'oscurità.

Tsunemasa di Ezra Pound ed Ernest Fenollosa,
da *Il teatro Noh classico del Giappone*

I have resumed my old playing.
And I was happy here.
All that is soon over.

Priest
Now I can see him again, the figure I saw here; can it be Tsunemasa?

Spirit
It's a sorry face that I make here. Put down the lights if you see me.

Chorus
The sorrow of the heart is a spreading around of quick fires. The flames are turned to thick rain.
He slew by the sword and was slain.
The red wave of blood rose in fire, and now
he burns with that flame.
He bade us put out the lights; he flew like
a summer moth.

His brushing wings were a storm.
His spirit is gone in the darkness.

Tsunemasa by Ezra Pound and Ernest Fenollosa,
from *The Classic Noh Theatre of Japan*

II. Il manto di piume

Personaggi

Hakuryo (basso-baritono)
Tennin (controtenore)
Coro

Hakuryo
Ventosa strada delle onde di Miwo,
veloce di navi, più forte delle voci dei timonieri.
Hakuryo, raccoglitore di pesci, capofamiglia,
vive sulla spoglia pineta di Miwo.

Coro
Su mille alture si raccolsero le inspiegabili nubi.
Nel cielo terso di pioggia la luna è appena
comparsa, a illuminare la casa alta.
Un tempo limpido e piacevole, certo.
Arriva il colore-respiro della primavera
sotto la prima foschia le onde si alzano regolari
la luna ancora indugia lassù, anche se noi non
possiamo afferrarla. Ecco una bellezza che pone la
mente al di sopra di se stessa.

Mai scorderò
il sentiero nei pressi di Kiyomi,
Né l'erba lungo quella baia,
Né la pineta di Miwo vista da lontano,
né gli steli di grano.

Andiamo secondo l'usanza.
Diamoci la mano contro il vento, che spinge
le nuvole e il mare.
Quegli uomini che andavano a pescare stanno
tornando senza aver gettato le reti.
Aspettate, non è forse primavera? Il vento non sta
forse per calare? Questo vento non è che la voce
dei pini perenni, pronti alla quiete.

II. Feather Mantle

Characters

Hakuryo (bass-baritone)
Tennin (counter-tenor)
Chorus

Hakuryo
Windy road of the waves by Miwo,
Swift with ships, loud over steersmen's voices.
Hakuryo, taker of fish, head of his house, dwells
upon the barren pine-waste of Miwo.

Chorus
Upon a thousand heights had gathered the
inexplicable cloud. Swept by the rain, the moon is
just come to light the high house.
A clean and pleasant time surely.
There comes the breath-colour of spring;
the waves rise in a line below the early mist;
the moon is still delaying above, though we've
no skill to grasp it. Here is a beauty to set
the mind above itself.

I shall not be out of memory
Of the mountain road by Kiyomi,
Nor of the parted grass by that bay,
Nor of the far seen pine-waste
Of Miwo of wheat stalks.

Let us go according to custom.
Take hands against the wind here, for it presses the
clouds and the sea.
Those men who were going to fish are about to
return without launching. Wait a little, is it not
spring? will not the wind be quiet? This wind is
only the voice of the lasting pine-trees, ready for
stillness. See how the air is soundless,

Vedete com'è silenziosa l'aria, o lo sarebbe, non fosse per le onde. Guardate laggiù, i pescatori stanno salpando anche con le barche più piccole.

Hakuryo
Sono giunto sulla spiaggia di Miwo-no; scendo a Matsubara; vedo tutto ciò di cui parlano sulla riva. Un cielo vuoto pieno di musica, una pioggia di fiori, strani profumi ovunque; tutte queste cose sono fuori dal comune, come questo mantello appeso al pino. Nell'avvicinarmi per respirare il suo colore, mi rendo conto del mistero. Il suo colore-odore è misterioso. Non è certamente un abito comune. Lo prenderò, e tornerò a casa e ne farò un tesoro, da mostrare agli anziani.

Tennin
Quel mantello appartiene a qualcuno da questa parte. Cosa hai intenzione di farne?

Hakuryo
Questo? Questo è un mantello trovato per strada. Me lo porto a casa.

Tennin
Questo è un manto di piume, nessun mortale lo può portare, a fatica strappato allo spirito che attraversa il cielo, a fatica preso o dato. Ti chiedo di lasciarlo dove l'hai trovato.

Hakuryo
Come? Questo è il manto di un Tennin? Così sia. In questi tempi di crisi dovrei conservarlo, una cosa rara, farne un tesoro per il paese, una cosa da venerare. Non dovrei restituirlo.

Tennin
Misero, senza il mantello di piume non si può volare, non si può tornare in cielo. Ti prego, restituiscimi il mantello.

Hakuryo
Nell'udire questi paroloni, io, Hakuryo, ho raccolto sempre più forza. Credi - poiché sono

or would be, were it not for the waves. There now, the fishermen are putting out with even the smallest boats.

Hakuryo
I am come to shore at Miwo-no; I disembark in Matsubara; I see all that they speak of on the shore. An empty sky with music, a rain of flowers, strange fragrance on every side; all these are no common things, nor is this cloak that hangs upon the pine-tree. As I approach to inhale its colour, I am aware of mystery. Its colour-smell is mysterious. I see that it is surely no common dress. I will take it now and return and make it a treasure in my house, to show to the aged.

Tennin
That cloak belongs to someone on this side. What are you proposing to do with it?

Hakuryo
This? this is a cloak picked up. I am taking it home, I tell you.

Tennin
That is a feather-mantle not fit for a mortal to bear, Not easily wrested from the sky-traversing spirit, Not easily taken or given. I ask you to leave it where you found it.

Hakuryo
How! Is the owner of this cloak a Tennin? So be it. In this downcast age I should keep it, a rare thing, and make it a treasure in the country, a thing respected. Then I should not return it.

Tennin
Pitiful, there is no flying without the cloak of feathers, no return through the ether. I pray you return me the mantle.

Hakuryo
Just from hearing these high words, I, Hakuryo, have gathered more and yet more force.

stato troppo stupido per riconoscere cos'era - che non sarò in grado di prendere il manto di piume e tenerlo nascosto? Che lo restituirò per il solo fatto che mi è stato detto di tirarmi indietro?

Tennin
Una Tennin senza la sua veste,
un uccello senza ali,
come risalirà l'aria?

Hakuryo
E questo mondo sarebbe un posto troppo triste in cui vivere?

Tennin
Sono in trappola, mi sforzo, ma come posso...?

Hakuryo
No, Hakuryo non restituirà la veste.

Tennin
Le mie forze non riescono. . .

Hakuryo
. . . a riprendersi la veste . . .

Coro
Il suo diadema, ingemmato come con rugiada di lacrime, anche i fiori che decoravano i suoi capelli, appassiscono e cadono, tutte le debolezze della Tennin morente sono davanti ai nostri occhi. Dolore!

Tennin
Guardo la pianura del cielo, la scruto; nascosta e incerta è la via delle nuvole; siamo perduti tra la nebbia che sale; non ricordo più la strada. Strano, che strano dolore!

Coro
Invidiabile colore del respiro, meraviglia delle nuvole che svaniscono nel cielo che era la nostra abituale dimora; sentire ancora la nota voce dell'uccello del cielo, così nota. Sentire le voci

You think, because I was too stupid to recognize it, that I shall be unable to take and keep hid the feather-robe, that I shall give it back for merely being told to stand and withdraw?

Tennin
A Tennin without her robe,
A bird without wings,
How shall she climb the air?

Hakuryo
And this world would be a sorry place for her to dwell in?

Tennin
I am caught, I struggle, how shall I . . .?

Hakuryo
No, Hakuryo is not one to give back the robe.

Tennin
Power does not attain . . .

Hakuryo
. . . to get back the robe . . .

Chorus
Her coronet, jewelled as with the dew of tears, even the flowers that decorated her hair, drooping and fading, the whole chain of weaknesses of the dying Tennin can be seen actually before the eyes. Sorrow!

Tennin
I look into the flat of Heaven, peering; the cloud-road is all hidden and uncertain; we are lost in the rising mist; I have lost the knowledge of the road. Strange, a strange sorrow!

Chorus
Enviable colour of breath, wonder of clouds that fade along the sky that was our accustomed dwelling; hearing the sky-bird, accustomed, and well accustomed, hearing the voices grew

affievolirsi, si diradano le oche selvatiche, lungo le vie dell'aria, quanto profondo è il suo desiderio di tornare! Il piviere e il gabbiano sono al largo sulle onde. Vanno via o ritornano? Si allunga a toccare il soffio del vento di primavera contro il cielo.

Hakuryo
Cosa dici? Ora che ti vedo soffrire, grazioso spirito del cielo, mi arrendo e ti vorrei restituire il mantello.

Tennin
Si rischiara. No, dammelo da questa parte.

Hakuryo
Prima dimmi la tua natura, chi sei, Tennin? Ricompensami con la danza dei Tennin, e ti restituirò il mantello.

Tennin
Volentieri, e poi potrò tornare in cielo. Tu avrai questo piacere, e io lascerò qui una danza, una nuova gioia per gli uomini, una danza memoriale. Impara dunque questa danza che fa girare il palazzo della luna.
No, vieni qui ad impararla.
Per i dolori del mondo ti lascerò questa nuova danza, per coloro che soffrono.
Ma dammi il mio mantello - senza, non posso fare bene la danza.

Hakuryo
Non ancora, perché se te lo rendo, come faccio a sapere che non te ne andrai al tuo palazzo senza nemmeno iniziare la danza, nemmeno un solo passo?

Tennin
Il dubbio è per i mortali; con noi non c'è inganno.

Hakuryo
Mi vergogno di nuovo. Ti rendo il mantello.

fewer, the wild geese fewer and fewer, along the highways of air, how deep her longing to return! Plover and seagull are on the waves in the offing. Do they go or do they return? She reaches out for the very blowing of the spring wind against heaven.

Hakuryo
What do you say? Now that I can see you in your sorrow, gracious, of heaven, I bend and would return you your mantle.

Tennin
It grows clearer. No, give it this side.

Hakuryo
First tell me your nature, who are you, Tennin? Give payment with the dance of the Tennin, and I will return you your mantle.

Tennin
Readily and gladly, and then I return into heaven. You shall have what pleasure you will, and I will leave a dance here, a joy to be new among men and to be memorial dancing. Learn then this dance that can turn the palace of the moon.
No, come here to learn it.
For the sorrows of the world I will leave this new dancing with you for sorrowful people.
But give me my mantle, I cannot do the dance rightly without it.

Hakuryo
Not yet, for if you should get it, how do I know you'll not be off to your palace without even beginning your dance, not even a measure?

Tennin
Doubt is for mortals; with us there is no deceit.

Hakuryo
I am again ashamed. I give you your mantle.

Coro
La giovane folletto ora è vestita, indossa il curioso manto; guardate come si muove nella danza della veste dalle piume d'arcobaleno.

Hakuryo
Il celeste abito di piume si muove in accordo con il vento.

Tennin
Le maniche dei fiori sono bagnate dalla pioggia.

Coro
Sembra che danzi.
Così era la danza del piacere,
la danza di Suruga, portata nel sacro oriente.

Coro
[*commentando la danza*]
Il kimono bianco, il kimono nero,
Tre, cinque poi quindici,
La forma che la Tennin sta dividendo.
Ci sono ninfe celesti,
stelle celesti,
Una per ogni notte del mese,
E ciascuna con il suo rito assegnato.

Tennin
Anch'io sono nata dal cielo.
Una stirpe numerosa.
Questa è la divisione del mio corpo,
frutto dell'albero della luna, Katsura.
Questa è una parte della nostra danza che lascio a te qui nel tuo mondo.

Coro
La nebbia primaverile è diffusa ovunque;
Il suo diadema floreale si sta colorando;
questo è veramente il segno della primavera.
Qui non c'è il cielo, ma la bellezza; e anche qui arriva il vento celeste.
Oh soffio, chiudi il percorso abituale delle nuvole.
La spiaggia è silenziosa. Solo un recinto di gioielli separa la terra e il cielo, e gli dei, dentro e fuori, al

Chorus
The young sprite now is arrayed, she assumes the curious mantle; watch how she moves in the dance of the rainbow-feathered garment.

Hakuryo
The heavenly feather-robe moves in accord with the wind.

Tennin
The sleeves of flowers are being wet with the rain.

Chorus
It seems that she dances.
Thus was the dance of pleasure,
Suruga dancing, brought to the sacred east.

Chorus
[*commenting on the dance*]
The white kimono, the black kimono,
Three, five into fifteen,
The figure that the Tennin is dividing.
There are heavenly nymphs,
heavenly stars,
One for each night of the month,
And each with her deed assigned.

Tennin
I also am heaven-born.
Of them there are many.
This is the dividing of my body, that is fruit of the moon's tree, Katsura.
This is one part of our dance that I leave to you here in your world.

Chorus
The spring mist is widespread abroad;
Her flowery head-ornament is putting on colour;
this truly is sign of the spring. Not sky is here, but the beauty; and even here comes the heavenly, wonderful wind.
O blow, shut the accustomed path of the clouds.
It is quiet along the shore. There is naught but a fence of jewels between the earth and the sky, and

di sopra e al di sotto delle stelle, e la luna non oscurata.

Tennin
Il piumaggio del cielo non perde né piuma né fiamma, non si riduce mai.

Coro
Né questa roccia di terra è troppo consumata dallo sfregamento con la gonna piumata delle stelle: rara, così rara.
C'è un canto magico dall'est,
le voci di molti e molte:
e un flauto e uno sho,
riempiono lo spazio oltre il confine delle nuvole,
a sette corde;
danza che riempie e riempie.
Il sole rosso macchia nel cielo la linea delle montagne immerse nel colore.
I fiori piovono a raffica; non è una tormenta quella che viene su questa brughiera verde, come sembrerebbe, tra queste onde.

Meravigliosa è la manica della nube bianca, che turbina neve.

Tennin
Pianura della vita, campo del sole, base veritiera, sommo potere!

Coro
Molte sono le vesti che hai, ora del colore del cielo stesso, e ora una veste verde.

E ora la veste di nebbia,
che preannuncia la primavera, un colore-odore della gonna meravigliosa di questa fanciulla - sinistra, destra, sinistra! Il fruscio dei fiori, la manica piumata indossata; si piegano nell'aria, danzando.

Lei che è la persona-colore della luna, prende il centro della notte nel cielo.
Segna i suoi tre cinque con questa danza, ombra

the gods within and without, beyond and beneath the stars, and the moon unclouded.

Tennin
The plumage of heaven drops neither feather nor flame to its own diminution.

Chorus
Nor is this rock of earth overmuch worn by the brushing of that feathery skirt of the stars: rarely, how rarely.
There is a magic song from the east,
the voices of many and many:
and flute and sho,
filling the space beyond the cloud's edge,
seven-stringed;
dance filling and filling.
The red sun blots on the sky the line of the colour-drenched mountains.
The flowers rain in a gust; it is no racking storm that comes over this green moor, as it would seem, in these waves.

Wonderful is the sleeve of the white cloud, whirling such snow here.

Tennin
Plain of life, field of the sun, true foundation, great power!

Chorus
Many are the robes thou hast, now of the sky's colour itself, and now a green garment.

And now the robe of mist,
presaging spring, a colour-smell as this wonderful maiden's skirt -- left, right, left!
The rustling of flowers, the putting on of the feathery sleeve; they bend in air with the dancing.

She who is the colour-person of the moon takes her middle-night in the sky.
She marks her three fives with this dancing, as a

di ogni realizzazione.
Il cerchio dei voti si chiude.
Poco dopo, solo poco dopo, il manto potrà essere sul vento che si stende sulla montagna,
anche se le nuvole giacciono nel suo cielo come una pianura inondata dal mare.
Il Fuji è scomparso; l'alta vetta del Fuji viene cancellata a poco a poco. Svanisce nella nebbia più alta.
Così lei sparisce.

Hagoromo di Ezra Pound e Ernest Fenollosa,
da *Il teatro Noh classico del Giappone*
(Traduzione di Matilde Vigna e Aleksi Barrière)

shadow of all fulfilments.
The circled vows are at full.
After a little time, only a little time, can the mantle be upon the wind that was spread over the mountain, though the clouds lie in its heaven like a plain awash with sea.
Fuji is gone; the great peak of Fuji is blotted out little by little. It melts into the upper mist.
In this way she is lost to sight.

Hagoromo by Ezra Pound and Ernest Fenollosa,
from *The Classic Noh Theatre of Japan*

Michał Sławecki

controtenore / countertenor

Michał Sławecki, controtenore polacco, ha studiato presso la scuola di canto dell'Università della Musica a 'Fryderyk Chopin' di Varsavia sotto la guida del professor Artur Stefanowicz. Mentre era ancora studente ha debuttato alla Castle Opera di Szczecin nel ruolo del principe Orlofsky in *Die Fledermaus*. Il suo ampio repertorio copre diversi periodi storici, dall'età barocca alla musica moderna. Ha interpretato i ruoli della Prima Fattucchiera in *Didone e Enea*, di Sesto in *Giulio Cesare in Egitto*, di Nerone ne *L'incoronazione di Poppea*, di Nerone in *Agrippina*, e ancora il ruolo eponimo in *Rinaldo*, Cherubino ne *Le nozze di Figaro* e Voyager nell'omonima opera di Kupczak. Michał Sławecki è anche noto per le sue interpretazioni nel repertorio contemporaneo e collabora con importanti compositori polacchi tra cui Paweł Mykietyn, Bartek Chajdecki, Maciej Zieliński e Andrzej Zarycki. Ha cantato su palcoscenici quali la National Philharmonic di Varsavia, i teatri filarmonici di Szczecin, Gdańsk e Bydgoszcz, la Silesian Opera a Bytom, la Polish National Opera, l'Opera Nova a Bydgoszcz, la Castle Opera a Szczecin, il Manoel Theatre a Malta e si è esibito in ambito concertistico in vari Paesi: Lituania, Lettonia, Malta, Italia, Francia, Germania, Grecia, Austria, Sudafrica, Serbia e Kazakistan.

Michał Sławecki, Polish countertenor, is a graduate of the Vocal Department at the Fryderyk Chopin Music University in Warsaw under the tutelage of Professor Artur Stefanowicz. While still a student, he made his debut at the Castle Opera in Szczecin as Prince Orlofsky in *Die Fledermaus*. His broad repertoire covers various periods, from Baroque to modern compositions. He appeared on stage performing the parts of: the First Witch in *Dido and Aeneas*, Sesto in *Giulio Cesare in Egitto*, Nerone in *L'incoronazione di Poppea*, Nerone in *Agrippina*, the title role in *Rinaldo*, Cherubino in *Le nozze di Figaro*, and the title role in *Voyager*. Michał Sławecki is also known for his contemporary music interpretations and he cooperates with prominent Polish composers: Paweł Mykietyn, Bartek Chajdecki, Maciej Zieliński and Andrzej Zarycki amongst others. He has sung at such venues as the National Philharmonic in Warsaw, Philharmonics in Szczecin, Gdańsk and Bydgoszcz, the Silesian Opera in Bytom, the Polish National Opera, the Opera Nova in Bydgoszcz, the Castle Opera in Szczecin, the Manoel Theatre in Malta and has performed with concert repertoires in Lithuania, Latvia, Malta, Italy, France, Germany, Greece, Austria, South Africa, Serbia and Kazakhstan.

Bryan Murray

baritono / baritone

Bryan Murray ha conseguito il Master of Musical Arts in performance operistica presso la facoltà di musica della Yale University sotto la guida di Richard Cross e Doris Yarick-Cross. Ha ottenuto l'Artist Diploma e il titolo di Master of Music presso il Purchase College Conservatory of Music, e il titolo di Bachelor of the Arts presso la Stony Brook University. Murray ha recentemente terminato un contratto annuale da borsista presso la Deutsche Oper di Berlino, per la stagione 2018/'19, ricomprendo ruoli da comprimario tra cui Fiorello nel *Barbiere di Siviglia*, Moralès in *Carmen* e Marullo in *Rigoletto*. In ambito concertistico, Bryan ha interpretato il ruolo di baritono o basso solista in brani quali *Mass of Children* di John Rutter con l'orchestra della Deutsche Oper di Berlino, *Opening Prayer* di Bernstein con la Yale Philarmonia diretta da Marin Alsop, il *Requiem* di Fauré con la Jacksonville Symphony, il *Messia* di Händel con la New Haven Symphony, i *Camina Burana* di Carl Orff con la Yale Symphony e nella prima esecuzione assoluta di *Transfiguration* di Robert Kyr con la Yale Camerata.
Nel Dicembre 2019 Bryan ha vinto il primo premio alla finale della Talents of the World competition a New York, e pochi giorni dopo ha ricevuto il primo premio presso la Premiere Opera Foundation and NIYOP 2019 International Vocal Competition.

Bryan Murray obtained a Master of Musical Arts degree in Opera performance from Yale University's School of Music under the tutelage of Richard Cross and Doris Yarick-Cross. He received an Artist Diploma and a Master of Music degree from the Purchase College Conservatory of Music, and a Bachelor of the Arts degree from Stony Brook University. Baritone Bryan Murray recently completed a one-year contract with Deutsche Oper Berlin as a Stipendiat, performing comprimario roles during the 2018/'19 season including Fiorello in *Il barbiere di Siviglia*, Moralès in *Carmen*, and Marullo in *Rigoletto*. On the concert stage, Bryan has sung the baritone/bass solo in works such as John Rutter's *Mass of the Children* with the Orchestra of Deutsche Oper Berlin, Bernstein's *Opening Prayer* with Marin Alsop conducting the Yale Philharmonia, Fauré's *Requiem* with the Jacksonville Symphony, Handel's *Messiah* with the New Haven Symphony, Carl Orff's *Carmina Burana* with the Yale Symphony, and in the world premiere of *Transfiguration* by Robert Kyr with the Yale Camerata. In December 2019 Bryan won first prize in the finals of the Talents of the World competition in New York, and a few days later took first prize in the Premiere Opera Foundation and NIYOP 2019 International Vocal Competition.

Theatre of Voices

ensemble vocale / vocal ensemble

Theatre of Voices (TOV) è stato fondato dal direttore d'orchestra e artistico inglese Paul Hillier. L'ensemble ha ricevuto un Grammy Award per *The little match girl passion* nel 2010, anno del ventesimo anniversario del gruppo, ed è stato nominato per il Nordic Council Music Prize nel 2013 e, di nuovo, nel 2021. I suoi progetti musicali spaziano da Perotin a Mozart, fino a compositori contemporanei come Pärt, Saariaho, Reich, Pelle Gudmundsen-Holmgreen e Stockhausen. Il gruppo collabora e partecipa a registrazioni con alcuni dei migliori strumentisti al mondo. Brani di oltre trenta loro registrazioni si trovano in colonne sonore di film come *La grande bellezza*, *The Farmer and the Universe* e *Arrival*. Nel 2018 l'ensemble è stato protagonista dell'opera *Only the Sound Remains* di Kaija Saariaho al Palais Garnier di Parigi, al Teatro Real di Madrid e al Lincoln Center. Da citare anche le produzioni orchestrali con la BBC Philharmonic e la London Symphony Orchestra. Nel 2019 TOV ha tenuto un concerto tutto esaurito nella nuova, grande sala dell'Elbphilharmonie di Amburgo, presentando in prima mondiale il lavoro di Michael Gordon, *A Western*, basato sul film *Mezzogiorno di fuoco*. Attualmente Theatre of Voices è a metà percorso di una serie triennale di concerti come ensemble residente al Kings Place di Londra, dove Paul Hillier è stato artista associato nel 2020, anno del trentesimo anniversario del gruppo.

Theatre of Voices collabora con quartetti d'archi come il Kronos Quartet, lo Smith Quartet e Meta4. Quest'anno ha intrapreso un sodalizio triennale con la Sibelius Academy che prevede tre workshop annuali di canto corale professionale, un corso estivo principale aperto a studenti internazionali e due corsi più contenuti rivolti a tutti i dipartimenti della Sibelius Academy.

Theatre of Voices è sponsorizzato dal Danish Arts Council, dal Comune di Holbæk e dalla Fondazione Augustinus.

Theatre of Voices (TOV) was founded by the English conductor and Artistic Director Paul Hillier. The ensemble received a Grammy Award for *the little match girl passion* in 2010 – the year of the group's 20th anniversary and was nominated for the Nordic Council Music Prize in 2013 – and is nominated again in 2021. Projects cover music ranging from Perotin to Mozart and contemporary composers such as Pärt, Saariaho, Reich, Pelle Gudmundsen-Holmgreen and Stockhausen. The group works and records with some of the world's best instrumentalists and tracks from more than 30 recordings are found on film scores like *La grande bellezza*, *The Farmer and the Universe* and *Arrival*. During 2018 the ensemble featured in Kaija Saariaho's opera *Only the Sound Remains* with performances at Palais Garnier in Paris, Teatro Real in Madrid and Lincoln Center. There were also orchestra productions with the BBC Philharmonic and London Symphony Orchestra. In 2019 TOV gave a sold-out concert in the new Elbphilharmonie great hall in Hamburg, which included the world premiere of Michael Gordon's new work *A Western*, based on the film *High Noon*. Presently Theatre of Voices is midway in a three-year concert series as ensemble in residence at Kings Place in London, where Paul Hillier was Associate Artist in 2020 - the year of the ensemble's 30th anniversary.

Theatre of Voices collaborates with string quartets like the Kronos Quartet, Smith Quartet and Meta4. This year, Theatre of Voices embarked on a three-year collaboration with the Sibelius Academy which includes three annual workshops in professional ensemble singing. One main summer course open to international students, and two smaller courses aimed at all departments within the Sibelius Academy. Theatre of Voices is sponsored by the Danish Arts Council, Holbæk Municipality and Augustinus Foundation.

Else Torp

soprano

Il soprano danese Else Torp si specializza dapprima in musica barocca e antica ma è anche nota per il suo interesse per la musica contemporanea. Si è esibita con la Scottish Chamber Orchestra, la Gulbenkian Orchestra, la Lautten Compagney Berlin e in registrazioni con ensemble come Theatre of Voices, London Sinfonietta, Smith Quartet e Kronos Quartet. È una presenza importante di Theatre of Voices di Paul Hillier, con cui si è esibita in tutto il mondo e ha cantato tre volte in una Carnegie Hall da tutto esaurito - l'inaugurazione della Zankel Hall con Steve Reich, *The Little Match Girl Passion* di David Lang e *Stimmung* di Stockhausen. Con la London Sinfonietta e Theatre of Voices ha organizzato e cantato in un concerto dedicato al compositore danese Pelle Gudmundsen-Holmgreen, registrato per l'etichetta danese Dacapo, ma ha anche pubblicato dischi come solista con opere di Weyse, Kingo e Nørholm. Negli ultimi quindici anni Else Torp ha preparato e registrato numerose opere di Arvo Pärt. La sua registrazione di *My Heart's in the Highlands* di Pärt è presente nella colonna sonora del film premio Oscar *La grande bellezza* ed è stata scelta da Nick Cave per apparire su MOJO Music Magazine, USA. Ha registrato un CD, un video musicale e un film in 3D con Nick Cave & The Bad Seeds. Nel 2018 ha interpretato *Only the Sound Remains* di Kaija Saariaho all'Opera di Parigi, a Madrid e a New York.

The Danish soprano Else Torp first specialized in Baroque and even earlier music but is also recognized as an exponent of many kinds of new music. She has been featured with the Scottish Chamber Orchestra, Gulbenkian Orchestra, and Lautten Compagney Berlin and on recordings with ensembles such as Theatre of Voices, London Sinfonietta, Smith Quartet and the Kronos Quartet. Else is a core member of Paul Hillier's Theatre of Voices, with whom she has performed around the world and sung three times in a sold-out Carnegie Hall – the inauguration of Zankel Hall with Steve Reich, David Lang's *the little match girl passion* and later Stockhausen's *Stimmung*. With the London Sinfonietta and Theatre of Voices she initiated and sang a portrait concert of Danish composer Pelle Gudmundsen-Holmgreen, recorded for the Danish label Dacapo, and she features on solo discs with works by Weyse, Kingo and Nørholm. Over the past fifteen years Else has worked with and recorded numerous works by Arvo Pärt. Her recording of Pärt's *My Heart's in the Highlands* features on the sound track of the Oscar-winning *La grande bellezza* and was chosen by Nick Cave to be featured in MOJO Music Magazine, USA. She has recorded a CD, music video and 3D film with Nick Cave and the Bad Seeds. She performed Kaija Saariaho's *Only the Sound Remains* at Paris Opera, in Madrid and New York in 2018.

Iris Oja

mezzosoprano / mezzo

Il mezzosoprano estone Iris Oja è una cantante *free lance* e direttrice di coro. Ha conseguito un master in canto lirico al conservatorio di Tallin, ma apprezza soprattutto cantare con vari ensemble per esplorare il rapporto tra voci di diversi musicisti e strumenti musicali. Iris Oja si interessa di numerosi stili musicali, ma è particolarmente nota per le sue interpretazioni contemporanee. Vari compositori estoni e internazionali hanno composto per lei. Si esibisce spesso con ensemble come Theatre of Voices, Coro Casa da Música (Porto), Ars Nova Copenhagen e Chamber Choir Ireland. È co-fondatrice e componente del gruppo di musica contemporanea Resonabilis e partecipa spesso alle produzioni dell'ensemble YXUS, U:, del duo jazz UMA e del gruppo portoghese di musica contemporanea Remix. Per dieci anni è stata membro e solista dell'acclamato Estonian Philharmonic Chamber Choir, con il quale continua a collaborare. Iris Oja ha inoltre registrato numerosi CD da solista e corali.

The Estonian mezzo-soprano Iris Oja is a freelance singer and choirmaster. She holds a master's degree in opera singing from the conservatory in Tallin, but she mostly enjoys singing with different ensembles to explore the relations between different musicians' voices and instruments. Iris performs music of a wide range of styles and is particularly known for her contemporary music interpretation; several Estonian and international composers have written music for her. She often performs with ensembles such as Theatre of Voices, Coro Casa da Música (Porto), Ars Nova Copenhagen and Chamber Choir Ireland. She is a co-founder of and performer in the contemporary music group Resonabilis and often features in productions of the YXUS ensemble, ensemble U:, the jazz duo UMA and the Portuguese contemporary music group Remix. For 10 years Iris was a member and soloist of the acclaimed Estonian Philharmonic Chamber Choir with whom the collaboration continues. Iris has also recorded many solo and choral CDs.

Paul Bentley-Angell

tenore / tenor

Il tenore Paul Bentley-Angell, nato in Australia e residente nel Sussex, è sempre più richiesto come solista per concerti e cantante di *consort* nel Regno Unito e in Europa. Paul Bentley-Angell ha lavorato con molti dei principali ensemble e direttori europei, tra cui Ars Nova Copenhagen e Theatre of Voices in Danimarca diretti da Paul Hillier, Huelgas Ensemble diretto da Paul van Nevel, Collegium Vocale Gent diretto da Philippe Herreweghe, Polyphony diretto da Stephen Layton, The Gabrieli Consort diretto da Paul McCreesh, Ex Cathedra diretto da Jeffrey Skidmore e Siglo de Oro diretto da Patrick Allies. Collabora inoltre periodicamente con i BBC Singers, Musica Ficta, La Grande Chapelle, Chamber Choir Ireland, Fieri Consort e Musicall Compass. Paul vanta una vasta formazione in numerosi aspetti della performance vocale, in particolare nella musica antica. Si è laureato con lode all'Università di Melbourne nel 2008, specializzandosi alla Schola Cantorum di Basilea, in Svizzera, nel 2010 in studi avanzati di musica vocale per ensemble (Advanced Vocal Ensemble Studies - AVES) sotto la direzione del famoso musicista e direttore Anthony Rooley (liutista e direttore Consort of Musicke), accedendo al programma del master di studi avanzati (Master of Advanced Studies - MAS).

Australian born and Sussex based tenor Paul Bentley-Angell is in increasing demand as a concert soloist and consort singer throughout the UK and Europe. Paul has worked with many of Europe's leading ensembles and directors, including Ars Nova Copenhagen and Theatre of Voices in Denmark, directed by Paul Hillier, the Huelgas Ensemble (dir. Paul van Nevel), Collegium Vocale Gent (Philippe Herreweghe), Polyphony (Stephen Layton), The Gabrieli Consort (Paul McCreesh), Ex Cathedra (Jeffrey Skidmore) and Siglo de Oro (Patrick Allies). Paul also works periodically with the BBC Singers, Musica Ficta, La Grande Chapelle, Chamber Choir Ireland, Fieri Consort, and the Musicall Compass. Paul has extensive training in many aspects of vocal performance, particularly in the area of early music. Paul graduated with first-class honours from the University of Melbourne in 2008, and at Schola Cantorum in Basel, Switzerland, in 2010 he specialised in Advanced Vocal Ensemble Studies (AVES) under the direction of renowned musician and director Anthony Rooley (lutenist & director Consort of Musicke), taking a place in the Master of Advanced Studies (MAS) program.

Jakob Bloch Jespersen

basso baritono / bass-baritone

Il basso-baritono Jakob Bloch Jespersen inizia a studiare musica e a coltivare il suo interesse per il canto nel Coro dei ragazzi di Copenhagen. In seguito consegue un diploma presso l'Accademia reale di musica danese, proseguendo gli studi presso l'Accademia dell'Opera del Royal Danish Theatre. Nel 2013 riceve il premio della critica musicale danese. Jakob Bloch Jespersen è invitato a dare concerti in tutta Europa, con un repertorio che spazia dal XVII al XXI secolo. Vanta un'affinità particolare con la musica barocca tedesca, specialmente di Bach, di cui ha eseguito numerose cantate e opere in grandi produzioni, come la *Messa in si minore* con la Danish National Radio Symphony Orchestra e le *Passioni di San Matteo* e *di San Giovanni* con la Scottish Chamber Orchestra e la Wroclaw Baroque Orchestra, tra gli altri. Prende parte inoltre regolarmente a ensemble come Trinity Baroque, Barokksolistene, Leipziger Kammerorchester, Concerto Copenhagen e Arte Dei Suonatori, diretti da Stephen Layton, Adam Fischer, Morten Schuldt Jensen, Olof Boman, Paul Hillier, Andrew Lawrence-King e Lars Ulrik Mortensen.

Bass-baritone Jakob Bloch Jespersen acquired his initial musical education and interest in singing as a member of the Copenhagen Boy's Choir. This led to his earning a diploma from the Royal Danish Academy of Music and to further studies at the Opera Academy of the Royal Danish Theatre. In 2013 he received the Danish Music Critic's Choice award. Jakob Bloch Jespersen is in demand as a concert singer throughout Europe, with a repertoire stretching from the 17th until the 21st century. He has a particular affinity for German Baroque music, especially Bach of whom he has performed numerous cantatas and large-scale works, such as the B minor Mass with the Danish National Radio Symphony Orchestra and the *Saint Matthew* and *Saint John Passions* with among others, the Scottish Chamber Orchestra and Wroclaw Baroque Orchestra. In addition, he regularly performs with groups such as Trinity Baroque, Barokksolistene, Leipziger Kammerorchester, Concerto Copenhagen and Arte Dei Suonatori, with conductors such as Stephen Layton, Adam Fischer, Morten Schuldt Jensen, Olof Boman, Paul Hillier, Andrew Lawrence-King, and Lars Ulrik Mortensen.

Clément Mao-Takacs

direttore / conductor

Nel 2021 Mao-Takacs debutterà al Festival d'Aix-en-Provence e all'Opera di San Francisco con la London Symphony Orchestra. Ha fondato ed è direttore musicale della Secession Orchestra (Parigi), oltre ad aver fondato l'Interval Music Festival (Parigi) e il Terraque Music Festival (Bretagna), di cui è anche stato Direttore Artistico. Con Aleksi Barrière ha creato La Chambre aux échos, una compagnia di teatro e opera da camera, e ha in programma di eseguire in prima assoluta *Between*, composto da Kaija Saariaho, Matthias Vestergaard e Sebastian Hiri, alla Finnish National Opera. Come direttore ospite si è esibito con la Norwegian Radio Orchestra, l'Oslo Philharmonic Orchestra, l'Odense Symphony Orchestra, la Brittany Orchestra, la Sophia Festival Orchestra, Finnish Avanti! e il Bit 20 Ensemble di Bergen (Norvegia). È anche attivo come direttore specializzato nella musica di Kaija Saariaho, di cui ha eseguito per la prima volta la versione da camera dell'opera *La Passion de Simone*. Ha anche diretto la prima assoluta della versione da camera di *Four Moments*. Clément Mao-Takacs ha inoltre recentemente registrato *Adieu* di Stockhausen (Crystal Classics) e un disco con musiche di Jacques Ibert (Timpani) che ha ricevuto "5 diapason" dalla rivista musicale Diapason.

In 2021, Mao-Takacs will make his debut at the Aix-en-Provence Music Festival and the San Francisco Opera with the London Symphony Orchestra. He was the founder and music director of the Secession Orchestra (Paris), and the founder and Artistic Director of the Interval Music Festival (Paris) and Terraque Music Festival (Brittany Region). With Aleksi Barrière, he founded La Chambre aux échos, a music theatre and chamber opera company, and plans to premiere *Between* composed by Kaija Saariaho, Matthias Vestergaard and Sebastian Hiri at the Finnish National Opera. As a guest conductor, he has performed with the Norwegian Radio Orchestra, Oslo Philharmonic Orchestra, Odense Symphony Orchestra, Brittany Orchestra, Sophia Festival Orchestra, Finnish Avanti! and the Bit 20 chamber orchestra (Bergen). He is also active as a specialist conductor for the compositions of Kaija Saariaho, whose chamber opera version of *La Passion de Simone* had its world premiere under his baton. He also conducted the world premiere of the chamber version of *Four Moments*. Clément Mao-Takacs recently recorded Stockhausen's *Adieu* (Crystal Classics) and a disc of Jacques Ibert's music (Timpani), which was awarded "5 diapasons" by Diapason magazine.

Aleksi Barrière

regista, scenografo, costumista e /
director, stage, costume and video design

Aleksi Barrière è scrittore, regista teatrale e traduttore. Insieme con il direttore d'orchestra Clément Mao-Takacs cura la direzione artistica della compagnia di teatro musicale La Chambre aux échos, una realtà intermedia tra l'ambito teatrale e quello musicale. Nel corso della sua duplice formazione, teatrale e filosofica, ha studiato prima all'Università Panthéon-Sorbonne di Parigi e poi alla facoltà di Teatro dell'Accadema di Arti Performative di Praga e all'Università di Nanterre. Il suo percorso si è arricchito grazie alle esperienze come assistente di registi quali Sarah Méadeb e Peter Sellars, come drammaturgo con la compagnia T&M-Paris e come drammaturgo e scenografo presso la compagnia Image Auditive. Con La Chambre aux échos, da più di dieci anni, Barrière sviluppa un teatro che prende forma attraverso l'incontro tra artisti, l'attrito di materiali e le interfacce mobili che connettono media diversi tra loro. Per la stessa compagnia ha lavorato a produzioni come *Give Me A Few Words* (2017) per attrice solista, e le opere da camera *Tu ne dois pas garder la nuit en toi* (2013) con musiche di Mahler e Wagner, *La Passion de Simone* (2013) di Kaija Saariaho e *La Guerre, Très Loin* (2015) tratta da sette cantate di Hanns Eisler. Ha lavorato anche ad opere senza cantanti, come *Graal Théâtre* (2018) basato sul *Concerto per Violino* di Kaija Saariaho e *Violences* (2019) su brani di Juha T. Koskinen e Hans Werner Henze. Le produzioni della compagnia sono state presentate in molti teatri, teatri d'opera, festival e concerti in Francia, Europa e negli Stati Uniti. Aleksi Barrière lavora regolarmente anche come regista ospite. I suoi testi sono stati messi in musica da compositori quali Kaija Saariaho, Diana Syrse, Juha T. Koskinen e Clément Mao-Takacs.

Aleksi Barrière is a writer, stage director and translator. With conductor Clément Mao-Takacs, he is a co-Artistic Director of the music theatre company La Chambre aux échos, operating at the intersection of theatre and music. His twofold training in theatre and philosophy took him from the Université de Panthéon-Sorbonne in Paris to the Theatre Faculty of Prague, and the Université de Nanterre. This training was also enriched by his experiences as an assistant to directors Sarah Méadeb and Peter Sellars, as a dramaturge with the company T&M-Paris, and as a dramaturge and scenographer for the company Image Auditive. With La Chambre aux échos, Aleksi Barrière has been developing for over ten years a theatre whose forms are created through the encounter between artists, the friction of materials, and the moving interfaces between media. For the same company he developed productions such as the one-woman show *Give Me A Few Words* (2017), and the chamber operas *Tu ne dois pas garder la nuit en toi* (2013), which included compositions by Mahler and Wagner, Kaija Saariaho's *La Passion de Simone* (2013), *La Guerre, Très Loin* (2015) after seven cantatas by Hanns Eisler, as well as operas without singers such as *Graal Théâtre* (2018) with Saariaho's *Violin concerto* set on stage, and *Violences* (2019) on works by Juha T. Koskinen and Hans Werner Henze. The company's work has been presented in various theatres, opera houses, festivals and concert halls in France, Europe and the US. Aleksi Barrière also works on a regular basis as a guest stage director. His texts have been set to music by composers such as Kaija Saariaho, Diana Syrse, Juha T. Koskinen and Clément Mao-Takacs.

Kaiji Moriyama

coreografo, danzatore / choreographer, dancer

Nato a Kanagawa (Giappone) nel 1973, Kaiji Moriyama ha iniziato la propria carriera presso una compagnia di teatro musicale in Giappone ed è presto divenuto un coreografo professionista. La sua performance all'Edinburgh Festival Fringe del 2001 ha ricevuto ampi consensi. Nello stesso anno ha eseguito il suo primo assolo di danza, *Yu-Zuru*, dopo il quale ha iniziato a creare spettacoli di cui è contemporaneamente regista, coreografo e unico danzatore. Nel 2002 è stato selezionato per rappresentare il Giappone al Little Asia Dance Project con il suo brano *Lamazuella* e si è recato in tour in Australia, Hong Kong, Taipei, Seoul e Tokyo. Dal 2003 Moriyama crea le sue performance ispirandosi al tradizionale Teatro Noh giapponese in collaborazione con Reijirou Tsumura, un maestro Noh shite-kata di scuola Kanze, in produzioni quali *Yoroboshi*, *Okina*, *Kurui* e *Shakkyou*. Nel giugno 2007 alla Biennale Danza ha presentato in prima assoluta il suo assolo *The Velvet Suite*, che ha in seguito portato in tour in Giappone l'anno successivo con successo. Oltre che nella danza Moriyama si esprime anche attraverso il teatro, il cinema, la moda e la fotografia. Il creativo stile personale ha marcato una sua decisa presenza sulla scena della danza contemporanea.

Born in Kanagawa (Japan) in 1973, Kaiji Moriyama began his career with a musical theatre company in Japan and quickly moved to the world of professional choreography. His performance at the 2001 Edinburgh Festival Fringe received widespread recognition. In the same year, his first solo dance *Yu-Zuru* was performed, after which Moriyama started releasing dance pieces in which he does all directing, choreography, and performance by himself. In 2002 he was selected to represent Japan at the Little Asia Dance Project with his piece *Lamazuella*, and also toured to Australia, Hong Kong, Taipei, Seoul and Tokyo. Since 2003 Moriyama has been creating his pieces inspired by the traditional Japanese Noh collaborating with Reijirou Tsumura, a Kanze Style shite-kata Noh master, in productions such as *Yoroboshi*, *Okina*, *Kurui* and *Shakkyou*. In June 2007 at the Biennale Danza he presented the world premiere of his solo *The Velvet Suite*, followed by a successful tour in Japan the following year. Moriyama expresses himself not only in dance, but also in theatre play, movies, fashion, and photography. His own style of creative activities has exerted his strong presence in the dance scene today.

LEZIONI DI MUSICA / MUSIC LESSONS

GIOVANNI GABRIELI (ca. 1555-1612)
IN ECCELSIIS
a tre cori e / for three choirs
and basso continuo (1597)
EXAUDI ME DOMINE
a quattro cori / for four choirs

un programma di Rai Radio 3 condotto da /
a Rai Radio 3 program presented by
Giovanni Bietti

a cura di / curated by
Paola Damiani

19.09.2021 | H 9.00
Rai Radio 3
in diretta da / live from
Ca' Giustinian, Sala delle Colonne

Giovanni Bietti

Lezioni di Musica

La seconda Lezione, con un salto cronologico di circa mezzo secolo, è dedicata a un altro grande compositore veneziano: Giovanni Gabrieli (ca. 1555-1612), organista di San Marco e nipote di Andrea, altro musicista veneziano di spicco che secondo alcune fonti sarebbe stato allievo di Willaert. Nella musica di Gabrieli il concetto di policoralità si amplia, l'esplorazione dello spazio è più ricca e più complessa, come ci dimostrano i due Mottetti sui quali si incentra la Lezione: *Exaudi me, Domine*, per esempio, è scritto per 16 voci divise in quattro cori. La fantasia del compositore arriva a comprendere accanto alle voci umane gli strumenti, anch'essi organizzati in "cori": il celebre Mottetto *In ecclesiis* è scritto per quattro diversi Cori, due vocali e due strumentali, con un effetto spettacolare e modernissimo. E gli strumenti, novità assoluta, sono specificamente indicati in partitura.

Giovanni Bietti

The second Lesson, with a chronological jump of about half a century, is dedicated to another great Venetian composer: Giovanni Gabrieli (ca. 1555-1612), organist of St Mark's and nephew of Andrea, another outstanding Venetian musician who, according to some sources, was a pupil of Willaert. In Gabrieli's music, the concept of polychorality is broadened, the exploration of space is richer and more complex, as is shown by the two motets on which the Lecture focuses: *Exaudi me, Domine*, for example, is written for 16 voices divided into four choirs. The composer's imagination goes so far as to include instruments alongside the human voices, which are also organised in "choirs": the famous Motet *In ecclesiis* is written for four different choirs, two vocal and two instrumental, with a spectacular and very modern effect. And the instruments, an absolute novelty, are specifically indicated in the score.

Giovanni Bietti

GEORGE LEWIS (1952)
AMO
per cinque voci ed elettronica / for five voices and electronics
scritto per / written for the
Neue Vocalsolisten

2020 (25')

prima assoluta / world premiere

commissione / commissioned by
La Biennale di Venezia

SERGEJ NEWSKI (1972)
DIE EINFACHEN
opera documentario per 5 cantanti, elettronica e video / documentary opera for five singers, electronics and video
libretto da Sergej Newski basato su lettere dalla Russia 1920, scoperte e pubblicate da Ira Roldugina / libretto by Sergej Newski based on letters of 1920s Russia, discovered and published by Ira Roldugina

2021 (35') *

prima italiana / Italian premiere

commissione / commissioned by
Musik der Jahrunderte

con il sostegno di / funded by
Ministerium für Wissenschaft, Forschung und Kunst Baden-Württemberg und dem Innovationsfonds des Landes Baden-Württemberg

Neue Vocalsolisten
Johanna Vargas
soprano acuto / high soprano
Truike van der Poel
mezzosoprano / mezzo – soprano
Daniel Gloger
contro tenore / counter tenor
Martin Nagy
tenore / tenor
Guillermo Anzorena
baritono / baritone
Andreas Fischer
basso / bass

Ilya Shagalov
video, scene e regia / video, stage and direction

Alex Nadjarov
realizzazione live electronics / realisation live electronics

Igor Bychkov, Gladston Mahib, Savva Savelyev, Uliana Lukina
attori (video) / actors (video)
Artur Bergart
camera (video)

Baden-Württemberg
MINISTERIUM FÜR WISSENSCHAFT, FORSCHUNG UND KUNST

INNOVATIONSFONDS KUNST
BADEN-WÜRTTEMBERG

19.09.2021 | H 16.00
Arsenale, Teatro alle Tese (III)

Neue Vocalsolisten

George Lewis Sergej Newski

Prendono ispirazione da due episodi storici poco noti ma che fanno vibrare corde attuali i due lavori composti per i Neue Vocalsolisten e presentati in prima assoluta in questo concerto.

In *Amo* George Lewis si ispira alla figura del filosofo Anton Wilhelm Amo (1703-1759). La sua storia ha inizio nell'Africa dello schiavismo. Amo è ancora un bambino quando viene reso schiavo e strappato alla sua terra nell'attuale Ghana per essere deportato in Germania nel 1707 dalla Compagnia delle Indie Occidentali. Il duca Augusto Guglielmo di Brunswick-Lüneburg lo riceve come dono, ma in quella famiglia aristocratica viene trattato come uno di loro e gli viene garantito anche l'accesso all'istruzione. Primo africano ammesso a frequentare un'università in Europa, Amo completa la sua formazione giuridica all'Università di Halle nel 1729, e dopo il Dottorato in Filosofia all'Università di Wittenberg, vi resta come docente di Filosofia. Insegna anche nelle Università di Halle e Jena, prima di decidere di fare ritorno in Africa nel 1747.

Il testo di Antonius Guilielmus Amo *Disputatio philosophica continens ideam distinctam eorum quae competunt vel menti vel corpori nostro vivo et organico* (Disputa filosofica contenente una idea distinta di quelle cose che attengono o alla mente o alla nostra parte viva e organica) del 1734 è la fonte principale del testo composto da Lewis per questo suo nuovo lavoro. La partitura vocale composta per i Neue Vocalsolisten prevede la vocalizzazione estesa in più lingue (tedesco, latino, inglese, olandese e twi, la lingua madre di Amo) complementata dall'elettronica *live* di ritardi digitali interattivi, trasformazioni timbriche, riproduzione di registrazioni ambientali e suono diffuso in otto canali per creare una danza sonora in cui l'elettronica si fonde ed entra in competizione con le voci. Le stesse voci degli interpreti vengono trasformate nei loro doppi lungo traiettorie attorno e attraverso la sala che creano un'esperienza immersiva per il pubblico posto in una sorta di intersezione fra spazio reale e spazio virtuale.

È la ricerca sulla storia della sessualità nella Russia post-rivoluzionaria degli anni Venti condotta da Irina Roldugina dell'Università di Oxford a far

The two works composed for the Neue Vocalsolisten which are premiered in this concert are based on two little-known historical events, both of which with great resonance today.

In *Amo*, George Lewis draws his inspiration from the philosopher Anton Wilhelm Amo (1703-1759). His story begins in the Africa of the slave trade. Amo was still a child when he was enslaved and taken from his native land – modern Ghana – to Germany by the West India Company in 1707. Given as a gift to Duke Augustus William of Brunswick-Lüneburg, Amo had the good fortune to be treated as a member of the aristocratic family and was able to receive the benefits of a good education. As the first African to attend a European university he completed his studies in law at the University of Halle in 1729; from there he went on to obtain his Doctorate in Philosophy at the University of Wittenberg, where he was to remain for some time as a Professor of Philosophy. He also taught at the Universities of Halle and Jena before deciding to return to his native Africa in 1747.

Anton Wilhelm Amo's text *Disputatio philosophica continens ideam distinctam eorum quae competunt vel menti vel corpori nostro vivo et organico* (Philosophical Disputation Containing a Distinct Idea of Those Things That Pertain Either to the Mind or to Our Living and Organic) of 1734 is the principal source for the text prepared by Lewis for his new work. The vocal score composed for the Neue Vocalsolisten requires extensive vocalisation in several languages (German, Latin, English, Dutch and Twi, Amo's mother tongue) together with live electronics featuring interactive digital delays, timbric transformations, field recording playback and diffused eight-channel sound to create a dance of sound in which the electronics both merge with and compete with the voices. The voices of the singers are also transformed into their Doppelgängers, which follow different trajectories around and across the hall to create an immersive experience for the audience, who thus find themselves in a sort of intersection between real space and virtual space.

The inspiration for the subject of Sergej Newski's

scoprire a Sergej Newski nel 2017 il soggetto del suo nuovo lavoro. All'inizio degli anni Venti del secolo scorso, il celebre neurologo Vladimir Michajlovič Bechterev compie un viaggio in varie località russe per tenere una serie di conferenze sulla natura della sessualità. Il suo pubblico è fatto di studenti ma anche di lavoratori e di contadini. I primi anni che seguono la Rivoluzione di Ottobre sono ancora carichi di fermenti libertari. Anche l'amore deve essere libero. Qualcuno di loro, dopo aver ascoltato Bechterev, affida a una lettera il racconto della propria personale ricerca di una nuova identità sessuale. Fra questi, c'è un siberiano, Nika Polyakov: confessa di aver scoperto la propria omosessualità nei primi anni del Novecento. Prima della Prima Guerra Mondiale, Nika è stato a studiare in Germania. Con l'amico Stepan Minin viene internato e fa ritorno a Pietrogrado dopo la rivoluzione, ma negli anni Trenta nell'Unione Sovietica di Stalin l'omosessualità viene dichiarata illegale. Nika viene arrestato e interrogato dagli uomini del NKVD, il Commissariato del popolo per gli affari interni. Da quel momento, di Nika non si saprà più nulla.

La storia di Nika Polyakov non è molto diversa da quella di numerosi altri giovani omosessuali russi e ucraini, di cui Irina Rodulgina ha raccolto testimonianze in oltre dieci anni di ricerche. Con i fili di quelle voci dimenticate, Newski ha intessuto una drammaturgia musicale polifonica che getta luce su una pagina poco nota della storia russa. Il titolo *Die Einfachen* (I semplici) è la definizione scelta da quel popolo che si riconosceva nella sottocultura omosessuale della Leningrado degli anni Venti, un popolo fatto di operai, studenti e contadini.

Come nel precedente *Pazifik Exil* per le sei voci dei Neue Vocalsolisten, la forma è quella di monologhi sovrapposti che a tratti si fondono in un ensemble cameristico e, sempre come il precedente, anche questo può essere adattato a uno spazio unico, operando come una composizione spaziale. Dopo *Pazifik Exil*, con questo nuovo lavoro Sergej Newski aggiunge un inedito capito-

new work, *Die Einfachen*, came in 2017 from research undertaken by Irina Roldugina of the University of Oxford into the history of sexuality in post-revolutionary Russia during the 1920s. In the early 1920s the famous neurologist Vladimir Michajlovič Bechterev travelled through Russia giving a series of lectures on the nature of sexuality. His audiences consisted not only of students but also of workers and farmers. The years immediately following the October Revolution were still a period of libertarian ferment: and love, too, must be free. After Bechterev's lectures, some of his audience wrote of their own personal research for a new sexual identity. Among these was the Siberian Nika Polyakov, who confessed to having discovered his own homosexuality in the early years of the twentieth century. Before the First World War Nika had studied in Germany, where with his friend Stepan Minin he was interned. He returned to St Petersburg after the revolution, but in the Soviet Union of the 1930s under Stalin's rule homosexuality was declared illegal. Nika was arrested and interrogated by the NKVD, the People's Commissariat for Internal Affairs, after which no more is known of him.

The story of Nika Poyakov is not very different from that of numerous other Russian and Ukrainian homosexuals whose testimony Irina Rodulgina has collected in over ten years of research. From the threads of those forgotten voices Newski has woven a polyphonic musical drama that sheds light on those little-known pages of Russian history. The title *Die Einfachen* (The Simple) is the definition chosen by those who recognised themselves as part of the homosexual subculture of 1920s Leningrad, a group made up of students, workers and farmers.

As in his previous *Pazifik Exil* for the six voices of the Neue Vocalsolisten, *Die Enfachen* is cast in the form of superimposed monologues which merge at times into a chamber ensemble. As in the earlier work, *Die Einfachen* can be adapted to a unique space in which it works as a spatial composition. Following *Pazifik Exil*, with this

lo alle sue storie di esiliati della Storia, per gettare luce in territori dimenticati e rimossi dalla memoria, ancora oggi capaci di far vibrare corde sensibili. Il lavoro di Newski finisce con queste parole da una lettera di Nika Polyakov, che scrive: “Nessuna legge, nessuna norma ci convincerà che le nostre azioni sono criminali o anormali. Siamo certi che verrà il tempo in cui anche a noi sarà riconosciuto il diritto a vivere insieme liberamente.” (*sn*)

new work Sergei Newski adds another chapter to his stories of the exiles of History and sheds light on long-forgotten events that have been erased from our collective memories, but which are nevertheless still able to move us. Newski's work ends with these lines from a letter of Nika Polyakov – lines which still resonate today: «No laws, no conventions will convince us that our actions are criminal and abnormal, and we are sure that the time will come when the right for us to live together freely will be recognised». (*sn*)

George Lewis

Amo

Scene I: Fanfare
Amo! Amo!
Amo! Amo!
Amo! Amo!

Scene II: Why?
Anton Wilhelm Amo!
Wie ben jij?
Waar gaan we naartoe?
chen na yereke?
eye edeeben "Wolfenbüttel"?
chen na yewe seisei yi?
Waar zijn we nu?
Waarom?
Aden?
Quare?
Aden? Aden?

Scene III: What I can teach
Possum docere
Partes philosophiae elegantioris et curiosae
Elegant and curious philosophy
Physiognomiam
Chiromantiam
Astrologiam mere naturalem
Natural astrology
Artem dechifratoriam
May God turn it to good!

Scene IV: The Nature of Spirit
Omne ens actuosum
Every active entity
in quo datur conscientia sui
illud spiritus est
is a spirit
Spiritus est immaterialis

Scene V: Mind and Body
We sense material things
Homo res materiales sentit
Non quoad mentem
Not with our minds
But with our living organic body
These things are defended against Descartes!
Synonyma non sunt vivere et existere
To live and to exist are not synonyms
Pati et sentire in rebus uiuis synt Synonima.
To suffer and to sense are synonymous
Spiritus enim existit, et operatur cum intelligentia.
A spirit exists and operates with understanding

Scene VI: The Seven Faculties of the Mind
Septem sunt praecipuae mentis facultate

Intellectus	Voluntas
Libertas	Phantasia
Memoria	Habitus

Sentiendi facultas

Intellect pertains to the conscious mind
Intellectus menti vero competit quatenus
ei insunt conscientia
Intellect pertains to the body
to the faculty of sensing
Hanc totam de mente negamus,
corporique damus
We wholly deny this to the mind
and attribute it to the body
contra Cartesium!

Will!
Voluntas de mente praedicari potest,
quoad Conscientiam
non quoad instinctum naturalem.

Libertas!
Liberty is the absence of impediment
in the mind's operation by means of the body.
Ratione mentis libertas
est spontaneitas vel illa facultas
Liberty is spontaneity
Liberty is spontaneity

Phantasia
Imagination
Actus mentis intelligendi momentaneus,
the mind represents something to itself
which is however absent in reality
quod tamen revera absens est

Memoria est
Memoria est
Memoria est
Memoria est
Memoria est
continuata idearum Praesentia
continued presence, in the brain
the mind's repetitive operation
ex mentis operatione repetitiva
repetitiva
repetitiva
repetitiva

Habit Habit Habit
Habit Habit Habit
Habit Habit Habit

Scene VII: Epilogue
Ich weiß nicht wie Gott und Geister
jenseits der Materie
sich selbst verstehen
Denn es fehlt Gott und anderen Geisten
Empfindungen
Sinnesorgane
und ein lebendiger und organischer Körper

Daher
God and other spirits beyond matter
understand themselves
without ideas
without sensations
To sense is to suffer
To sense is to suffer

Our mind's very tight bond
with the body
ob arctissimum cum corpore
uinculum et commercium

Me gyina nsem yiso ene mo nyinaa eredi nkra
[Mit dieser Hypothese verabschiede ich mich von euch allen]
Warum? Quare?
Magister, warum?
Why, Magister?

Whatever is immutable in man
pertains to the mind
Whatever is mutable with time
pertains to the body

Quod deus bene vertat!
May God turn it to good!

The libretto is adapted with permission from translations in Stephen Menn and Justin E. H. Smith, Anton Wilhelm Amo's *Philosophical Dissertations on Mind and Body* (New York: Oxford University Press, 2020). The primary text is Antonius Guilielmus Amo, 1734, "Disputatio philosophica continens ideam distinctam eorum quae competunt vel menti vel corpori nostro vivo et organico" (Philosophical Disputation Containing a Distinct Idea of Those Things That Pertain Either to the Mind or to Our Living and Organic Body).
The texts are in Latin, English, German, Dutch, and Twi, Amo's native language. Primary translations and examples of written and spoken Twi were provided by Dr. Obenewaa Oduro-Opunim, a native Twi speaker and Assistant Professor in the Department of German Studies, University of Arizona, with additional translations and examples by Kobina Hagan, Ghanaian theatre and film director, actor, writer, new media artist, and researcher on Akan languages, folklore and mythologies. We are grateful for their contributions.
Special thanks to Professors Menn (Department of Philosophy, McGill University) and Smith (History and Philosophy, University of Paris 7); Norman Hirschy and Peter Ohlin (senior editors, Music and Philosophy, Oxford University Press); Prof Kira Thurman (Department of Germanic Languages, University of Michigan); Prof Kwasi Ohene-Ayeh (Faculty of Art, Kwame Nkrumah University of Science and Technology, Kumasi, Ghana); and Dr. Bonaventure Soh Bejeng Ndikung (SAVVY Contemporary Berlin). Finally, my very deep gratitude to the Neue Vocalsolisten for their gracious, insightful, and tenacious work on my composition.
This work was completed at the Wissenschaftskolleg zu Berlin (Institute for Advanced Study) in June 2021. It is dedicated to the place where I first conceived it, the Anton Wilhelm Amo Center at SAVVY Contemporary Berlin.

George Lewis

Sergej Newski

Die Einfachen (The Simple)

Prologue Video

Nika, Monologue 1
Dear Professor.
Listening to your lecture, I found in it many true traits of life in our society, but I do not agree with you on one thing, namely your view that sexual urges depend only on upbringing, so to speak, of course that is partly possible. I will give you some examples from my own life and also from the lives of many like-minded people.

Nika
I was born into a peasant family in Siberia. There were 3 brothers and 2 sisters. Both brothers and sisters were normal people. And under the same conditions of our life (I don't say upbringing, because there is no upbringing in peasantry) for the five of us, I had completely different feelings and interests of a sexual nature from the earliest childhood. I never fought, never cursed, had an aversion to smoking and drinking. I kept my room clean, I can't stand dirty laundry, I like flowers, in a word, I didn't have the «normal» qualities for a man, like unkemptness, drunkenness, rudeness…

Nika
I was 6-7 years old at the time. After they left, I cried so much and was so touched by my new friend that he gave me his cup and he himself was left without the necessary item. I kept his gift until I was 16 years old when I had it broken.

Nika
When I was about ten years old, I began to feel a strong attraction to my own sex. I fell deeply in love with men, especially modest, not rude men, without realizing it myself. I often had a friendly feeling for women, but I had no sexual attraction to them.

Nika
And so, as I grew older, I developed a great attraction to objects of my own sex.

Nika
When I was 16, I went to the next provincial town, where my love life also began.
There I met a guy for the first time, quite good-looking and about 27 years old, a normal person. With whom I had to sleep. And so began my endless adventure.

Synchronous Tatyana
Dear Professor Bechterew! I ask for your attention to listen to me. In 1925 you gave a lecture on «The Sexual Question» in the city of Dnepropetrovsk. The issues that influenced my personality, e.g. "homosexuality", apply to me. I will allow you to write these facts about me that are observed in homosexuals.

Tatjana
When I was a child of 7-10 years, I liked married young women, I loved them more than my mother, I was jealous, but it gave me pleasure to have a woman I respected when she was my friend. I only played with boys' toys and everyone around me was a boy. I have a lot of masculinity now! Gestures of the whole body, interest in men's work: horse riding, cobbler work, etc. I like to wear what men wear, in agriculture I did men's

work. In my life, for 23 years, I did not have long hair.

Semyon
I am a teacher, 26 years old, single, haven't known any women yet.
But I'm not innocent... I lost my innocence when I was 14 years old.
At the age of 12 or 13 I fell passionately in love, my object was a classmate of mine, a very intelligent boy and, moreover, an extraordinary beauty.

Nika
I had great success. People loved me for my friendly character and my responsiveness and respected me for it. They found friendly comfort in me in difficult moments.

Nika
I helped them where I could, and, if one of them did not want to marry, he would find a good advisor in me. In family life, I did not like quarrels and always tried to smooth over misunderstandings between husband and wife.

Semyon
Since the age of 12, I have fallen in love several times, and always with boys, good-looking, physically well-built and, in most cases, intelligent boys.

Nika
For us, of course, living in small provincial towns is impossible because of their patriarchal character and the close-knit nature of all the inhabitants, so it is better to live in big cities where it is easier to hide our inclinations.

Tatiana Monologue 5
I like to wear a man's suit, but the environment I live in just doesn't allow me to. And when I was in the Red Army, I did wear a man's suit.

Semyon
The circumstances are such that I live a stone's throw away from my beloved and have my own room. I visit my lover once a week. He, my lover, is 24 years old. He is intelligent and strikingly handsome. He is a simple peasant. His beauty is not glaring and coarse, but subtle, gentle, noble.

NN
In 1918 I returned from the battle front to Petrograd, where I got a place in an office. A year later I happened to see a young man who I liked very much from the first moment. So I met him when I was 20 and immediately fell in love with him so much that all day and all night I thought only of him.

Nika
In 1907, I was at the theatre and met a soldier who was sitting near me. We got to talking and realized that we had same views on political issues, that is, we were on the left. A very close friendship developed between us at the first meeting.

Semyon
But the strongest love was my first love.
Of course, it was not reciprocated, and that tormented me terribly. I wanted very little from him: to hug and kiss him as often and as tightly as possible. And that's all. That's all I wanted.

Tatjana
I live with her like one lives in a family, except that there is no sexual intercourse: We sleep in the same bed and we share all intimate affairs.
I get great mental and physical pleasure when I share a kiss with her. Most of the time, my passion with women is such that I get great pleasure from kissing or hugging. She is also like that, although she is not like me but has all the virtues of a woman because she was married.

Semyon
And it is this impossibility of sexual satisfaction, which I know gives colossal pleasure, absolute satisfaction, that depresses me terribly. I am completely chained to my erotic images. My mind, my will, my imagination, my memory, all my mental abilities are completely paralyzed. I cannot seriously do the mental work I love. I have developed an apathy towards everything.

Tatjana
I had and have such passions that - because of jealousy - there were suicide attempts because of fraud, for which I had to sit in prison. The infatuation was so great that I have no words to compare it. I have been living in this environment for three years and now I have a girlfriend.

Semyon
It is obvious that my love is not satisfying and I have developed a gloomy outlook on life. If I had mere will in me, I would have killed myself a long time ago. A life like mine is unbearably hard, a nightmare, and has been since I was 12. The more aware I become of it, the more unbearable it becomes, only someone who has experienced it or is a scholar can understand that.

NN
I lived in a dormitory with 40 other students. That's how it started. In the second year I fell in love, I was maybe 14, with a mate and he was like that too. It started like this - we used to go to each other's bed and tell each other stories while cuddling up to each other. It came down to a kiss. I was madly attracted to him. There was everything.

Nika
He accompanied me home from the theatre. He stayed with me overnight. From then on we had the closest relationship.

Nika
He was frugal like me, didn't smoke, didn't drink, was modest and not wasteful. All this together created a bond in our lives. After one and a half years of living together, we were already living in a common household. The doubts and mistrust between us disappeared. We have now been living happily together for 17 years, without quarrels and friction.

Semyon
For some years now, I have been haunted daily by erotic images. My thoughts are only occupied with them. I do not suffer from sexual impotence, but I feel absolutely no sexual attraction to a woman.

NN
My relationship with him lasted two years. He left me. I suffered terribly. I wasn't attracted to women the way I am now.

NN
I have to say that about two months after we met, I had a physical relationship with him, which he did not oppose in the slightest and subsequently became active himself on occasion.

At 21, my boyfriend fell in love with a young lady and for me those wertr the worst days of mental anguish.

All
Imagine yourself in our situation, especially a developed person. You fall in love with a normal person to get his attention, not to hope for love or reciprocity, because that is impossible, it will take a long time for you to manage to win his friendship, and God forbid, if he notices anything suspicious on your part, all is lost, of course that is not the case with every person.

We are afraid of our own inclinations and try to hide them from our environment, in other words, we are afraid of ourselves. All our courtship requires special care and skill, and it also takes time.

From early childhood, we struggle with our feelings. At first, each of us thinks that he or she is the only one in the world.

Nika
At that time we signed a marriage contract because we then believed that this would be the closest union between us. And for 17 years now, we have lived a happy life together, without quarreling and bickering.

NN
What would society say if the law punished a blind person for being blind, a redhead for being a redhead. Would that be fair and reasonable? Probably many would call it madness, but we are being punished and no one is paying attention.

Among us are people from all kinds of social classes. Here you will find sailors, military men and civilians. In a word, we have neither class nor rank. We are all united by the same idea and the same aspiration.

We are all looking for a life together, i.e. most of us wish for a life partner, but it is not easy to find one. The choice is too small, and so these wishes remain only a dream cherished into old age.

Tatjana
Now I often ask myself: isn't it possible to turn a woman into a man through a sex change? I do not know! Is this known to modern higher science? I ask you for this information and you will give me the answer. I do not spare my life to devote myself to this experience for the scientific achievements and goals of modern medicine. Or perhaps a person like me from the family of «homosexual» men also has such an agonizing question?

NN
The three of us were together. They fell in love. They started avoiding me. I was attracted to him and now it's the same again. I told him I couldn't do without him.

Semyon
I tried not to go to him, not to see him and forget him, but no, all my efforts were in vain. I see him every day, but there is only physical contact once or twice a week. It used to be more because I didn't have a job then and now I'm on night duty, which doesn't allow me to get close to him.

Tatyana, Nika
to save the life of a human being, I beg you, help me, write to me, answer me....

Nika
Imagine yourself in our situation, especially a developed person. You fall in love with a normal person to get their attention, not to mention love or reciprocity, as this is impossible.

Nika and NN together
The problem is that we are not understood and do not want to be understood. We are afraid of our own tendencies and try to hide them from our environment, in other words, we are afraid of ourselves

Tatyana, Nika
I beg you, help me, write to me, answer me

Nika and NN together
We are all looking for a life together, i.e. most of us want a life partner, but it is not easy to find one. There is too little choice, and so these wishes remain only a dream cherished into old age.

Tatyana and Semen together.
We don't force anyone into our lives, and if we do, it's by mutual agreement, and that's also normal for us.

All
This is the context in which we continue to live and hope that common sense will prevail and

our revolutionary legality will break away from that legality which was built on religious ethics and give us the right to BE.

Tatyana, Nika
Write to me, answer me

Coda ALL
NEITHER LAWS, NOR CONVENTIONS WILL CONVINCE US THAT OUR ACTIONS ARE CRIMINAL AND ABNORMAL. LAWS ARE WRITTEN BY PEOPLE AND THEY THEMSELVES CHANGE THEM, AND WE ARE SURE THAT THE TIME WILL COME WHEN THE RIGHT, THE CIVIL RIGHT FOR US TO LIVE TOGETHER FREELY WILL BE RECOGNIZED.

George Lewis

compositore / composer

George Lewis è Professore di Musica americana alla Columbia University e membro dell'American Academy of Arts and Sciences, dell'American Academy of Arts and Letters e Corresponding Fellow della British Academy. Fra gli altri riconoscimenti ricevuti da Lewis si contano una MacArthur Fellowship, una Guggenheim Fellowship e un Doris Duke Artist Award. Le sue composizioni, pubblicate da Edition Peters, sono state presentate in tutto il mondo. Membro della Association for the Advancement of Creative Musicians dal 1971, il suo libro del 2008, *A Power Stronger Than Itself: The AACM and American Experimental Music* (University of Chicago Press), è stato insignito dell'American Book Award. Lewis è co-editore *dell'Oxford Handbook of Critical Improvisation Studies* (2016) in due volumi, ha ricevuto lauree *honoris causa* dall'Università di Edimburgo, dal New College of Florida e dall'Università di Harvard ed è membro onorario della American Musicological Society.

George Lewis is Professor of American music at Columbia University. A Fellow of the American Academy of Arts and Sciences, the American Academy of Arts and Letters, and a Corresponding Fellow of the British Academy. Lewis's other honors include a MacArthur Fellowship, a Guggenheim Fellowship, and a Doris Duke Artist Award. Lewis's compositions have been presented worldwide, published by Edition Peters. A member of the Association for the Advancement of Creative Musicians since 1971, his 2008 book, *A Power Stronger Than Itself: The AACM and American Experimental Music* (University of Chicago Press) received the American Book Award. Lewis is the co-editor of the two-volume *Oxford Handbook of Critical Improvisation Studies* (2016), holds honorary degrees from the University of Edinburgh, New College of Florida, and Harvard University, and is an Honorary Member of the American Musicological Society.

Sergej Newski

compositore / composer

Sergej Newski nasce a Mosca nel 1972. Dopo aver completato gli studi presso la scuola di specializzazione musicale del Conservatorio statale Čajkovskij, specializzandosi in teoria musicale, studia composizione con Jörg Herchet alla Hochschule für Musik di Dresda e con Friedrich Goldmann alla Universität der Künste di Berlino.

Dal 1994 i suoi lavori sono invitati ai principali festival internazionali di musica contemporanea, tra cui i Donaueschingen Musiktage, Wien Modern, ECLAT, la Gaudeamus Music Week, ISCM World New Music Days, Maerzmusik e UltraSchall a Berlino. Ha ricevuto commissioni, tra gli altri, dalla Staatsoper Stuttgart, dal Konzerthaus di Berlino, dalla Ruhrtriennale, da MusicAeterna, dalla SWR Symphonieorchester, dal Klangforum Wien, dall'ensemble recherche e dai Neue Vocalsolisten. La sua musica è stata eseguita da importanti ensemble come l'Ensemble Modern, il Quatuor Diotima, Musikfabrik, l'Ensemble di Musica Contemporanea di Mosca, l'Ensemble Contrechamps, l'ensemble mosaik, oltre che da solisti e interpreti quali Christian Tetzlaff, Natalia Pschenitschnikowa, Jakob Diehl e direttori come Teodor Currentzis, Emilio Pomarico, Titus Engel ed Enno Poppe.

Nel 2006 Sergej Newski ha vinto il primo premio al concorso di composizione indetto dalla Landeshauptstadt Stuttgart per il suo brano *Fluss*. Nel 2014 riceve il Berlin Art Prize e la Maschera d'Oro del Premio nazionale russo per il teatro per la sua opera *Franziskus*.

Nel 2016 ha partecipato come compositore invitato ai Ferienkurse organizzati dall'Internationales Musikinstitut di Darmstadt.

Sergej Newski was born in Moscow in 1972. After completing studies in the specialist music school at the State Tchaikovsky Conservatoire, specialising in music theory, he studied composition with Jörg Herchet at the Hochschule für Musik in Dresden, and with Friedrich Goldmann at the Universität der Künste in Berlin.

Since 1994 his music has been performed in the leading international festivals for contemporary music, including the Donaueschingen Musiktage, Wien Modern, ECLAT, the Gaudeamus Music Week, ISCM World New Music Days, Maerzmusik and UltraSchall in Berlin. He has received commissions from, among others, Staatsoper Stuttgart, the Berlin Konzerthaus, Ruhrtriennale, MusicAeterna, SWR Symphony Orchestra, Klangforum Wien, ensemble recherche, and the Neue Vocalsolisten. His music was performed by prominent ensembles such as Ensemble Modern, Quatuor Diotima, Musikfabrik, the Moscow Contemporary Music Ensemble, Ensemble Contrechamps, ensemble mosaik, as well as by soloists and performers such as Christian Tetzlaff, Natalia Pschenitschnikowa, Jakob Diehl and conductors like Teodor Currentzis, Emilio Pomarico, Titus Engel and Enno Poppe.

In 2006 Sergej Newski won first prize at the Landeshauptstadt Stuttgart composition competition for his piece *Fluss*. In 2014 he received the Berlin Art Prize and the Russian National Theatre Award Golden Mask for his opera *Franziskus*.

In 2016 he participated as invited composer at the Ferienkurse organised by the Internationales Musikinstitut in Darmstadt.

19.09.2021 | H 19,30
Ca' Giustinian, Sala delle Colonne

Gianmario Borio

Conferenza

CONFERENZA / LECTURE

GIANMARIO BORIO

L'EMANCIPAZIONE DELLA VOCE.
SULLE COMPOSIZIONI SPERIMENTALI
PER ENSEMBLE VOCALI /
THE EMANCIPATION OF THE VOICE.
ON EXPERIMENTAL COMPOSITIONS
FOR VOCAL ENSEMBLES

Gianmario Borio è professore ordinario presso il Dipartimento di Musicologia e Beni Culturali dell'Università di Pavia e direttore dell'Istituto per la Musica della Fondazione Giorgio Cini, Venezia. È stato docente ospite presso diverse università europee e americane, nel 2013 presso l'Italian Academy for Advanced Studies in America (Columbia University, New York). È membro dell'Academia Europaea, corresponding member dell'American Musicological Society e corresponding fellow della British Academy. Dirige le collane di studi Musical Cultures of the Twentieth Century (Routledge) e The Composer's Workshop (Brepols) nonché la rivista Archival Notes. È il direttore dell›International Network for Music Theory, Techniques and Technologies (MT3). I suoi progetti di ricerca attuali includono *New Concepts of Harmony in Musical Composition: 1945-1975* (coordinamento insieme a Pascal Decroupet e Christoph Neidhöfer), *The Mediations of Music. Critical Approaches After Adorno* (in collaborazione con l'Accademia Musicale Chigiana), *Istantanee: L'improvvisazione collettiva, tecniche e stili in Europa* (Fondazione Giorgio Cini).

Gianmario Borio is full professor at the Department of Musicology and Cultural Heritage of the University of Pavia and director of the Institute for Music at the Giorgio Cini Foundation in Venice. He has been a guest lecturer at several European and American universities, and in 2013 at the Italian Academy for Advanced Studies in America (Columbia University, New York). He is a member of the Academia Europaea, a corresponding member of the American Musicological Society and a corresponding fellow of the British Academy. He is the editor of the series *Musical Cultures of the Twentieth Century* (Routledge) and *The Composer's Workshop* (Brepols) as well as *Archival Notes*. He is the director of the International Network for Music Theory, Techniques and Technologies (MT3). His current research projects include New Concepts of Harmony in *Musical Composition: 1945-1975* (co-ordinated with Pascal Decroupet and Christoph Neidhöfer), *The Mediations of Music. Critical Approaches After Adorno* (in collaboration with Accademia Musicale Chigiana), *Istantanee: L'improvvisazione collettivo, tecniche e stili in Europa* (Giorgio Cini Foundation).

DAVID LANG (1957)
THE LITTLE MATCH GIRL PASSION
per quattro voci / for four voices
parole di / words by David Lang
da / after Hans Christian Andersen, H.P. Paulli, Picander e San Matteo

2007 (35')

ARVO PÄRT (1935)
STABAT MATER
per soprano, contralto, tenore, violino, viola, violoncello /
for soprano, alto, tenor, violin, viola, cello

1985 (25')

coproduzione con / co-production with
Fondazione Musica per Roma

Theatre of Voices
Else Torp soprano
Iris Oja mezzosoprano / mezzo
Paul Bentley-Angell tenore / tenor
Jakob Bloch Jespersen bass

PMCE Parco della Musica Contemporanea Ensemble
Filippo Fattorini violino / violin
Luca Sanzò viola / viola
Anna Maria Armatys violoncello / cello
Tonino Battista
coordinamento / coordination

Paul Hillier
direttore / conductor

19.09.2021 | H 21.00
Ca' Giustinian, Sala delle Colonne

Theatre of Voices

David Lang
Arvo Pärt

"Volevo raccontare una storia. Una storia particolare - in effetti, la favola de *La piccola fiammiferaia* del danese Hans Christian Andersen. L'originale è in apparenza per bambini, e ha quella sconvolgente combinazione di pericolo e moralità, che hanno molte famose storie per bambini. Una ragazza povera, con un padre che la bastona, cerca senza successo di vendere fiammiferi per strada, viene ignorata e muore di freddo. Attraverso tutto questo lei in qualche modo mantiene la sua cristiana purezza di spirito, ma non è una bella storia". Con queste parole David Lang descrive l'attrazione per questa storia di "bellezza e orrore" alla base della sua fortunata composizione *The Little Match Girl Passion* [*Passione della piccola fiammiferaia*] per quattro voci a cappella commissionata da The Perth Theater and Concert Hall e Carnegie Hall Corporation, che ha presentato la prima assoluta con il Theatre of Voices di Paul Hillier presso la Zankel Hall della Carnegie Hall a New York il 25 ottrobre 2007.

Come in un'altra celebre trasposizione (o piuttosto trasfigurazione) musicale *Das Mädchen mit den Schwefelhölzern* di Helmut Lachenmann, l'interesse per la favola di Andersen non è nel racconto della trama ma nel suo valore di parabola o di racconto morale, in cui Lang assimila i patimenti della fiammiferaia alla sofferenza del Cristo. Anche la "passion" del titolo rivela un legame dichiarato o solo cercato con la *Matthäuspassion* bachiana. In questo pezzo, in quindici stazioni si rappresenta passione e morte della fiammiferia, che muore di freddo nell'indifferenza di una folla distratta dai preparativi delle feste per la nascita di Cristo. L'intreccio di testi attorno al racconto di Andersen sono dello stesso compositore, da H.P. Pauli, primo traduttore di Andersen in inglese, di Picander, ossia il Christian Friedrich Henrici librettista del testo bachiano, e dal Vangelo di San Matteo. Come le reazioni della folla e dei personaggi negli interventi corali della *Matthäuspassion*, i frammenti testuali innestati nel corpo del racconto registrano reazioni della folla, pensieri penitenziali, espressioni collettive di dolore, di turbamento o di rimorso, come segnali emotivi alla narrazione che pongono l'ascoltatore al

"I wanted to tell a story. A particular story — in fact, the story of The Little Match Girl by the Danish author Hans Christian Andersen. The original is ostensibly for children, and it has that shocking combination of danger and morality that many famous children's stories do. A poor young girl, whose father beats her, tries unsuccessfully to sell matches on the street, is ignored, and freezes to death. Through it all she somehow retains her Christian purity of spirit, but it is not a pretty story." With these words David Lang describes his attraction to this story of "beauty" and "horror" that lies at the basis of his successful piece *The Little Match Girl Passion*. Scored for chamber choir and four solo voices (SATB) who also play simple percussion, the work was commissioned by the Perth Theater and Concert Hall and the Carnegie Hall Corporation. It received its premiere in the Zankel Hall of the Carnegie Hall in New York on 25th October 2007, performed by the Theatre of Voices conducted by Paul Hillier.

As in another well-known musical transposition (or, rather, transfiguration) of *Das Mädchen mit den Schwefelhölzern* by Helmut Lachenmann, Lang's interest in Hans Christian Andersen's fairytale lies not in the account of the story itself but rather in its value as a parable or moral tale, in which the composer assimilates the plight of the little match girl into the sufferings of Christ. The "Passion" in the title points to the intentional link with Bach's *Matthäuspassion* to which the composer aspired. The work depicts in fifteen stations the passion and death of the little match girl, who dies of cold amid the indifference of the crowd intent on the preparations for celebrating the birth of Christ. Andersen's narrative is interspersed with texts by the composer himself, by H.P. Paulli, the first translator of Andersen's original story into English, by Picander, the nom de plume of Christian Friedrich Henrici, the librettist of Bach's *Matthäuspassion*, and with extracts from the Gospel according to St. Matthew. Like the reactions of the crowd and of individual characters in the choral sections of Bach's work, the fragments of text that are inserted into Andersen's

centro dell'azione e le conferiscono una "potente ineluttabilità" [powerful inevitability] secondo il compositore.
Affonda le radici nel passato anche lo *Stabat Mater* di Arvo Pärt, una delle creazioni più recenti di una lunghissima tradizione che parte dal Rinascimento e annovera compositori come Josquin des Près, Palestrina, Orlando di Lasso, attraversa il Barocco con Alessandro Scarlatti, Caldara, Steffani, e il Classicismo con Haydn, Salieri e Paisiello, per giungere fino al Novecento e praticamente ai giorni nostri. Il testo in latino medievale, attribuito a Jacopone da Todi, è una meditazione sul dolore di Maria ai piedi della Croce e un'invocazione alla Vergine "fonte d'amore" per rendere partecipi i fedeli delle sue sofferenze. Il pezzo è stato composto da Arvo Pärt su commissione dalla Fondazione Alban Berg per le celebrazioni del centenario della nascita di Alban Berg. L'incarico della Fondazione a dieci compositori era di comporre un trio d'archi, una richiesta che ispirò il compositore estone a creare un bilanciamento alla parte strumentale con un trio vocale (soprano, mezzosoprano o controtenore e tenore). Prodotto tipico dello stile compositivo "tintinnabuli" sviluppato dal compositore estone fin dagli anni Settanta del secolo scorso, nel suo stile meditativo e tempo lento, nella purezza delle linee musicali e nell'organico ridotto a sole tre voci soliste e tre strumenti ad arco, lo *Stabat Mater* di Pärt rappresenta un ritorno alle radici spirituali del testo. Lo strazio di una madre davanti al corpo morto del figlio viene sublimato in una dolente ma rasserenante meditazione sulla morte. Come spiega lo stesso Pärt: "È come il contatto di elementi opposti, ad esempio lava che erutta da un vulcano e scorre nell'acqua. Sembra impossibile che tali elementi diversi si possano incontrare; tuttavia, in questo pezzo è esattamente ciò che accade. Il testo ci presenta l'esistenza simultanea di un dolore incommensurabile per questo evento e la consolazione potenziale."
Lo *Stabat Mater* è stato eseguito per la prima volta al Konzerthaus di Vienna il 30 ottobre 1985

story record the reactions of the crowd, penitential thoughts, collective expressions of sorrow, shock or remorse, as emotional responses to the narration, which serve to place the listener right at the heart of the action and contribute to the "powerful inevitability" of the story.
Arvo Pärt's *Stabat Mater* also has its roots deep in the past. Pärt's setting is one of the most recent creations in a long tradition of such works which stretches back to the Renaissance with composers such as Josquin des Près, Palestrina and Orlando di Lasso, continues through the Baroque era with Alessandro Scarlatti, Caldara and Steffani, and into the Classical period with examples by Haydn, Salieri and Paisiello, to reach the twentieth century and virtually up to our own times. The mediaeval Latin text, attributed to Jacopone da Todi, is a meditation on Mary's grief at the foot of the Cross and an invocation to the Virgin, "fount of love" to enable the faithful to participate in her sufferings. The piece was composed by Arvo Pärt in response to a commission by the Alban Berg Foundation to mark the centenary of Berg's birth, for which ten composers were asked to write a piece for string trio. Arvo Pärt's inspired solution was to balance the three instrumental parts with a vocal trio (soprano, alto or countertenor, and tenor). Pärt's *Stabat Mater* is typical of the "tintinnabuli" technique developed by the Estonian composer since the 1970s; its meditative style and slow tempo, the purity of its musical lines, and the reduced forces consisting of only three vocal soloists and a string trio represent a return to the spiritual roots of the text. The agony of a mother in front of the dead body of her son is sublimated into a sorrowful but reassuring mediation on death. As the composer himself explains: "It is just like the contact of opposing elements, for instance lava erupting from a volcano, flowing into the water. It seems impossible that such different elements would ever meet; however, in this piece this is exactly what happens. The text presents us the simultaneous existence of [the] immeasurable pain of this event and potential consolation."

nell'ambito del Berg-Berio Festival con l'Hilliard Ensemble e un trio d'archi composto da Gidon Kremer, Nobuko Imai and David Geringas. Una seconda versione per coro misto e orchestra d'archi è stata commissionata dall'austriaca Tonkünstler-Orchester, che l'ha eseguita per la prima volta diretta da Kristjan Järvi nella Sala grande della Musikverein di Vienna il 12 giugno 2008. (*sn*)

Pärt's *Stabat Mater* was premiered at the Wiener Konzerthaus on 30th October 1985 as part of the Berg-Berio-Fest, where it was performed by the Hilliard Ensemble and a string trio consisting of Gidon Kremer, Nobuko Imai and David Geringas. A second version for mixed choir and string orchestra was commissioned by the Austrian Tonkünstler-Orchester, who premiered the new version under the baton of Kristjan Järvi on 12th June 2008 in the Great Hall of the Wiener Musikverein. (*sn*)

David Lang

The Little Match Girl Passion

Words and music by David Lang after Hans Christian Andersen, H.P. Paulli, Picander and Saint Matthew

1. Come, daughter

Come, daughter
Help me, daughter
Help me cry
Look, daughter
Where, daughter
What, daughter
Who, daughter
Why, daughter
Guiltless daughter
Patient daughter
Gone

2. It was terribly cold

It was terribly cold and nearly dark on the last evening of the old year, and the snow was falling fast. In the cold and the darkness, a poor little girl, with bare head and naked feet, roamed through the streets. It is true she had on a pair of slippers when she left home, but they were not of much use. They were very large, so large, indeed, that they had belonged to her mother, and the poor little creature had lost them in running across the street to avoid two carriages that were rolling along at a terrible rate. One of the slippers she could not find, and a boy seized upon the other and ran away with it, saying that he could use it as a cradle, when he had children of his own. So the little girl went on with her little naked feet, which were quite red and blue with the cold.

So the little girl went on.
So the little girl went on.

3. Dearest heart
Dearest heart
Dearest heart
What did you do that was so wrong? What was so wrong?
Dearest heart
Dearest heart
Why is your sentence so hard?

4. In an old apron
In an old apron she carried a number of matches, and had a bundle of them in her hands. No one had bought anything of her the whole day, nor had any one given her even a penny. Shivering with cold and hunger, she crept along; poor little child, she looked the picture of misery. The snowflakes fell on her long, fair hair, which hung in curls on her shoulders, but she regarded them not.

5. Penance and remorse
Penance and remorse
Tear my sinful heart in two
My teardrops
May they fall like rain down upon your poor face May they fall down like rain
My teardrops

Here, daughter, here I am
I should be bound as you were bound
All that I deserve is
What you have endured
Penance and remorse.
Tear my sinful heart in two
My penance
My remorse
My penance

6. Lights were shining
Lights were shining from every window, and there was a savory smell of roast goose, for it was New-year's eve- yes, she remembered that. In a corner, between two houses, one of which projected beyond the other, she sank down and huddled herself together. She had drawn her little feet under her, but she could not keep off the cold; and she dared not go home, for she had sold no matches, and could not take home even a penny of money. Her father would certainly beat her; besides, it was almost as cold at home as here, for they had only the roof to cover them, through which the wind howled, although the largest holes had been stopped up with straw and rags.
Her little hands were almost frozen with the cold.
Her little hands were almost frozen with the cold.

7. Patience, patience!
Patience.
Patience!

8. Ah! perhaps
Ah! perhaps a burning match might be some good, if she could draw it from the bundle and strike it against the wall, just to warm her fingers. She drew one out-"scratch!" how it sputtered as it burnt! It gave a warm, bright light, like a little candle, as she held her hand over it. It was really a wonderful light. It seemed to the little girl that she was sitting by a large iron stove, with polished brass feet and a brass ornament. How the fire burned! and seemed so beautifully warm that the child stretched out her feet as if to warm them, when, lo! the flame of the match went out, the stove vanished, and she had only the remains of the half-burnt match in her hand.

She rubbed another match on the wall. It burst into a flame, and where its light fell upon the wall it became as transparent as a veil, and she could see into the room. The table was covered with a snowy white table-cloth, on which stood a splendid dinner service, and a steaming roast goose, stuffed with apples and dried plums. And what was still more wonderful, the goose jumped down from the dish and waddled across the floor, with a knife and fork in its breast, to the little girl. Then the match went out, and there remained nothing but the thick, damp, cold wall before her.

9. Have mercy, my God
Have mercy, my God.
Look here, my God.
See my tears fall. See my tears fall.
Have mercy, my God. Have mercy.

My eyes are crying.
My heart is crying, my God.
See my tears fall.
See my tears fall, my God.

10. She lighted another match
She lighted another match, and then she found herself sitting under a beautiful Christmas tree. It was larger and more beautifully decorated than the one which she had seen through the glass door at the rich merchant's. Thousands of tapers were burning upon the green branches, and colored pictures, like those she had seen in the show-windows, looked down upon it all. The little one stretched out her hand towards them, and the match went out.

The Christmas lights rose higher and higher, till they looked to her like the stars in the sky. Then she saw a star fall, leaving behind it a bright streak of fire. "Some one is dying," thought the little girl, for her old grandmother, the only one who had ever loved her, and who was now dead, had told her that when a star falls, a soul was going up to God.

11. From the sixth hour

From the sixth hour there was darkness over all the land until the ninth hour.
And at the ninth hour she cried out:

Eli, Eli.

12. She again rubbed a match

She again rubbed a match on the wall, and the light shone round her; in the brightness stood her old grandmother, clear and shining, yet mild and loving in her appearance. "Grandmother," cried the little one, "O take me with you; I know you will go away when the match burns out; you will vanish like the warm stove, the roast goose, and the large, glorious Christmas-tree." And she made haste to light the whole bundle of matches, for she wished to keep her grandmother there. And the matches glowed with a light that was brighter than the noon-day, and her grandmother had never appeared so large or so beautiful. She took the little girl in her arms, and they both flew upwards in brightness and joy far above the earth, where there was neither cold nor hunger nor pain, for they were with God.

13. When it is time for me to go

When it is time for me to go
Don't go from me
When it is time for me to leave
Don't leave me
When it is time for me to die
Stay with me
When I am most scared
Stay with me

14. In the dawn of morning

In the dawn of morning there lay the poor little one, with pale cheeks and smiling mouth, leaning against the wall; she had been frozen to death on the last evening of the year; and the New-year's sun rose and shone upon a little corpse! The child still sat, in the stiffness of death, holding the matches in her hand, one bundle of which was burnt. "She tried to warm herself," said some. No one

imagined what beautiful things she had seen, nor into what glory she had entered with her grandmother, on New Year's day.

15. We sit and cry

We sit and cry
And call to you
Rest soft, daughter, rest soft
Where is your grave, daughter?
Where is your tomb?
Where is your resting place?
Rest soft, daughter, rest soft

Rest soft
Rest soft
Rest soft
Rest soft
You closed your eyes.
I closed my eyes.

Rest soft

Arvo Pärt

Stabat Mater

testo attribuito a / text attributed to
Jacopone da Todi

Stabat mater dolorosa
Juxta Crucem lacrimosa,
Dum pendebat Filius.

Cuius animam gementem,
Contristatam et dolentem
Pertransivit gladius.

O quam tristis et afflicta
Fuit illa benedicta,
Mater Unigeniti!

Quae mœrebat et dolebat,
Pia Mater, dum videbat
Nati pœnas inclyti.

Quis est homo qui non fleret,
Matrem Christi si videret
In tanto supplicio?

Quis non posset contristari
Christi Matrem contemplari
Dolentem cum Filio?

Pro peccatis suæ gentis
Vidit Iesum in tormentis,
Et flagellis subditum.

Vidit suum dulcem Natum
Moriendo desolatum,
Dum emisit spiritum.

Eia, Mater, fons amoris
Me sentire vim doloris
Fac, ut tecum lugeam.

At the Cross her station keeping,
Stood the mournful Mother weeping,
Close to her Son to the last.

Through her heart, His sorrow sharing,
All His bitter anguish bearing,
Now at length the sword has passed.

O how sad and sore distressed
Was that Mother, highly blest,
Of the sole-begotten One.

Christ above in torment hangs,
She beneath beholds the pangs
Of her dying glorious Son.

Is there one who would not weep,
Whelmed in miseries so deep,
Christ's dear Mother to behold?

Can the human heart refrain
From partaking in her pain,
In that Mother's pain untold?

For the sins of His own nation,
She saw Jesus wracked with torment,
All with scourges rent:

She beheld her tender Child,
Saw Him hang in desolation,
Till His spirit forth He sent.

O thou Mother! fount of love!
Touch my spirit from above,
Make my heart with thine accord:

Fac, ut ardeat cor meum
In amando Christum Deum
Ut sibi complaceam.

Sancta Mater, istud agas,
Crucifixi fige plagas
Cordi meo valide.

Tui Nati vulnerati,
Tam dignati pro me pati,
Pœnas mecum divide.

Fac me tecum pie flere,
Crucifixo condolere,
Donec ego vixero.

Juxta Crucem tecum stare,
Et me tibi sociare
In planctu desidero.

Virgo virginum præclara,
Mihi iam non sis amara,
Fac me tecum plangere.

Fac, ut portem Christi mortem,
Passionis fac consortem,
Et plagas recolere.

Fac me plagis vulnerari,
Fac me Cruce inebriari,
Et cruore Filii.

Flammis ne urar succensus,
Per te, Virgo, sim defensus
In die iudicii.

Christe, cum sit hinc exire,
Da per Matrem me venire
Ad palmam victoriæ.

Quando corpus morietur,
Fac, ut animæ donetur
Paradisi gloria. Amen.

Make me feel as thou hast felt;
Make my soul to glow and melt
With the love of Christ my Lord.

Holy Mother! pierce me through,
In my heart each wound renew
Of my Savior crucified:

Let me share with thee His pain,
Who for all my sins was slain,
Who for me in torments died.

Let me mingle tears with thee,
Mourning Him who mourned for me,
All the days that I may live:

By the Cross with thee to stay,
There with thee to weep and pray,
Is all I ask of thee to give.

Virgin of all virgins blest!,
Listen to my fond request:
Let me share thy grief divine;

Let me, to my latest breath,
In my body bear the death
Of that dying Son of thine.

Wounded with His every wound,
Steep my soul till it hath swooned,
In His very Blood away;

Be to me, O Virgin, nigh,
Lest in flames I burn and die,
In His awful Judgment Day.

Christ, when Thou shalt call me hence,
Be Thy Mother my defense,
Be Thy Cross my victory;

While my body here decays,
May my soul Thy goodness praise,
Safe in Paradise with Thee.

(translation by Edward Caswall,
in *Lyra Catholica*, 1849)

David Lang

compositore / composer

Come ha scritto il "New Yorker", "con la vittoria del Premio Pulitzer per *The little match girl passion* (una delle partiture più originali e commoventi degli ultimi anni), Lang, un tempo *enfant terrible* post-minimalista, ha definitivamente consacrato il suo status di Maestro americano". La colonna sonora di Lang per il film *Youth – La giovinezza* di Paolo Sorrentino ha ricevuto, fra vari riconoscimenti, una nomination agli Oscar e ai Golden Globe. I suoi lavori recenti comprendono *Man made*, un concerto per il gruppo Sō Percussion e orchestra, co-commissionato dalla Los Angeles Philharmonic e dalla BBC Symphony, l'opera *Anatomy theater*, scritta in collaborazione con l'artista visivo Mark Dion alla Los Angeles Opera, *The public domain*, commissionata dal Lincoln Center per mille cantanti amatoriali e l'opera *The loser*, dal romanzo di Thomas Bernhard, che ha inaugurato nel 2016 il Next Wave Festival alla Brooklyn Academy of Music e per la quale Lang è stato librettista, compositore e direttore di scena. La sua opera *Prisoner of the state*, co-commissionata dalla New York Philharmonic, la de Doelen Concert Hall di Rotterdam, il Barbican Centre di Londra, l'Auditori di Barcellona, la Bochum Symphony Orchestra e il Concertgebouw di Bruges, ha debuttato nel 2019 con la New York Philharmonic diretta da Jaap van Zweden.

Lang è Professore di Composizione musicale alla Yale School of Music e artista residente all'Institute for Advanced Study di Princeton. È co-fondatore e co-Direttore Artistico del leggendario festival musicale di New York "Bang on a Can".

In the words of "The New Yorker", "With his winning of the Pulitzer Prize for *the little match girl passion* (one of the most original and moving scores of recent years), Lang, once a post-minimalist *enfant terrible*, has solidified his standing as an American master."

Lang's score for Paolo Sorrentino's film *Youth* received Academy Award and Golden Globe nominations, among others. Other recent work includes *man made*, a concerto for So Percussion and orchestra, co-commissioned by the Los Angeles Philharmonic and the BBC Symphony; his opera *anatomy theater*, written in collaboration with visual artist Mark Dion, at Los Angeles Opera; *the public domain*, a commission from Lincoln Center for 1000 amateur singers; and his opera *the loser*, based on the novel by Thomas Bernhard, which opened the 2016 Next Wave Festival at the Brooklyn Academy of Music, and for which Lang served as librettist, composer, and stage director. His opera *prisoner of the state*, co-commissioned by the New York Philharmonic, Rotterdam's de Doelen Concert Hall, London's Barbican Centre, Barcelona's l'Auditori, Bochum Symphony Orchestra, and Bruges's Concertgebouw, premiered June 6-8, 2019 with the New York Philharmonic, conducted by Jaap van Zweden.

Lang is a Professor of Music composition at the Yale School of Music and is Artist in Residence at the Institute for Advanced Study in Princeton. He is co-founder and co-Artistic Director of New York's legendary music festival "Bang on a Can".

Arvo Pärt

compositore / composer

Pärt nasce a Paide (Estonia) nel 1935. Conclusi gli studi al Conservatorio di Tallinn sotto la guida di Heino Eller, fra il 1957 e il 1967 lavora come *sound engineer* per la radio estone. Nel 1980 emigra a Vienna e l'anno seguente a Berlino con una borsa di studio del DAAD (Servizio tedesco di scambio accademico). All'inizio della sua carriera, come parte della cosiddetta "avanguardia sovietica", Pärt sperimenta un certo numero di tecniche. Il suo primo periodo creativo si concentra sulla musica neoclassica per pianoforte. Nei dieci anni successivi usa in modo personale tecniche come la dodecafonia, la composizione con masse sonore, la musica aleatoria e il collage – in quest'ultimo caso unendo avanguardia e musica antica in una forma che raggiunge la sua espressione più estrema nel suo pezzo *Credo* (1968). La ricerca di una sua voce personale lo porta a ritirarsi dal lavoro creativo per quasi otto anni, durante i quali studia canto gregoriano, la scuola di Notre Dame e la polifonia vocale classica. Nel 1976 Pärt sviluppa la tecnica del "tintinnabuli", che ha guidato tutte le sue opere successive, tra cui *Fratres*, *Tabula Rasa* e *Cantus in Memory of Benjamin Britten* (tutte del 1977). Ulteriori lavori includono *Passio* (1982), *Te Deum* (1985), *Miserere* (1989/1992), *Kanon pokajanen* (1997) e *Adam's Lament* (2010). Un elemento importante nella musica di Pärt è il testo, che spesso riveste un ruolo fondamentale nel processo compositivo.

È stato insignito di decine di onorificenze e riconoscimenti. Le sue opere sono commissionate ed eseguite in tutto il mondo da importanti personalità musicali.

Pärt was born in Paide in 1935. After studying at the Tallinn Conservatory under Heino Eller he worked as a sound engineer for Estonian Radio 1958–67. In 1980 he emigrated to Vienna and the following year to Berlin on a DAAD scholarship. Early in his career, as part of the 'Soviet Avant-garde' Pärt experimented with a number of techniques. His first creative period was of neo-classical piano music. In the following ten years he made his own individual use of techniques such as dodecaphony, composition with sound masses, aleatoricism and collage technique – in the last of these uniting avant-garde and early music in a form that reached its most extreme expression in his last collage piece *Credo* (1968). The search for his own voice drove him into a withdrawal from creative work that lasted nearly eight years, during which time he studied Gregorian Chant, the Notre Dame school and classical vocal polyphony. In 1976 Pärt developed the 'tintinnabuli' technique, which has guided all his subsequent works, including *Fratres*, *Tabula Rasa* and *Cantus in Memory of Benjamin Britten* (all 1977). Further works include *Passio* (1982), *Te Deum* (1985), *Miserere* (1989/1992), *Kanon pokajanen* (1997) and *Adam's Lament* (2010). An important element in Pärt's music is text, which often plays a structural role in the compositional process.

Pärt has been the recipient of dozens of honours and distinctions. His works are commissioned and performed by leading musical figures around the world.

Theatre of Voices

ensemble vocale / vocal ensemble

Theatre of Voices (TOV) è stato fondato dal direttore d'orchestra e artistico inglese Paul Hillier. L'ensemble ha ricevuto un Grammy Award per *The little match girl passion* nel 2010, anno del ventesimo anniversario del gruppo, ed è stato nominato per il Nordic Council Music Prize nel 2013 e, di nuovo, nel 2021. I suoi progetti musicali spaziano da Perotin a Mozart, fino a compositori contemporanei come Pärt, Saariaho, Reich, Pelle Gudmundsen-Holmgreen e Stockhausen. Il gruppo collabora e partecipa a registrazioni con alcuni dei migliori strumentisti al mondo. Brani di oltre trenta loro registrazioni si trovano in colonne sonore di film come *La grande bellezza*, *The Farmer and the Universe* e *Arrival*. Nel 2018 l'ensemble è stato protagonista dell'opera *Only the Sound Remains* di Kaija Saariaho al Palais Garnier di Parigi, al Teatro Real di Madrid e al Lincoln Center. Da citare anche le produzioni orchestrali con la BBC Philharmonic e la London Symphony Orchestra. Nel 2019 TOV ha tenuto un concerto tutto esaurito nella nuova, grande sala dell'Elbphilharmonie di Amburgo, presentando in prima mondiale il lavoro di Michael Gordon, *A Western*, basato sul film *Mezzogiorno di fuoco*. Attualmente Theatre of Voices è a metà percorso di una serie triennale di concerti come ensemble residente al Kings Place di Londra, dove Paul Hillier è stato artista associato nel 2020, anno del trentesimo anniversario del gruppo.

Theatre of Voices collabora con quartetti d'archi come il Kronos Quartet, lo Smith Quartet e Meta4. Quest'anno ha intrapreso un sodalizio triennale con la Sibelius Academy che prevede tre workshop annuali di canto corale professionale, un corso estivo principale aperto a studenti internazionali e due corsi più contenuti rivolti a tutti i dipartimenti della Sibelius Academy.

Theatre of Voices è sponsorizzato dal Danish Arts Council, dal Comune di Holbæk e dalla Fondazione Augustinus.

Theatre of Voices (TOV) was founded by the English conductor and Artistic Director Paul Hillier. The ensemble received a Grammy Award for *the little match girl passion* in 2010 – the year of the group's 20th anniversary and was nominated for the Nordic Council Music Prize in 2013 – and is nominated again in 2021. Projects cover music ranging from Perotin to Mozart and contemporary composers such as Pärt, Saariaho, Reich, Pelle Gudmundsen-Holmgreen and Stockhausen. The group works and records with some of the world's best instrumentalists and tracks from more than thirty recordings are found on film scores like *La grande bellezza*, *The Farmer and the Universe* and *Arrival*. During 2018 the ensemble featured in Kaija Saariaho's opera *Only the Sound Remains* with performances at Palais Garnier in Paris, Teatro Real in Madrid and Lincoln Center. There were also orchestra productions with the BBC Philharmonic and London Symphony Orchestra. In 2019 TOV gave a sold-out concert in the new Elbphilharmonie great hall in Hamburg, which included the world premiere of Michael Gordon's new work *A Western*, based on the film *High Noon*. Presently Theatre of Voices is midway in a three-year concert series as ensemble in residence at Kings Place in London, where Paul Hillier was Associate Artist in 2020 - the year of the ensemble's 30th anniversary.

Theatre of Voices collaborates with string quartets like the Kronos Quartet, Smith Quartet and Meta4. This year, Theatre of Voices embarked on a three-year collaboration with the Sibelius Academy which includes three annual workshops in professional ensemble singing. One main summer course open to international students, and two smaller courses aimed at all departments within the Sibelius Academy. Theatre of Voices is sponsored by the Danish Arts Council, Holbæk Municipality and Augustinus Foundation.

Parco della Musica Contemporanea Ensemble

Fondato nel 2009 in seno all'Auditorium Parco della Musica di Roma per iniziativa della Fondazione Musica per Roma e diretto da Tonino Battista, il PMCE – Parco della Musica Contemporanea Ensemble rappresenta una realtà istituzionale, con attività concertistica continuativa, unica in Italia. Con una formazione ad assetto variabile, che va dalla performance per solisti a quella di formazioni miste da camera, fino al grande ensemble strumentale e alla sinfonietta, il PMCE è in grado di interpretare e trasmettere la diversa e molteplice ricchezza della musica di oggi. L'ensemble è costituito da alcuni dei migliori musicisti della scena internazionale, che hanno lavorato a stretto contatto con i più interessanti nomi della composizione contemporanea come, tra i molti, Karlheinz Stockhausen, Philip Glass, Steve Reich, Terry Riley, Gavin Bryars, Ivan Fedele, Salvatore Sciarrino, Franco Donatoni, Giorgio Battistelli, Kevin Volans, Bryce Dessner. L'ensemble ha dato vita a importanti progetti e prime assolute a Roma e in prestigiosi contesti internazionali come il Konzerthaus-Berlin, Het Theatre Amsterdam, Nueva Musica-Buenos Aires, Radio Svizzera-Lugano, WPAF-Lahore, Parigi-Festival d'Automne.

Founded in 2009 in the heart of the Rome Auditorium Parco della Musica at the behest of Fondazione Musica per Roma and under the lead of Tonino Battista, the PMCE – Parco della Musica Contemporanea Ensemble – is a body organising regular institutional activities which are unique in Italy. With a varying formation ranging from solo performances to mixed chamber formations and grand ensembles as well as sinfonietta, PMCE is in a position to interpret and convey the contemporary music world's diversity and multiplicity. The ensemble is made up of some of the best musicians on the international scene who have worked in close contact with the most interesting contemporary composers, including Karlheinz Stockhausen, Philip Glass, Steve Reich, Terry Riley, Gavin Bryars, Ivan Fedele, Salvatore Sciarrino, Franco Donatoni, Giorgio Battistelli, Kevin Volans and Bryce Dessner. The ensemble has produced important projects and taken part in world premieres in Rome and other prestigious international locations such as Konzerthaus-Berlin, Het Theatre Amsterdam, Nueva Musica-Buenos Aires, Radio Svizzera-Lugano, WPAF-Lahore, Paris-Festival d'Automne.

Paul Hillier

direttore / conductor

Paul Hillier ha fondato ed è Direttore Artistico di Theatre of Voices dal 1990. Direttore fondatore dell'Hilliard Ensemble e attuale direttore principale di Ars Nova Copenhagen, vanta una carriera che abbraccia il canto, la direzione e la scrittura a tema musicale. I suoi libri su Arvo Pärt e Steve Reich e numerose antologie di musica corale sono pubblicati da Oxford University Press. Ha insegnato all'Università della California di Santa Cruz e Davis e, dal 1996 al 2003, è stato Direttore dell'Early Music Institute all'University dell'Indiana. Nel 2006 ha ricevuto l'OBE per il suo contributo alla musica corale. Nel 2007 è stato insignito dell'Ordine della Stella Bianca dell'Estonia ed è stato premiato con un GRAMMY per la migliore registrazione corale (con l'Estonian Philharmonic Chamber Choir). Nel 2008 è stato nominato Direttore Artistico e direttore principale del Chamber Choir Ireland e, nel 2009, è stato invitato a formare il nuovo Coro Casa da Musica a Porto, Portogallo. Ha vinto un secondo GRAMMY nel 2010 con Theatre of Voices e Ars Nova Copenhagen e, nel 2013, è stato nominato Ridder af Dannebrog (Cavaliere dell'ordine di Dannebrog) della Regina di Danimarca. Dal 2019 è a capo di un progetto di workshop internazionale sul canto corale alla Sibelius Academy di Helsinki con Theatre of Voices e continua a collaborare come direttore ospite con ensemble negli Stati Uniti, in Europa e in Asia.

Paul Hillier has founded and been Artistic Director of Theatre of Voices since 1990. Founding director of the Hilliard Ensemble, and present Chief Conductor of Ars Nova Copenhagen, his career has embraced singing, conducting, and writing about music. His books about Arvo Pärt and Steve Reich, and numerous anthologies of choral music, are published by Oxford University Press. He has taught at the University of California at Santa Cruz and Davis, and was from 1996-2003 Director of the Early Music Institute at Indiana University. In 2006 he was awarded an OBE for services to choral music. In 2007 he received the Order of the White Star of Estonia, and was awarded a GRAMMY for Best Choral Recording (with the Estonian Philharmonic Chamber Choir). In 2008 he was appointed Artistic Director and Chief Conductor of Chamber Choir Ireland, and in 2009 was invited to form the new Coro Casa da Musica in Porto, Portugal. He won a second GRAMMY in 2010 (with Theatre of Voices and Ars Nova Copenhagen), and in 2013 he was awarded the Ridder af Dannebrog (Knight of the order of Dannebrog) – by the Her Majesty The Queen of Denmark. From 2019 he has headed an international workshop project on ensemble singing at the Sibelius Academy in Helsinki with Theatre of Voices, and continues to guest conduct ensembles in the US, Europe and Asia.

Cerimonia di consegna
Leone d'Argento /
Silver Lion
Award Ceremony
NEUE VOCALSOLISTEN

a seguire / to be followed by
Björn Gottstein
in dialogo con / in dialogue with
Neue Vocalsolisten

20.09.2021 | H 12.00
Ca' Giustinan, Sala delle Colonne

Leone d'Argento
Silver Lion

Neue Vocalsolisten

Björn Gottstein ha studiato Musicologia, Filologia germanica ed Economica politica. Come giornalista e critico musicale ha firmato articoli per quotidiani e riviste tedesche e internazionali. Inoltre è produttore radiofonico per la musica contemporanea presso la SWR di Stoccarda. Dal 2009 al 2013 ha presieduto Initiative Neue Musik di Berlino, dal 2013/14 ha codiretto Festival ECLAT di Stoccarda e dal 2015 è Direttore Artistico del Festival Donaueschinger Musiktage.

Björn Gottstein studied musicology, Germanic philology and political economy. As a journalist and music critic he has authored articles for German and international newspapers and magazines. He is also a radio producer for contemporary music at SWR in Stuttgart. Between 2009 and 2013 he was the chairman of the Initiative Neue Musik Berlin, from 2013/14 he co-directed the ECLAT Festival in Stuttgart and since 2015 he has been Artistic Director of the Donaueschinger Musiktage.

FRANCESCO FILIDEI (1973)
TUTTO IN UNA VOLTA
per doppio coro / for double choir
testo / text
Nanni Balestrini

2020 (15')

prima assoluta / world premiere

commissione / commissioned by
SWR Südwestrundfunk

MORTON FELDMAN (1926-1987)
ROTHKO CHAPEL
per soprano, contralto, coro misto e strumenti / for soprano, alto, mixed choir and instruments

1971 (30')

SAMIR ODEH-TAMIMI (1970)
TIMNA
per coro misto, flauto, viola, violoncello, basso e percussioni / for mixed choir, flute, viola, cello, bass and percussion

2018-2020 (20')

prima italiana / Italian premiere

coproduzione / co-production
Fondazione Musica per Roma

SWR Vokalensemble

Johanna Zimmer soprano solo
Sabine Czinczel contralto solo

PMCE Parco della Musica Contemporanea Ensemble

Manuel Zurria flauto / flute
Luca Sanzò viola / viola
Anna Maria Armatys violoncello / cello
Flavio Tanzi percussioni / percussion
Giulia Tagliavia celesta
Massimo Ceccarelli contrabbasso / double bass
Tonino Battista coordinamento / coordination

Yuval Weinberg
direttore / conductor

20.09.2021 | H 20.00
Arsenale, Teatro alle Tese (III)

SWR Vokalensemble PMCE Parco della Musica Contemporanea Ensemble

Francesco Filidei Morton Feldman Samir Odeh-Tamimi

È costruito invece sulle architetture linguistiche sperimentali di Nanni Balestrini il pezzo per doppio coro di Francesco Filidei, commissionato dal SWR Vokalensemble e presentato in prima assoluta alla Biennale Musica 2021. *Tutto in una volta* è l'ultima delle poesie della raccolta *Ma noi facciamone un'altra,* scritta dal poeta della Neoavanguardia fra il 1964 ed il 1968. Il testo di Balestrini è una successione di versi brevissimi fatti di semplici parole di due o tre sillabe che rinviano continuamente un senso compiuto. Le frequenti ricorrenze scardinano la temporalità fra presente, passato e futuro e liberano l'ambiguità dei loro significati a ogni angolo in un percorso che finisce aprendosi su un altro spazio. Nelle parole del compositore toscano, "la musica asseconda la fluidità della poesia concatenando serie di accordi che mutano leggermente il colore a ogni passo in un caleidoscopio di immagini frammentato dalle sezioni del coro."

Robert Rauschenberg, Jackson Pollock, Willem de Kooning, Philip Guston, Mark Rothko: è stretto il legame fra alcuni degli esponenti di spicco dell'Espressionismo astratto e il compositore Morton Feldman. *Rotkho Chapel* per soprano, contralto, coro misto e strumenti è solo uno dei lavori nati da quel legame artisticamente molto fecondo. È il 1971 quando Morton Feldman partecipa all'inaugurazione a Houston della cappella, o piuttosto "meditation room", spazio destinato alla meditazione, voluta dalla Menil Foundation, che per quell'austero spazio ottagonale ha commissionato quattordici dipinti a Mark Rothko, morto suicida solo pochi mesi prima dopo aver portato a compimento il lavoro. Sono dipinti di grandi dimensioni nei quali dominano i colori rosso, nero e porpora che variano con i toni di luce del giorno e contribuiscono a creare un'atmosfera di pace e riflessione nelle spoglie linee architettoniche della costruzione. È per rendere tributo all'artista scomparso che i mecenati della Rothko Chapel commissionano all'amico un pezzo dedicato all'ultimo suo grande gesto pittorico. Feldman accetta, e il suo pezzo viene eseguito per la prima volta nell'aprile del 1972 nella stessa cappella, a un anno dalla sua inaugurazione.

Francesco Filidei's piece for two choirs, commissioned by the SWR Vokalensemble which premièred at the Biennale Musica 2021 is built on Nanni Balestrini's experimental architectural language. *Tutto in una volta* is the last of the poems from the *Ma noi facciamone un'altra* collection written by this Neo-avant-garde poet between 1964 and 1968. Balestrini's text is a sequence of ultra-short verses made up of simple two or three syllable words which endlessly postpone ultimate meaning. Frequent recurrences punctuate the present-past-future time framework and free the ambiguities of their meanings around every corner in a trajectory which ultimately opens up into a further space. As the composer put it "music accompanies the poetry's fluidity, triggering a series of chords whose nuances change slightly as the music progresses in a kaleidoscope of images fragmented by choir sections."

Robert Rauschenberg, Jackson Pollock, Willem de Kooning, Philip Guston, Mark Rothko: the bond between some of Abstract Expressionism's most eminent exponents and composer Morton Feldman is a close one. *Rothko Chapel* for soprano, contralto, mixed choirs and instruments is just one of the products of this artistically very fertile bond. It was 1971 when Morton Feldman took part in the chapel's inauguration in Houston. It is actually a "meditation room", an austere octagonal space for which the Menil Foundation commissioned fourteen paintings from Mark Rothko, who committed suicide just a few months after completing the work. They are large paintings in which the dominant colours are red, black and purple altered by the daylight which contribute to creating a peaceful and meditative atmosphere within the building's minimalist architecture. It was to pay tribute to the late artist that the Rothko Chapel's patrons commissioned from his friend a piece of music devoted to his last great painterly act. Feldman agreed and his music was performed for the first time in April 1972 at the chapel itself, a year after its opening. "The total rhythm of the paintings as Rothko arranged them created an unbroken continuity. While

"Il ritmo totale dei dipinti come Rothko li ha disposti crea una continuità senza interruzione. Pur essendo possibile con i dipinti riprodurre colore e scala, e anche mantenere un interesse dinamico, sentivo che la musica richiedeva una serie di sezioni continue molto contrastate", racconta Feldman, che descrive il proprio pezzo come "una processione immobile, non dissimile dai fregi dei templi greci." La scelta dell'organico viene fatta in coerenza con lo spazio della cappella e con i dipinti: "Le immagini di Rothko si spingono fino al bordo della tela e volevo lo stesso effetto con la musica, che doveva permeare l'intero spazio ottagonale e non essere udita a distanza", scrive. Intonati con la spiritualità che esprimono le tele di Rothko sono anche gli interventi vocali di coro e solisti, privi di parole e ridotti a puro mormorio ("The choir sings a consistent open hum throughout on the vowel 'n' but not too nasal" è indicato in partitura). Anche la strumentazione è ridotta alla viola, alla quale sono affidati l'assolo iniziale punteggiato dagli interventi dei timpani, e quello finale, una melodia di carattere quasi ebraico alla quale si aggiungono le brevi sottolineature del vibrafono, che conclude il pezzo con una successione di quattro note ripetute, quasi a sottolineare l'eterno scorrere del tempo.

Dalle architetture del Nuovo Mondo alle rovine di un'antica civiltà. *Timna* dell'israelo-palestinese Samir Odeh-Tamimi prende ispirazione dalla capitale di un antico regno dell'Arabia Meridionale. Timna (o "Tmn" nella lingua locale) era l'importante centro politico e mercantile dell'antico regno di Qatabān, nell'attuale Yemen a circa 240 km a sud di Sana'a, fondato alla fine del VII secolo avanti Cristo. Sconfitto Qatabān dai nemici di Hadramawt intorno al 150 d.C., Timna – con tutti i suoi numerosi templi – fu rasa al suolo, come in seguito anche tutte le testimonianze di quell'antica civiltà. Ha immaginato i riti praticati nei templi della capitale di quell'antica civiltà pre-islamica per comporre *Timna*, il compositore, il cui linguaggio

it was possible with the paintings to reiterate color and scale and still retain dynamic interest, I felt that the music called for a series of highly contrasted merging sections. I envisioned an immobile procession, not unlike the friezes on Greek temples," recounted Feldman on his music. His musical choices were made with the chapel's spaces and the paintings in mind: "To a large degree, my choice of instruments (in terms of forces used, balance and timbre) was affected by the space of the chapel as well as the paintings. I wanted the music ... to permeate the whole octagonal-shaped room and not be heard from a certain distance", he wrote. Attuned to the spirituality which Rothko's paintings communicate, the choir and solo vocal work is wordless and reduced to a murmur ("The choir sings a consistent open hum throughout on the vowel 'n' but not too nasal" notes the score). The instrumentation is also reduced to the viola, with an opening solo punctuated with interjections from the timpani and a finale whose quasi-Jewish melody is accompanied by brief highlights of the vibraphone, which concludes the piece on a succession of four repeated notes, as if to underline the never-ending passage of time.

From the architectures of the New World to the ruins of an ancient civilisation. *Timna* by Palestinian-Israeli Samir Odeh-Tamimi was inspired by the capital of an ancient southern Arabian capital. Timna (or "Tmn" in the local language) was the important political and trading centre of the ancient kingdom of Oatabān founded at the end of the 7th century BC in what is now Yemen, around 240 km south of Sana'a. When Oatabān was defeated in around 150 AD by Hadramawt's enemies, Timna – together with all its many great temples – was razed to the ground and the same fate shortly befell all other traces of this ancient civilisation. Odeh-Tamimi imagined the rites practised in the temples of this pre-Islamic civilisation and came up with *Timna* on the basis of a musical language which is an original blend of Western avant-garde and traditional Ara-

musicale è un'originale combinazione fra avanguardie occidentali e tradizioni musicali arabe. Scritto dallo stesso Odeh-Tamimi, il testo si ispira a un arabo arcaico derivato dall'antica lingua dei Sumeri. Composto per coro misto, flauto, viola, violoncello, contrabbasso e percussioni, che includono strumenti etnici come shekere e tamburelli cinesi suonati dai coristi, *Timna* è stato eseguito in prima assoluta il 9 febbraio 2020 a Stoccarda nell'ambito del Festival ECLAT dal SWR Vokalensemble e da membri della SWR Symphonieorchester diretti da Peter Rundel. (*sn*)

bian music. Written by Odeh-Tamimi himself, the text was inspired by an archaic Arabic deriving from the ancient Sumerian language. Composed for mixed choir, flute, viola, cello, double bass and percussion, including ethnic instruments such as shekere and Chinese drums played by the singers, *Timna*'s world premiere took place on 9th February 2020 in Stuttgart at the Festival ECLAT by SWR Vokalensemble and members of the SWR Symphonieorchester directed by Peter Rundel. (*sn*)

Francesco Filidei

Tutto in una volta

Nanni Balestrini

non c'è più
tempo per
ma tutto
in una
volta che
ci siamo
già detti
così sulla
carta ma
tutto in
una volta
e allora
cambiando e
tutto ma
tutto in
una volta
che adesso
ci siamo
già detti
che adesso
non c'e più
tempo per
ma dove
noi stiamo
andando e
che diciamo
mentre e
c'e un po'
di tutto e
che diciamo
mentre non
basta più
ma ancora
più adagio
ancora un
po' più a
perché da
noi quando
noi siamo
partiti e
e questa
volta non
sembrava ma
non manca
niente che
scrivendo
tutto per
perché la
tutto in
una volta
e in tanto
mentre la
non c'è più
allora sì
cambia tutto
ma provaci
adesso e

Francesco Filidei

compositore / composer

Francesco Filidei è nato a Pisa nel 1973. Si è diplomato al Conservatorio di Firenze e al Conservatorio Nazionale Superiore di Parigi. Come organista e compositore, è stato invitato dai più importanti festival di musica contemporanea e la sua musica eseguita da orchestre prestigiose quali la WDR, la SWR, la RSO Wien, l'Orchestra Sinfonica Nazionale della RAI, la Tokyo Philharmonic e la Bayerischen Rundfunk, e dai più importanti ensemble specializzati. A *Giordano Bruno*, la sua prima opera rappresentata in prima assoluta a Oporto nel 2015 e ripresa successivamente in numerosi teatri europei, segue *L'inondation* su un libretto scritto appositamente da Joel Pommerat per la Stagione 2019 dell'Opéra Comique di Parigi.

Molto attivo anche nella didattica, ha insegnato composizione, fra l'altro, alla Iowa University, a Takefu (Tokyo), all'Accademia della città di Čajkovskij in Russia, ai Ferienkurse di Darmstadt, e in numerose altre istituzioni e università internazionali (IRCAM, Cnsmdp, Esmuc, Musikene, Conservatorio di Strasburgo e di Mosca, e nelle università di Berlino, Hannover, Stoccarda, Graz, San Diego, Tokyo, solo per citarne alcune).

Dal 2018 è consulente musicale della Fondazione I Teatri di Reggio Emilia e Direttore Artistico del Festival di musica contemporanea "Controtempo" di Villa Medici a Roma.

Nel 2016 è stato nominato Chevalier des Arts et des Lettres dal Ministero della Cultura francese.

Francesco Filidei was born in Pisa in 1973. He graduated from Conservatorio di Firenze and Conservatoire National Supérieur de Musique et de Danse de Paris. As organist and composer he has been invited to some of contemporary music's most important festivals and his music has been performed by prestigious orchestras such as WDR, SWR, RSO Wien, Orchestra Sinfonica Nazionale della RAI, Tokyo Philharmonic and Bayerischen Rundfunk and the most important specialist ensembles. His first opera, *Giordano Bruno*, whose world premiere was in Oporto in 2015 and was later played in a great many European theatres, was followed by *L'inondation* with a libretto written expressly by Joel Pommerat for the Paris Opéra Comique's 2019 season.

He is also a very active as a teacher of composition at Iowa University, Takefu (Tokyo), the Russian International Young Composers Academy in Tchaikovsky-city and Ferienkurse in Darmstadt, amongst others, and many other institutions and universities around the world (IRCAM, Cnsmdp, Esmuc, Musikene, the Strasbourg and Moscow conservatories and the universities of Berlin, Hanover, Stuttgart, Graz, San Diego and Tokyo, to cite just a few).

He has been music consultant at Fondazione I Teatri di Reggio Emilia and Artistic Director at Festival di musica contemporanea "Controtempo" in Rome's Villa Medici since 2018.

In 2016 he was nominated Chevalier des Arts et des Lettres by the French Culture Minister.

Morton Feldman

compositore / composer

Morton Feldman è nato a New York nel 1926, dove è morto nel 1987. Esattamente come Cage, un suo caro amico, era un compositore americano - un artista americano - un americano nel vero senso della parola. Identificava se stesso sottolineando le differenze del suo punto di vista sulla composizione rispetto a quello dei colleghi europei. Era orgoglioso di essere americano, perché convinto che gli permettesse di avere la libertà, non confrontabile con l'Europa, di lavorare indisturbato, non ostacolato dai lacci e lacciuoli del passato. Era americano, però, anche per quello che si potrebbe definire un leggero complesso di inferiorità rispetto alle tradizioni culturali europee, che rifiutava con orgoglio e ammirava in segreto. Come ogni vero artista, Feldman era dotato di una sensibilità che gli permetteva di rivolgersi a una grande varietà di fonti, letteratura e pittura in particolare. La sua affinità con Samuel Beckett ha arricchito la letteratura musicale di un'opera unica di teatro musicale, *Neither – Né l'uno né l'altro*, oltre a due lavori per ensemble. L'amicizia con i pittori espressionisti astratti diede vita a una serie di capolavori, in particolare *Rothko Chapel*.

Morton Feldman was born in New York in 1926 and died there in 1987. Just like Cage, a close friend, he was an American composer – an American artist – an American in the true sense of the word. He identified himself by differentiating his views on composition from those of his colleagues in Europe. He was proud to be an American because he was convinced that it enabled him the freedom, unparalleled in Europe, to work unfettered by tradition. And, he was an American also in what may have been a slight inferiority complex in the face of cultural traditions in Europe, something he proudly rejected and secretly admired. Like any true artist, Feldman was endowed with a sensitivity for impressions of a wide variety of sources, literature and painting in particular. His affinity to Samuel Beckett has enriched music literature by a unique music theatre piece, *Neither*, and two ensemble works. His friendship with abstract expressionist painters gave birth to a range of masterpieces, *Rothko Chapel* in particular.

Samir Odeh-Tamimi

compositore / composer

Samir Odeh-Tamimi ha sviluppato un linguaggio musicale peculiare, che trae forza dal suo intenso coinvolgimento sia con la musica d'avanguardia occidentale sia con la pratica musicale araba. Nato a Jaljulia, non lontano da Tel-Aviv, e ispirato tanto dalla musica classica europea che dall'estetica della Nuova Musica, il compositore arriva in Germania all'età di ventidue anni per studiare musicologia e composizione. Mentre segue modelli di compositori come Giacinto Scelsi e Iannis Xenakis, si trova però a dover fare i conti anche con la cultura musicale del suo Paese d'origine.

Le opere di Samir Odeh-Tamimi sono abitualmente eseguite in prestigiosi festival e sale da concerto in tutta Europa e gli sono state commissionate dal Salzburger Festspiele, RuhrTriennale, Donaueschinger Musiktage, Klarafestival Bruxelles, Festival ECLAT, Bayerischer Rundfunk / musica viva, SWR, WDR, Deutschlandfunk, Saarländischer Rundfunk, European Center for the Arts Hellerau, Ensemble Modern, Neue Vocalsolisten e Konzerthaus Berlin. Di recente, il suo lavoro di teatro musicale *L'Apocalypse Arabe*, basato su testi del poeta libanese Etel Adnan, è stato presentato con successo al Festival Aix en Provence, in una produzione con la regia di Pierre Audi come direttore di scena. In collaborazione con la RBB e Kairos, lo Zafraan Ensemble di Berlino ha da poco pubblicato un CD molto apprezzato e interamente dedicato a composizioni di musica da camera del compositore. Altre interpretazioni dei suoi lavori sono state prodotte, tra gli altri, anche da WERGO. Samir Odeh-Tamimi è membro dell'Akademie der Künste di Berlino dal 2016 e, nello stesso anno, è stato premiato da GEMA con il Deutscher Musikautorenpreis.

Samir Odeh-Tamimi has developed a distinctive musical language, which draws upon his intense involvement with both western avantgarde music and Arabic musical performance practice. Born in Jaljulia near Tel-Aviv and inspired by both European classical music and the aesthetics of New Music, the composer came to Germany at the age of twenty-two to study musicology and composition. While engaging with compositional role models such as Giacinto Scelsi and Iannis Xenakis, he also found himself coming to terms with the musical culture of his home country.

Samir Odeh-Tamimi's works are regularly performed at renowned festivals and concert halls throughout Europe, and he has received commissions from Salzburger Festspiele, RuhrTriennale, Donaueschinger Musiktage, Klarafestival Brussels, ECLAT Festival, Bayerischer Rundfunk / musica viva, SWR, WDR, Deutschlandfunk, Saarländischer Rundfunk, the European Center for the Arts Hellerau, Ensemble Modern, Neue Vocalsolisten and Konzerthaus Berlin. Recently, his music theatre work *L'Apocalypse Arabe*, based on texts by the Lebanese poet Etel Adnan, was successfully premiered at the Festival Aix en Provence in a production with Pierre Audi as stage director.

In cooperation with the RBB and Kairos, the Berlin-based Zafraan Ensemble recently released a highly praised portrait CD of chamber music works by the composer. Further recordings of his works have been produced by WERGO, among others. Samir Odeh-Tamimi has been a member of the Akademie der Künste in Berlin since 2016 and in that same year was awarded the German Music Author's Prize by GEMA

SWR Vokalensemble

ensemble vocale / vocal ensemble

Il Coro della Radio SWR è uno dei più importanti ensemble professionali a livello internazionale. Dal 1946, la SWR ha commissionato diverse composizioni per il suo coro ogni anno. L'ensemble ha eseguito in anteprima oltre duecentocinquanta nuove opere corali, tra cui brani di Ondřej Adámek, Mark Andre, Nikolaus Brass, Adriana Hölszky, Maurizio Kagel, Hanspeter Kyburz, Heinz Holliger, Isabel Mundry, Enno Poppe, Rebecca Saunders, Martin Smolka, Karlheinz Stockhausen, Wolfgang Rihm, Samir Odeh-Tamimi e Vito Zuraj. I direttori principali Marinus Voorberg, Klaus Martin Ziegler e Rupert Huber hanno avuto in passato un'influenza decisiva sul SWR Vokalensemble.

Dal 2003 al 2020 Marcus Creed è stato il Direttore Artistico dell'ensemble. Con lui sono stati prodotti oltre trenta CD con musiche di György Kurtág, Heitor Villa-Lobos, Eliott Carter, Charles Ives, Paul Hindemith, Luigi Nono, Wolfgang Rihm e Kaija Saariaho, nonché un'acclamata raccolta di opere corali moderne provenienti da America, Russia, Giappone e vari Paesi europei. L'SWR Vokalensemble ha ottenuto numerosi premi per la sua cultura interpretativa della musica cameristica, la sicurezza stilistica delle performance e il grande valore delle sue registrazioni di repertorio; tra questi il Preis der deutschen Schallplattenkritik annuale (il premio dei critici musicali tedeschi), ECHO Klassik, il Diapason d'Or, lo Choc de la Musique e il Grand Prix du Disque. Marcus Creed ha ricevuto il Premio Cultura Europea delle Giornate Europee di Musica Sacra di Schwäbisch-Gmünd nel 2010, mentre l'SWR Vokalensemble è stato insignito del Premio Corale Europeo della Fondazione Culturale Pro Europa nel 2011 per il suo impegno pionieristico a favore della musica vocale contemporanea. Con l'inizio della stagione 2020/2021, Yuval Weinberg ha assunto la direzione principale del SWR Vokalensemble.

The SWR Radio Choir is one of the leading international ensembles among professional choirs. Since 1946, the SWR has commissioned several compositions per year for its choir. The ensemble has premiered over two hundred and fifty new choral works, including pieces by Ondřej Adámek, Mark Andre, Nikolaus Brass, Adriana Hölszky, Maurizio Kagel, Hanspeter Kyburz, Heinz Holliger, Isabel Mundry, Enno Poppe, Rebecca Saunders, Martin Smolka, Karlheinz Stockhausen, Wolfgang Rihm, Samir Odeh-Tamimi and Vito Zuraj. Principal Conductors Marinus Voorberg, Klaus Martin Ziegler and Rupert Huber have had a decisive influence on the SWR Vokalensemble in the past. From 2003 to 2020, Marcus Creed was the ensemble's Artistic Director. More than thirty CDs were produced with him, featuring works by György Kurtág, Heitor Villa-Lobos, Eliott Carter, Charles Ives, Paul Hindemith, Luigi Nono, Wolfgang Rihm and Kaija Saariaho, as well as a highly acclaimed collection of modern choral works from America, Russia, Japan and numerous European countries. The SWR Vokalensemble has received numerous awards for its chamber-musical culture of interpretation, its stylistically confident interpretations and the great value of its recordings for the repertoire, including the annual German Record Critics' Award, the ECHO Klassik, the Diapason d'Or, the Choc de la Musique and the Grand Prix du Disque. Marcus Creed received the European Culture Award of the Schwäbisch-Gmünd European Church Music Days in 2010, and the SWR Vokalensemble received the European Choral Award of the Pro Europa Cultural Foundation in 2011 for their pioneering commitment to contemporary vocal music. With the beginning of the 2020/2021 season, Yuval Weinberg has taken over as Principal Conductor of the SWR Vokalensemble.

Parco della Musica Contemporanea Ensemble

Fondato nel 2009 in seno all'Auditorium Parco della Musica di Roma per iniziativa della Fondazione Musica per Roma e diretto da Tonino Battista, il PMCE – Parco della Musica Contemporanea Ensemble rappresenta una realtà istituzionale, con attività concertistica continuativa, unica in Italia. Con una formazione ad assetto variabile, che va dalla performance per solisti a quella di formazioni miste da camera, fino al grande ensemble strumentale e alla sinfonietta, il PMCE è in grado di interpretare e trasmettere la diversa e molteplice ricchezza della musica di oggi. L'ensemble è costituito da alcuni dei migliori musicisti della scena internazionale, che hanno lavorato a stretto contatto con i più interessanti nomi della composizione contemporanea come, tra i molti, Karlheinz Stockhausen, Philip Glass, Steve Reich, Terry Riley, Gavin Bryars, Ivan Fedele, Salvatore Sciarrino, Franco Donatoni, Giorgio Battistelli, Kevin Volans, Bryce Dessner. L'ensemble ha dato vita a importanti progetti e prime assolute a Roma e in prestigiosi contesti internazionali come il Konzerthaus-Berlin, Het Theatre Amsterdam, Nueva Musica-Buenos Aires, Radio Svizzera-Lugano, WPAF-Lahore, Parigi-Festival d'Automne.

Founded in 2009 in the heart of the Rome Auditorium Parco della Musica at the behest of Fondazione Musica per Roma and under the lead of Tonino Battista, the PMCE – Parco della Musica Contemporanea Ensemble – is a body organising regular institutional activities which are unique in Italy. With a varying formation ranging from solo performances to mixed chamber formations and grand ensembles as well as sinfonietta, PMCE is in a position to interpret and convey the contemporary music world's diversity and multiplicity. The ensemble is made up of some of the best musicians on the international scene who have worked in close contact with the most interesting contemporary composers, including Karlheinz Stockhausen, Philip Glass, Steve Reich, Terry Riley, Gavin Bryars, Ivan Fedele, Salvatore Sciarrino, Franco Donatoni, Giorgio Battistelli, Kevin Volans and Bryce Dessner. The ensemble has produced important projects and taken part in world premières in Rome and other prestigious international locations such as Konzerthaus-Berlin, Het Theatre Amsterdam, Nueva Musica-Buenos Aires, Radio Svizzera-Lugano, WPAF-Lahore, Paris-Festival d'Automne.

Yuval Weinberg

direttore / conductor

Yuval Weinberg guida l'SWR Vokalensemble come direttore principale dall'inizio della stagione 2020/2021. Opere fondamentali del XX e XXI secolo sono presenti nei suoi programmi, così come la creazione di nuovi format concertistici in luoghi insoliti e un forte potenziamento di tutte le attività online del SWR Vokalensemble. Weinberg ha sviluppato una passione per la musica vocale già all'età di otto anni, partecipando a un coro di bambini e giovani. Ha iniziato a studiare canto e direzione d'orchestra a Tel Aviv. Negli anni seguenti, personalità come Jörg-Peter Weigle all'Accademia di Musica Hanns Eisler di Berlino e Grete Pedersen a Oslo hanno avuto un'influenza decisiva sul suo sviluppo artistico. Weinberg ha ottenuto una borsa di studio per il Conductors' Forum del German Music Council e vinto numerosi riconoscimenti, come il Premio speciale della giuria al Concorso per giovani direttori di coro a San Pietroburgo nel 2013, il primo premio al Concorso di direzione corale di Wrocław nel 2014, il Premio per giovani direttori Gary Bertini nel 2015 e 2016 e – con il NOVA Chamber Choir – il primo premio al Concorso per cori da camera di Marktoberdorf nel 2017. Ha assunto i suoi primi incarichi di direttore principale nel coro da camera NOVA di Oslo e il Coro giovanile nazionale della Norvegia tra il 2015 e il 2017. Dal 2019 è direttore principale ospite del Norske Solistkor e Direttore Artistico dell'EuroChoir. L'anno precedente, ha debuttato con l'SWR Vokalensemble. Subito dopo, i membri del SWR Vokalensemble lo hanno eletto loro direttore principale.

Yuval Weinberg has been leading the SWR Vokalensemble as principal conductor since the beginning of the 2020/2021 season. Key works of the 20th and 21st centuries are at the top of Weinberg's programmatic agenda, as is the establishment of new concert formats at unusual venues, as well as a major expansion of all online activities by the SWR Vokalensemble. Weinberg already developed a passion for vocal music at the age of eight, as a member of a children's and youth choir. He began studying singing and conducting in Tel Aviv. In the following years, personalities such as Jörg-Peter Weigle at the Hanns Eisler Academy of Music in Berlin and Grete Pedersen in Oslo had a formative influence on his artistic development. Weinberg obtained a scholarship for the Conductors' Forum of the German Music Council and won many prizes, such as the Special Jury Prize at the Competition for Young Choral Conductors in St. Petersburg in 2013, first prize at the Choral Conducting Competition in Wrocław in 2014, the Gary Bertini Young Conductors' Prize in 2015 and 2016, and – together with the NOVA Chamber Choir – first prize at the Markto- berdorf Chamber Choir Competition in 2017. He took on his first principal positions with the Oslo Chamber Choir NOVA and the National Youth Choir of Norway between 2015 and 2017. Since 2019, he has been Principal Guest Conductor of the Norske Solistkor and Artistic Director of the EuroChoir. A year earlier, in spring 2018, he made his debut with the SWR Vokalensemble. Immediately after that, the members of the Vokalensemble elected him as their future Principal Conductor.

foto di / photo by Alison Luntz

21.09.2021 | H 11.00
Conservatorio di Musica
"Benedetto Marcello"

George Lewis
Where do words go?

Incontri

INCONTRI / TALKS

GEORGE LEWIS
WHERE DO WORDS GO?
A COMPOSER'S TALK

In his extraordinary 2003 book, *In the Break: The Aesthetics of the Black Radical Tradition*, critical theorist Fred Moten quotes the saxophonist Charles Lloyd, who responds to an invitation to comment verbally on his music by assuring his interlocutor that "words don't go there." In response to Lloyd, theorist (and poet) Moten asks the simple and obvious, yet profound question: "Where do words go?".
This is an artist's talk that responds to Moten's query by uncovering a set of historical, cultural, poetic, musical, and personal sources and methodologies that underly my use of text and voice in three of my musical works: *Anthem* (2011) for voice, instruments, and electronics, *North Star Boogaloo* (1996) for percussion and fixed media, and my chamber opera *Afterword* (2015). Along the way I will discuss the new creolizing and decolonizing consciousness that is available to contemporary music today.

George Lewis è professore di musica americana alla Columbia University e membro dell'American Academy of Arts and Sciences, dell'American Academy of Arts and Letters e Corresponding Fellow della British Academy. Fra gli altri riconoscimenti ricevuti da Lewis si contano una MacArthur Fellowship, una Guggenheim Fellowship e un Doris Duke Artist Award. Le sue composizioni, pubblicate da Edition Peters, sono state presentate in tutto il mondo. Membro della Association for the Advancement of Creative Musicians dal 1971, il suo libro del 2008, *A Power Stronger Than Itself: The AACM and American Experimental Music* (University of Chicago Press), è stato insignito dell'American Book Award. Lewis è co-editore *dell'Oxford Handbook of Critical Improvisation Studies* (2016) in due volumi, ha ricevuto lauree *honoris causa* dall'Università di Edimburgo, dal New College of Florida e dall'Università di Harvard ed è membro onorario della American Musicological Society.

George Lewis is Professor of American music at Columbia University. A Fellow of the American Academy of Arts and Sciences, the American Academy of Arts and Letters, and a Corresponding Fellow of the British Academy. Lewis's other honors include a MacArthur Fellowship, a Guggenheim Fellowship, and a Doris Duke Artist Award. Lewis's compositions have been presented worldwide, published by Edition Peters. A member of the Association for the Advancement of Creative Musicians since 1971, his 2008 book, *A Power Stronger Than Itself: The AACM and American Experimental Music* (University of Chicago Press) received the American Book Award. Lewis is the co-editor of the two-volume *Oxford Handbook of Critical Improvisation Studies* (2016), holds honorary degrees from the University of Edinburgh, New College of Florida, and Harvard University, and is an Honorary Member of the American Musicological Society.

GEORGES APERGHIS (1945)
WÖLFLI-KANTATA

1. Petrrohl
   per sei solisti vocali / for six vocal soloists
2. Die Stellung der Zahlen
   per coro misto / for mixed choir
3. Vittriool
   per sei solisti vocali / for six vocal soloists
4. Trauer-Marsch
   per coro misto / for mixed choir
5. Von der Wiege bis zum Graab
   per solisti e coro / for soloists and choir

2006 (70')

prima italiana / Italian premiere

commissione / commissioned by
SWR Südwestrundfunk
Festival International des Musiques d'Aujourd'hui
(Strasbourg)

Neue Vocalsolisten

Johanna Vargas soprano acuto / high soprano
Susanne Leitz-Lorey soprano / soprano
Truike van der Poel mezzosoprano / mezzo
Martin Nagy tenore / tenor
Guillermo Anzorena baritono / baritone
Andreas Fischer basso / bass

SWR Vokalensemble

Yuval Weinberg
direttore / conductor

21.09.2021 | H 18.00
Arsenale, Teatro alle Tese (III)

Neue Vocalsolisten
SWR Vokalensemble

Georges Aperghis

Se è vero quanto ha scritto il compositore Georges Aperghis, e cioè: "Ciò che mi interessa è il caos, prendersi il rischio di perdersi nel proprio caos", era inevitabile che il suo percorso artistico fosse destinato a incrociarsi con quello di Adolf Wölfli.

Uomo violento e dal passato tragico, lo svizzero Adolf Wölfli subisce l'abbandono del padre all'età di cinque anni e patisce uno stato di schiavitù quando la madre lo affida a un contadino locale per mantenere i sette figli. È una schiavitù fatta di abusi e sfruttamento, divenuta senza speranza dopo la morte della madre nel 1873, quando Adolf ha solo otto anni. A diciotto anni si trasferisce a Berna, dove si adatta a fare lavoretti di ogni sorta, vivendo altrimenti in un isolamento pressoché totale. Negli anni bernesi sviluppa comportamenti aggressivi e una morbosa attrazione per le ragazze molto giovani. Finisce in carcere in un paio di occasioni, ma dopo l'aggressione a un bambino viene fatto rinchiudere nel manicomio di Waldau, da dove non uscirà mai. In manicomio si scopre che, disegnando, riesce a calmare i frequenti attacchi di violenza incontrollata. Gli vengono consegnate carta e colori, e comincia così, nel 1908, a costruire un'autobiografia, che ha poco di reale e scivola via via sul metafisico, fatta di venticinquemila pagine in cinque volumi – *Von der Wiege bis zum Graab* (1908/1912), *Geographische und allgebräische Hefte* (1912/1916), *Hefte mit Liedern und Tänzen* (1917/1922), *Allbumm-Hefte mit Liedern und Märschen* (1924/1928) e *Trauer-Marsch* (1928/1930) – pieni zeppi di disegni a pastello, simboli astrusi e disegni geometrici, collage e ritagli di giornale, parole immaginarie scritte con un'ortografia inventata intrecciate a un profluvio di immagini. Ci sono anche partiture musicali scritte con simboli creati da lui stesso, che Wölfli suona utilizzando una tromba di carta. Wölfli lascia quell'universo rinchiuso fra le quattro mura della cella di Waldau nel 1930.

Vent'anni dopo la sua morte, Jean Dubuffet lo arruolerà, postumo, come esponente dell'Art Brut, e cinquant'anni dopo Georges Aperghis pensa di comporre la musica per un'opera dedicata a Adolf Wölfli con la complicità del filosofo e "antipsichia-

If Georges Aperghis's own statement was true when he wrote that "What interests me is the chaos, taking the risk of losing oneself in one's own chaos", then it was inevitable that his artistic path was destined to cross that of Adolf Wölfli.

A violent man with a tragic past, the Swiss Adolf Wölfli lost his father at the age of seven and suffered a state of near slavery when his mother entrusted him to a local farmer in an attempt to support her seven children. Suffering abuse and exploitation, Adolf's position became hopeless after the death of his mother in 1873, when he was still only eight years old. At the age of eighteen he moved to Bern, where he scraped a living by doing any kind of work available, otherwise living in almost total isolation. In his Bernese years Wölfli developed aggressive behaviour and a pathological attraction for very young girls. Imprisoned on more than one occasion, after an attack on a young girl he was eventually shut away in an asylum, where he was to remain for the rest of his life. While confined there he discovered that drawing enabled him to calm his frequent attacks of uncontrollable violence. Given paper and crayons, in 1908 he began to put together an autobiography which, with little connection to reality, slipped increasingly into the realm of metaphysics. The work ran to twenty-five thousand pages in five volumes – *Von der Wiege bis zum Graab* (1908/1912), *Geographische und allgebräische Hefte* (1912/1916), *Hefte mit Liedern und Tänzen* (1917/1922), *Allbumm-Hefte mit Liedern und Märschen* (1924/1928) and *Trauer-Marsch* (1928/1930) – and is full of pastel drawings, abstruse symbols and geometrical designs, collages and newspaper cuttings, and imaginary words written in a handwriting invented by the author and interwoven with a profusion of pictures. There are also music scores written with specially created symbols which he played using a trumpet made of paper. Wölfli died amid this universe enclosed within the four walls of his cell in Waldau in 1930.

Twenty years after his death, Jean Dubuffet enrolled him posthumously as an exponent of Art Brut, and fifty years later Georges Aperghis decided

tra" Félix Guattari, divenuto noto per il suo impegno a difesa dei poteri creativi dei reclusi della clinica psichiatrica "La Borde", presso Blois. L'opera non si farà, ma Wölfli torna a stimolare la creatività di Aperghis. Questa volta non si tratta di illustrare o rappresentare l'esaltata creatività dello schizofrenico Wölfli, né di mettere in scena i suoi scritti o la sua produzione artistica. È piuttosto "fuori" o "attorno" che occorre cercare per creare un lavoro su Wölfli.

Innanzitutto ad attrarre il compositore è la lingua di quell'uomo tormentato, un impasto di tedesco contaminato dal dialetto bernese e di fonemi senza significato. Alcune di quelle parole diventano titoli di sezioni ("Petrrohl" o "Vittriool"), in altri casi sono direttamente i titoli dei volumi lasciati da Wölfli ("Trauer-Marsch" e "Von der Wiege bis zum Graab"). E poi c'è quell'abbondanza di numeri, molti anche inventati, soprattutto nella cosmologia personalissima del "Skt. Adolf-Riesen-Schöpfung" (Creazione gigantesca di Sant'Adolf) che sembra perfetta per dialogare con l'alfabeto musicale di Aperghis, così come la ripetitività ossessiva dei segni nelle carte dello svizzero.

Non è dunque un caso che Aperghis affermi che Wölfli abbia già fatto il lavoro per lui, anche se il materiale originale è trattato sempre con una libertà e varietà estreme, perché non si tratta di aggiungere la musica ai segni di Wölfli ma di rendere musica quegli stessi segni. L'essenza del lavoro di Aperghis su Wölfli è proprio in questo: l'enunciazione di ogni parola, che abbia o no un significato, assume una funzione drammaturgica e si trasforma essa stessa in musica.

Nel 2001 Aperghis compone un pezzo iniziale, *Petrrohl*, di poco più di dieci minuti. Occorrerà aspettare ancora qualche anno per vedere completate tutte le cinque parti della *Wölfli-Kantata* per sei voci soliste e coro misto. È il 2005, l'anno in cui, per coincidenza, Georges Aperghis si trova proprio a Berna per tenere una serie di lezioni. E un anno dopo, il 22 luglio 2006, la *Wölfli-Kantata* viene eseguita per la prima volta a Stoccarda

to compose the music for an opera dedicated to Adolf Wölfli, with the "complicity" of philosopher and "anti-psychiatrist" Félix Guattari, who was known for his work defending the creativity of the inmates of the psychiatric clinic of La Borde in Blois. The planned opera never materialised, but Wölfli was subsequently to spark Aperghis's creativity again in a different manner. This time the composer's intention was not to illustrate or represent the exalted creativity of the schizophrenic Wölfli or to put his writings or his artistic output on to the stage, but rather to create a work "outside" or "around" the figure of Wölfli.

It was first of all the language of the tormented Wölfli that attracted the composer, a mix of German contaminated with Bernese dialect and meaningless phonemes. Some of Wölfli's words became the titles of sections of the work ("Petrrohl" or "Vittriol"); in other cases the titles of Wölfli's own volumes are used ("Trauer-Marsch" and "Von der Wiege bis zum Graab"). And then there is the plethora of numbers, many of them also invented, especially in the intensely personal cosmology of "Skt. Adolf-Riesen-Schöpfung" (The Gigantic Creation of Saint Adolf), which seems to enter into perfect dialogue with the musical alphabet of Aperghis, as does the obsessive repetitiveness of the signs in Wölfli's writings.

It is thus no coincidence that Aperghis has stated that Wölfli had already done his work for him, even though the original material is used freely and in many varied ways, for it is not so much a case of adding music to Wölfli's signs as turning these signs into music. The essence of Aperghis's work on Wölfli lies in the way that the enunciation of each word, whether it has a meaning or not, assumes a dramatic function and itself becomes music.

In 2001 Aperghis composed the first piece, *Petrrohl*, which lasts just over ten minutes. It was only some years later, in 2005 – when by coincidence the composer was himself in Bern giving a series of lectures – that he completed all five parts of the *Wölfli-Kantata* for six vocal soloists

nell'ambito del Festival ECLAT con i Neue Vocalsolisten e gli SWR Vokalensemble sotto la direzione di Marcus Creed. (*sn*)

and mixed choir. A year later, on 22nd July 2006, the *Wölfli-Kantata* received its first performance at the Stuttgart ECLAT Festival, where it was performed by the Neue Vocalsolisten and the SWR Vokalensemble conducted by Marcus Creed. (*sn*)

Un'analisi della Wölfli Kantata si trova nel saggio di Camille Lienhard *Scrittura vocale e logiche formali nella Wölfli-Kantata di Georges Aperghis* a pagina 84 di questo catalogo.

An analysis of the Wölfli Kantata may be found in Camille Lienhad's essay *Vocal Writing and Formal Structure in the Wölfli-Kantata of Georges Aperghis* on page 90 of this catalogue.

Georges Aperghis

compositore / composer

Georges Aperghis nasce ad Atene nel 1945, ma vive e lavora a Parigi dal 1963. Le sue opere si caratterizzano in particolare per la ricerca sul linguaggio e sul suo significato. Le sue composizioni, strumentali, vocali o per la scena, si spingono fino ai confini dell'intelligibile. Aperghis ama creare brani complessi che gli consentono di mantenere attivo l'ascoltatore. La musica di Aperghis non fa riferimento ad alcuna estetica musicale dominante della creazione musicale contemporanea, ma è caratterizzata da un dialogo con forme d'arte diverse e da un'estrema apertura. Tale apertura si combina con l'innovazione nelle sue performance che fanno spesso uso di elettronica, video, macchine, automi o robot. Aperghis ha avviato strette collaborazioni con un gruppo di interpreti che sono parte integrante del processo creativo. Ci sono attori comici come Edith Scob, Michael Lonsdale, Valérie Dréville e Jos Houben, strumentisti come Jean-Pierre Drouet, Richard Dubelski, Geneviève Strosser, Nicolas Hodges e Uli Fussenegger, e *vocalist* come Martine Viard, Donatienne Michel-Dansac e Lionel Peintre. I principali ensemble europei di musica contemporanea, come Ictus, Klangforum Wien, Remix, Musikfabrik, Ensemble Modern, Ensemble Intercontemporain, Neue Vocalsolisten e i SWR Vokalensemble, vantano strette collaborazioni un potuto stringere un rapporto professionale con Aperghis attraverso commissioni che ora fanno parte del loro repertorio (Ictus, Klangforum Wien, Remix, Musikfabrik, Ensemble Modern, Intercontemporain, Vocalsolisten e l'SWR Vokalensemble).

Georges Aperghis was born in Athens in 1945. He has lived and worked in Paris since 1963. His work is notably characterized by a questioning about languages and their meaning. His compositions, whether instrumental, vocal or for stage, explore the borders of the intelligible, he likes to create twisted tracks which allow him to keep the listener active.

Aperghis' music is not strictly linked to any dominant musical aesthetics of contemporary musical creation but is characterised by a dialogue with other forms of art and an extreme open-mindedness to the other. This otherness is combined with innovation when he includes electronics, video, machines, automatons or robots in his performances. Aperghis works closely with groups of interpreters who are entirely part of the creative process. They are comedians (Edith Scob, Michael Lonsdale, Valérie Dréville, Jos Houben), instrumentalists (Jean-Pierre Drouet, Richard Dubelski, Geneviève Strosser, Nicolas Hodges, Uli Fussenegger) or vocalists (Martine Viard, Donatienne Michel-Dansac, Lionel Peintre). The main European contemporary music ensembles have developed a working relationship with Aperghis through commissions that are now part of their repertory (Ictus, Klangforum Wien, Remix, Musikfabrik, Ensemble Modern, Ensemble Intercontemporain, Neue Vocalsolisten, the SWR Vokalensemble).

SWR Vokalensemble

ensemble vocale / vocal ensemble

Il Coro della Radio SWR è uno dei più importanti ensemble professionali a livello internazionale. Dal 1946, la SWR ha commissionato diverse composizioni per il suo coro ogni anno. L'ensemble ha eseguito in anteprima oltre duecentocinquanta nuove opere corali, tra cui brani di Ondřej Adámek, Mark Andre, Nikolaus Brass, Adriana Hölszky, Maurizio Kagel, Hanspeter Kyburz, Heinz Holliger, Isabel Mundry, Enno Poppe, Rebecca Saunders, Martin Smolka, Karlheinz Stockhausen, Wolfgang Rihm, Samir Odeh-Tamimi e Vito Zuraj. I direttori principali Marinus Voorberg, Klaus Martin Ziegler e Rupert Huber hanno avuto in passato un'influenza decisiva sul SWR Vokalensemble.

Dal 2003 al 2020 Marcus Creed è stato il Direttore Artistico dell'ensemble. Con lui sono stati prodotti oltre trenta CD con musiche di György Kurtág, Heitor Villa-Lobos, Eliott Carter, Charles Ives, Paul Hindemith, Luigi Nono, Wolfgang Rihm e Kaija Saariaho, nonché un'acclamata raccolta di opere corali moderne provenienti da America, Russia, Giappone e vari Paesi europei. L'SWR Vokalensemble ha ottenuto numerosi premi per la sua cultura interpretativa della musica cameristica, la sicurezza stilistica delle performance e il grande valore delle sue registrazioni di repertorio; tra questi il Preis der deutschen Schallplattenkritik annuale (il premio dei critici musicali tedeschi), ECHO Klassik, il Diapason d'Or, lo Choc de la Musique e il Grand Prix du Disque. Marcus Creed ha ricevuto il Premio Cultura Europea delle Giornate Europee di Musica Sacra di Schwäbisch-Gmünd nel 2010, mentre l'SWR Vokalensemble è stato insignito del Premio Corale Europeo della Fondazione Culturale Pro Europa nel 2011 per il suo impegno pionieristico a favore della musica vocale contemporanea. Con l'inizio della stagione 2020/2021, Yuval Weinberg ha assunto la direzione principale del SWR Vokalensemble.

The SWR Radio Choir is one of the leading international ensembles among professional choirs. Since 1946, the SWR has commissioned several compositions per year for its choir. The ensemble has premiered over two hundred and fifty new choral works, including pieces by Ondřej Adámek, Mark Andre, Nikolaus Brass, Adriana Hölszky, Maurizio Kagel, Hanspeter Kyburz, Heinz Holliger, Isabel Mundry, Enno Poppe, Rebecca Saunders, Martin Smolka, Karlheinz Stockhausen, Wolfgang Rihm, Samir Odeh-Tamimi and Vito Zuraj. Principal Conductors Marinus Voorberg, Klaus Martin Ziegler and Rupert Huber have had a decisive influence on the SWR Vokalensemble in the past. From 2003 to 2020, Marcus Creed was the ensemble's Artistic Director. More than thirty CDs were produced with him, featuring works by György Kurtág, Heitor Villa-Lobos, Eliott Carter, Charles Ives, Paul Hindemith, Luigi Nono, Wolfgang Rihm and Kaija Saariaho, as well as a highly acclaimed collection of modern choral works from America, Russia, Japan and numerous European countries. The SWR Vokalensemble has received numerous awards for its chamber-musical culture of interpretation, its stylistically confident interpretations and the great value of its recordings for the repertoire, including the annual German Record Critics' Award, the ECHO Klassik, the Diapason d'Or, the Choc de la Musique and the Grand Prix du Disque. Marcus Creed received the European Culture Award of the Schwäbisch-Gmünd European Church Music Days in 2010, and the SWR Vokalensemble received the European Choral Award of the Pro Europa Cultural Foundation in 2011 for their pioneering commitment to contemporary vocal music. With the beginning of the 2020/2021 season, Yuval Weinberg has taken over as Principal Conductor of the SWR Vokalensemble.

Yuval Weinberg

direttore / conductor

Yuval Weinberg guida l'SWR Vokalensemble come direttore principale dall'inizio della stagione 2020/2021. Opere fondamentali del XX e XXI secolo sono presenti nei suoi programmi, così come la creazione di nuovi format concertistici in luoghi insoliti e un forte potenziamento di tutte le attività online del SWR Vokalensemble. Weinberg ha sviluppato una passione per la musica vocale già all'età di otto anni, partecipando a un coro di bambini e giovani. Ha iniziato a studiare canto e direzione d'orchestra a Tel Aviv. Negli anni seguenti, personalità come Jörg-Peter Weigle all'Accademia di Musica Hanns Eisler di Berlino e Grete Pedersen a Oslo hanno avuto un'influenza decisiva sul suo sviluppo artistico. Weinberg ha ottenuto una borsa di studio per il Conductors' Forum del German Music Council e vinto numerosi riconoscimenti, come il Premio speciale della giuria al Concorso per giovani direttori di coro a San Pietroburgo nel 2013, il primo premio al Concorso di direzione corale di Wrocław nel 2014, il Premio per giovani direttori Gary Bertini nel 2015 e 2016 e – con il NOVA Chamber Choir – il primo premio al Concorso per cori da camera di Marktoberdorf nel 2017. Ha assunto i suoi primi incarichi di direttore principale nel coro da camera NOVA di Oslo e il Coro giovanile nazionale della Norvegia tra il 2015 e il 2017. Dal 2019 è direttore principale ospite del Norske Solistkor e Direttore Artistico dell'EuroChoir. L'anno precedente, ha debuttato con l'SWR Vokalensemble. Subito dopo, i membri del SWR Vokalensemble lo hanno eletto loro direttore principale.

Yuval Weinberg has been leading the SWR Vokalensemble as principal conductor since the beginning of the 2020/2021 season. Key works of the 20th and 21st centuries are at the top of Weinberg's programmatic agenda, as is the establishment of new concert formats at unusual venues, as well as a major expansion of all online activities by the SWR Vokalensemble. Weinberg already developed a passion for vocal music at the age of eight, as a member of a children's and youth choir. He began studying singing and conducting in Tel Aviv. In the following years, personalities such as Jörg-Peter Weigle at the Hanns Eisler Academy of Music in Berlin and Grete Pedersen in Oslo had a formative influence on his artistic development. Weinberg obtained a scholarship for the Conductors' Forum of the German Music Council and won many prizes, such as the Special Jury Prize at the Competition for Young Choral Conductors in St. Petersburg in 2013, first prize at the Choral Conducting Competition in Wrocław in 2014, the Gary Bertini Young Conductors' Prize in 2015 and 2016, and – together with the NOVA Chamber Choir – first prize at the Markto- berdorf Chamber Choir Competition in 2017. He took on his first principal positions with the Oslo Chamber Choir NOVA and the National Youth Choir of Norway between 2015 and 2017. Since 2019, he has been Principal Guest Conductor of the Norske Solistkor and Artistic Director of the EuroChoir. A year earlier, in spring 2018, he made his debut with the SWR Vokalensemble. Immediately after that, the members of the Vokalensemble elected him as their future Principal Conductor.

ADRIAN WILLAERT (1490-1562)
AVE DULCISSIME
1539 (3'40")

CLAUDIO MONTEVERDI (1567-1643)
LONGE A TE
1609 (2'35")

CHRISTINA KUBISCH (1948)
IL VIAGGIO DELLA VOCE / TRAVELLING VOICES
12-channel composition for voice
Partenza (4')
Viaggio I (4'50")

2021

prima assoluta / world premiere

commissione / commissioned by
La Biennale di Venezia

ADRIAN WILLAERT (1490 - 1562)
O MAGNUM MYSTERIUM
1545 (3'45")

GIOSEFFO ZARLINO (1517 - 1590)
VIRGO PRUDENTISSIMA
1566 (3'05")

CHRISTINA KUBISCH (1948)
IL VIAGGIO DELLA VOCE /
TRAVELLING VOICES
Viaggio II (7'30")

ANDREA GABRIELI (1533 - 1586)
MARIA STABAT AD MONUMENTUM
1587 (3' 55")

GIOVANNI GABRIELI (1557 - 1612)
INCLINA DOMINE
1587 (3'25")

CHRISTINA KUBISCH (1948)
IL VIAGGIO DELLA VOCE /
TRAVELLING VOICES
Viaggio III (3'30")
Arrivo (4')

CLAUDIO MERULO (1533 - 1604)
CUMQUE BEATISSIMUS
1578 (2'10")

CLAUDIO MONTEVERDI (1567-1643)
O GLORIOSE MARTYR
1609 (2'40")

in collaborazione con /
in collaboration with
Basilica e / and **Procuratoria di San Marco**

21.09.2021 | H 21.00
Basilica di San Marco

Travelling voices

Christina Kubisch
Cappella Marciana

Cappella Marciana

Maria Chiara Ardolino, Caterina Chiarcos, Maria Clara Maiztegui, Elena Modena, Susan Proctor
soprano / soprano
Maria Baldo, Monica Serretti, Annalisa Susanetti
contralto / alto
Enrico Imbalzano, Riccardo Martin
tenore / tenor
Marco Bellussi, Giovanni Bertoldi, Luca Scapin, Marcin Wyszkowski
basso / bass

Marco Gemmani
maestro del coro / choirmaster

Travelling Voices

Cappella Marciana – Marco Gemmani
direzione voci registrate / recorded voices

registrazioni realizzate al / recorded at
Teatro Piccolo Arsenale
tecnici di registrazione / recording engineers
Matteo Costa e / and **Thierry Coduys**

Eckehard Güther
ri-registrazioni voci / voice re-recordings
Thierry Coduys
regia spazializzazione del suono / spatial sound distribution
Eckehard Güther
regia del suono / sound engineering and sound director
Thomas Thiel
audio-software development

un ringraziamento speciale a / special thanks to the Studio of Electroacoustic Music of the Akademie der Künste Berlin for their support

sonorizzazione curata da / sound curated by
CIMM, Centro di Informatica Musicale e Multimediale de / of La Biennale di Venezia

Concerto in occasione dei 1600 anni dalla fondazione di Venezia (421-2021) / Concert on the occasion of the 1600th anniversary since the foundation of Venice (421-2021)

1600 VENEZIA 421 • 2021

Non è infrequente che le rivoluzioni culturali nella Storia nascano da uno stato di necessità. Per le sue grandi dimensioni – circa 2000 metri quadri per 75 metri di lunghezza e circa 60 di larghezza, e una cupola centrale alta 43 metri – e per le complesse caratteristiche architettoniche tipica degli edifici bizantini, con colonne, iconostasi, nicchie, gallerie e cupole, la veneziana Basilica di San Marco rappresenta un'autentica sfida alle leggi dell'acustica.
Le stesse cantorie poste lungo le due pareti opposte nell'area del presbiterio costituivano un ostacolo all'esecuzione simultanea di due gruppi vocali a causa del ritardo nella propagazione del suono. La soluzione fu inizialmente di comporre musica antifonale, nella quale due cori si alternavano nel canto. L'effetto stereofonico che ne risultava, tuttavia, stimolò fin dal Rinascimento l'interesse dei compositori chiamati a cimentarsi in composizioni pensate per quell'architettura. Il fiammingo Adrian Willaert, maestro di cappella di San Marco per quasi trentacinque anni fino alla morte nel 1562, fu fra i primi a sfruttare la peculiare acustica della Basilica per creare effetti di spazialità del suono attraverso una complessa trama polifonica per due diversi cori. Il suo insegnamento non restò isolato ma, al contrario, generò una rigogliosa produzione che ebbe come tratto distintivo la spazialità del suono attraverso i cosiddetti "cori spezzati". Con Andrea Gabrieli ci si spinse oltre, sfruttando ancora di più le opportunità offerte dagli spazi della Basilica moltiplicando le fonti sonore e con esse la complessità dell'intreccio polifonico, e utilizzando anche particolari distribuzioni delle voci in funzione di effetti timbrici particolari. Ancora oltre si spinse il nipote Giovanni che alla policoralità aggiunse alle voci umane un accompagnamento di strumenti musicali, organizzati anch'essi in "cori".
Willaert, Giovanni Gabrieli e Andrea Gabrieli sono solo tre fra i nomi più noti di una tradizione che continuò a lungo e che oggi il lavoro della compositrice Christina Kubisch in collaborazio-

Not infrequently, cultural revolutions are born of necessity. The Basilica di San Marco in Venice and the music associated with it is a case in point. Owing to its great size – 75 metres long and 60 metres wide at its maximum extent, the floor area of the building is almost 2,000 square metres – and to the characteristic architectural configuration of Byzantine buildings, with their columns, iconostases, niches, galleries and cupolas, the Venetian Basilica di San Marco presents a massive challenge to the laws of acoustics.
The tribunes ('cantorie') placed along the two facing walls of the presbytery constituted an obstacle to the simultaneous performance of differently spaced groups of singers owing to the delay in the propagation of sound. The solution was initially to compose antiphonal music, in which two choirs alternated their singing. Already during the Renaissance, however, the stereophonic effect that resulted stimulated the imagination of the composers who undertook the challenge to write music designed for the specific architecture of San Marco. The Flemish Adrian Willaert, Maestro di cappella of San Marco for thirty-five years until his death in 1562, was among the first to exploit the peculiar acoustic of the Basilica to create spatial effects in sound by using a complex polyphonic texture for two different choirs. His compositional solutions did not remain an isolated phenomenon but, on the contrary, gave rise to a proliferation of works exploiting the distinctive feature of spatial sound by means of the so-called "cori spezzati" (split choirs). The music of Andrea Gabrieli went a stage further, developing still further the opportunities offered by the spaces of the Basilica, multiplying the number of sound sources and, consequently, the complexity of the polyphonic texture, as well as using particular distributions of the voices according to their different timbres. His nephew Giovanni Gabrieli went even further, adding to the polychoral texture by introducing "choirs" of musical instruments alongside the voices.

ne con la Cappella Marciana e il suo direttore Marco Gemmani, depositari più autentici della secolare tradizione della cosiddetta Scuola veneziana, vuole far rivivere. Quell'antico dialogo fra suono e spazio continua attraverso gli strumenti che la tecnologia offre alla riflessione artistica contemporanea. (*sn*)

Adrian Willaert, Andrea Gabrieli and Giovanni Gabrieli are only three of the most famous names in a long tradition which today the work of the composer Christina Kubisch brings alive once again, in collaboration with the Cappella Marciana and its director Marco Gemmani, the most authentic custodians of the centuries-old tradition of the so-called "Scuola veneziana".
Thus this eternal dialogue between sound and space continues today with the aid of the tools that technology offers contemporary composers to realise their vision in sound. (*sn*)

La musica rinascimentale a San Marco viveva dello scambio fra compositori, istituzioni, governatori, mecenati e la chiesa. Molti musicisti europei in quel periodo volevano trasferirsi a Venezia. Questi compositori, anche ritornando più tardi nei loro Paesi d'origine, influenzarono moltissimo la musica europea.

La musica, come le arti, fu influenzata anche dagli sviluppi che definiscono il periodo dell'era moderna: l'invenzione della stampa, l'espansione del commercio, l'ascesa di una classe borghese, una società in evoluzione.

Quella del compositore, diversamente da oggi, era una professione riconosciuta e necessaria, spesso impegnativa e dura ma sempre remunerata e apprezzata. La musica era importante. Le richieste dalle chiese, dalle corti aristocratiche e anche nell'ambito della musica popolare creavano una domanda di professionisti nel campo della musica di tutti i generi. Il compositore spesso era anche insegnante, strumentista, cantante e in alcuni casi persino amministratore di proprietà o di beni della chiesa.

Si trattava di un periodo "internazionale" per la musica europea. I compositori del Nord Europa venivano in Italia o viaggiavano nelle corti di Ungheria, Austria, Danimarca, Germania, Olanda, ecc., portando con sé le proprie composizioni e quelle di altri compositori. Si sviluppò un'enorme varietà di stili e generi. Ogni informazione, ogni incontro faceva parte di una rete, che era basata su incontri di persone che scambiavano la loro musica. Tutto era in flusso. Anche gli stili della musica.

Che cosa succederebbe se i viaggi di allora si ripetessero, ma con le possibilità di oggi? Se i compositori avessero avuto le possibilità digitali di oggi per comporre?

Una serie di pezzi rinascimentali per coro di Monteverdi, Gabrieli, Merula, Willaert, ecc., cantati dalla Cappella Marciana sotto la direzione del maestro Marco Gemmani sono stati registrati a Venezia con un arrangiamento di microfoni speciali. Queste registrazioni di voci, soliste e in en-

The Renaissance music of San Marco drew its life from the interplay between composers, institutions, governors, patrons and the church. Many European musicians of the time aspired to live and work in Venice. These composers, many of whom returned later to their native countries, had a great influence on European music.

Music, like all the arts, was affected by the developments that define the modern era: the invention of printing, the growth of trade, the rise of the middle classes and a society in continual change.

Unlike today, the composer's profession was both recognised and necessary; though often demanding and involving hard work, it was always well-remunerated and widely appreciated. Demand from the church and from aristocratic courts, as well as from the field of popular music, created the need for professionals in music of all genres. Composers were often also teachers, instrumentalists, singers and, in some cases, even administrators of church buildings or other property.

The Renaissance was a truly "international" era as far as European music was concerned. Composers from northern Europe came to Italy or travelled to the courts of Hungary, Austria, Denmark, Germany, Holland and other countries, bringing with them not only their own compositions but also those of other composers. An enormous variety of styles and genres developed. Every encounter, every piece of new information, formed part of a network based on meetings between professionals who exchanged their music with one another. Everything was in a state of flux, and this applied to musical styles as much as to anything else.

What would happen if the journeys of those times were repeated, but with the possibilities of today? If the composers of the past had had today's digital solutions for composition that their modern counterparts enjoy?

A series of Renaissance choral works by Monteverdi, Gabrieli, Merula, Willaert and others, per-

semble, saranno poi nuovamente registrate in spazi diversi fuori da Venezia, saranno modificate e messe insieme in nuove costellazioni.
Le voci cambiano a seconda della risonanza dell'architettura, dei microfoni usati e anche del numero di ri-registrazioni in ogni particolare luogo. Ogni spazio ha una sua impronta acustica che lascia le proprie tracce nella registrazione. Alla fine, tutto questo materiale torna a Venezia, a San Marco, per essere diffuso nella sua Basilica in forma di tre nuove composizioni, alternate in un concerto con il canto "reale" del coro. Le voci saranno udibili attraverso altoparlanti installati nella Basilica come se si trattasse di cantanti dal vivo, creando un nuovo strumento di diffusione e interpretazione vocale che risuonerà nella Basilica di San Marco con le sue innumerevoli situazioni acustiche di diffusione che già ispiravano i cantori nel Cinquecento.

Christina Kubisch

formed by the Cappella Marciana directed by Marco Gemmani, was recorded in Venice using a set up of special microphones. These recordings of voices, both solo and in ensemble, will be re-recorded in different spaces outside Venice and will then be modified and reassembled in new constellations.
The voices change according to the resonance of the architecture, the microphones used, and even the number of re-recordings made in each particular place. Every space has its own acoustic footprint which leaves its own traces on the recording. Finally, all this material will return to Venice, to San Marco, in the form of three new compositions which will be performed alternately with the "real" singing of the choir in a special concert in the Basilica. The voices will be heard through loudspeakers installed in the Basilica as if they were singing live, creating a new means for the diffusion and interpretation of the voice that will resound in the Basilica di San Marco, with its innumerable different acoustics that inspired singers in the sixteenth century.

Christina Kubisch

A partire dalla metà del Cinquecento, la Basilica di San Marco e la musica che vi veniva prodotta divennero ben presto leggenda in tutta Europa. Certamente ha contribuito a questo successo la cura puntigliosa con cui venivano preparate le cerimonie, soprattutto dal punto di vista musicale. A questi eventi la Serenissima affidava la propria immagine, e la moltitudine di personaggi che passavano per quello che allora era uno dei più importanti e frequentati fulcri geopolitici di tutto il globo, amplificava a dismisura questa leggenda. Ma tutto questo non spiega il fatto che allora, come oggi, la Basilica di San Marco continui a incantare con il suo suono. Quando vi si fa musica accade qualcosa di inspiegabile e di inafferrabile che affascina ancora oggi. A questo mistero vi si sono dedicati le centinaia di musicisti che vi hanno operato nel tempo, e questi artisti hanno via via affinato una capacità di rapporto tra la musica che producevano e la struttura che li ospitava, che ha fatto scuola in tutta Europa contribuendo non poco alla nascita della cultura musicale occidentale così come la conosciamo oggi. Chi non si fermava a Venezia, cercava comunque di stabilire un rapporto analogo, lì dove era, per poter riavvicinare questo mistero. Poter rieseguire a San Marco la musica che vi è stata scritta nei secoli ci dà la possibilità di sondare questo mistero e di lasciarci conivolgere in qualcosa di insperato. Questo è ciò che fa oggi la Cappella Marciana, cercando di rendere fecondo ancora una volta tale patrimonio. L'aver potuto collaborare con Christina Kubisch in questo progetto di rielaborazione del suono della musica veneziana ci ha resi più consci dell'importanza di non poter perdere un simile patrimonio.

Marco Gemmani

From the mid-sixteenth century onwards, the Basilica di San Marco and the music produced there became legendary throughout the whole of Europe. There can be no doubt that the scrupulous care with which the ceremonies of San Marco were prepared, especially in terms of the music performed there, contributed greatly to this success. These events, in fact, were used to reflect the image of the Serenissima, and the multitude of people who passed through what was at the time one of the most important and most frequented geopolitical centres in the world could only serve to boost its legendary status. But none of this accounts for the fact that even today, just as in the past, the sound of the Basilica di San Marco continues to enchant and enthral.

The countless musicians who worked at the Basilica di San Marco over the centuries all made their contribution to this mystery, gradually building up the relationship between the music they produced and the building that housed them that spread throughout Europe, contributing in no small way to the Western musical culture as we know it today. Those musicians who left Venice sought to establish a similar relationship wherever they went in order to reconstruct the mystery. The opportunity to perform the music that was composed for San Marco over the centuries in the place for which it was composed offers us the possibility to explore the mystery and enables us to experience something that we could otherwise hardly have hoped for. This is what the Cappella Marciana does today, seeking to impart new life to this vast heritage. The opportunity to collaborate with Christina Kubisch on this project for the re-elaboration of the sound of Venetian music has made us more aware of the importance of keeping such a tradition alive.

Marco Gemmani

Christina Kubisch

compositrice / composer

Christina Kubisch appartiene alla prima generazione di *sound artists*. Ha cominciato la sua carriera di compositrice in Italia nel 1973, studiando con Franco Donatoni e seguendo corsi di musica elettronica al Conservatorio di Milano. In ambito artistico ha realizzato sculture e installazioni sonore utilizzando particolari tecniche quali l'induzione magnetica per realizzare opere che esplorano le possibilità del suono in rapporto con la luce e lo spazio. *Electrical Walks*, uno dei lavori che l'hanno resa famosa a livello mondiale, sono dei percorsi da eseguire in città con cuffie particolari (create dall'artista) che ricevono i segnali elettromagnetici e li trasformano in segnali audio. Fin dagli anni Settanta suoi lavori sono stati presentati in musei e gallerie internazionali e in festival di musica. Ha inoltre ricevuto numerosi premi internazionali, tra cui quello del Kulturkreis der deutschen Wirtschaft im BDI e.V. (l'Associazione delle Arti e Cultura dell'Economia Tedesca presso la Federazione delle Industrie Tedesche) nel 1988, la borsa di studio del Senato di Berlino (1995), la Carl Djerassi Honorary Fellowship negli USA (2000), il premio onorario dei Deutsche Klangkunstpreis (2008), lo SR Medienkunstpreis (2009), Stadtklangkünstlerin di Bonn della Fondazione Beethoven (2013), Karl-Sczuka-Preis con Peter Kutin e Florian Kindlinger (2016). Si è anche dedicata alla docenza con incarichi nelle università di Parigi, Berlino e Oxford. Dal 1994 al 2013 è stata titolare di cattedra presso l'Accademia di Belle Arti a Saarbrücken e fondatrice del Dipartimento di Arte audiovisiva, il primo in Germania.

Christina Kubisch is one representative of the first generation of sound artists. She began her career as a composer in Italy in 1973, studying with Franco Donatoni and attending electronic music courses at Conservatorio di Milano. In the artistic sphere she has produced sound sculptures and installations using unusual techniques such as magnetic induction to produce works exploring sound's light and space related potential. *Electrical Walks*, a creation which made her internationally renowned, takes the form of itineraries throughout cities with special headphones designed by the artist herself converting electromagnetic waves into audio signals. Her works have been presented in museums, galleries and music festivals all over the world since the 1970s. She has received numerous international prizes awards including the Kulturkreis der deutschen Wirtschaft im BDI e.V. (the German Economic Arts and Culture Association at the Federation of German Industries) in 1988, a scholarship from the Berlin Senate (1995), the US Carl Djerassi Honorary Fellowship (2000), the Deutsche Klangkunstpreis's honorary prize (2008), the SR Medienkunstpreis (2009), the Bonn Stadtklangkünstlerin from the Beethoven Foundation (2013) and the Karl-Sczuka-Preis with Peter Kutin and Florian Kindlinger (2016). She has also taught at the universities of Paris, Berlin and Oxford. From 1994 to 2013 she was tenured professor at the Saarbrücken Fine Arts Academy and founded its Audio-visual Arts Department, the first in Germany.

Cappella Marciana

coro / choir

La Cappella Marciana discende direttamente dall'antica Cappella della Serenissima Repubblica in San Marco ed è stata la cappella del doge di Venezia per cinque secoli. I primi documenti che attestano la presenza di una formazione vocale attiva presso la Cappella Ducale di Venezia risalgono al 1316, per cui si può affermare che la Cappella Marciana è una delle più antiche istituzioni musicali che vi siano al mondo. Un altro elemento di rilievo è costituito dall'enorme quantità di opere musicali nate nei secoli per essere eseguite dalla Cappella Marciana nella Basilica Ducale. La produzione dei circa duecento maestri operanti nella Basilica supera abbondantemente quella di tutte le altre istituzioni musicali del globo. La particolare posizione geopolitica di Venezia, la continua serie di scambi con le varie culture europee e mediterranee, resero la Cappella di San Marco un punto di riferimento universalmente riconosciuto per un lungo lasso di tempo, il che contribuì a rendere la Serenissima una delle capitali mondiali della musica. Ma la funzione propositrice di idee sempre nuove rimarrà anche in seguito una costante della Cappella Marciana. Questa singolare formazione è una delle poche rimaste a eseguire regolarmente polifonia durante l'ufficio liturgico, in continuità con la propria tradizione. Da secoli essa presenzia regolarmente alle funzioni della Basilica senza soluzione di continuità. Da qualche tempo i suoi maestri si sono dedicati al recupero delle opere scritte anticamente per questa cappella, per cui chi entra nella basilica dorata può ascoltare musica che ha qualche secolo di vita ma anche opere che hanno pochi giorni.

Cappella Marciana is the direct descendant of the Cappella della Serenissima Repubblica in San Marco and was the Venetian Doge's chapel for five centuries. The first documents testifying to the presence of a vocal formation active at the Venice Doge's Palace date to 1316 and Cappella Marciana can thus be said to be one of the oldest music institutions in the world. A further element of interest is the enormous volume of musical work composed over the centuries to be performed at Cappella Marciana in the Doge's Palace. The volume of work produced by the around two hundred musicians working in the Basilica is vastly greater than those of all other world music institutions. Venice's specific geopolitical location, and its ongoing exchange with the various European and Mediterranean cultures, made the San Marco chapel a universally acknowledged benchmark for a long period of time, contributing to making the Serenissima Republic one of the world capitals of music. But its function as crucible of constantly new ideas has remained a constant in Cappella Marciana's future, too. This singular formation is one of very few still to be regularly performing polyphonic music during mass in accordance with a still living tradition. It has been accompanying religious services regularly for centuries without a break. For some time now its choirmasters have focused on reintroducing work written historically for this chapel meaning that anyone coming to this golden basilica can listen to music several centuries old as well as music written a few days ago.

Marco Gemmani

maestro del coro / choirmaster

Manifesta sin da piccolo spiccate doti musicali e conclude precocemente gli studi accademici in Conservatorio. Come violinista è tra i fondatori dell'Accademia Bizantina, collaborando dapprima con Carlo Chiarappa e in seguito con Ottavio Dantone. Nel 1991 è nominato Maestro di Cappella della Cattedrale di Rimini e nel 2000 è chiamato a dirigere la Cappella della Basilica di San Marco a Venezia, carica che detiene tuttora. Tale incarico, alla guida di una delle più importanti istituzioni musicali del mondo, che ebbe maestri illustri come Adrian Willaert, Andrea Gabrieli, Giovanni Gabrieli, Claudio Monteverdi, Francesco Cavalli, Antonio Lotti, Baldassare Galuppi e Lorenzo Perosi, lo ha portato ad approfondire il repertorio musicale veneziano divenendone uno dei massimi esperti. Le continue esecuzioni della Cappella Marciana, durante le funzioni liturgiche di tutto l'anno, sono divenute ormai un punto fermo per chi vuole ascoltare musica di rara bellezza nella splendida cornice dorata della Basilica di San Marco. Oltre all'intensa attività liturgica e alcuni concerti in Basilica, incide CD e porta la Cappella Marciana a esibirsi in numerose sedi europee. Dopo aver insegnato in diverse istituzioni musicali italiane, è tuttora docente di Direzione di Coro e Composizione Corale presso il Conservatorio "Benedetto Marcello" di Venezia. Direttore, musicologo, ricercatore, curatore di mostre, autore di numerose trascrizioni musicali inedite di cui è revisore ed editore, è un musicista a 360 gradi, attivo sia come compositore sia come interprete. Alla guida della Cappella Marciana ha recentemente ottenuto il primo premio nella categoria Early Music dei prestigiosi International Classical Music Awards con il CD *Willaert e la Scuola Fiamminga a San Marco*.

Marco Gemmani showed marked musical talent from a very early age and finished his academic studies at the conservatory early. As a violinist he was one of Accademia Bizantina's founders, working first with Carlo Chiarappa and later with Ottavio Dantone. In 1991 he was nominated chapel master first at Rimini Cathedral and then, in the year 2000, at Cappella della Basilica di San Marco in Venice, a post he still holds. This post, at the helm of one of the world's most important musical institutions, has been occupied by illustrious musicians such as Adrian Willaert, Andrea Gabrieli, Giovanni Gabrieli, Claudio Monteverdi, Francesco Cavalli, Antonio Lotti, Baldassare Galuppi and Lorenzo Perosi, and has prompted him to deepen his knowledge of the Venetian music repertoire and become one of its greatest experts. Cappella Marciana's constant performances throughout religious ceremonies year round are now a must for anyone wanting to hear music of great beauty against the splendid gilded backdrop of Basilica di San Marco. In addition to prolific religious ceremony accompaniment and a number of concerts at the Basilica, he has also recorded CDs and taken the Cappella Marciana to perform in a great many European towns and cities. He has taught at a range of Italian music institutions and currently teaches choir leading and choral composition at the Venice Conservatorio "Benedetto Marcello". Conductor, musicologist, researcher, exhibition curator and author of many previously unseen music transcriptions which he has revised and edited, Marco is an all-round musician in both composition and performance. At the helm of Cappella Marciana he has recently won first prize in the prestigious International Classical Music Awards' Early Music category with the *Willaert e la Scuola Fiamminga a San Marco* CD.

22.09.2021 | H 11.00
Conservatorio di Musica
“Benedetto Marcello”

Christina Kubisch

Incontri

INCONTRI / TALKS

CHRISTINA KUBISCH
HIDDEN SOUNDS
40 ANNI DI RICERCA TRA SUONO ED IMMAGINE
40 YEARS OF RESEARCH BETWEEN SOUND AND IMAGE

Christina Kubisch appartiene alla prima generazione di *sound artists*. Ha cominciato la sua carriera di compositrice in Italia nel 1973, studiando con Franco Donatoni e seguendo corsi di musica elettronica al Conservatorio di Milano. In ambito artistico ha realizzato sculture e installazioni sonore utilizzando particolari tecniche quali l'induzione magnetica per realizzare opere che esplorano le possibilità del suono in rapporto con la luce e lo spazio. *Electrical Walks*, uno dei lavori che l'hanno resa famosa a livello mondiale, sono dei percorsi da eseguire in città con cuffie particolari (create dall'artista) che ricevono i segnali elettromagnetici e li trasformano in segnali audio. Fin dagli anni Settanta suoi lavori sono stati presentati in musei e gallerie internazionali e in festival di musica. Ha inoltre ricevuto numerosi premi internazionali, tra cui quello del Kulturkreis der deutschen Wirtschaft im BDI e.V. (l'Associazione delle Arti e Cultura dell'Economia Tedesca presso la Federazione delle Industrie Tedesche) nel 1988, la borsa di studio del Senato di Berlino (1995), la Carl Djerassi Honorary Fellowship negli USA (2000), il premio onorario dei Deutsche Klangkunstpreis (2008), lo SR Medienkunstpreis (2009), Stadtklangkünstlerin di Bonn della Fondazione Beethoven (2013), Karl-Sczuka-Preis con Peter Kutin e Florian Kindlinger (2016). Si è anche dedicata alla docenza con incarichi nelle Università di Parigi, Berlino e Oxford. Dal 1994 al 2013 è stata titolare di cattedra presso l'Accademia di Belle Arti a Saarbrücken e fondatrice del Dipartimento di Arte audiovisiva, il primo in Germania.

Christina Kubisch is one representative of the first generation of sound artists. She began her career as a composer in Italy in 1973, studying with Franco Donatoni and attending electronic music courses at Conservatorio di Milano. In the artistic sphere she has produced sound sculptures and installations using unusual techniques such as magnetic induction to produce works exploring sound's light and space related potential. *Electrical Walks*, a creation which made her internationally renowned, takes the form of itineraries throughout cities with special headphones designed by the artist herself converting electromagnetic waves into audio signals. Her works have been presented in museums, galleries and music festivals all over the world since the 1970s. She has received numerous international prizes awards including the Kulturkreis der deutschen Wirtschaft im BDI e.V. (the German Economic Arts and Culture Association at the Federation of German Industries) in 1988, a scholarship from the Berlin Senate (1995), the US Carl Djerassi Honorary Fellowship (2000), the Deutsche Klangkunstpreis's honorary prize (2008), the SR Medienkunstpreis (2009), the Bonn Stadtklangkünstlerin from the Beethoven Foundation (2013) and the Karl-Sczuka-Preis with Peter Kutin and Florian Kindlinger (2016). She has also taught at the universities of Paris, Berlin and Oxford. From 1994 to 2013 she was tenured professor at the Saarbrücken Fine Arts Academy and founded its Audio-visual Arts Department, the first in Germany.

JENNIFER WALSHE (1974)
A FOLK SONG COLLECTION (I)

2011 (10')

prima italiana della collezione completa / Italian premiere of the complete collection

PETER ABLINGER (1959)
STUDIEN NACH DER NATUR
dieci brevi pezzi per ensemble vocale / ten short pieces for vocal ensemble

1995, 2002 (10')

prima italiana / Italian premiere

CLAUDE VIVIER (1948-1983)
LOVE SONGS
per quattro voci femminili e tre voci maschili / for four female voices and three male voices

1977 (30')

JENNIFER WALSHE (1974)
A FOLK SONG COLLECTION (II)

2011 (10')

prima italiana della collezione completa / Italian premiere of the complete collection

produzione / production
La Biennale di Venezia

EVO Ensemble

Veronica Bartolomei
soprano
Eleonora Braconi
soprano
Cinzia D'Anella
contralto / alto
Alessandro Cavazzani
tenore / tenor
Ervin Dos Santos
baritono / baritone
Emanuele Gizzi
baritono / baritone

Andreas Fischer
(Neue Vocalsolisten)
tutor della / for the
Biennale Musica College

Biennale COLLEGE

22.09.2021 | H 17.00
Teatro Piccolo Arsenale

EVO Ensemble

Jennifer Walshe
Peter Ablinger
Claude Vivier

A Folk Song Collection della compositrice e performer irlandese Jennifer Walshe raccoglie in due volumi i cinquantasette brevi frammenti di canzoni scritte per piccoli organici vocali, cioè da una a tre voci. Il lavoro è stato commissionato per i Neue Vocalsolisten nell'ambito del progetto *Escalier du Chant*, ciclo di dodici performance con composizioni vocali di vari compositori della scena contemporanea, curato dall'artista tedesco Olaf Nicolai alla Pinakothek der Moderne di Monaco di Baviera nel 2011.
"That's why Danny and Serena will never be happy in love", "I don't ever google you. I don't want to know what you are doing", "I had to have Botox to stop me looking angry. Don't you know that shit is expensive", "She's the kind of girl who never had a yeast infection", "I wanna turn off my adrenalin" ... Si tratta di testi brevi, quando non brevissimi, che non hanno nulla di folcloristico in senso tradizionale ma sono frammenti trascritti di conversazioni di gente comune – il "folk", appunto – captati per strada, nei caffè, nei supermercati o in metropolitana. Su quel materiale Walshe compone le sue *power ballad* di tipologie variegate – "*camp*, canti da stadio anni Settanta e Ottanta sopra le righe" – su linee melodiche e schemi ritmici ridotti all'osso. L'interprete è lasciato libero di trasportarle per adattarle alle proprie caratteristiche vocali, ma lo stile deve essere "rock, molto karaoke, molto 'Glee'" e soprattutto i *songs* devono essere cantati in maniera molto accorata e sopra le righe. La sfida per l'interprete è fare proprie quelle brevi composizioni su frammenti testuali stranianti e trasformarle in puro gesto interpretativo.
Ci sono diversi modi di osservare la natura. Quello scelto da Peter Ablinger passa attraverso la musica. I suoi *Studien nach der Natur* ("Studi tratti dalla Natura"), composti fra il 1995 e il 2002, in meno di dieci minuti condensano un catalogo minimo di suoni naturali e, più spesso, di rumori che scandiscono la quotidianità di ognuno. In coerenza con la sua ricerca sulla natura del suono, anche in questo piccolo lavoro per ensemble vocale il compositore austriaco manifesta il principio secondo il quale il rumore deve essere usato per ciò che è, e non come

A Folk Song Collection by the Irish composer and performer Jennifer Walshe collects in two volumes her fifty-seven short song fragments composed for small vocal groups of one to three voices. The work was commissioned for the Neue Vocalsolisten as part of the *Escalier du Chant* project, a cycle of twelve performances of vocal pieces by various contemporary composers curated by the German artist Olaf Nicolai at Munich's Pinakothek der Moderne in 2011.
"That's why Danny and Serena will never be happy in love", "I don't ever google you. I don't want to know what you are doing", "I had to have Botox to stop me looking angry. Don't you know that shit is expensive", "She's the kind of girl who never had a yeast infection", "I wanna turn off my adrenalin" ... Short – sometimes extremely short – texts that have nothing folkloristic about them in a traditional sense; fragments of the conversations of ordinary people – ordinary "folk" – overheard in the street, in cafes, in supermarkets or on public transport. Using this material Walshe composes her various power ballads – "many camp, over-the-top 1970s/1980s stadium tunes" – with melodic lines and rhythmic patterns reduced to the bare bones. The singers are free to transpose the songs to suit their own voices, to "make the songs their own", but the style must be "rock, very karaoke, very 'Glee'"; above all the songs "should be sung in a very heartfelt, overenthusiastic way". The challenge for the interpreter is to make these short settings of brief and often disorientating scraps of text their own and to turn them into pure interpretative gestures.

There are different ways to observe nature. The one chosen by Peter Ablinger is through music. His *Studien nach der Natur* ("Studies from Nature"), composed between 1995 and 2002, condenses into under ten minutes a mini-catalogue of the natural sounds and, more often, the noises that accompany our everyday lives. In line with his research into the nature of sound, in this brief work for vocal ensemble the Austrian composer adheres to the principle by which noise should be used for what it is, and

mezzo di elaborazione musicale o di veicolazione di un senso "altro". Insomma, si tratta di "sentire" e non di "capire". C'è anche una dimensione ludica che coinvolge inevitabilmente l'ascoltatore sollecitato dai suoni a partecipare al gioco "di che suono si tratta?". Sperando di non rovinare ad alcun lettore il gusto del gioco, la sequenza è questa: l'autostrada, il mare, la zanzara, i rumori quando si fuma, l'orologio al quarzo, il vento (in una doppia finestra), il ronzio elettrico, le gocce d'acqua, il treno e l'avviamento del motore. Ablinger ha adottato una notazione tradizionale e minuziosa per partiturizzare la sua sequenza di suoni imitativi. Agli interpreti vocali non è richiesto alcun canto in senso convenzionale (le altezze dei suoni sono di fatto compresse) ma un'estrema precisione ritmica con anche indicazioni metronomiche diverse per ognuna delle voci coinvolte. Nonostante la puntigliosità nella notazione, il pezzo possiede una freschezza sperimentale e un'apertura all'interpretazione, per così dire, che si può prestare anche a un'iniziazione giocosa al lavoro d'insieme per giovani ensemble vocali.

Un simile approccio "sensoriale" è anche quello che Claude Vivier segue per la propria composizione *Love Songs* del 1977, opera vocale ispirata allo spirito libertario degli anni Settanta nell'anticonformismo rispetto a forme e scrittura tradizionali, ma anche nel porsi in un *terrain vague* fra il concerto e il teatro musicale. L'amore, più che raccontato, è evocato non soltanto attraverso il fantasma di due coppie iconiche come Romeo e Giulietta, e Tristan e Isolde, ma anche nella una complessa trama di parole, di suoni corporali (anche di lacrime e sospiri) e di gesti non soltanto vocali, articolati in un complesso mosaico a intensità variabile di sfumature, toni, ritmi, parole, dinamiche e movimento. Una simile varietà riguarda anche la geometria dell'ensemble vocale, in continua trasformazione secondo un ampio spettro che va da brevi assoli a duetti, fino ai passaggi animati da tutte le sette voci dell'ensemble. La stessa scrittura musicale nella partitura, di-

not as a something for musical elaboration or for carrying the sense of something "other". In short, we should seek to "listen", not to "understand". There is also a playful dimension to the work, which inevitably involves the listener, stimulated by the sounds, participating in a kind of game of "What sound is this?". Without wanting to spoil the game for the reader/listener, the sequence of sounds is the following: a motorway, the sea, a mosquito, the sounds of someone smoking, a quartz watch, the wind (through a double-glazed window), an electrical hum, drops of water, a train, and an engine starting.

Ablinger uses traditional, detailed notation to score his sequences of imitative sounds. The vocal interpreters are not required to sing in a conventional sense (the pitch ranges of the sounds are in fact compressed), but their rhythmic timing must be very precise, with each voice given a different metronome mark. Despite the great precision of the notation, the piece has an experimental freshness and leaves room for individual interpretation in such a way that it could also be used as a fun introduction to ensemble work for groups of young singers.

A similar "sensory" approach is adopted by Claude Vivier in his 1977 piece *Love Songs*, a vocal work composed in the libertarian spirit of the 1970s with its anticonformity with respect to traditional forms and styles, as well as in the way it positions itself in an in-between position, a *terrain vague* somewhere between concerto and music theatre. Love, rather than being illustrated through a story, is evoked not only through the ghosts of two iconic couples, Romeo and Juliet and Tristan and Isolde, but also in the complex drama of words, body sounds (including tears and sighs), and gestures (both vocal and extra-vocal) to create a mosaic of varying intensity made up of different nuances, tones, rhythms, words, speeds of delivery, and movement. A similar variety is evident in the geometry of the vocal ensemble, which is in continual flux along

sponibile solo nella calligrafia di Vivier, lascia ampi spazi di decisione agli esecutori, compresa la distribuzione dei diversi ruoli. Né dissolvono i dubbi le indicazioni del compositore, redatte in un'ermetica forma poetica: "Essere messo in scena o no / Per essere sentiti e non capiti / Lascia che i toni degli altri ispirino i tuoi. / lascia che la musica fluisca da te come fossi un bambino. / la notazione è solo un promemoria per certi stati / non seguire mai i segni ma solo il loro spirito. / in questo spartito fai quello che ti conviene fare / e lascia il resto agli altri. / Sii sempre innamorato!" (Claude Vivier, 1977).
(*sn*)

a wide spectrum from brief solos and duets to passages for all seven voices of the ensemble. The musical writing itself, in a hand-written score, leaves ample room for the interpreters to make their own decisions about the performance, including the distribution of the various roles. Neither does the composer's note, written in the form of a poem, dispel any doubts as regards the performance "To be staged or not / To be felt not understood / Let tones from the others inspire your own. / let the music flow out of you as if you were a kid. / notation is only a reminder for certain states / never follow the signs but only their spirit. / in this score you do what is appropriate for you / to do and let the rest to the others. / Always be in love" (Claude Vivier, 1977).
(*sn*)

Jennifer Walshe

compositrice / composer

"La voce compositiva più originale in Irlanda negli ultimi vent'anni" ("The Irish Times") e "La ragazza selvaggia di Darmstadt" ("Frankfurter Rundschau"), la compositrice e performer Jennifer Walshe è nata a Dublino. La sua musica è stata commissionata, trasmessa ed eseguita in tutto il mondo. Ha ricevuto borse di studio e premi dalla Foundation for Contemporary Arts di New York, il DAAD Berliner Künstlerprogramm, l'Internationales Musikinstitut di Darmstadt e l'Akademie Schloss Solitude. Progetti recenti comprendono *Time Time Time*, un'opera scritta in collaborazione con il filosofo Timothy Morton, e *The Site of an Investigation*, epopea di trenta minuti per orchestra e voce della Walshe commissionata dalla National Symphony Orchestra of Ireland. *The Site* è stata eseguita da Jennifer Walshe con la NSO, la BBC Scottish Symphony Orchestra e anche dalla Lithuanian State Symphony Orchestra. *A Late Anthology of Early Music Vol. 1: Ancient to Renaissance*, il suo terzo album da solista, è uscito per Tetbind nel 2020. L'album si avvale dell'intelligenza artificiale per rielaborare opere canoniche della storia della musica antica occidentale. *A Late Anthology* è stato nominato album dell'anno da "The Irish Times", "The Wire" e "The Quietus". Jennifer Walshe è attualmente docente alla Hochschule für Musik und Darstellende Kunst di Stoccarda.

"The most original compositional voice to emerge from Ireland in the past twenty years" ("The Irish Times") and "Wild girl of Darmstadt" ("Frankfurter Rundschau"), composer and performer Jennifer Walshe was born in Dublin. Her music has been commissioned, broadcast and performed all over the world. She has been the recipient of fellowships and prizes from the Foundation for Contemporary Arts, New York, the DAAD Berliner Künstlerprogramm, the Internationales Musikinstitut, Darmstadt and Akademie Schloss Solitude among others. Recent projects include *Time Time Time*, an opera written in collaboration with the philosopher Timothy Morton, and *The Site of an Investigation*, a thirty-minute epic for Walshe's voice and orchestra, commissioned by the National Symphony Orchestra of Ireland. *The Site* has been performed by Walshe and the NSO, the BBC Scottish Symphony Orchestra and also the Lithuanian State Symphony Orchestra. *A Late Anthology of Early Music Vol. 1: Ancient to Renaissance*, her third solo album, was released on Tetbind in 2020. The album uses AI to rework canonical works from early Western music history. *A Late Anthology* was chosen as an album of the year in "The Irish Times", "The Wire" and "The Quietus". Walshe is currently a professor at the Hochschule für Musik und Darstellende Kunst, Stuttgart.

Peter Ablinger

compositore / composer

Peter Ablinger è nato a Schwanenstadt (Austria) nel 1959. Inizialmente ha studiato arti grafiche e si è appassionato al free jazz; in seguito; in seguito ha completato i suoi studi nell'ambito della composizione con Gösta Neuwirth e Roman Haubenstock-Ramati a Graz e a Vienna. Nel 1982 si è trasferito a Berlino, dove è stato promotore e direttore di numerosi festival e singoli concerti. Nel 1988 ha fondato l'Ensemble Zwischentöne. È stato direttore ospite del Klangforum Wien, di United Berlin e di Insel Musik Ensemble. Dal 1990 Ablinger lavora come musicista freelance. Nel 2012 è diventato membro dell'Academy of Arts di Berlino. Dal 2012 al 2017 è stato *research professor* presso l'Università di Huddersfield. "Peter Ablinger è uno dei pochi artisti di oggi che utilizza il rumore senza alcun tipo di simbolismo – non per riferirsi a concetti come caos, energia, entropia, disordine, subbuglio; non in opposizione a qualcosa, o come manifestazione di disobbedienza o di impulso distruttivo; non come simbolo del tutto, dell'eternità o di qualsiasi altra cosa. Come in tutti i tipi di musica che lo utilizzano deliberatamente, il rumore è al centro del discorso, ma per Ablinger si tratta solo di rumore senza ulteriori specificazioni. Peter Ablinger è anche andato in profondità nell'indagare la natura del suono, del tempo e dello spazio (che in genere vengono considerati i principali componenti della musica), e le sue scoperte hanno rovesciato convenzioni in genere ritenute indiscutibili. Queste intuizioni riguardano temi come la ripetizione e la monotonia, la riduzione e la ridondanza, la densità e l'entropia" (Christian Scheib).

Peter Ablinger was born in Schwanenstadt (Austria) in 1959. He began studying graphic arts and was enthused by free jazz, but completed his studies in composition with Gösta Neuwirth and Roman Haubenstock-Ramati in Graz and Vienna. Since 1982 he has lived in Berlin, where he has initiated and conducted numerous festivals and concerts. In 1988 he founded the Ensemble Zwischentöne. He has been guest conductor of Klangforum Wien, United Berlin and the Insel Musik Ensemble. Since 1990 Peter Ablinger has worked as a freelance musician. In 2012 he became a member of the Academy of Arts Berlin. From 2012 to 2017 he was research professor at the University of Huddersfield. "Peter Ablinger is one of the few artists today who uses noise without any kind of symbolism – not as a signifier for chaos, energy, entropy, disorder, or uproar; not for opposing something, or being disobedient or destructive; not for everything, for eternity, or for what-have-you. As in all these cases of music deliberately involving noise, noise is the case, but for Ablinger: this alone. Peter Ablinger has also come a long way in questioning the nature of sound, time, and space (the components usually thought central to music), and his findings have jeopardized and made dubious conventions usually thought irrefutable. These insights pertain to repetition and monotony, reduction and redundancy, density and entropy." (Christian Scheib)

Claude Vivier

compositore / composer

Claude Vivier è ritenuto da molti il più grande compositore canadese mai esistito. All'età di trentaquattro anni è stato vittima di uno sconvolgente assassinio. L'eredità artistica che ha lasciato comprende un corpus di quarantanove composizioni appartenenti ad un'ampia gamma di generi tra cui l'opera, la musica orchestrale e il repertorio da camera. György Ligeti una volta ebbe a definirlo "il più raffinato compositore francese della sua generazione".

Nato a Montréal, Vivier studiò al Conservatoire de Musique della città. Nell'autunno 1976, in seguito ad una visita a Bali, fu spinto a rivedere le sue idee circa il ruolo dell'artista nella società, e un nuovo periodo della sua evoluzione stilistica ebbe inizio. Sulla scia di tale viaggio compose *Shiraz* (1977) per pianoforte, *Orion* (1979) per orchestra, e l'opera *Kopernikus* (1978/'79). Più di tutto, tuttavia, fu nel suo ciclo di brani per voce ed ensemble strumentale che si cristallizzò il suo stile personale: da citare, in particolare, i brani *Lonely Child* (1980) e *Prologue pour un Marco Polo* (1981).

Tra i sostenitori di Vivier si annoverano Mauricio Kagel, Kent Nagano, Reinbert de Leeuw, David Robertson e Dawn Upshaw. La musica di Vivier ha avuto un posto di rilievo nella programmazione dell'Holland Festival del 2005, e la St. Luis Symphony Orchestra ha aperto la stagione 2005/2006 con *Lonely Child* diretto David Robertson e con Dawn Upshaw come soprano solista. Sempre nel 2005 la Montréal Symphony Orchestra ha fondato il Claude Vivier National Prize assegnato ogni anno al miglior brano composto da un autore o un'autrice canadese.

Many consider Claude Vivier the greatest composer Canada has yet produced. At the age of 34, he was the victim of a shocking murder, leaving behind some forty-nine compositions in a wide range of genres, including opera, orchestral works, and chamber pieces. György Ligeti once called Vivier "the finest French composer of his generation."

Born in Montréal, Vivier studied at the Conservatoire de Musique. In the fall of 1976 a visit to Bali caused Vivier to reevaluate his ideas concerning the role of the artist in society, initiating a new period in his stylistic evolution. In the wake of this journey he wrote *Shiraz* (1977) for piano, *Orion* (1979) for orchestra, and his opera *Kopernikus* (1978/'79). Above all, it was in his cycle of pieces for voice and instrumental ensemble, particularly *Lonely Child* (1980) and *Prologue pour un Marco Polo* (1981) that Vivier's unique style crystallized.

Vivier advocates include Mauricio Kagel, Kent Nagano, Reinbert de Leeuw, David Robertson, and Dawn Upshaw. Vivier's music featured prominently in the Holland Festival 2005, and the St. Louis Symphony Orchestra opened its 2005/'06 season with *Lonely Child*, with David Robertson conducting and Dawn Upshaw as the soprano soloist. In 2005, the Montréal Symphony Orchestra inaugurated the Claude Vivier National Prize for the best work by a Canadian composer.

EVO Ensemble

ensemble vocale / vocal ensemble

EVO Ensemble è un ensemble vocale giovanile fondato e coordinato da Virginia Guidi e ha come manifesto l'apertura verso diversi generi musicali, grazie anche al differente background dei propri componenti, che spazia dalla musica antica alla classica, al jazz, al cantautorato, al *beatboxing* e alle tecniche vocali estese.

EVO Ensemble ha debuttato nel 2017 con la performance *Le petit livre meurtre* di Augustin Maurs in occasione di *Ubi fracassorium, ibi fuggitorium*. Nell'autunno 2018 ha partecipato alla colonna sonora del film *Koi* di Lorenzo Squarcia e Simone Spampinato con il brano 記憶します ("Kioku Shimasu"), scritto da Edoardo Maria Bellucci e Giangiacomo Gallo. Il film, distribuito da Journeyman Pictures, ha vinto il Mosaic World Film Festival 2019.

Sempre nel 2019 ha collaborato con Anna Korsun per l'Accademia Tedesca di Villa Massimo a Roma, cantando la prima italiana di *Ulenflucht* (diretta da Tonino Battista e in collaborazione con il Voxnova Italia) e di *Moshi Moshi*, una performance per voci e smartphone.

Nell'ottobre dello stesso anno ha partecipato a *Mirabilia Urbis* presso l'Accademia d'Ungheria a Roma con la performance di Carlo Caloro *Binding or not-Binding Commitments* per quattro performer, *neurofeedback* ed elettronica, con musica di Edoardo Maria Bellucci e lavoro sul *neurofeedback* del dott. Cozzuto.

Nell'aprile 2020, per cercare di aiutare il nostro pianeta, crea l'*EVO Forest*, una foresta virtuale dove ognuno è invitato a contribuire piantando un albero.

EVO Ensemble is a vocal ensemble of young singers founded and co-ordinated by Virginia Guidi, whose philosophy is openness to diverse music genres, also on the strength of the varied backgrounds of its members, ranging from ancient to classical music, jazz, singer-song writing, beatboxing and extended vocal techniques.

EVO Ensemble debuted in 2017 with a performance of Augustin Maurs's *Le petit livre meurtre* on the occasion of *Ubi fracassorium, ibi fuggitorium*. In autumn 2018 the ensemble contributed to the soundtrack for Lorenzo Squarcia and Simone Spampinato's film *Koi* with the 記憶します ("Kioku Shimasu") written by Edoardo Maria Bellucci and Giangiacomo Gallo. Distributed by Journeyman Pictures, the film won the 2019 Mosaic World Film Festival.

In 2019 the ensemble worked with Anna Korsun for the Villa Massimo German Academy in Rome, singing the Italian premiere of *Ulenflucht* (directed by Tonino Battista with Voxnova Italia) and *Moshi*, a voice and smartphone performance.

In October that same year it took part in *Mirabilia Urbis* at the Hungarian Academy in Rome with Carlo Caloro's performance *Binding or not-Binding Commitments* for four performers, neurofeedback and electronics, with music by Edoardo Maria Bellucci and neurofeedback by dr. Cozzuto.

In April 2020, in an attempt to give our planet a helping hand, the ensemble created *EVO forest*, a virtual forest to which everyone was invited to contribute by planting a tree.

AHMED EL GHAZOLY aka ZULI (1984)
live performance per voce ed elettronica /
for voice and electronics

2021 (60')

prima assoluta / world premiere

ZULI
voce ed elettronica /
voice and electronics

in collaborazione con / in collaboration with
Settore Cultura Comune di Venezia

CITTA' DI VENEZIA — CULTURA VENEZIA — TEATRO DEL PARCO

22.09.2021 | H 21.00

Teatro del Parco, Bissuola (Mestre)

ZULI

Secondo una teoria diffusa tra musicologi e appassionati, il suono più accattivante per gli esseri umani è la voce umana stessa: è per questo motivo che siamo attratti da strumenti che con la voce presentano una somiglianza timbrica, come i violini e i flauti. Grazie ai progressi della tecnologia, i musicisti hanno oggi accesso a un vasto assortimento di strumenti per modificare il suono. Coloro che non hanno una formazione tecnica vocale possono manipolare la propria voce usando diversi software, come Autotune e Melodyne, per esprimere le proprie idee attraverso molti diversi metodi di campionamento. I software per la correzione dell'intonazione sono stati creati affinché costituissero un ausilio invisibile e non udibile per pop star e cantanti che, in linea generale, erano realmente in grado di cantare. Come per molti altri strumenti nel passato, però, gli artisti hanno iniziato a sperimentare con tali software e li hanno adibiti a nuovi usi via via che il suono corretto dall'*autotune* diventava un tratto estetico voluto su cui si sono costruiti vari sottogeneri, come la trap e il *mahraganat*. L'intenzione di ZULI è di portare la sperimentazione oltre Post Malone e usare l'*autotune* in modo più dinamico, per trasporre linee vocali o per cambiare la scala su cui sono costruite. Un altro aspetto che ZULI esplora nel suo lavoro è il contesto attraverso il tentativo di raggruppare elementi che provengono da ambienti diversi e di trasformarli in qualcosa di coerente. Come, ad esempio, un accordo costituito dal canto di cinque persone diverse che non si conoscono tra loro né conoscono le rispettive voci. Altro tratto ricorrente nella sua musica è l'accostamento improbabile tra generi, come in *Terminal*, il suo album del 2018 per l'etichetta UIO. Nella traccia "Wreck", ad esempio, ZULI manipola una voce facendola assomigliare al balbettio di un rapper sopra un beat IDM; in "Akhtuboot" utilizza i *sajat* e i *charleston* in un modo normalmente associato al ritmo *grime*, ma li accosta alla parte vocale di un vecchio brano trap egiziano e a field recording di un mercato del centro del Cairo. Impiegando elementi che trova intorno a sé, adattando e manipolando costantemente il suo repertorio di suoni musicali, ZULI è divenuto maestro nel collage sonoro.

It's a studied theory among musicologists and music enthusiasts alike, that the most appealing sound to humans is the human voice itself; which is why we gravitate towards instruments that have a sonic resemblance to it like violins and flutes.

Through advancements in technology, musicians have access to an expansive library of sound modification tools. Those who are untrained in using their own human voice are able to manipulate it using various software, such as Autotune and Melodyne for example, to express their ideas through many different methods of sampling.

Pitch correction software was created with the intention of it being an invisible and inaudible tool for pop stars and vocalists who could, in a general sense, actually sing. However, just as with many instruments in the past, artists started experimenting with the tool and had other plans with the software as pitch-corrected sound became a desired aesthetic around which various subgenres, such as trap and mahraganat, were built.

ZULI intends to explore beyond Post Malone and use auto-tune in a more dynamic way by transposing vocal melodies, or even switching scales.

Another facet he explores in his work is Context; by attempting to group elements from different settings and turn them into something coherent. Like a chord, for example, consisting of vocals from five different people who are unfamiliar with each other or their voices. Additionally, a further common factor in ZULI's music is the unlikely pairings of genres, as seen across his 2018 album *Terminal* on UIO. For example, on the track "Wreck" ZULI manipulates a vocal into what seems like a rapper stuttering over an IDM beat, or else on "Akhtuboot" where he uses sajat and hi-hats which you would normally find on a grime beat, but here they are rather paired with vocals from an old Egyptian trap song together with field recordings from a market in Downtown Cairo.

In utilizing the elements around him and consistently adapting and manipulating his musical sound library, ZULI has become a master of the sonic collage.

ZULI

performer

Ahmed El Ghazoly, noto con il nome di ZULI, è polistrumentista, produttore e artista del suono. A livello internazionale, ZULI è conosciuto per i lavori pubblicati con la UIQ di Lee Gamble – fra cui una serie di EP, così come il suo LP di debutto, *Terminal*, album che ha messo in rilievo la profondità delle sue produzioni, in cui l'artista combina contemporaneamente sperimentazioni nel rap/hip-hop con musica per l'ascolto e la pista da ballo. L'italiana Haunter Records ha invece pubblicato il famigerato EP *Trigger Finger* che remixato da numerosi artisti del calibro di TSVI, AYA, Acre e altri.

Nel 2019, ZULI ha lanciato una serie video denominata "IRSH" insieme a Rama con artisti invitati a presentare clip registrate in ambienti social. Con due soli episodi prodotti prima della pandemia, hanno lanciato un'etichetta e pubblicato la prima compilation IRSH nel settembre 2020, dando rilievo al talento del Cairo e del Medio Oriente. La seconda compilation è in lavorazione.

Residente al Cairo, ZULI è conosciuto localmente per il lavoro sulla scena hip-hop, in particolare con il rapper Abyusif (apparso in *Terminal* di ZULI del 2018), ma anche della musica elettronica con il collettivo Kairo Ist Koming (KIK) tra il 2012 e il 2015. È allora che ha aperto VENT, club di musica alternativa del Cairo, con Asem Tag aka ($$$TAG$$$). Rimasto attivo tra il 2013 e il 2015, i due lo hanno poi trasformato nell'omonimo night club e festival. Più o meno nello stesso periodo apriva i battenti VENT London, presso il Dance Tunnel, ora chiuso, su iniziativa di un terzo socio, Mohamed Elshourbagui.

Grazie alle ampie sonorità, la musica di ZULI raccoglie ovunque consensi, da artisti del calibro di Aphex Twin e Autechre, Ben UFO e Bradley Zero e Richie Hawtin.

Ha iniziato a collaborare stabilmente con NTS

Ahmed El Ghazoly aka ZULI is a multi-instrumentalist, producer, and sound artist. Internationally, ZULI is known for his releases on Lee Gamble's UIQ – which included a string of EPs as well as his debut LP *Terminal*, an album that highlighted the depth in his productions, as he simultaneously combines experimentations in rap/hip-hop with music for listening as well as the dancefloor. The Italian Haunter Records also saw the release of the infamous *Trigger Finger* EP which went on to be remixed by the likes of TSVI, AYA, Acre and more. In 2019, ZULI launched a video series "irsh" together with Rama where they curated and invited artists to play video recorded sets in a social setting. Only having the chance to record two episodes before the pandemic struck, they launched a label and released the first irsh compilation in September 2020 which highlighted talent from Cairo and the Middle East. The second compilation is currently in the works. Locally in Cairo, ZULI is best known locally for his work in the hip-hop scene, particularly with rapper Abyusif (who appeared on ZULI's 2018 album *Terminal*) but also in the electronic music scene as part of the collective Kairo Ist Koming (KIK) between 2012/2015. It was there that he founded Cairo's alternative music venue and club, VENT, together with Asem Tag aka ($$$TAG$$$), which existed between 2013/2015 before transforming their project into a namesake club night and festival. Around the same time, VENT London was established at the now closed Dance Tunnel venue by a third partner, Mohamed Elshourbagui. ZULI's music garners support from all across the board ranging from the likes of Aphex Twin and Autechre, to Ben UFO and Bradley Zero, and even Richie Hawtin through its wide ranging sound. He joined the NTS Radio roster in 2016 with a monthly show that includes a dedicated

Radio nel 2016 con uno show mensile che comprende un'ora dedicata a DJ emergenti e altri che incontra in giro per il mondo.
Di recente ZULI ha pubblicato un EP di follow-up al suo acclamato LP *Terminal* e sta lavorando a molti progetti, tra cui una nuova performance audiovisiva live con Omar El Sadek.

hour to guest appearances from up and coming DJs and ones he meets touring around the world. Most recently ZULI released a follow-up EP to his acclaimed *Terminal* LP and has many exciting projects in the works including a new live a/v performance with Omar El Sadek.

23.09.2021 | H 11.00
Conservatorio di Musica
"Benedetto Marcello"

Jennifer Walshe

Incontri

INCONTRI / TALKS

JENNIFER WALSHE
MACHINE LEARNING, MUSICA E LA VOCE / MACHINE LEARNING, MUSIC & THE VOICE

"La voce compositiva più originale in Irlanda negli ultimi vent'anni" ("The Irish Times") e "La ragazza selvaggia di Darmstadt" ("Frankfurter Rundschau"), la compositrice e performer **Jennifer Walshe** è nata a Dublino. La sua musica è stata commissionata, trasmessa ed eseguita in tutto il mondo. Ha ricevuto borse di studio e premi dalla Foundation for Contemporary Arts di New York, il DAAD Berliner Künstlerprogramm, l'Internationales Musikinstitut di Darmstadt e l'Akademie Schloss Solitude. Progetti recenti comprendono *Time Time Time*, un'opera scritta in collaborazione con il filosofo Timothy Morton, e *The Site of an Investigation*, epopea di trenta minuti per orchestra e voce della Walshe commissionata dalla National Symphony Orchestra of Ireland. *The Site* è stata eseguita da Jennifer Walshe con la NSO, la BBC Scottish Symphony Orchestra e anche dalla Lithuanian State Symphony Orchestra. *A Late Anthology of Early Music Vol. 1: Ancient to Renaissance*, il suo terzo album da solista, è uscito per Tetbind nel 2020. L'album si avvale dell'intelligenza artificiale per rielaborare opere canoniche della storia della musica antica occidentale. *A Late Anthology* è stato nominato album dell'anno da "The Irish Times", "The Wire" e "The Quietus". Jennifer Walshe è attualmente docente alla Hochschule für Musik und Darstellende Kunst di Stoccarda.

"The most original compositional voice to emerge from Ireland in the past twenty years" ("The Irish Times") and "Wild girl of Darmstadt" ("Frankfurter Rundschau"), composer and performer **Jennifer Walshe** was born in Dublin. Her music has been commissioned, broadcast and performed all over the world. She has been the recipient of fellowships and prizes from the Foundation for Contemporary Arts, New York, the DAAD Berliner Künstlerprogramm, the Internationales Musikinstitut, Darmstadt and Akademie Schloss Solitude among others. Recent projects include *Time Time Time*, an opera written in collaboration with the philosopher Timothy Morton, and *The Site of an Investigation*, a thirty-minute epic for Walshe's voice and orchestra, commissioned by the National Symphony Orchestra of Ireland. *The Site* has been performed by Walshe and the NSO, the BBC Scottish Symphony Orchestra and also the Lithuanian State Symphony Orchestra. *A Late Anthology of Early Music Vol. 1: Ancient to Renaissance*, her third solo album, was released on Tetbind in 2020. The album uses AI to rework canonical works from early Western music history. *A Late Anthology* was chosen as an album of the year in "The Irish Times", "The Wire" and "The Quietus". Walshe is currently a professor at the Hochschule für Musik und Darstellende Kunst, Stuttgart.

MARTA GENTILUCCI (1973)
MOVING STILL - PROCESSIONAL CROSSINGS
percorso processionale
su testi originali di /
processional itinerary
based on original texts by
Elisa Biagini, Evie Shockley,
Irène Gayraud
e / and Shara McCallum
per quattro voci recitanti e ensemble vocale /
for four reciting voices and a vocal ensemble

2020/2021 (50')

prima assoluta / world premiere

commissione / commissioned by
La Biennale di Venezia

in collaborazione con / in collaboration with
il Conservatorio di Musica
"Benedetto Marcello"

si ringrazia la Maison Dior
per aver realizzato i costumi di scena /
thanks go to Maison Dior
for the stage costumes

Elisa Biagini, Evie Shockley,
Irène Gayraud, Shara McCallum
voci recitanti / reciting voices

Sequenza 9.3
ensemble vocale / vocal ensemble

Allievi della classe di canto del /
pupils from the singing class at
Conservatorio di Musica
"Benedetto Marcello"

Catherine Simonpietri
direttore / conductor

Antonello Pocetti
regista / stage director

Maria Grazia Chiuri
costumi / costume design

Francesco Erle
preparazione delle voci del /
voice training by
del Conservatorio
"Benedetto Marcello"

sonorizzazione curata dal /
sound curated by
CIMM, Centro Informatica Musicale
e Multimediale de / of La Biennale
di Venezia

Thierry Coduys, Luca Richelli
ingegneri del suono / sound engineers

23.09.2021 | H 18.00

Arsenale, processione all'aperto e
Teatro alle Tese

Sequenza 9.3

Marta Gentilucci

Il progetto intende riprendere la tradizione italiana corale processionale quale momento di comunicazione tra un insieme di artisti e il pubblico casuale in movimento nella città. La forma della processione si presenterà secondo il rituale legato alle processioni religiose o alle manifestazioni cittadine in forma di corteo, ma con contenuti inediti, dati dalla drammaturgia ideata da Marta Gentilucci in collaborazione con le quattro poetesse che hanno scritto i testi.

Al centro della creazione di questo lavoro c'è la domanda su cosa significa o implica spostarsi per un gruppo di persone, sul dovere o potere andare altrove. L'andare insieme può assumere diverse forme: può essere un atto religioso, come una processione, un atto trionfale, come un corteo, oppure una protesta, una fuga, una migrazione, un essere prigionieri, o ancora il nascondersi e perdersi all'interno del gruppo. Tutte queste sfaccettature coesistono e costituiscono l'ossatura del lavoro.
L'idea è quella di poter stabilire un percorso che esplori inizialmente spazi aperti e porosi, e che definisca così il senso dell'andare, declinando la ragion d'essere della "processione". Ma l'andare presuppone anche la possibilità di arrivare da qualche parte, arrestare il movimento e occupare uno spazio, un luogo chiuso. Essere in un luogo delimitato da un perimetro e da mura permette di costruire risonanze (in senso metaforico e musicale), di far risuonare le voci nel modo che la tradizione classica europea ha codificato nei secoli, ma offre anche alla possibilità di raggiungere un luogo protetto dove il poter dire diventa percettibile, personale, intimo.
La scelta di un ensemble vocale misto e quattro voci recitanti permette di sviluppare in modo articolato le differenti componenti del progetto. Inoltre, lavorare direttamente con poetesse contemporanee nasce dalla necessità di rendere vivo il testo, presente e perno della creazione musicale. Elisa Biagini, Irène Gayraud, Shara McCallum e Evie Shockley sono scrittici molto diverse fra loro, per lingua ed estetica, ma c'è almeno un elemento che le accomuna in modo significativo, ed è il loro

The project intends to take up the Italian choral processional tradition, as a moment of communication between a group of artists and the casual audience moving through the city. The form of the procession will be presented according to the ritual linked to religious processions or to city festivals in the form of a procession, but with new contents, given by the dramaturgy conceived by Marta Gentilucci in collaboration with the four poetesses who wrote the texts.

At the heart of the creation of this work is the question of what moving means or implies for a group of people. On having to or being able to go elsewhere? Going together can take different forms: it can be a religious or a triumphal procession, a protest, an escape, a migration, a being prisoner, or hiding and getting lost within the group. All these facets coexist and form the backbone of the work.
The idea is to establish a path that initially explores open and porous spaces, and thus defines the sense of going, declining the *raison d'être* of the "procession". Going also presupposes the possibility of arriving somewhere, stopping the movement and occupying a space, a closed place. Being in a place delimited by a perimeter and walls, allows to build resonances (in a metaphorical and musical sense), to let voices resonate in ways that the European classical tradition has codified over the centuries, but it also offers the opportunity to reach a protected place where the act of saying becomes perceptible, personal, intimate.
The choice of a mixed vocal ensemble and four reciting voices allows to develop the different components of the project in an articulated way. Furthermore, working directly with contemporary poets arises from the need to bring the text alive, present, to make it a pivot of musical creation. Elisa Biagini, Irène Gayraud, Shara McCallum and Evie Shockley are very different writers, in terms of language and aesthetics, but there is at least one element that unites them significantly: it is their work on orality, that is, on the importance of the sonic transmission of the text, essential both in the creative process and in its transmission.

lavoro sull'oralità, cioè sull'importanza della trasmissione sonora del testo, imprescindibile sia nell'atto creativo, sia nella sua trasmissione.
Questo terreno comune permette un lavoro musicale approfondito sul testo in quanto suono e sulla sua integrazione nel tessuto musicale dell'intera opera. Lo è ancora di più attraverso la presenza e la partecipazione delle poetesse alla performance.

Marta Gentilucci

This common ground allows for in-depth work on the text as a sound and its integration into the musical fabric of the entire work. It is even more so through the presence and participation of the poets in the performance.

Marta Gentilucci

RESPIRARE: passo, pelle, polmone

text by Elisa Biagini

qui si misura
la gabbia del respiro,
si tasta il polso
alla luce, che non ceda
la sua voce convessa

parole annodate, indurite
come corde dal sale, cieche
nel torcersi, fredde come pesci:
questi anni di silenzio, accenni
spenti da un fiato.

se il mondo dove non lasci ombra
ti spinge nell'angolo che è muto
riattaccati le corde nella gola
usa la colla di una parola plurale

è il cadere
in se stessi
smangiati dall'attesa:
ci hanno consumati
di parole, intasato
gli sguardi e poi
spinti a rovinare
verso il buio

che il tuo parlare non sia più
pallottola vagante,
aggettivo troppo detto
che affonda, lama nel burro-

lo spazio tra me e te
è stanza senza eco,
una zolla strizzata
d'ogni suono

sospendersi dai suoni
e ritrovarsi nell'occhio,
nella sillaba incastrata
tra i denti, che la lingua
riporta alla luce

qui
un orizzonte, un castello
di voci che s'aprono
in stanze, porte spalancate
dall'eco

c'è un filo tra
spalla e ginocchio
che tirato ti fa
sporgere al mondo:
se sbilanciato guardi
con l'occhio più fondo

questo
è un pasto di brivido
e di suoni, bocche
che si aprono in pane:
esserci, tra due indici

(*RESPIRARE: passo, pelle, polmone – Elisa Biagini*)

un passo alla volta, per negazione,
segna il perimetro a questo nostro
campo di racconto: lettere dense
da reggere il vento dei suoni

svegliamoci dal
sonno che fa del corpo
legno

e siamo acqua
che improvvisa
s'impenna e travolge-
intrecciamo le voci
facciamone una scala:
scendiamo da questa
torre di silenzio.

le corde vocali che vibrano invano

la fatica dell'aria trattenuta

il vento porta via salive e sillabe

guardiamo dall'angolo più scomodo

nel palmo una scheggia di respiro

fermare la tua ombra con un sasso

la voce ci si incrina nel medesimo punto

ad un angolo che si riempie d'ombra

un franare di vocali dietro l'angolo

brava gente

text by Evie Shockley

where do good people come from?
and how do they come
    to disappear?

floods set us going
famines set us going
fears set us going

we move, propelled by something between drift
    and determination
we migrate, sometimes without hope
    or help

wars explode beneath our feet, so we run
the currents of currency flow from our hands
    to the cities, to the north, to the west,
    so we follow

we flee from destroyed homes to homelessness,
    scatter from exile to exile
our children are born into rupture and unbelonging

the globe is webbed with lines of demarcation
    that trip us as we walk over them,
    that net us as we swim through them

the globe is carpeted with welcome mats
    laid at the back doors, inviting us in
    to cook, clean, sow, harvest, manicure, and build

today's divisions only go back so far
we read the palimpsest of the past
    beneath your tabula rasa, the millennia
    of footsore seekers carrying all the back can bear

all of you were some of us, at one time or another
history holds the long threads that trail from your heels,
    leading back to the origins of your origins

the first fights
the first droughts
the first debts

where do good people rest their heads?
and where will the rest
    of us go?

--for igiaba scego, farah jasmine griffin, dionne brand,
suheir hammad, cherrie moraga, tina campt, cecilia
vicuña, zoë wicomb, layli long soldier, min jin lee,
and all the many chroniclers of movement(s)

if on a desperate voyage a traveler

text by Evie Shockley

Priestess:	who are you and what brings you here?
We:	an ocean of grief behind us a treasury of bones in the deep
Priestess:	mami wata will drink her children's tears and cradle the relics of their past
We:	we want to be in that number
Priestess:	who are you and what brings you here?
We:	many rivers to cross the waters rush by, roaring
Priestess:	yemoja will carry her children to freedom
We:	we want to be in that number
Priestess:	who are you and what brings you here?
We:	trouble rains down the mud sucks at our heavy feet
Priestess:	satet will pour protection upon her children
We:	we want to be in that number
Priestess:	who are you and what brings you here?
We:	we float on a sea of loss encircled by closed ports, moored to death
Priestess:	thalassa will fish out futures for her children

We: we want to be in that number

Priestess: olokun, ruler of all the waters
count these petitioners among your children
bring them out of danger
and into safe harbor

We: we want to be in that number
crossing in

Priestess: bring them through the storm
and into shelter

We: we want to be in that number
passing in

Priestess: bring them out of the flood
and into sanctuary

We: we want to be in that number
sailing in

Priestess: bring them out of exile
and into homes

We: we want to be in that number
taken in
welcomed in
settled in

Recoller

text by Irène Gayraud

Dans la nuit fendue
elles sortent
par les rues sillonnées comme une terre
les rues qui sont aussi aux femmes.
Et fouiller dans leurs cartons pour trouver
la bonne feuille et sur elle
la bonne lettre et celle encore
qui vient après cela rappelle
le geste bien connu précaire indispensable
de collecter
les éclats d'écorce et de noix
brisée – corps et cerveau –
à coup de marteau.
Les recoller refait un monde
entre le cercle et l'ovale
imparfait mais solide
soudé comme une phrase.
Leurs collages autant de cris ravaudés
autant de :

"Tu n'es pas seule"
"On te croit"
"Femmes victimes on vous croit"
"On ne veut plus compter nos mortes"
"Flics, ma plainte est un droit"
"On ne tue jamais par amour"
"Céder n'est pas consentir"
"Les femmes ne sont pas des proies"
"Les causes d'un viol: le violeur"
"On ne se taira plus"
"On ne se taira plus"
"On ne se taira plus"
"Violeur, tueur, agresseur: à ton tour d'avoir peur"
"Ne me touche pas, je m'en charge"
"Je ne suis pas ta propriété"

"Sororité partout"
"Rien ne justifie ce qu'il t'a fait"
"Tu es forte"
"Nous sommes puissantes"
"Nous sommes la voix de celles qui n'en ont plus"
"Nous sommes la voix de celles qui n'en ont plus"
"Nous sommes la voix de celles qui n'en ont plus"

Les violences dont souffrent les femmes sont
aussi diverses que l'imagination humaine ou serait-ce
le manque d'imagination de ceux
qui ne s'aiment qu'en maîtres et possesseurs.
Elles viennent aux lèvres parfois
comme des bulles d'air remontant du fond des eaux
crever la surface
éclater le silence.

Laure
C'est là dans mes oreilles les insultes,
comme si c'était hier: en plein jour
les classiques, les "t'es bonne", les "pute",
les "pourquoi tu souris pas, hé, salope".

Et de nuit celles qui percent d'effroi:
les "toi, je veux te baiser", les "ta chatte
je me la cloue sur mon tableau de chasse".
Il y a loin de Pétrarque et ses sonnets

(Recoller - Irène Gayraud)

à ces détraqués qui enragent: "je
t'ai fait un compliment tu pourrais dire
merci". Sa Laure était volute d'air
et de louanges; moi c'est l'autre extrême.

Entre objet de culte et objet tout court: où être Laure?
À leurs yeux je ne suis que pièce de boucher, repas de chair.

Nora
J'ai lu qu'en France aujourd'hui une femme
sur deux a été ou sera victime
de harcèlement ou bien d'agression
sexuelle. "C'est fou", je me suis dit,

et puis j'ai compté mes fois. Ça s'égraine
vite fait dans la mémoire meurtrie.
Il y a tous ceux qui m'ont suivie la nuit,
dans la rue dure et tenue par les hommes;

celui dans le métro qui s'est branlé
en me fixant; celui qui a touché,
dans un wagon, mes fesses en riant;
et dans un bus de nuit le garçon qui

m'a saisie par le cou et embrassée de force. Nausée
de sa bave froide imprimée sur ma peau, même après l'avoir lavée.

Julie
À sa façon d'entrecroiser ses mains
aux miennes, puis à sa façon si souple
de m'embrasser, j'entrevoyais la suite
délicieuse. Mais dès que le lit fut

atteint il se mua en robot à
broyer des corps et du porno, en brute
façon saccades frénétiques, fesses
claquées cheveux tirés. Dix fois j'aurais

voulu crier "Non", dire "Pas comme ça".
Quand il a bloqué ma tête pour jouir
dans ma bouche j'ai voulu l'insulter
comme on vomit. Je n'ai pas pu. Muette.

Tétanisée par sa violence. Après et depuis une question
comme un ver me grignote l'oreille : *où commence le viol?*

Alexandra
Je ne m'appelle pas Alexandra.
À côté de mon prénom une sale
étoile, répétée tout en bas du témoignage:
le prénom a été changé. Ma vie

aussi, du jour où j'ai rencontré l'homme
qui a refermé sur moi son emprise.
Rien ne me destinait à ça: enfance
entre violon et pot de Nutella,

sous des parents affirmatifs: être
une fille ne changeait rien, ma vie
m'appartenait. Oui. Mais le filet s'est
tissé si insidieusement, de sous-

entendus en reproches menaces déclarations d'amour entrecoupées
de coups. Cerveau lavé lacéré à recoudre. Fuir avant d'être tuée.

(Recoller - Irène Gayraud)

Sibilla
Je m'appelle Sibilla mais mon nom
pourrait être aussi bien Sophie, Paula,
Adèle ou Virginie. Légion nous sommes.
Moi, à dix ans, forcée par mon beau-père

à ce qu'il osait appeler amour.
Elles autres, à tous âges, par des
amis ou voisins, oncles frères pères,
maniant culpabilisation et peur.

Existait-il encore, pour nous autres,
une enfance? Aujourd'hui nous voilà
ou fortes et têtues ou pour toujours
fragiles comme givre, comme abeilles

en hiver. Comment, ce matin, faire l'amour? Il y faut
horde de pinceaux qui partout, sans trêve, tracent nos noms sur les murs.

"Sibilla"
"Sophie"
"Paula"
"Adèle"
"Virginie"
"Alexandra"
"Julie"
"Laure"
"Nora"
"Vous n'êtes pas seules"
"On vous croit"
"Les femmes ne sont pas des proies"
"Les causes d'un viol: le violeur"
"Violeur, tueur, agresseur: à ton tour d'avoir peur"
"Ne me touche pas, je m'en charge"

"On ne se taira plus"
"Nous sommes la voix de celles qui n'en ont plus"
"On ne veut plus compter nos mortes"
"Flics, ma plainte est un droit"
"Femmes victimes on vous croit"
"Rien ne justifie ce qu'il t'a fait"
"Je ne suis pas ta propriété"
"Céder n'est pas consentir"
"On ne tue jamais par amour"
"Tu es forte"
"Nous sommes puissantes"
"Sororité partout"
"Sororité partout"
"Sororité partout"

Coda – Hommage
"mémorial", noms de victimes recoltés par les "colleuses" parisiennes

Deborah Audrey Gracieuse Anonyme Anne Laurie Anonyme Anonyme Hanane Anonyme Bernadette Heinata Shaïna Anonyme Monica Andrea Barbara Laeticia Céline Véronique Anonyme Rebecca Helena Delphine Aurore Sylvia Mariette Nathalie Aissatou Séverine Janice Johanna Laure Manon Anonyme Jessyca Anonyme Marinette Jessica Anonyme Chafia Aurelia Anonyme Sabrina Régine Virginie Anonyme Alaïs Priya Annik Aurore Fatiha Geonovessa Anonyme Anonyme Jeanine Fatima Monique Anonyme Céleste Marie Claude Anonyme Dina Floriane Natacha Valérie Anonyme Letitia Anne-Sophie Pascale Linda Anonyme Karine Nathalie Raymonde Marie Florence Korotoume Anonyme Nicole Dialine Noël Lola Emmanuelle Anonyme Pascaline Mélanie Safia Hang Rol Anonyme Jennifer Anonyme Karine Valérie Fadela Jacqueline Marie-Claude Olivia Anonyme Monique Salma Georgette Anonyme Brigitte Marlène Lisiane Sabrina Salomé Marie-Eliza Florence Tyffany

Passage

text by Shara McCallum

I have come
not to beg nor barter but to enter.

Who are you seeking?

The past
opens and opens, fleshing me
with loss.
I descend
to find my way,
I who am
haunted and a haunting.

What are you willing to abandon?

In the before, I continue:
a woman carrying on with the dishes,
the dusting, the sweeping.
But here, I am the voice of the petitioner.
Dearest, who was once of earth,
Dearest, whose departure has cleft me,
Dearest, who was my country,
my soil, my sun and sky,
every migration
is a bird taking wing.

Is this the place you seek?

Returned to the house of memory,
I take winding roads up into hills.
At one street I slow, searching
for the familiar gate
to tell me I've reached. But thickets
spring up, blocking my way.
I turn to find another path,
following again
until road dissolves to mist.

And if at last I arrive,
will I find you in that room
with every window like the soul
flung open and flooded
with sounds of the distant sea.
And if I spill
out into the yard, will she be still
there, the child who was me
set down in the grass,
watching the stars blinkering
on and off, their light burning
with the knowledge of death.

(Passage - Shara McCallum)

Is this the place you seek?

In that field I repeat
the part of myself
who believes she can stall this,
calling and calling her throat hoarse.
But you do not hear. You do not
look back but keep walking, the distance
between us widening
all night into dawn.

I want to spirit her
from this rift. I want to lift her
out of this moment and alight on any other.
But here, no bird can take wing.
No path rises up to meet my feet.
Now I have brought us
again to this place, I wade through
grasses swelling like waves,
now in this field again
I remember
as each time before
I remember
why I cannot stay and why
I must abandon you here.
At this threshold,
your last breathing—
in my ears—
is a claw dragging itself
across.

How will you carry this?

I will have to use the flowers to address you.
Wild-blooming frangipani (your cloying scent marks me).
Pointillist-starred ixora (I braid you into my hair).
Indigo-blue plumbago (you obliterate the sky).
Lignum vitae (you foretell all histories).
Roses that grow ragged along the shore (stay with me).

How will you return to the living?

Called back by the susurrating wind and sea.
Called back by the roots of my hair, dirt
beneath my nails, the body's sweat and stink.
Called back by their voices, yours
still clenched in my fist. Called back
to all that is matter, bone, and skin,
what fragment of you survives in me
as I open my mouth to speak?

Marta Gentilucci

compositrice / composer

Marta Gentilucci (Italia) ha studiato Canto al conservatorio "Francesco Morlacchi" di Perugia (IT), dove ha poi conseguito, con lode, il Master in Lingue e Letterature Straniere. Ha ottenuto il Master in Composizione e in Composizione/Computer Music presso l'Università di Musica e Arti dello Spettacolo di Stoccarda (DE) sotto la guida di Marco Stroppa. È stata selezionata per il programma biennale in Computer Music all'IRCAM (Cursus 1 e 2). Ha conseguito il dottorato in composizione presso l'Università di Harvard con Chaya Czernowin e Hans Tutschku.

La sua formazione come cantante d'opera ha influenzato e formato il suo essere compositrice, così come la sua attrazione per la struttura interna del suono, il suo modo di risuonare nello spazio e oscillare in un arco temporale, le sue metamorfosi timbriche e formali. È particolarmente interessata alla musica vocale ed elettronica, alla possibilità di costruire e sovrapporre molteplici spazi acustici e virtuali. La sua profonda necessità artistica è quella di creare uno spazio musicale che sia percepito non solo come costruzione intellettuale, ma anche come sensazione fisica.

Tra le sue attività più recenti, nel 2020 le sono stati commissionati dall'IRCAM e dai Neue Vocalsolisten due nuovi lavori per voce e *live-electronics*, entrambi eseguiti in prima assoluta durante il Festival MANIFESTE (Parigi, 2020) e al Festival ECLAT nel 2021. Tra i prossimi progetti nel 2021/'22, la prima di un nuovo pezzo per voce, percussioni e live-electronics in collaborazione con l'Experimentalstudio des SWR Freiburg (DE), un pezzo per elettronica e danza in collaborazione con la ballerina con Netta Weiser, e un'installazione sonora-visiva creata con la fotografa Susan Meiselas. È residente dell'Académie de France a Roma – Villa Medici 2021/'22.

Marta Gentilucci (Italy) studied Vocal Arts as a soprano at the Conservatory "Francesco Morlacchi" of Perugia (IT). In Perugia she obtained *cum laude*, her Master in Foreign Languages and Literature. She completed her Master Degree in composition and in Composition/Computer Music at the University of Music and Performing Arts Stuttgart (DE) under the guidance of Marco Stroppa. She was selected for the two year program in computer music at IRCAM (Cursus 1 and 2). She gained a Ph.D. in composition from Harvard University, mentored by Chaya Czernowin and Hans Tutschku.

Her formal training as an opera singer influenced and formed her as a composer, as well as her attraction to the inner structure of sound, its way of resonating in space and oscillating within a timespan, its metamorphosis in color and "shape". She is particularly interested in vocal music and technology, and the different possibilities of building acoustic and virtual spaces. Her deep artistic necessity is to create a musical space where music and sounds are perceived not only as an intellectual construct, but also as a physical sensation.

Among her most recent activities, in 2020 she was commissioned by IRCAM and Neue Vocalsolisten two new pieces for voice and live-electronics, both premiered during the MANIFESTE Festival (Paris, 2020) and performed at the ECLAT Festival 2021. Her forthcoming projects in 2021/'22 include the premiere of a new piece for voice, percussion and live-electronics in collaboration with the Experimentalstudio des SWR Freiburg (DE), a piece for electronics and dance for the dancer Netta Weiser, and a sound-visual installation created with the photographer Susan Meiselas. She is resident at the Académie de France in Rome – Villa Medici 2021/'22.

Elisa Biagini

poetessa / poetess

Elisa Biagini ha pubblicato otto raccolte poetiche fra cui *L'Ospite* (Einaudi, 2004), *Fiato. parole per musica* (Edizionidif, 2006), *Nel Bosco,(*Einaudi, 2007), *The guest in the wood* (Chelsea editions, 2013/2014 Best Translated Book Award), *Da una crepa* (Einaudi 2014; negli USA: Xenos Books 2017; in Francia: Cadastre8zero 2018- Prix NUNC 2018) e *Filamenti* (Einaudi 2020). Ha curato e tradotto l'antologia *Nuovi Poeti Americani* (Einaudi) e *Non separare il no dal sì* (Ponte alle Grazie), una scelta di poesie di Paul Celan. Con Antonella Anedda ha pubblicato *Poesia come ossigeno. Per un'ecologia della parola* (Chiarelettere). Sue poesie sono tradotte in più di quindici lingue e ha partecipato a importanti festival italiani e internazionali. Insegna Scrittura a NYU Florence.

Elisa Biagini has published eight poetry collections including *L'Ospite* (Einaudi, 2004), *Fiato. parole per musica* (Edizionidif, 2006), *Nel Bosco (*Einaudi, 2007), *The guest in the wood* (Chelsea editions, 2013/2014 Best Translated Book Award), *Da una crepa* (Einaudi 2014; in the USA: Xenos Books 2017; in France: Cadastre8zero 2018 - Prix NUNC 2018) and *Filamenti* (Einaudi 2020). She also curated and translated the *Nuovi Poeti Americani* (Einaudi) anthology and *Non separare il no dal sì* (Ponte alle Grazie), a selection of Paul Celan's poetry. With Antonella Anedda she published *Poesia come ossigeno. Per un'ecologia della parola* (Chiarelettere). Her poems have been translated into over fifteen languages and she has taken part in a number of important Italian and international festivals. She teaches Writing at NYU Florence.

Evie Shockley

poetessa / poetess

Evie Shockley è autrice di diverse raccolte di poesia, fra le quali le più recenti sono *The New Black* (2011) e *Semiautomatic* (2017); entrambi i libri hanno vinto lo Hurston/Wright Legacy Award e il secondo è stato finalista del Premio Pulitzer e del LA Times Book Prize. Suoi lavori sono stati pubblicati o sono di prossima pubblicazione in numerose antologie tra cui *The Best American Poetry* (2015 e 2021), *African American Poetry: 250 Years of Struggle and Song* (2020) di Library of America e *The 1619 Project: A New Origin Story* (2021) del *New York Times*. Sue poesie sono apparse anche a livello internazionale in formato cartaceo e audio, in inglese e in traduzione. Evie Shockley ha collaborato a pubblicazioni multimediali, installazioni e performance con artisti come Christian McBride, Alison Saar, Marta Gentilucci, Jeff Tang e Danielle Bowman. Ha ricevuto il Lannan Literary Award for Poetry, lo Stephen Henderson Award, l'Holmes National Poetry Prize, oltre a borse di studio dal Radcliffe Institute for Advanced Study, MacDowell e Cave Canem. Insegna Inglese alla Rutgers University.

Evie Shockley is the author of several poetry collections, most recently *The New Black* (2011) and *Semiautomatic* (2017); both books won the Hurston/Wright Legacy Award, and the latter was a finalist for the Pulitzer Prize and the LA Times Book Prize. Her poetry is published or forthcoming in numerous anthologies, including *The Best American Poetry* (2015 and 2021), the Library of America's *African American Poetry: 250 Years of Struggle and Song* (2020), and the *New York Times*'s *The 1619 Project: A New Origin Story* (2021). Her work has also appeared internationally in print and audio formats, in English and in translation. Shockley has collaborated in multimedia publications, installations, and performances with such artists as Christian McBride, Alison Saar, Marta Gentilucci, Jeff Tang, and Danielle Bowman. She has received the Lannan Literary Award for Poetry, the Stephen Henderson Award, the Holmes National Poetry Prize, and fellowships from the Radcliffe Institute for Advanced Study, MacDowell, and Cave Canem. She is Professor of English at Rutgers University.

Irène Gayraud

poetessa / poetess

Nata a Sète (Francia) nel 1984, Irène Gayraud è poetessa, scrittrice e accademica. Ha al suo attivo quattro libri di poesia: *à distance de souffle, l'air* (Éditions du Petit Pois, 2014), *Voltes* (Al Manar, 2016), *Point d'eau* (Éditions du Petit Véhicule, 2017) e *Téphra* (Al Manar, 2019). Il suo primo romanzo, *Le livre des incompris*, è stato pubblicato nel 2019 da Maurice Nadeau. Le sue poesie sono comparse anche in diverse riviste francesi e internazionali (*À verse, Place de la Sorbonne, Verso, Sarrazine, AK4, Metrópolis, Mula Blanca, Lapsus, Mange Monde*...) e in progetti collettivi (*Zeitkunst, Zuffalstreffer, Liberté de créer, liberté de crier*...).
L'artista ha collaborato con Christophe Mileschi alla traduzione dell'opera poetica di Dino Campana (*Chants Orphiques et autres poèmes*, Point Poésie, 2016) ed è membro di Outranspo (Ouvroir de translation potencial). Recentemente ha dato alle stampe la prima traduzione in francese di un libro di poesia di Gabriela Mistral, poetessa cilena vincitrice del premio Nobel (*Essart*, Éditions Unes, 2021).
Irène Gayraud studia anche musica da vent'anni. Un interesse che l'ha portata a esplorare e sperimentare il rapporto tra musica e poesia, e a collaborare con diversi compositori contemporanei (Luis Codera Puzo, Helena Winkelman, Raphaël Lucas, Fernando Munizaga, Daniel Alvarado, Sergio Nuñez Meneses, Marta Gentilucci...). È autrice di un libretto d'opera, *Alexina B.*, per la compositrice spagnola Raquel Garcia Tomas, che debutterà al Gran Teatre del Liceu di Barcellona nel 2023. Dal 2018 è assistente alla cattedra di Letteratura comparata all'Università della Sorbona di Parigi.

Born in Sète (France) in 1984, Irène Gayraud is a poet, writer and academic. She has published four poetry books: *à distance de souffle, l'air* (Éditions du Petit Pois, 2014), *Voltes* (Al Manar, 2016), *Point d'eau* (Éditions du Petit Véhicule, 2017) and *Téphra* (Al Manar, 2019). Her first novel *Le livre des incompris* was published in 2019 by Maurice Nadeau. She has also published poems in several French or international magazines (*À verse, Place de la Sorbonne, Verso, Sarrazine, AK4, Metrópolis, Mula Blanca, Lapsus, Mange Monde*...), and in collective projects (*Zeitkunst, Zuffalstreffer, Liberté de créer, liberté de crier*...).
She collaborated with Christophe Mileschi to translate Dino Campana's poetical work (*Chants Orphiques et autres poèmes*, Point Poésie, 2016), and is a member of Outranspo (Ouvroir de translation potencial). She has recently published the first translation in French of a poetry book written by the Chilean poet and Nobel Price winner Gabriela Mistral (*Essart*, Éditions Unes, 2021).
Irène Gayraud has also been studying music for twenty years. This interest has led her to explore and experience the relationship between music and poetry, and to collaborate with several composers of contemporary music (Luis Codera Puzo, Helena Winkelman, Raphaël Lucas, Fernando Munizaga, Daniel Alvarado, Sergio Nuñez Meneses, Marta Gentilucci...). She wrote an opera libretto, *Alexina B.*, for the Spanish composer Raquel Garcia Tomas, which will premiere in the Barcelona Gran Teatre del Liceu in 2023. Since 2018, she is Assistant Professor of Comparative literature at Sorbonne Université in Paris.

Shara McCallum

Originaria della Giamaica, con padre giamaicano e madre venezuelana, Shara McCallum è autrice di sei libri pubblicati negli Stati Uniti e nel Regno Unito, tra cui il più recente *No Ruined Stone*. Le poesie e i saggi della McCallum sono apparsi in riviste, antologie e libri di testo negli Stati Uniti, nei Caraibi, in America Latina, Europa e Israele. *La historia es un cuarto/History is a Room*, antologia di poesie selezionate dai suoi sei libri e tradotte in spagnolo da Adalber Salas Hernández, è stata pubblicata nel 2021 in Messico da Mantis Editores. Oltre allo spagnolo, le sue poesie sono state tradotte in italiano, francese, rumeno, turco e olandese e musicate dai compositori Marta Gentilucci e Gity Razaz. Tra i riconoscimenti per il suo lavoro si contano la Medaglia d'Argento Musgrave del governo giamaicano per meriti eccezionali nel campo della letteratura, l'OCM Bocas Poetry Prize per il suo precedente libro, *Madwoman*, una Witter Bynner Fellowship dalla Biblioteca del Congresso degli Stati Uniti, un National Endowment for the Arts Fellowship in Poetry, il Premio Oran Robert Perry Burke per la saggistica e il Premio Agnes Lynch Starrett per il suo primo libro, *The Water Between Us*. McCallum tiene letture, conferenze e workshop in università e festival letterari negli Stati Uniti e a livello internazionale, e ha insegnato scrittura creativa e letteratura in vari atenei. Attualmente fa parte della facoltà del Pacific Low-Residency MFA ed è Edwin Erle Sparks Professor di Inglese alla Penn State University. Shara McCallum è stata nominata Penn State Laureate per il 2021/'22.

From Jamaica, and born to a Jamaican father and Venezuelan mother, Shara McCallum is the author of six books published in the US & UK, including most recently *No Ruined Stone*. McCallum's poems and essays have appeared in journals, anthologies, and textbooks throughout the US, Caribbean, Latin America, Europe, and Israel. *La historia es un cuarto/History is a Room*, an anthology of poems selected from across her six books and translated into Spanish by Adalber Salas Hernández, was published in 2021 by Mantis Editores in Mexico. In addition to Spanish, her poems have been translated into Italian, French, Romanian, Turkish, and Dutch and have been set to music by composers Marta Gentilucci and Gity Razaz. Awards for McCallum's work include the Silver Musgrave Medal, for outstanding merit in the field of literature, from the Jamaican government; the OCM Bocas Poetry Prize for her previous book *Madwoman*; a Witter Bynner Fellowship from the US Library of Congress; a National Endowment for the Arts Fellowship in Poetry; the Oran Robert Perry Burke Award for Nonfiction; and the Agnes Lynch Starrett Prize for her first book *The Water Between Us*. McCallum delivers readings, lectures, and workshops at universities and literary festivals in the US and internationally and has taught creative writing and literature at various universities. She is presently on the faculty of the Pacific Low-Residency MFA and is an Edwin Erle Sparks Professor of English at Penn State University. McCallum was appointed the 2021/'22 Penn State Laureate.

Sequenza 9.3

ensemble vocale / vocal ensemble

Sequenza 9.3 è un ensemble vocale composto da solisti professionisti. Sebbene, da una parte, il loro percorso artistico attraversi i palcosceni-ci dell'opera lirica, hanno scelto tutti di servire e condividere con passione l'arte vocale contemporanea. La qualità vocale e la dimensione artistica di ogni componente, la precisione che raggiungono, il loro impegno incrollabile all'interno di Sequenza 9.3, sotto la direzione di Catherine Simonpietri, hanno contribuito a regalare forma e raffinatezza alle loro performance. Dal 1998, Sequenza 9.3 ha interpretato oltre sessanta creazioni di Philippe Hersant, Ondrej Adàmek, Alessandros Markeas, Eric Tanguy, Dai Fujikura, David Neerman, Juste Janulyte, Esa-Pekka Salonen, Aurélien Dumont, Edith Canat de Chizy, Patrick Burgan, Vincent Paulet, Suzanne Giraud, Thierry Escaich, Stéphane Leach, Laurent Durupt e Alexandre Gasparov. Con ormai vent'anni di esperienza, l'ensemble vocale Sequenza 9.3 è riconosciuto per l'eccellente livello artistico, come testimoniano gli inviti a esibirsi nei più rinomati festival e sale da concerto internazionali.

Sequenza 9.3 is a vocal ensemble consisting of singers who are professional soloists. While their artistic journey crosses the lyric opera scene, they have all chosen to serve and share contemporary vocal art with passion. The vocal quality and the artistic dimension of each member, the precision they achieve, their faithful engagement within Sequenza 9.3 under the direction of Catherine Simonpietri, have contributed to give form and finesse to the interpretations of the ensemble. Since 1998, Sequenza 9.3 has interpreted more than sixty creations by Philippe Hersant, Ondrej Adàmek, Alessandros Markeas, Eric Tanguy, Dai Fujikura, David Neerman, Juste Janulyte, Esa-Pekka Salonen, Aurélien Dumont, Edith Canat de Chizy, Patrick Burgan, Vincent Paulet, Suzanne Giraud, Thierry Escaich, Stéphane Leach, Laurent Durupt, and Alexandre Gasparov. With its twenty years of experience, the Sequenza 9.3 vocal ensemble is recognized for its high artistic standards as testified by invitations to the most renowned international festivals and concert halls.

Catherine Simonpietri

direttrice / conductor

Nata nel 1969, Catherine Simonpietri si diploma in musica all'età di vent'anni. Appassionata di direzione corale, continua gli studi con Pierre Cao al Regio Conservatorio del Granducato di Lussemburgo, dove riceve il primo premio di direzione corale. In Belgio, alla Scuola corale internazionale, è votata all'unanimità per il primo premio. Sotto la guida di Frieder Bernius, direttore del Kammerchor e della Barockorchester di Stoccarda, continua a perfezionarsi e ottiene il diploma di direzione di coro a Parigi. Ha inoltre partecipato a numerose master class di direzione con John Poole, Erik Ericsson, Hans Michael Beuerle e Michel Corboz. Animata da una grande passione per le arti contemporanee, Catherine Simonpietri fonda nel 1998 l'ensemble vocale professionale Sequenza 9.3, dando vita a un raffinato forum musicale, aperto alle diverse estetiche del XX secolo. Ha diretto la creazione di opere di numerosi compositori, tra cui Philippe Hersant, Ondrej Adàmek, Alexandros Markeas, Eric Tanguy, Lucia Ronchetti, Dai Fujikura, David Neerman, Juste Janulyte, Esa-Pekka Salonen, Aurélien Dumont, Edith Canat de Chizy, Patrick Burgan, Vincent Paulet, Suzanne Giraud, Thierry Escaich, Laurent Durupt, Alexandre Gasparov, Baptiste Trotignon, Thomas Lacôte, Régis Campo, Robert Ingari ed Eric Lebrun. Responsabile dei corsi al CNSMDP, qui ha diretto varie esibizioni dal 2001, tra cui le opere di Bach, Haendel e Stravinsky. È anche Professoressa di Direzione corale al Conservatorio Nazionale di Aubervilliers/La Courneuve. È stata invitata a dirigere il National Chamber Choir in Irlanda, il Coro da Camera del Québec e il Coro Arsys Bourgogne. Dal 2010, Catherine Simonpietri è Professoressa di Direzione corale del Pôle Sup'93 (Centro superiore di formazione musicale).

Born in 1969, Catherine Simonpietri received her Music Degree at the age of twenty. With a passion for choral direction, she continued her studies with Pierre Cao at the Royal Conservatory of the Grand Duchy of Luxembourg where she received first prize for choral direction. At the International Choral School in Belgium, she was unanimously voted for first prize. Under the supervision of Frieder Bernius, director of the Kammerchor and of the Stuttgart Barockorchester, she continued her education and obtained a Choir Direction Degree in Paris. She also participated in numerous directorial master classes with John Poole, Erik Ericsson, Hans Michael Beuerle and Michel Corboz. With a great passion for the contemporary arts Catherine Simonpietri created the professional vocal ensemble Sequenza 9.3 in 1998. Here she developed a refined musical forum open to different aesthetics of the 20th century. She has directed the creation of works by numerous composers, among whom Philippe Hersant, Ondrej Adàmek, Alexandros Markeas, Eric Tanguy, Lucia Ronchetti, Dai Fujikura, David Neerman, Juste Janulyte, Esa-Pekka Salonen, Aurélien Dumont, Edith Canat de Chizy, Patrick Burgan, Vincent Paulet, Suzanne Giraud, Thierry Escaich, Laurent Durupt, Alexandre Gasparov, Baptiste Trotignon, Thomas Lacôte, Régis Campo, Robert Ingari, and Eric Lebrun. Head of courses at CNSMDP, she has conducted numerous performances there since 2001 including the works of Bach, Haendel, and Stravinsky. She is also Professor of Choral direction at the National Conservatory in Aubervilliers/La Courneuve. She has been invited to conduct the National Chamber Choir in Ireland, the Chamber Choir in Québec, and the Arsys Bourgogne Choir. Since 2010, Catherine Simonpietri has been Professor of Choral direction of the Pôle Sup'93 (Centre of higher education in music).

Antonello Pocetti

regista / director

Attore e regista, inizia i suoi studi teatrali nel 1995 con Daniele Ruzzier. Nel 2006 si diploma in recitazione nella scuola Teatro del Navile di Bologna. Nello stesso anno è diretto da Giuseppe Bertolucci e Luisa Grosso in *Ritratto del Novecento* di Edoardo Sanguineti. Dal 2007 collabora con il coro Arcanto e AngelicA, Festival di musica contemporanea, firmando le regie delle *Musiche di scena* di Giovanna Marini. Nel 2008 firma la regia di *Lezioni di Tenebre* della poetessa Patrizia Valduga. Nel 2012 si specializza in Regia Teatrale alla "Paolo Grassi" di Milano. Negli anni si specializza nella didattica del teatro, facendo numerosi laboratori in diverse scuole e vincendo nel 2015 il Premio Teatrale Raoul Grassilli. Nello stesso anno è attore e regista in *Sono Pasolini*, portato in scena al Festival Voix des Femmes in Belgio e Vie Festival di teatro contemporaneo. Nel 2016 è tra i tre finalisti del concorso Opera Oggi del circuito Opera Lombardia. Nel 2017 vince la selezione alla Biennale College Musica per libretto e regia dell'opera *La Stessa Barca* con le musiche di Raffaele Sargenti e la scenografia di Antonino Viola. Torna alla Biennale Musica, in coppia con Viola, nel 2019 per la regia di *Come foglia Opaca* di Filippo Perocco e *The Pirate Who Does Not Know the Value of Pi* di Lucia Ronchetti, entrambe commissionate dalla Biennale di Venezia. Nel 2021, sempre per la Biennale Musica, firma la regia di *moving still - processional crossingss* di Marta Gentilucci.

Actor and director, Pocetti began his theatrical studies in 1995 with Daniele Ruzzier. In 2006 he graduated in acting at the Teatro del Navile school in Bologna. In the same year he was directed by Giuseppe Bertolucci and Luisa Grosso in *Ritratto del Novecento* by Edoardo Sanguineti. Since 2007 he has collaborated with the Arcanto choir and AngelicA Contemporary Music Festival, directing Giovanna Marini's scene music. In 2008 he directed the poet Patrizia Valduga's *Lezioni di Tenebre*. In 2012 he specialized in Theater Direction at the Paolo Grassi in Milan. Over the years he has specialized in theater teaching, doing numerous workshops in different schools and winning the Raoul Grassilli Theater Award in 2015. In the same year he was an actor and director in *Sono Pasolini*, staged at the Voix des Femmes festival in Belgium and Vie Festival of contemporary theater. In 2016 he was among the three finalists of the Opera Oggi competition of the Opera Lombardia circuit. In 2017 he won the selection at the Biennale College Musica for the libretto and direction of the opera *La Stessa Barca* with music by Raffaele Sargenti and scenography by Antonino Viola. He returned to the Biennale Musica with Antonino Viola in 2019 for the direction of *Come Foglia Opaca* by Filippo Perocco and *The Pirate Who Does Not Know the Value of Pi* by Lucia Ronchetti, both new commissions of La Biennale di Venezia. In 2021, again for the Festival of the Biennale Musica, he directs *moving still - processional crossingss* by Marta Gentilucci.

Maria Grazia Chiuri

costumista / costume designer

Maria Grazia Chiuri nasce a Roma, dove si forma all'Istituto Europeo di Design. Fendi è tra le sue esperienze fondamentali. Approda da Valentino nel 2008 dove diventa direttore creativo. Dal 2016 è Direttore Artistico per Dior per le linee donna Haute Couture, prêt-à-porter, accessori. Maria Grazia Chiuri è riconosciuta a livello internazionale come una delle protagoniste più influenti della moda contemporanea per come ha saputo interpretare una nuova generazione di donne consapevoli. Chiuri crede nella cultura, nell'arte come forma di attivismo e di condivisione dei saperi per la crescita individuale e collettiva.

La collaborazione con Lucia Ronchetti nasce in occasione della presentazione a Parigi della collezione Primavera/Estate 2021 in ideale colloquio con lavoro di Chiuri era *Sangu di rosa* di Ronchetti, ensemble femminile di dodici voci con testi tratti dai *Voceri*, repertori musicali associati alle cerimonie funebri in Corsica. Da questo incontro nasce il coinvolgimento per la progettazione di tutti gli abiti per l'opera processionale di Marta Gentilucci *moving still - processional crossingss* commissionata da Lucia Ronchetti per la Biennale Musica. Per Chiuri è la prima volta di un coinvolgimento così importante in una opera teatrale che diventa per lei occasione per riflettere sulla performatività della moda in relazione ai corpi, alla musica, alle parole.

Maria Grazia Chiuri was born in Rome, where she studied at Istituto Europeo di Design. Working at Fendi is among her fundamental experiences. She then arrived at Valentino where she became Creative Director in 2008. Since 2016 she has been Creative Director of women's haute couture, ready-to-wear and accessories collections for the House of Dior. Maria Grazia Chiuri is internationally recognized as one of the most influential personalities of contemporary fashion thanks to her ability to interpret a new generation of conscious women. Chiuri believes in culture, in art as a form of activism and in the sharing of knowledge for individual and collective growth.

The collaboration with Lucia Ronchetti started with the Spring-Summer 2021 ready-to-wear collection presentation in Paris. In ideal conversation with Chiuri's work was Ronchetti's *Sangu di rosa*, a choral work and female ensemble of twelve voices whose texts are taken from the *Voceri*, classical musical repertories associated with funeral ceremonies in Corsica. From this encounter came the involvement in the design of all the costumes for Marta Gentilucci's *moving still - processional crossingss* commissioned by Lucia Ronchetti for the Biennale Musica. For Chiuri, this is the first time she has had such an important involvement in a theatrical work that becomes an opportunity to reflect on the performativity of fashion in relation to bodies, music and words.

VALENTIN SILVESTROV (1937)
CANTI LITURGICI
per coro misto a cappella /
for mixed a cappella choir

Litania / Litany (8'47")
Canto natalizio / Christmas Song (1'36")
Canto ditirambico / Dithyrambic Song (1'28")
Canto dei cherubini / Cherubic Song (1'20")
Alleluia / Alleluia (1'45")
Benedici il Signore, anima mia /
Bless the Lord, o my soul (2'12")
Dio Santo / Holy God (1'32")
Credo / The Creed (9' 23")
Gloria / Gloria (1' 43")
Inno dei cherubini / Cherubic Hymn (2'27")
Beatitudini / The Beatitudes (4'40")
Ave Maria / Ave Maria (2'30")

2005 (40')

in collaborazione con / in collaboration with
Basilica e / and Procuratoria di / of San Marco

Concerto in occasione dei 1600 anni
dalla fondazione di Venezia (421-2021) /
Concert on the occasion of the 1600th anniversary
since the foundation of Venice (421-2021)

Cappella Marciana

Maria Chiara Ardolino, Caterina Chiarcos, Maria Clara Maiztegui *, Elena Modena, Zoya Tukhmanova
soprano
Maria Baldo, Silvia Alice Gianolla, Monica Serretti*, Annalisa Susanetti
contralto / alto
Marco Cisco, Enrico Imbalzano *, Riccardo Martin, Jesùs Rodil, Yiannis Vassilakis
tenori / tenor
Giovanni Bertoldi, Luca Scapin, Marcin Wyszkowski *, Nikolay Sharapov
basso / bass
* solista / solo

Marco Gemmani
maestro del coro / choirmaster

1600 VENEZIA
421 • 2021

23.09.2021 | H 21.00
Basilica di San Marco

Cappella Marciana

Valentin Silvestrov

"Se mi chiedeste il nome di un compositore contemporaneo, il primo che farei è quello di Silvestrov. Valentin è incondizionatamente il più interessante compositore contemporaneo, anche se la maggioranza è destinata a comprenderlo molto più tardi": con questo giudizio lusinghiero si esprimeva nel 2002 Arvo Pärt sul collega ucraino, figura di primo piano fin dagli anni Sessanta come esponente di spicco della cosiddetta "avanguardia di Kiev". Può sorprendere quell'opinione espressa da un mistico della musica tradizionalmente di poche parole e ancora più parco nei giudizi. Eppure sono molti gli elementi che legano queste due personalità, a cominciare dalle rispettive traiettorie esistenziali con più di un punto di contatto. È soprattutto la convergenza dei rispettivi linguaggi musicali, iniziati per entrambi nel solco dalle avanguardie del Secondo dopoguerra nel blocco dell'Est Europa, su modelli ispirati a purezza espressiva e semplicità formale.

Al contrario, non li accomuna l'attenzione alle composizioni corali, che in Pärt sboccia già a partire dalla fine degli anni Cinquanta e attraversa tutta la sua produzione musicale con numerosi lavori a cappella per varie formazioni. A comporre musica per coro Silvestrov arriva invece molto tardi. Il compositore ha alle spalle molta musica per pianoforte o cameristica, e numerosi lavori sinfonici, quando a partire dalla metà degli anni Novanta si dedica più frequentemente a lavori per coro – come il significativo *Requiem per Larissa* del 1995 dedicato alla memoria della moglie scomparsa – mentre risalgono a quasi vent'anni prima le esperienze delle *Silent Songs* del 1977 e della cantata a cappella su versi del poeta ucraino Taras Ševčenko.

Sono soprattutto le sollecitazioni di Mykola Hobdych, direttore di coro e fondatore del Coro da camera di Kiev nel 1990, a indurre Silvestrov a dedicarsi allo studio sistematico della musica per coro e ad approfondire la conoscenza della tradizione delle antiche litanie russo-ortodosse. Hobdych gli sottopone diverse partiture di musica liturgica di vari compositori e in una di queste Silvestrov scopre i testi integrali della divina liturgia di San Giovanni Crisostomo, il testo di celebrazione eucaristica co-

"If you were to ask me to name a contemporary composer, the first name that I would voice is the name of Silvestrov. Valentyn is unconditionally the most interesting contemporary composer, even if the majority are given to understand this much later...". In such flattering terms did Arvo Pärt in 2002 describe his Ukrainian colleague, a leading figure of the so-called "Kiev avant-garde" since the 1960s. Such an opinion, expressed by a musical mystic such as Arvo Pärt, a man of few words not given to expressing his opinion of other artists, might at first surprise. However, there are many things linking the two composers, not least their respective life histories, which have more than a little in common. But what links them most closely is the convergence of their musical languages: both have their roots in the East European avant-garde of the post second world war, based on models inspired by purity of expression and simplicity of form.

One thing the two composers do not share, however, is a focus on choral compositions, which in Pärt's case began in the 1950s and continues throughout his oeuvre with numerous a cappella works for different combinations of voices. Silvestrov, on the other hand, began to compose choral music only much later. The composer already had a wealth of music for piano and chamber music under his belt, as well as several symphonies, when in the mid-nineties he began to show a more frequent interest in choral music, one of the fruits of which was the significant *Requiem per Larissa* of 1995 dedicated to the memory of his deceased wife; his previous experiences of writing for the voice – the *Silent Songs* of 1977 and the earlier a cappella cantata on lines from the Ukrainian poet Taras Ševčenko – date from almost twenty years before.

It was primarily at the instigation of Mykola Hobdych, choir conductor and founder in 1990 of the Kiev Chamber Choir, that Silvestrov dedicated himself to the systematic study of choral music and to deepening his knowledge of the tradition of the ancient litanies of the Russian Orthodox Church. Hobdych suggested to him several scores of liturgical music by various composers, in one of which

munemente in uso nella Chiesa bizantina. "Non mi ero ancora fatto un'idea del quadro generale – racconta Silvestrov – ma la prima litania che ho letto mi ha dato un impulso iniziale immediato. L'ho toccato e quel testo ha iniziato a risuonare in me." Un'autentica folgorazione creativa, dunque, che consente a Silvestrov di completare i *Canti liturgici* nello spazio di poche settimane nel 2005. L'interesse del compositore per la liturgia di San Giovanni Crisostomo si inserisce in una lunga tradizione, che ha visto impegnati diversi compositori di primo piano nell'area slava e russofona in particolare. Fra i nomi più noti, quello di Michail Ivanovič Glinka, di Pëtr Il'ič Čajkovskij, autore di una *Liturgia di San Giovanni Crisostomo* per coro a cappella nel 1879 che fu causa di numerose controversie anche legali, e di Sergej Rachmaninov, la cui *Liturgia di San Giovanni Crisostomo op. 31* nel 1910 provocò il netto rifiuto delle autorità ecclesiastiche russo-ortodosse per l'accusa di modernismo. A differenza di tali precedenti e nonostante la composizione rifletta i passaggi fondamentali della liturgia ortodossa, i nove numeri musicali nei quali si articolano i *Canti liturgici* di Silvestrov non sono pensati per accompagnare l'ufficio religioso. Come anche la scelta del termine "Canti" nel titolo sembra suggerire, ancorché pura classificazione di genere, sono soprattutto espressioni di un riflesso interiore che si manifestano attraverso sonorità liriche e immateriali del coro, trattato come insieme di "solisti contenuti sul piano espressivo" (Silvestrov). Come ha scritto lo stesso compositore per descrivere il senso di quei canti, si tratta del "mondo che canta di se stesso". (*sn*)

Silvestrov came across the full texts of the Divine Liturgy of Saint John Chrysostom, in common use for the celebration of the Eucharist in the Eastern Orthodox Church. "About the general picture I had not yet made up my mind," recalls Silvestrov, "but the first litany I read gave me an initial impulse on the spot. I touched it and the text started to resonate in me." It was a true flash of creative inspiration that enabled Silvestrov to complete his *Liturgical Chants* in the space of only a few weeks in 2005.
Silvestrov's interest in the Liturgy of Saint John Chrysostom is part of a long tradition that numbers works by many composers of note, particularly from the Slav and Russian-speaking nations. Among the most famous are Michail Ivanovich Glinka, Pyotr Ilyich Tchaikovsky, whose *Liturgy of St. John Chrysostom* for a cappella choir in 1879 gave rise to several controversies and legal battles, and Sergei Vasilyevich Rachmaninoff, whose *Liturgy of St. John Chrysostom, Op. 31* of 1910 provoked an outcry on the part of the authorities of the Russian Orthodox Church, who refused to sanction its liturgical use on the grounds of its excessive modernism. Unlike its predecessors – and despite the fact that the work reflects the fundamental stages of the Orthodox liturgy – the nine musical numbers of Silvestrov's *Liturgical Chants* are not designed for use in the context of a religious service. As the choice of the term "Chants" – also a genre classification – in the work's title would suggest, these are above all expressions of inward reflection expressed in the lyrical, immaterial sounds of the choir, which is treated as a group of "expressively restrained soloists" (Silvestrov). The composer himself has described the sense of these "Chants" as "the world singing of itself". (*sn*)

Valentin Silvestrov

Liturgical Chants

---

1. Litany
Bless us, Lord. Amen.
We pray in the peace of the Lord. Lord, have mercy upon us.
For the peace of heaven and the salvation of our souls. Let us pray to the Lord.
For global peace, for the good condition of the holy places of worship, for the union of all. Let us pray to the Lord.
For this holy temple and those who enter it with faith and godliness and piety. Let us pray to the Lord.
For the holy patriarchs of the Orthodox, an honest presbytery, a diaconia in Christ, for all purposes and for the people.
Let us pray to the Lord.
For our God-loving dn God-given Ukraine, for its government and army. Let us pray to the Lord.
For our Kiev, for every town and every country and for those who live in them in faith. Let us pray to the Lord.
For a good policy and harvest of fruits of the earth, and for times of peace. Let us pray to the Lord.
For the travellers, both by sea and land, and in the air, for the sick, for the poor and the enslaved, for their salvation.
Let us pray to the Lord.
To be delivered of all worries, wrath, deprivation. Let us pray to the Lord.
Stand up for us, save us, have mercy on us, and protect us, God, with your grace.
For our holy, pure, blessed, glorious Mother of God, our Lady, everlasting Virgin Mary, in remembrance of all saints, everyone for himself and all for one another, our whole life dedicated to Christ and God.
To you, Lord. Amen.

2. Four Spiritual Songs

Christmas Song
Oh, on the river, the Jordan,
there tunicles were washed. Alleluia.
There tunicles were washed,
and His Son was swaddled. Alleluia.
Three angels came flying
and took Jesus to Heaven. Alleluia.
And the skies opened,
and all Saints worshiped. Alleluia.
Oh, on the river, the Jordan,
there tunicles were washed. Alleluia.

There tunicles were washed,
and His Son was swaddled. Alleluia.

Dithyrambic Song

Glory to the Father and the Son and the Holy Spirit, glory!
Glory to the Father and the Son and the Holy Spirit,
now and forever and to the ages of ages. Amen.

Cherubic Song

We, who mystically represent the Cherubim, and who sing to the Life-Giving the holy hymn,
let us now lay aside all earthly cares, that we may receive the King of all,
escorted invisibly by the angelic orders.
Alleluja.

Alleluja

Alleluja

Bless the Lord, o my Soul

Bless the Lord, o my soul; and all that is within me, bless his holy name.
Bless the Lord, o my soul, and do not forget what he has done you good:
Who forgiveth all thine iniquities; who healeth all thy diseases:
who redeemeth thy life from destruction; who crowneth thee with lovingkindness and tender mercies.
The Lord is merciful and gracious, slow to anger, and plenteous in mercy.
Bless the Lord, o my soul, and all that is within me, his holy name.
Praise be to You, Lord.

O Holy God

O Holy God, Holy and Strong, Holy Immortal, have mercy upon us.
Glory to the Father and the Son and the Holy Spirit, now and forever and to the ages of ages. Amen.
O Holy God, Holy and Strong, Holy Immortal, have mercy upon us.

Credo

We believe in one God, the Father Almighty, Maker of heaven and earth, and of all things visible and invisible.
And in one Lord Jesus Christ, the only-begotten Son of God, begotten of the Father before all worlds,
Light of Light, very God of very God, begotten, not made, being of one substance with the Father; by whom all things were made.
Who for us men, and for our salvation, came down from heaven, and was incarnate by the Holy Ghost and of the Virgin Mary, and was made man;
He was crucified for us under Pontius Pilate, and suffered, and was buried, and the third day he rose again, according to the Scriptures, and ascended into heaven, and sitteth on the right hand of the Father; from hence he shall come again. with glory, to judge the quick and the dead; whose kingdom shall have no end.

And in the Holy Ghost, the Lord and Giver of life, who proceedeth from the Father, who with the Father and the Son together is worshiped and glorified, who spoke by the prophets.
In one holy catholic and apostolic Church; we acknowledge on baptism for the remission of sins; we look for the resurrection of the dead, and the life of the world to come. Amen.

Gloria
Glory to the Father and the Son and the Holy Spirit, now and forever and to the ages of ages. Amen.

Cherubic Song
We, who mystically represent the Cherubim, and who sing to the Life-Giving Trinity the thrice-holy hymn, let us now lay aside all earthly cares that we may receive the King of all, escorted invisibly by the angelic orders.
Alleluja.

The Beatitudes
Blessed are the poor in spirit: for theirs is the kingdom of Heaven.
Blessed are those who mourn: for they will be comforted.
Blessed are the meek: for they will inherit the earth.
Blessed are those who hunger and thirst for righteousness: for they will be filled.
Blessed are the merciful: for they will be shown mercy.
Blessed are the pure in heart: for they will see God.
Blessed are the peacemakers: for they will be called children of God.
Blessed are those who are persecuted for righteousness sake: for theirs is the kingdom of heaven.
Blessed are you when others revile you and persecute you and utter all kinds of evil against you falsely on my account.
Rejoice and be glad, for your reward in heaven is great. Amen.

Ave Maria
Ave Maria, with my prayer, I bow to you, to the Advocate of the Saints.
Ave Maria, give us strength, give us happiness, faith and hope.
Ave Maria.

Valentin Silvestrov

compositore / composer

Valentin Silvestrov nasce a Kiev nel 1937 e studia pianoforte alla Kiev Evening Music School, poi composizione, armonia e contrappunto al Conservatorio Čajkovskij. Sin da subito è attento ai nuovi approcci compositivi e la sua carriera si contraddistinse sempre per un lirismo individuale. Silvestrov fu uno dei primi compositori dell'ex Unione Sovietica ad accantonare i gesti stereotipati dell'ultima avanguardia post-bellica. Affermò: "La lezione più importante dell'avanguardia è stata quella di liberarci da tutte le idee preconcette - in particolare quelle dell'avanguardia". Una prospettiva che portò allo sviluppo di uno stile che Silvestrov avrebbe chiamato "metaforico" o "meta-musica". Su "Gramophone" si legge: "La cultura russa ha la tradizione dell'artista genio autodidatta, la cui opera trascende la cultura del suo tempo - Dostoevskij, Tolstoj, Mussorgsky sono i primi esempi. Un modello trascendentale a cui attingono i contemporanei di Silvestrov per descrivere la sua opera". Il defunto Alfred Schnittke definì Silvestrov "il più grande compositore della nostra generazione".

Valentin Silvestrov was born in 1937, in Kiev. He studied piano at Kiev Evening Music School, then composition, harmony and counterpoint at the Tchaikovsky Conservatory. He was alert from the outset to new compositional approaches, and an individual lyricism has been a hallmark of his work through his career. Silvestrov was one of the first composers from the former Soviet Union to cast aside stereotypical forms of the later post-war avant-garde. He said: "The most important lesson of the avant-garde was to be free of all preconceived ideas – particularly those of the avant-garde." This perspective led to the development of a musical language that Silvestrov would come to call his "metaphorical style" or "meta-music." "Gramophone" has written: "There is a tradition in Russian culture of the autodidactic artist genius whose work transcends the culture of his time – Dostoevsky, Tolstoy, Mussorgsky being prime examples. This transcendental model is what Silvestrov's contemporaries draw on when they describe his work." The late Alfred Schnittke called Silvestrov "the greatest composer of our generation."

Cappella Marciana

coro / choir

La Cappella Marciana discende direttamente dall'antica Cappella della Serenissima Repubblica in San Marco ed è stata la cappella del doge di Venezia per cinque secoli. I primi documenti che attestano la presenza di una formazione vocale attiva presso la Cappella Ducale di Venezia risalgono al 1316, per cui si può affermare che la Cappella Marciana è una delle più antiche istituzioni musicali che vi siano al mondo. Un altro elemento di rilievo è costituito dall'enorme quantità di opere musicali nate nei secoli per essere eseguite dalla Cappella Marciana nella Basilica Ducale. La produzione dei circa duecento maestri operanti nella Basilica supera abbondantemente quella di tutte le altre istituzioni musicali del globo. La particolare posizione geopolitica di Venezia, la continua serie di scambi con le varie culture europee e mediterranee, resero la Cappella di San Marco un punto di riferimento universalmente riconosciuto per un lungo lasso di tempo, il che contribuì a rendere la Serenissima una delle capitali mondiali della musica. Ma la funzione propositrice di idee sempre nuove rimarrà anche in seguito una costante della Cappella Marciana. Questa singolare formazione è una delle poche rimaste a eseguire regolarmente polifonia durante l'ufficio liturgico, in continuità con la propria tradizione. Da secoli essa presenzia regolarmente alle funzioni della Basilica senza soluzione di continuità. Da qualche tempo i suoi maestri si sono dedicati al recupero delle opere scritte anticamente per questa cappella, per cui chi entra nella basilica dorata può ascoltare musica che ha qualche secolo di vita ma anche opere che hanno pochi giorni.

Cappella Marciana is the direct descendant of the Cappella della Serenissima Repubblica in San Marco and was the Venetian Doge's chapel for five centuries. The first documents testifying to the presence of a vocal formation active at the Venice Doge's Palace date to 1316 and Cappella Marciana can thus be said to be one of the oldest music institutions in the world. A further element of interest is the enormous volume of musical work composed over the centuries to be performed at Cappella Marciana in the Doge's Palace. The volume of work produced by the around two hundred musicians working in the Basilica is vastly greater than those of all other world music institutions. Venice's specific geopolitical location, and its ongoing exchange with the various European and Mediterranean cultures, made the San Marco chapel a universally acknowledged benchmark for a long period of time, contributing to making the Serenissima Republic one of the world capitals of music. But its function as crucible of constantly new ideas has remained a constant in Cappella Marciana's future, too. This singular formation is one of very few still to be regularly performing polyphonic music during mass in accordance with a still living tradition. It has been accompanying religious services regularly for centuries without a break. For some time now its choirmasters have focused on reintroducing work written historically for this chapel meaning that anyone coming to this golden basilica can listen to music several centuries old as well as music written a few days ago.

Marco Gemmani

maestro del coro / choirmaster

Manifesta sin da piccolo spiccate doti musicali e conclude precocemente gli studi accademici in Conservatorio. Come violinista è tra i fondatori dell'Accademia Bizantina, collaborando dapprima con Carlo Chiarappa e in seguito con Ottavio Dantone. Nel 1991 è nominato Maestro di Cappella della Cattedrale di Rimini e nel 2000 è chiamato a dirigere la Cappella della Basilica di San Marco a Venezia, carica che detiene tuttora. Tale incarico, alla guida di una delle più importanti istituzioni musicali del mondo, che ebbe maestri illustri come Adrian Willaert, Andrea Gabrieli, Giovanni Gabrieli, Claudio Monteverdi, Francesco Cavalli, Antonio Lotti, Baldassare Galuppi e Lorenzo Perosi, lo ha portato ad approfondire il repertorio musicale veneziano divenendone uno dei massimi esperti. Le continue esecuzioni della Cappella Marciana, durante le funzioni liturgiche di tutto l'anno, sono divenute ormai un punto fermo per chi vuole ascoltare musica di rara bellezza nella splendida cornice dorata della Basilica di San Marco. Oltre all'intensa attività liturgica e alcuni concerti in Basilica, incide CD e porta la Cappella Marciana a esibirsi in numerose sedi europee. Dopo aver insegnato in diverse istituzioni musicali italiane, è tuttora docente di Direzione di Coro e Composizione Corale presso il Conservatorio "Benedetto Marcello" di Venezia. Direttore, musicologo, ricercatore, curatore di mostre, autore di numerose trascrizioni musicali inedite di cui è revisore ed editore, è un musicista a 360 gradi, attivo sia come compositore sia come interprete. Alla guida della Cappella Marciana ha recentemente ottenuto il primo premio nella categoria Early Music dei prestigiosi International Classical Music Awards con il CD *Willaert e la Scuola Fiamminga a San Marco*.

Marco showed marked musical talent from a very early age and finished his academic studies at the conservatory early. As a violinist he was one of Accademia Bizantina's founders, working first with Carlo Chiarappa and later with Ottavio Dantone. In 1991 he was nominated chapel master first at Rimini Cathedral and then, in the year 2000, at Cappella della Basilica di San Marco in Venice, a post he still holds. This post, at the helm of one of the world's most important musical institutions, has been occupied by illustrious musicians such as Adrian Willaert, Andrea Gabrieli, Giovanni Gabrieli, Claudio Monteverdi, Francesco Cavalli, Antonio Lotti, Baldassare Galuppi and Lorenzo Perosi, and has prompted him to deepen his knowledge of the Venetian music repertoire and become one of its greatest experts. Cappella Marciana's constant performances throughout religious ceremonies year round are now a must for anyone wanting to hear music of great beauty against the splendid gilded backdrop of Basilica di San Marco. In addition to prolific religious ceremony accompaniment and a number of concerts at the Basilica, he has also recorded CDs and taken the Cappella Marciana to perform in a great many European towns and cities. He has taught at a range of Italian music institutions and currently teaches choir leading and choral composition at the Venice Conservatorio "Benedetto Marcello". Conductor, musicologist, researcher, exhibition curator and author of many previously unseen music transcriptions which he has revised and edited, Marco is an all-round musician in both composition and performance. At the helm of Cappella Marciana he has recently won first prize in the prestigious International Classical Music Awards' Early Music category with the *Willaert e la Scuola Fiamminga a San Marco* CD.

foto di / photo by Sakari Röystö

24.09.2021 | H 11.00
Conservatorio di Musica
"Benedetto Marcello"

Kaija Saariaho
Aleksi Barrière

Incontri

INCONTRI / TALKS

KAIJA SAARIAHO
e / and ALEKSI BARRIÈRE
MUSICA IN DIALOGO /
MUSIC IN DIALOGUE

Aleksi Barrière, insieme con il direttore d'orchestra Clément Mao-Takacs, cura la direzione artistica della compagnia di teatro musicale La Chambre aux échos, una realtà intermedia tra l'ambito teatrale e quello musicale. Nel corso della sua duplice formazione, teatrale e filosofica, ha studiato prima all'Università Panthéon-Sorbonne di Parigi e poi alla facoltà di Teatro dell'Accadema di Arti Performative di Praga e all'Università di Nanterre. Il suo percorso si è arricchito grazie alle esperienze come assistente di registi quali Sarah Méadeb e Peter Sellars, come drammaturgo con la compagnia T&M-Paris e come drammaturgo e scenografo presso la compagnia Image Auditive. Con La Chambre aux échos, da più di dieci anni, Barrière sviluppa un teatro che prende forma attraverso l'incontro tra artisti, l'attrito di materiali e le interfacce mobili che connettono media diversi tra loro. Per la stessa compagnia ha lavorato a produzioni come *Give Me A Few Words* (2017) per attrice solista, e le opere da camera *Tu ne dois pas garder la nuit en toi* (2013) con musiche di Mahler e Wagner, *La Passion de Simone* (2013) di Kaija Saariaho e *La Guerre, Très Loin* (2015) tratta da sette cantate di Hanns Eisler. Ha lavorato anche ad opere senza cantanti, come *Graal Théâtre* (2018) basato sul *Concerto per Violino* di Kaija Saariaho e *Violences* (2019) su brani di Juha T. Koskinen e Hans Werner Henze. Le produzioni della compagnia sono state presentate in molti teatri, teatri d'opera, festival e concerti in Francia, Europa e negli Stati Uniti. Aleksi Barrière lavora regolarmente anche come regista ospite. I suoi testi sono stati messi in musica da compositori quali Kaija Saariaho, Diana Syrse, Juha T. Koskinen e Clément Mao-Takacs.

Aleksi Barrière, with conductor Clément Mao-Takacs, is a co-Artistic Director of the music theatre company La Chambre aux échos, operating at the intersection of theatre and music. His twofold training in theatre and philosophy took him from the Université de Panthéon-Sorbonne in Paris to the Theatre Faculty of Prague, and the Université de Nanterre. This training was also enriched by his experiences as an assistant to directors Sarah Méadeb and Peter Sellars, as a dramaturge with the company T&M-Paris, and as a dramaturge and scenographer for the company Image Auditive. With La Chambre aux échos, Aleksi Barrière has been developing for over ten years a theatre whose forms are created through the encounter between artists, the friction of materials, and the moving interfaces between media. For the same company he developed productions such as the one-woman show *Give Me A Few Words* (2017), and the chamber operas *Tu ne dois pas garder la nuit en toi* (2013), which included compositions by Mahler and Wagner, Kaija Saariaho's *La Passion de Simone* (2013), *La Guerre, Très Loin* (2015) after seven cantatas by Hanns Eisler, as well as operas without singers such as *Graal Théâtre* (2018) with Saariaho's *Violin concerto* set on stage, and *Violences* (2019) on works by Juha T. Koskinen and Hans Werner Henze. The company's work has been presented in various theatres, opera houses, festivals and concert halls in France, Europe and the US. Aleksi Barrière also works on a regular basis as a guest stage director. His texts have been set to music by composers such as Kaija Saariaho, Diana Syrse, Juha T. Koskinen and Clément Mao-Takacs.

KAIJA SAARIAHO (1952)
RECONNAISSANCE
Rusty Mirror Madrigal
per coro, percussioni e contrabasso / for choir, percussion and double bass
libretto di / text by Aleksi Barrière

2019 (20')

prima assoluta / world premiere

commissione / commissioned by accentus, November Music Festival, Donaueschinger Musiktage e / and Palau de la Musica

SIVAN ELDAR (1985)
AFTER ARETHUSA
per coro e / for choir and live electronics

2019 (10')

libretto di / text by Cordelia Lynn

prima assoluta / world premiere
commissione / commissioned by accentus

KAIJA SAARIAHO (1952)
TAG DES JAHRS
per coro e / for choir and live electronics

2001 (15')

prima italiana / Italian premiere

SYLVANO BUSSOTTI (1931)
PER 24 VOCI ADULTE O BIANCHE
(da / from "Cinque frammenti all'Italia")

1967 (7')

accentus

Sophie Boyer, Laurence Favier Durand, Ellen Giacone*, Sophie Husson, Charlotte Plasse, Kristina Vahrenkamp
soprano
Caroline Chassany, Maria Kondrashkova, Valérie Rio, Émilie Nicot*, Guilhem Terrail*, Thi-Lien Truong
contralti / alto
Camillo Angarita, Antoine Chewnuet, Jean-François Chiama, Maciej Kotlarski, Benoît-Joseph Meier*, Pierre Ribémont
tenori / tenor
Jean-Baptiste Alcouffe, Sébastien Brohier*, Pierre Corbel, Grégoire Fohet-Duminil, Jean-Christophe Jacques, Laurent Slaars
bassi / bass
* solista / solo

Marcus Creed
direttore / conductor

Laurène Durantel
contrabbasso / double bass
Matthieu Chardon
percussioni / percussion
Martin Antiphon
proiezione del suono / sound projecton

24.09.2021 | H 18.00
Arsenale, Teatro alle Tese (III)

accentus

Kaija Saariaho
Sivan Eldar
Sylvano Bussotti

La parola *reconnaissance* contiene due idee contraddittorie: il significato inglese di "ricognizione" o eroica esplorazione militare dell'ignoto, immediatamente smentito dal significato francese di "riconoscimento" o riscoperta di ciò che già conoscevamo – magari la nostra stessa perturbante immagine allo specchio. Le immagini in alta definizione che oggi possediamo degli aridi paesaggi del pianeta Marte, un tempo coperti di fiumi e oceani che forse ospitavano la vita, suscitano alla mente la stessa impressione contraddittoria, simile alla contemplazione metafisica che devono aver sperimentato gli ascoltatori del Quattrocento di fronte all'immaginario apocalittico dei madrigali di scuola franco-fiamminga. È stato questo paragone a stimolare l'idea di un "madrigale fantascientifico" che colleghi due generi esistenzialmente molto affini tra loro. La musica corale mette infatti in relazione le voci individuali con un destino collettivo, dissolvendo i confini tra chi dice "io" e chi dice "noi". Categorie che vanno completamente in frantumi nella nostra epoca, ora che la prima volta siamo spinti a riflettere, oltre le nostre identità ben definite, su ciò che ci unisce *come specie*, forse investita di un destino comune o forse del tutto priva di futuro. Attraverso soluzioni creative che mettono musicalmente in discussione la natura stessa di un coro, la partitura di Kaija Saariaho tratta l'umanità medesima come un personaggio che si esprime sia all'unisono che attraverso voci frammentarie, sia in gruppi contrastanti che sottoforma di individui isolati. L'immaginario futuristico personale di Kaija non contempla il prevedibile ricorso all'elettronica – nonostante si tratti di uno dei suoi strumenti preferiti – ma riduce i mezzi al mero suono concreto di voci umane, contrabbasso e percussioni: metallo contro pelle. Una "notte stellata" che sarebbe tipica del suo mondo sonoro, se non fosse lacerata dalla violenza che ci ha condotti dai canyon alle stelle. "Un popolo di poeti, di artisti, di eroi, di santi, di pensatori, di scienziati, di navigatori, di trasmigratori..." Così si sgretolano i sogni di grandezza attraverso cui passa la nostra tronfia definizione di collettività.

Aleksi Barrière

The word "reconnaissance" contains two contradictory ideas: the English meaning of heroic military exploration of the unknown, immediately refuted by the French meaning which is the re-discovery of what we already knew, perhaps our own eerie mirror image. The high-definition pictures we now have of planet Mars's arid landscapes, once covered with rivers and oceans that maybe were home to life, bring to mind the same contradictory impression, which must also have been the same kind of metaphysical contemplation the 15th century audience experienced when listening to the apocalyptic imagery of the Franco-Flemish School's madrigals. This comparison is what triggered the idea of a "science-fiction madrigal", associating two genres that share a deep existential affinity. Indeed, choral music also articulates individual voices and collective fate, blurs the lines between who is saying 'me' and who is saying 'we'. These categories are shattered in our age, when for the first time we are drawn to reflect, beyond our mapped identities, on what unites us *as a species*, possibly endowed with a shared future, or perhaps with no future at all. Through creative solutions that question musically what a chorus can be, Kaija Saariaho's score treats humankind itself as a character, expressing itself both in unison and in fragmented voices, in opposing groups and in isolated individuals. Kaija's very own brand of futurism doesn't resort to the expected electronics – despite this being one of her favorite instruments – but strips things down to the raw sound material of human voices and a double-bass and percussion, metal against skin. A "starry night" typical of her sound world, were it not lacerated by the violence that took us from the canyons to the stars. "Un popolo di poeti, di artisti, di eroi, di santi, di pensatori, di scienziati, di navigatori, di trasmigratori..." Thus crumble the dreams of grandeur by which we pompously define ourselves collectively.

Aleksi Barrière

Aperto dalla prima esecuzione assoluta del "madrigale fantascientifico" di Kaija Saariaho, il programma continua con tre altre composizioni di carattere molto diverso ma connesse in maniera quasi impercettibile da un legame sotterraneo con l'Italia. Sotterraneo è anche il viaggio di Aretusa, trasformata in acqua pura di fonte dalla dea Artemide. La dea pietosa ha accolto le suppliche della sua ninfa, vergine selvaggia e pudica, che vuole sfuggire al desiderio del fiume Alfeo mutato in uomo, e le ha concesso di allontanarsi sotto le acque del mare fino alla lontana isola di Ortigia, dove Aretusa vivrà al sicuro nelle sue nuove sembianze di fonte. Altrettanto pietoso si mostra Zeus alle suppliche di Alfeo, che dal Peloponneso scava un passaggio sotto il mare Ionio e si spinge fino alle coste della Sicilia per vivere finalmente accanto all'amata ninfa. Più che l'atto violento che causa la metamorfosi, è la riunione consensuale di due esseri che ispira i versi originali di Cordelia Lynn, sui quali l'israeliana Sivan Eldar ha composto *After Arethusa* per coro ed elettronica, presentato per la prima volta davanti a un pubblico, dopo l'esecuzione a porte chiuse a Montpellier nel febbraio del 2020 con il coro dell'Opéra national de Montpellier Occitanie diretto da Noëlle Gény. "Vedi le nostre cellule colare e mescolarsi, le membrane rompersi, e ogni crine / fremere in un nero / di fango": la voce di Aretusa celebra la riunione di due esseri attraverso la sensualità dei versi fluidi e liquidi di Cornelia Lynn. Come nella tragedia greca, Sivan Eldar immagina il coro come testimone della mutazione di Aretusa e commenta l'azione come attraverso un eco ai versi di Lynn, e cede alla sola voce della ninfa la narrazione dei momenti più intimi.

Dedicata alla madre, *Tag des Jahr* (Giorno dell'anno) per coro a cappella è stato composto nel 2001 da Kaija Saariaho per il Tapiolan Kamarikuoro, il coro da camera di Tapiola, e la Helsinki Chamber Choir Week. Il materiale poetico è costituito da quattro poesie dedicate alle stagioni di Friedrich Hölderlin, che compose questi brevi testi negli

After the opening piece, the world premiere of Kaija Saariaho's "science-fiction madrigal", the programme continues with three other works of very different character, but all subtly connected almost imperceptibly by an "underground" link with Italy. The journey of Arethusa, who was turned into pure spring water by the goddess Artemis, also took place underground. The compassionate Artemis listened to the pleas of her nymph, the chaste virgin Arethusa, who desired to flee the attentions of the river god Alpheus who, in human form, had fallen in love with her; the goddess allowed her to escape under the waters of the sea to the distant island of Ortygia where, transformed into a living spring, she could live in safety. Zeus, however, was equally compassionate to the entreaties of Alpheus, who dug a passage under the Ionian sea from the Peloponnese coast all the way to Sicily to live at last with his beloved nymph. Rather than the act of violence that led to the metamorphosis, however, it was the consensual reunion of two beings that inspired Cordelia Lynn's original text on which the Israeli composer Sivan Eldar's work *After Arethusa* is based. The work, scored for mixed choir and electronic device, receives its first performance in front of a live audience here, after the closed-door performance in Montpellier in February 2020 with the chorus of the Opéra national de Montpellier Occitanie conducted by Noëlle Gény.

"See our cells drip down and mingle, membranes break, and every hair / shivers in a black / of mud": the voice of Arethusa celebrates the reunion of two beings through the sensuality of Cordelia Lynn's fluid, liquid lines. As in the Greek tragedy, Sivan Eldar imagines the chorus as witness to Arethusa's transformation; the chorus comments on the action as if echoing Lynn's lines, leaving the solo voice of Arethusa to narrate the more intimate moments of her story herself.

Dedicated to her mother, *Tag des Jahrs* (Day of the Year) for a cappella choir was composed by Kaija Saariaho in 2001 for the Tapiolan Kamari-

anni della malattia mentale con il nome Scardanelli e datazioni implausibili. C'è un fatto preciso che ispira a Saariaho l'idea del pezzo: un incidente cerebrale occorso a una persona a lei cara e alla "nuova logica (o piuttosto alla sua mancanza)" imposta alla comunicazione con questa persona, che ha smarrito il senso del tempo e del luogo. Lo scorrere delle stagioni contro quella successione di date senza una logica apparente – 1842, 1758, 1759 e 1743 (Hölderlin nasce nel 1770) – fa maturare nella compositrice una visione diversa delle poesie di Hölderlin, che ora legge come "visioni di momenti vissuti che passano in un batter d'occhio e poi svaniscono o si trasformano in nuovi, intensi momenti". Il trattamento del coro è di lineare arcaicità mentre la Natura, molto presente nelle quattro poesie di Hölderlin come presente è spesso nei lavori della compositrice finlandese, entra nel pezzo attraverso le registrazioni di voci umane, i versi di uccelli, il rumore del vento e altri suoni naturali. Il legame con l'Italia è nella parte elettronica, realizzata presso lo studio di Civitella Ranieri nell'estate del 2001 con Jean-Baptiste Barrière.

Il concerto si chiude con un omaggio al poliedrico compositore fiorentino Sylvano Bussotti, già Direttore del Settore Musica della Biennale di Venezia fra il 1987 e il 1991. Per questo omaggio in occasione dei novant'anni del Maestro si è scelto *Per ventiquattro voci adulte o bianche*, quarto dei *Cinque frammenti all'Italia*. Composto nel 1967, il ciclo è fatto di frammenti testuali di Rainer Maria Rilke, Theodor Adorno, Aldo Braibanti, Michelangelo, Gabriele D'Annunzio, Charles Baudelaire, Jacopone da Todi e altri ridotti in segni minuscoli criptati nelle partiture realizzate a mano dallo stesso compositore seguendo uno stile grafico molto peculiare. La complessa mappa musicale di *Per ventiquattro voci adulte o bianche* è accompagnata da una minuziosa serie di indicazioni per l'esecuzione, che può anche prendere la forma di una performance scenica, per la quale il gruppo "si sceglierà eventualmente un direttore per dare forma registica all'interpretazione, che può essere individuale, a coppie, a gruppi, simultanea". Ampio spazio è lasciato nel pezzo ad

kuoro, the Tapiola Chamber Choir and Helsinki Chamber Choir Week. The poetic material is drawn from Friedrich Hölderlin, whose four short poems, one for each season of the year, were written during the years of his mental illness under the name of Scardanelli and dated most implausibly. Saariaho's inspiration for the idea of the work came from the cerebral haemorrhage suffered by a close friend and from the "new logic (or rather lack of it)" required for communicating with her friend, who had lost all sense of time and place. The passing of the seasons in concomitance with the succession of dates assigned to the poems by Hölderlin without any apparent logic – 1842, 1758, 1759 and 1743 (the poet was born in 1770) – gave Saariaho a new insight into Hölderlin's poetry as "visions of lived moments that pass in the twinkling of an eye and then vanish or transform into new, intensive moments". The choir is treated in archaic fashion, while Nature, so present in each of Hölderlin's four poems – as it is often present in the works of the Finnish composer – is brought into the work by recordings of human voices, birdsong, the wind and other natural sounds. The link with Italy lies in the fact that the electronic part was realised in the summer of 2001 at the Civitella Ranieri studio together with Jean-Baptiste Barrière.

The concert ends with a homage to the multifaceted Florentine composer Sylvano Bussotti, Director of the Music Department of La Biennale di Venezia from 1987 to 1991. To mark the ninetieth birthday of the Maestro we have chosen *Per ventiquattro voci adulte o bianche*, the fourth of the *Cinque frammenti all'Italia*. Composed in 1967, the cycle consists of fragments of texts by Rainer Maria Rilke, Theodor Adorno, Aldo Braibanti, Michelangelo, Gabriele D'Annunzio, Charles Baudelaire, Jacopone da Todi and others that are reduced to miniscule encrypted signs entered by hand in the scores by the composer himself using a very peculiar graphic style. The complex musical map of *Per ventiquattro voci adulte o bianche* is accompanied by a very detailed series of instructions for performance, which may also take the form of a stage performance, for which the

aleatorietà e indeterminazione: "I ventiquattro esecutori si disporranno liberamente a coppie ... Ciascuno interpreterà un solo rigo, secondo il numero prescelto; e accanto ad ogni numero ognuno potrà scrivere il proprio nome ed iniziare l'esecuzione pronunciandolo ad alta voce" e ancora "esaurito il proprio rigo, ognuno può avventurarsi alla rovescia nel rigo del vicino". La stessa materia musicale dipende dalla scelta degli interpreti (voci adulte o bianche) e dalle loro possibilità: "Per un'esecuzione in occidente fatta da voci bianche, si possono censurare quelle misure considerate inadatte, incollandovi sopra rettangolini di carta bianca". Ma se tutte le combinazioni immaginabili ed eseguibili sono permesse, Bussotti prescrive che "ad un certo punto tutti insieme esclameranno: 'ALL'ITALIA'".
(*sn*)

group "may choose a conductor-director to give scenic form to the interpretation, which may be individual, in pairs, in groups, or all together simultaneously". The work leaves ample space for aleatory elements and indetermination: "The twenty-four performers will arrange themselves freely in pairs.... Each performer will interpret a single line, according to the pre-selected number; and beside each number each performer can write his/her own name and begin to perform by uttering it aloud"; and "when his/her own line is finished, each performer may continue with the line of his/her partner read in reverse". The musical material itself depends on the choice of the interpreters (adult or children's voices) and on their possibilities: "For a performance in the West by children's voices those bars considered unsuitable may be censored by sticking rectangles of white paper over them". But though all imaginable performable combinations are allowed, Bussotti stipulates that "at a certain point everyone together shall shout 'ALL'ITALIA'".
(*sn*)

Kaija Saariaho

Reconnaissance

Poems by Aleksi Barrière

---

1. The First Martian In A Long Time
silence on mars battered by solar winds and sandstorms
air without air / unbreathable / muffled voices
the sun sets darkly on the empty ocean
endless valleys recall tremendous rivers
rain that only those of the jungles could describe
rocks and pebbles talismans of alluvium
carbon dioxide snow in the red summer
mu-d to dus-t to ash-es
i peek from the canyon a door left open

Interlude: Intercepted Radio Transmission (Solaris)
Должен вам сказать, что мы вовсе не хотим завоёвывать Космос.
(I must tell you, we do not want to CONQUER the Cosmos.)
Мы хотим расширить землю до его границ.
(We want to EXPAND EARTH to the borders of the Cosmos.)
Мы не знаем, что делать с иными мирами.
(We do not know WHAT TO DO with other worlds.)
Нам не нужно других миров, нам нужно зеркало.
(We do not need other worlds, we need a MIRROR.)

2. Count Down
TEN (THOUSAND YEARS) AND COUNTING
Nine / Neuf / Девять / 九/
Eight / Huit / Восемь / 八/
Seven / Sept / Семь / 七/
Six / Six / Шесть / 六/
IGNITION SEQUENCE START
Five / Cinq / Пять / 五/
Four / Quatre / Четыре / 四/
Three / Trois / Три / 三/
Two / Deux / Два / 二/
One / Un / Один / 一/
LiFtoFF.............................

We hold the fire All You Can Eat
Universal prosperity post-scarcity
Freedom *Svoboda* Walking through the
desert plains Homeland: East African
Rift Strangers-Always *Oburoni/Mzungu*
Nation of Immigrants Buy It Because
It's A Better Car Too long checkout line
El Pueblo Unido Refugees Welcome
Charity Begins At Home *Det Verkar*
Alltid Omöjligt Tills Det Är Gjort And
we burn we burn while we can we burn

Interlude: Intercepted Radio Transmission (Solaris)

Должен вам сказать, что мы вовсе не хотим завоёвывать Космос.
(I must tell you, we do not want to CONQUER the Cosmos.)
Мы хотим расширить землю до его границ.
(We want to EXPAND EARTH to the borders of the Cosmos.)
Мы не знаем, что делать с иными мирами.
(We do not know WHAT TO DO with other worlds.)
Нам не нужно других миров, нам нужно зеркало.
(We do not need other worlds, we need a MIRROR.)

3. Green House

The day we found ancient life on Mars we knew we would also find coal
That is what life becomes on the timescale of geology
Coal means engines means power means factories
We just had to thicken and warm the atmosphere to make it viable
Good news was To do that
Mars needed the very same greenhouse gases that were killing us
Our waste was of use finally We shipped it all
Criminal convicts and [Third and Fourth World] -work-force sent to the [Fifth World]
Iron Cobalt Manganese We mined the good red earth and the asteroid belt
Manufactured kilotons of refrigerants Fridges Air-Conditioning Boats and Cars

! As the Earth was becoming too hot we engineered the global warming of Mars
! At long last there was a planet that craved for our fluorinated gases
And as the new world warmed~ fields and forests growing and~ we could breathe~
While at home our crops crumbled in our hands

4. Desert People

back in the red desert the hopi people sing for rain
their sacred land desecrated
artificial snow flies by / made from sewer water for a ski resort
<*aw tal'angwmi qa* YOKVA, *pu' tömö' qa* NUVATI>
that summer it didn't RAIN in the winter it didn't SNOW
this is a familiar story to the hopi people
who long ago moved from the underworld up the spiral of the canyon
and who know that worlds are killed and reborn
desert has turned to wasteland water to poison
and again the god Maasaw said to his people
<*uma son nawus qa naanahoyyani*>
you will all have to migrate in different directions

5. Requiem

May the abyss not swallow them up
(*Ne absorbeat eas tartarus*)
May they not fall into darkness
(*Ne cadant in obscurum*)
A dim light in the sky
My heart in ashes
Nothing unlike all fallen empires before
I walk in ruins A delightful name for a desert
There are not many of us left panting in the dark
Both worlds have returned to wilderness
Two rusty mirrors face to face
Such was our final revolution
And so life came back to its favorite silent invisible form
For millions and millions and billions of years
Standing on a cold star among cold stars and being warm
What beauty

(november 2019)

Le citazioni in russo sono tratte dalla sceneggiatura di Andrei Tarkovsky e Fridrikh Gorenshtein per il film *Solaris* (1972).
Le citazioni in lingua hopi sono dall' 'arte verbale' trascritta da Ekkehart Malotki e Michael Lomatuway'ma e pubblicata da University of Nebraska Press (rispettivamente da Hopi Ruin Legends, 1993, e Maasaw: Profile of a Hopi God, 1987).

The quotation in Russian is from the screenplay by Andrei Tarkovsky and Fridrikh Gorenshtein for the motion picture *Solaris* (1972).
Quotations in Hopi language are from the 'verbal art' transcribed by Ekkehart Malotki and Michael Lomatuway'ma and published by University of Nebraska Press (Hopi Ruin Legends, 1993, and Maasaw: Profile of a Hopi God, 1987, respectively).

Sivan Eidar

After Arethu

Testo poetico di / a poem by Cordelia Lynn

Never understood how when our skins met they split open and,
dissolved, we spilled into
us.

See our cells drip down and mingle, membranes break, and every hair
shivers in a black
of mud.

something sickens at end of summer, something sickens at summer's end,
flowing so we could not
stay

You rushed your way away through under-ground and grain, soft as salt,
by river to a tidal
sea, while

I became a sacred pool, all glass dark and deep reflect.
Lovers lie my banks,
entangled,
drink my waters and
forget.

Kaija Saariaho

Tag des Jahrs

Testo poetici di / poems by Friedrich Hölderlin

Der Frühling
Wenn neu das Licht der Erde sich gezeiget,
Von Frühlingsregen glänzt das grüne Thal und munter
Der Blüthen Weiß am hellen Strom hinunter,
Nachdem ein heitrer Tag zu Menschen sich geneiget.

Die Sichtbarkeit gewinnt von hellen Unterschieden,
Der Frühlingshimmel weilt mit seinem Frieden,
Daß ungestört der Mensch des Jahres Reiz betrachtet,
Und auf Vollkommenheit des Lebens achtet.

mit Unterthänigkeit,
Scardanelli
d. 15. Merz 1842

Der Sommer
Die Tage gehn vorbei mit sanffter Lüffte Rauschen,
Wenn mit der Wolke sie der Felder Pracht vertauschen,
Des Thales Ende trifft der Berge Dämmerungen,
Dort, wo des Stromes Wellen sich hinabgeschlungen.

Der Wälder Schatten sieht umhergebreitet,
Wo auch der Bach entfernt hinuntergleitet,
Und sichtbar ist der Ferne Bild in Stunden,
Wenn sich der Mensch zu diesem Sinn gefunden.

Scardanelli
d. 24. Mai 1758

Der Herbst
Das Glänzen der Natur ist höheres Erscheinen,
Wo sich der Tag mit vielen Freuden endet,
Es ist das Jahr, das sich mit Pracht vollendet,
Wo Früchte sich mit frohem Glanz vereinen.

Das Erdenrund ist so geschmükt, und selten lärmet
Der Schall durchs offne Feld, die Sonne wärmet
Den Tag des Herbstes mild, die Felder stehen
Als eine Aussicht weit, die Lüffte wehen.

Die Zweig' und Äste durch mit frohem Rauschen,
Wenn schon mit Leere sich die Felder dann vertauschen,
Der ganze Sinn des hellen Bildes lebet
Als wie ein Bild, das goldne Pracht umschwebet.

d. 15ten Nov. 1759

Der Winter
Wenn sich der Tag des Jahrs hinabgeneiget
Und rings das Feld mit den Gebirgen schweiget,
So glänzt das Blau des Himmels an den Tagen,
Die wie Gestirn in heitrer Höhe ragen.

Der Wechsel und die Pracht ist minder umgebreitet,
Dort, wo ein Strom hinab mit Eile gleitet,
Der Ruhe Geist ist aber in den Stunden
Der prächtigen Natur mit Tiefigkeit verbunden.

Mit Unterthänigkeit,
Scardanelli
d. 24. Januar 1743

Sylvano Bussotti

per ventiquattro voci adulte o bianche

da "Cinque frammenti all'Italia"

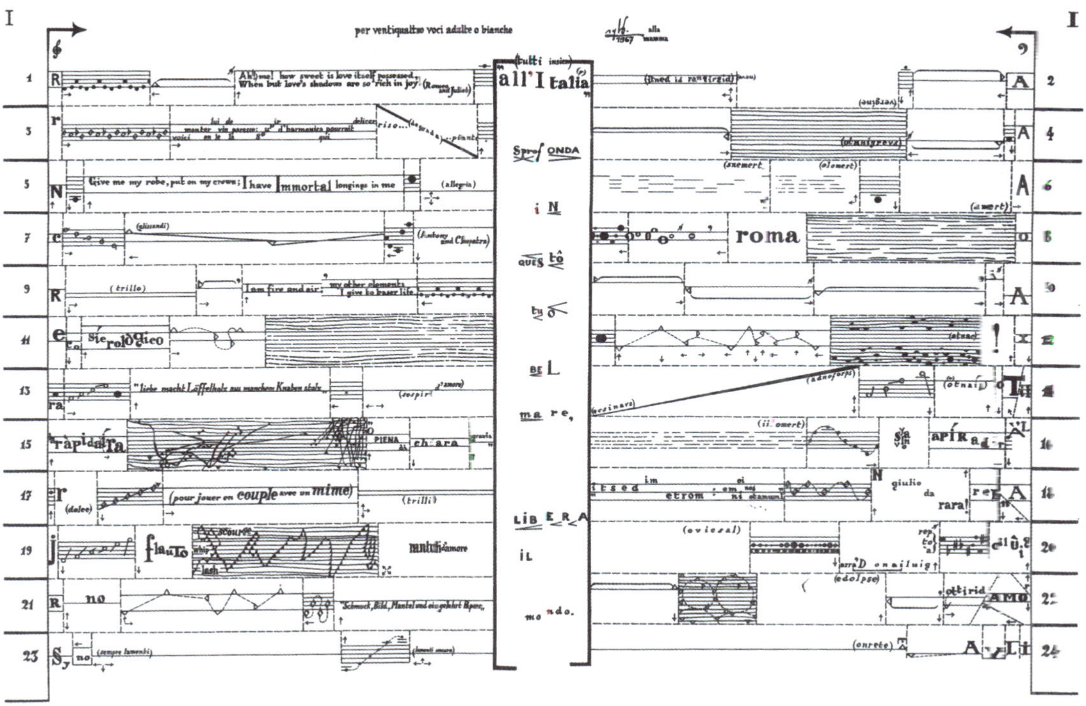

Sivan Eldar

compositrice / composer

Sivan Eldar ha lavorato con molte delle principali orchestre, ensemble e cori oggi in attività, tra cui l'Orchestra Filarmonica di Radio France, l'Orchestra Gulbenkian, l'Orchestra da Camera di Parigi, la Berkeley Symphony, il quartetto d'archi Diotima, Divertimento ensemble, accentus ed EXAUDI. Di recente suoi lavori sono stati eseguiti al Centro Pompidou (Festival ManiFeste), alla Boston Symphony Hall, alla Maison de la Radio (Festival Présences), alla Philharmonie di Lussemburgo (Rainy Days Festival), al Musikverein di Vienna (Wien Modern), a Ultraschall Berlin, e al Théâtre du Châtelet. È stata artista residente, fra gli altri, presso la Fondazione Fulbright, la Fondazione Royaumont, la Fondazione Camargo, la Fondazione Civitella Ranieri, la MacDowell Colony, la Cité Internationale des Arts e Snape Maltings.
Nata a Tel Aviv, si è laureata in composizione musicale e tecnologia al New England Conservatory (BM), UC Berkeley (MA/PhD) e IRCAM (Corso curricolare). È attualmente artista residente all'IRCAM per la sua opera *Like Flesh* (Vincitrice del Fedora Opera Prize 2021) con la librettista Cordelia Lynn e la regista Silvia Costa, che sarà presentata in prima assoluta all'Opéra de Lille nel gennaio 2022. Dal 2019 è compositrice residente all'Opéra de Montpellier.

Sivan Eldar has worked with many of today's leading orchestras, ensembles, and choirs, including the Radio France Philharmonic Orchestra, Gulbenkian Orchestra, Paris Chamber Orchestra, Berkeley Symphony, Diotima string quartet, Divertimento ensemble, accentus, and EXAUDI, among others. Recent performances include the Pompidou Centre (Festival ManiFeste), Boston Symphony Hall, Maison de la Radio (Festival Présences), Luxembourg Philharmonie (Rainy Days Festival), Musikverein (Wien Modern), Ultraschall Berlin, and Théâtre du Châtelet. Recent residencies include the Fulbright Foundation, Royaumont Foundation, Camargo Foundation, Civitella Ranieri Foundation, MacDowell Colony, Cité Internationale des Arts and Snape Maltings. A Native of Tel Aviv, she holds degrees in music composition and technology from the New England Conservatory (BM), UC Berkeley (MA/PhD), and IRCAM (Cursus Program). She is currently in residence at IRCAM for her opera *Like Flesh* (2021 Fedora Opera Prize Winner) with librettist Cordelia Lynn and director Silvia Costa, to be premiered at Opéra de Lille in January 2022. She also holds the position of composer-in-residence at Opéra de Montpellier since 2019.

Sylvano Bussotti

compositore / composer

Nato a Firenze nel 1931, inizia lo studio del violino e del pianoforte, dell'armonia e del contrappunto in tenera età. Dal 1949 al 1956 approfondisce lo studio della composizione. A Parigi dal 1956 al 1958 frequenta Max Deutsch, incontra Pierre Boulez e Heinz-Klaus Metzger, che lo condurrà a Darmstadt, dove conosce John Cage. Inizia in Germania, nel 1958, l'attività pubblica, con l'esecuzione delle sue musiche da parte del pianista David Tudor, seguita dalla presentazione a Parigi di brani eseguiti da Cathy Berberian sotto la direzione di Pierre Boulez. È stato Direttore Artistico del Teatro La Fenice di Venezia e del Festival Pucciniano di Torre del Lago. Ha insegnato Storia del teatro musicale all'Accademia di Belle Arti a l'Aquila. Nel 1980 è stato Docente di Composizione e analisi alla Scuola di Musica di Fiesole, Direttore della Sezione Musica alla Biennale di Venezia dal 1987 al 1991. Dal 1965 l'aspetto fondamentale della sua attività è costituito da spettacoli di teatro musicale, sintesi della propria esperienza creativa realizzati nell'ambito del BUSSOTTIOPERABALLET, nome abbreviato in B.O.B., da lui fondato. Sylvano Bussotti è Accademico dell'Accademia Filarmonica Romana, Accademico di Santa Cecilia, Cavaliere dell'ordine di Marck Twain, Cavaliere di Micky Mause, Cittadino Onorario della Città di Palermo, Commandeur de l'Ordre des Artes e des Lettres dello Stato Francese. Ha ricevuto il Premio Presidente della Repubblica Italiana per l'anno 2014.

Born in Florence in 1931 Sylvano Bussotti began studying violin and piano, harmony and counterpoint at a very early age. From 1949 to 1956 he studied composition. From 1956 to 1958 in Paris he was in contact with Max Deutsch and met Pierre Boulez and Heinz-Klaus Metzger, who took him to Darmstadt where he encountered John Cage. His career began in 1958 when his music was performed by pianist David Tudor, followed by the Paris début of his works performed by Cathy Berberian under Pierre Boulez's direction. He has been Artistic Director of Venice's Teatro La Fenice and Torre del Lago's Festival Pucciniano. He taught musical theatre history at Accademia di Belle Art in L'Aquila. In 1980 he taught composition and analysis at Fiesole's Scuola di Musica in Fiesole and was the Artistic Director of the Music Department of La Biennale di Venezia from 1987 to 1991. Since 1965 a fundamentally important element in his work has consisted in music theatre performance blending his creative experience garnered in BUSSOTTIOPERABALLET (abbreviated to B.O.B.), which he founded. Sylvano Bussotti is a member of Accademia Filarmonica Romana and Santa Cecilia, Cavaliere dell'ordine di Marck Twain, Cavaliere di Micky Mause, honorary citizen of Palermo and Commandeur de l'Ordre des Artes e des Lettres in France. In 2014 he won the Presidente della Repubblica Italiana prize.

accentus

ensemble vocale / vocal ensemble

Fondato da Laurence Equilbey ventisei anni fa, accentus è impegnato nel repertorio a cappella, nella creazione contemporanea, nell'oratorio e nell'opera. Ha tenuto concerti nelle più prestigiose sale da concerto e festival francesi e internazionali, come la Philharmonie de Paris, La Seine Musicale, Le Grand Théâtre de Provence, l'Opéra Royal e la Chapelle Royale di Versailles, il Festival di Salisburgo, il Barbican Centre di Londra, la Philharmonie di Essen, il Theater an der Wien, la Elbphilharmonie di Amburgo, il Lincoln Center di New York e il Théâtre des Champs-Élysées a Parigi. È un partner privilegiato della Philharmonie de Paris, dell'orchestra Insula e de La Seine Musicale. Inoltre, ha una residenza importante all'Opéra de Rouen Normandie. Christophe Grapperon è direttore associato dell'ensemble dal 2013. L'ensemble ha partecipato anche a numerose produzioni liriche. Fra queste, *Seven Stones* di Ondrej Adámek al Festival di Aix-en-Provence, *La nonne sanglante* di Charles Gounod all'Opéra Comique, *Der Freischütz* di Carl Maria von Weber in un tour europeo. In questa stagione, Sigvards Kļava dirige accentus nel grande repertorio a cappella di Francis Poulenc, Pascal Dusapin e Sergei Rachmaninov. accentus si è posto tre obiettivi principali: la produzione, l'educazione e la trasmissione, grazie alla diversificazione delle azioni educative e culturali, e infine la condivisione delle risorse, con la creazione di un centro risorse dedicato all'arte corale. Inaugurato nel 2017, il Cen è un centro di risorse materiali, con sede a Parigi, e digitali, per condividere i documenti di lavoro e le competenze raccolte dalla fondazione del coro. Nel 2018 accentus è diventato il primo Centro nazionale d'arte vocale (Parigi, Île-de-France e Normandia) a essere nominato dal Ministero della Cultura francese, rafforzando così la sua missione artistica e pedagogica su base permanente.

Founded by Laurence Equilbey twenty-six years ago, accentus focuses on a cappella repertoire, contemporary music, oratorio and opera. It has performed concerts at some of the most prestigious concert halls and festivals in France and abroad, such as Philharmonie de Paris, La Seine Musicale, Le Grand Théâtre de Provence, Opéra Royal and the Versailles Chapelle Royale, the Salzburg festival, London's Barbican Centre, the Essen Philharmonie,Theater an der Wien, the Hamburg Elbphilharmonie, New York's Lincoln Center and Théâtre des Champs-Élysées in Paris. It is preferred partner of Philharmonie de Paris, Insula Orchestra and La Seine Musicale. Moreover, it has an important residency at Opéra de Rouen Normandie. Christophe Grapperon has been associate director of the ensemble since 2013. accentus has also taken part in a great many opera productions. These have included Ondrej Adámek's *Seven Stones* at the Aix-en-Provence Festival, Charles Gounod's *La nonne sanglante* at Paris's Opéra Comique and Carl Maria von Weber's *Der Freischütz* in a European tour. This season Sigvards Kļava is directing accentus in large-scale a cappella repertoire which includes compositions by Francis Poulenc, Pascal Dusapin and Sergei Rachmaninov. accentus has set itself three principal goals: production, education and transmission on the strength of diversified educational and cultural initiatives and, lastly, resource sharing via the creation of a choral art resource centre. Opened in 2017 Cen is a material and digital resource centre based in Paris designed to share the working documents and skills gathered since the choir's foundation. In 2018 accentus became the first national vocal art centre (Paris, Île-de-France and Normandy) to be nominated by the French culture ministry, thus further strengthening and consolidating its artistic and educational mission.

Marcus Creed

direttore / conductor

Nato ad Eastbourne (Sussex), ha iniziato i suoi studi al King's College di Cambridge dove è entrato a far parte del King's College Choir. Ha proseguito la propria formazione presso la Christ Church di Oxford e la Guildhall School di Londra. A Berlino, dove si trasferisce nel 1976/'77, diventa direttore del coro della Deutsche Oper di Berlino e collabora con il Gruppe Neue Musik e il Scharoun Ensemble, oltre a dedicarsi alla docenza presso la Hochschule der Künste. Nel 1987 assume la direzione artistica del RIAS Kammerchor di Berlino, e collabora con l'Akademie für Alte Musik Berlin, la Freiburger Barockorchester e il Concerto Köln. Nel 1998 diventa Docente di Direzione presso la Musikochschule di Colonia e fra il 2003 e il 2020 è Direttore Artistico del SWR Vokalensemble di Stoccarda. Molto apprezzato per le sue esecuzioni di opere e oratori barocchi, Marcus Creed è stato anche molto attivo nel repertorio contemporaneo con il RIAS Kammerchor ma anche come pianista e direttore del Berlin Scharoun Ensemble. Nel 2007 dirige accanto a Claudio Abbado *Gruppen* di Stockhausen con i Berliner Philharmoniker.

Marcus Creed è ospite regolare delle Festwochen di Berlino, ai Festival di Salisburgo, Montreux, Edinburgo, Lucerna e Innsbruck, Primavera di Varsavia, Wien Modern e alla Biennale Musica.

Born in Eastbourne (Sussex), Marcus Creed was educated at King's College, Cambridge, where he joined King's College Choir. His education continued at Christ Church College, Oxford, and London's Guildhall School. He moved to Berlin in 1976/'77 where he directed the Deutsche Oper choir and worked with Gruppe Neue Musik and the Scharoun Ensemble, as well as taught at its Hochschule der Künste. In 1987 he took over artistic direction of Berlin's RIAS Kammerchor and worked with Akademie für Alte Musik Berlin, Freiburger Barockorchester and Concerto Köln. In 1998 he agreed to teach choral conducting at Köln's Musikochschule and has been Artistic Director of Stuttgart's SWR Vokalensemble from 2003 to 2020. Whilst his Baroque work and oratorio performances are greatly appreciated, Marcus Creed has also worked frequently in contemporary music with RIAS Kammerchor and also as pianist and conductor of Berlin's Scharoun Ensemble. In 2007, alongside Claudio Abbado, he conducted Stockhausen's *Gruppen* with Berliner Philharmoniker.

Marcus Creed is a frequent guest at Berlin's Festwochen and the Salzburg, Montreux, Edinburgh, Lucerne and Innsbruck Festivals. Warsaw's Primavera Festival, Wien Modern and the Biennale Musica.

accentus – national center of art vocal Paris Île-de-France – Normandie – beneficia aiuti da / receives aid from the Direction Régionale des Affaires Culturelles d'Île-de-France of the French Ministry of Culture, è sostenuto da / is subsidised by the City of Paris and the Île-de-France Region, e da / and also receives support from SACEM. accentus è in residenza presso / is in residence at the Opéra de Rouen Normandie. I concerti e le attività culturali del Dipartimento sono sostenuti dal / Concerts and cultural activities in the Département receive the support of the Département des Hauts-de-Seine. La / The Fondation Bettencourt Schueller sostiene / supports accentus. accio, the circle of friends of accentus e / and Insula orchestra, sostengono le iniziative educative e artistiche avviate da / supports educational and artistic initiatives set in motion by Laurence Equilbey

ELINA DUNI (1981)
PARTIR
solo performance per voce,
chitarra, percussioni e pianoforte /
for voice, guitar, percussion and piano

Amara terra mia
(Domenico Modugno e Enrica Bonaccorti)
Meu Amor
(Alain Oulman e José Carlos Ary dos Santos)
Lama Bada Yatathanna
(Muhammad Abd al Rahim al Masloub)
Vishnja
(canto tradizionale del Kosovo /
traditional from Kosovo)
Oyfn Veg
(Philip Laskowsky e Itzik Manger)
Kanga e kurbetit
(canto tradizionale del Kosovo /
traditional from Kosovo)
Ani kaj lulije
(canto tradizionale albanese
dalla Macedonia /
Albanian traditional from Macedonia)
Vaj si kenka
(canto tradizionale albanese /
Albanian traditional)
Schönster Abendstern
(canto tradizionale dalla Svizzera /
traditional from Switzerland)

2018 (75')

Elina Duni
voce, pianoforte, chitarra, percussioni /
voice, piano, guitar, percussion

24.09.2021 | H 21.00
Ca' Giustinian, Sala delle Colonne

Partir

Elina Duni

Canzoni d'amore, di perdita e di partenze. *Partir* vede la vocalist di Tirana da sola sul palco, accompagnata dal suo pianoforte, chitarra e tamburo a cornice, in canzoni dalle origini molto diverse, dai canti popolari alle *chansons,* al repertorio cantautorale. C'è musica tradizionale albanese, kosovara, armena, macedone, svizzera e arabo-andalusa, ma ci sono anche *Meu amor* di Alain Oulman, *Amara terra mia* di Domenico Modugno e altro ancora.

La voce espressiva di Elina Duni e i suoi arrangiamenti essenziali svelano un filo comune fatto di nostalgia, che attraversa tutto il materiale, poiché *Partir* riunisce canzoni d'amore, di perdita e di partenza, canzoni del dolore della separazione e del coraggio di cercare un nuovo inizio.

Elina Duni paragona l'esperienza di lavorare alla musica da sola, dopo molti anni di collaborazioni, a quella di un "ritiro in un monastero. È davvero un'esperienza metafisica, nella quale si impara a scoprire più cose sulle proprie risorse interiori". I suoi accompagnamenti di segno minimalista al pianoforte e alla chitarra servono l'essenza delle canzoni, e la sua voce, uno strumento estremamente flessibile e sottile, risalta al meglio, com'è immediatamente evidente dalla bellissima apertura del recital con *Amara terra mia*. *Lamma Bada Yatathanna* (Mentre ondeggiava), accompagnato dal solo battito del *daf*, il tamburo a cornice del Medio Oriente, è un altro pezzo molto toccante, che dà pieno sfogo alle linee sinuose della voce di Elina Duni.

"Ho voluto allontanarmi un po' dal focus solo albanese dei miei ultimi dischi, perché mi è sempre piaciuto comunicare in molte altre lingue. Le canzoni di *Partir* provengono da molti luoghi diversi. Alcune le conoscevo da anni, altre provengono da progetti diversi. La canzone araba *Lamma Bada Yatathanna* la conoscevo e mi piaceva, e volevo cantarla, non esattamente per ragioni politiche, ma per esprimere una presa di posizione. La canzone yiddish *Ofyn Weg* (Sulla strada) era un'altra che conoscevo e amavo. E così via. E poi la domanda era: come posso usare le canzoni per raccontare una storia più grande? L'idea di cantare in lingue diverse è stata decisiva – anche, una volta di più,

Songs of love, loss and leaving. The entirely solo *Partir* features the Tirana-born vocalist, accompanied by her own piano, guitar and frame drum, interpreting songs from very diverse sources. From folk songs and chansons to songs of singer-songwriters. Here we find traditional music from Albania, Kosovo, Armenia, Macedonia, Switzerland and Arab-Andalusia as well as Alain Oulman's *Meu amor* (My Love), Domenico Modugno's *Amara terra mia* (Bitter land of mine) and more.

Elina Duni's uniquely-expressive voice and her pared-down arrangements reveal a common thread of longing that runs through the material, as *Partir* brings together songs of love, loss and leaving, songs of the pain of separation and the courage to seek new beginnings.

Elina Duni likens the experience of working on solo music, after many years of collaboration, to "withdrawing in a monastery. It's a metaphysical experience, really, and you start to find out more about your inner resources." Her almost minimalistic accompaniments on piano and guitar serve the essence of the songs, and her voice, an extremely flexible and subtle instrument, has never sounded better – as is immediately apparent from the beautiful recital opener *Amara terra mia*. *Lamma Bada Yatathanna* (When he was swaying), where the only accompaniment is the diffuse throb of the *daf*, the frame drum of the Middle East, is another very touching piece, giving full rein to the sinuousness of Elina Duni's voice. Each song seems to open up another avenue of possibility.

"I wanted to move away a little from the Albanian-only focus of the last few records because I've always also enjoyed communicating in many languages. The songs came from many places. Some I've known for years, some were from other projects. The Arab song *Lamma Bada Yatathanna* was one I knew and liked, and I wanted to sing it, not for political reasons, exactly, but to make a statement. The Yiddish song *Ofyn Weg* (On the road) was another one I knew and loved. And so on. And then the question was: how can I use the songs to tell a larger story? The idea to sing in various languag-

per sottolineare l'universalità del tema della partenza, dell'affrontare l'ignoto e della volontà di continuare".

(testo tratto dalle note del CD *Partir* pubblicato da ECM)

es was a decisive one – also, again, to stress the universality of the theme, about leaving, about facing the unknown, and the will to continue."

(based on the liner notes of Elina Duni's CD *Partir*, ECM)

E tu, che vorrai fare dopo?
Vuoi partire... non è un mestiere quello, pensi che una volta andato troverai un mestiere...
E vorresti andare dove?
Se vuoi partire, non importa per dove.

Siamo tutti in partenza, portati un giorno o l'altro a essere strappati da ciò che amiamo.
Ecco 9 partenze, in 9 lingue diverse: tutto ciò che ci resta è l'ignoto che abbiamo davanti.

Tutte queste partenze, ferite, mi fanno pensare a Kintsugi, quest'arte giapponese che consiste nel reincollare le porcellane spezzate per mezzo di una lacca mischiata a dell'oro.

Non soltanto la frattura non significa la fine dell'oggetto, ma in più la riparazione, anziché essere nascosta, è così messa in valore. "Sono le crepe che rendono una tazza unica, è attraverso di esse che possiamo tracciarne la storia".

Noi tutti siamo come quelle tazze in porcellana e bisognerà trovare l'oro per guarire le ferite nell'istante d'amore sempre presente, sospeso nel tempo.

Perché un amore non muore mai veramente.
Qualche sua parte continua sempre - e ancora - a vivere.
In un angolo scuro, l'amore giace, ferito, mezzo morto, mezzo vivo.
Talvolta il respiro ansimante ci fa credere che a breve renderà l'anima ma il giorno dopo lo si scopre sorridente, una canzone in punta di labbra. E così via... Ogni giorno questo moribondo cambia di viso.
Mai si decide: vuole vivere o vuole morire?

Allora, con il cuore riempito di una tenerezza improvvisa, lo si abbraccia il nostro amore, la nostra ferita, la nostra pausa, e si balla, si piange, si ride.

Dobbiamo amare questa frattura, perché è lì che scivola il nostro oro, è per di lì che entra la luce.

Elina Duni
(traduzione Fabiano Alborghetti)

Amara terra mia
(*Domenico Modugno/Enrica Bonaccorti*)
Sole alla valle, sole alla collina,
per le campagne non c'è più nessuno.
Addio, addio amore, io vado via,
amara terra mia, amara e bella.

Cieli infiniti e volti come pietra,
mani incallite ormai senza speranza.
Addio, addio amore, io vado via,
amara terra mia, amara e bella.

Tra gli uliveti è nata già la luna
un bimbo piange, allatta a un seno magro.
Addio, addio amore, io vado via,
amara terra mia, amara e bella.

Meu amor
(*Alain Oulman/ Jose Carlos Ary dos Santos*)
Meu amor, meu amor,
meu corpo em movimento,
minha voz à procura
do seu préprio lamento

Meu limão de amargura,
meu punhal a crescer,
nós parámos o tempo,
não sabemos morrer

E nascemos, nascemos
do nosso entristecer

Meu amor, meu amor,
meu pássaro cinzento
a chorar a lonjura
do nosso afastamento

Meu amor, meu amor,
meu nó de sofrimento,
minha mó de ternura,
minha nau de tormento

Este mar não tem cura,
este céu não tem ar,
nós paràmos o vento,
não sabemos nadar

E morremos, morremos
devagar, devagar

Lamma bada yatathanna
(*Muhammad Abd al Rahim al Masloub*)

لما بدا يتثنى
حبي جماله فتنا
أمر ما بلحظة أسرنا
غسن ثنى حينما
وعدي ويا حيرتي
من لي رحيم شكوتي
في الحب من لوعتي
إلا مليك الجمال
أمان أمان أمان أمان

Vishnja
(*Traditional from Kosovo*)

Vishnja prej rrajës thahet — o,
Vajza prej nanës po ndahet — o!
Kaje moj nano, bijën — o,
Se s' ka kush ta banë, ty, sajgijen — o!

Oyfn Weg
(*Philip Laskowsky/Itzik Manger*)

Oyfn veg shteyt a boym,
Shteyt er ayngeboygn,
Ale feygl funem boym
Zaynen zikh tsefloygn.

Dray keyn mayrev, dray keyn mizrekh,
Un der resht, keyn dorem,
Un der boym gelozt aleyn
Hefker far dem sturm.

Zog ikh tsu der mamen : „Her,
Zolst mir nor nit shtern,
Vel ikh, mame, eyns un tsvey
Bald a foygl vern ...

Ikh vel zitsn oyfn boym
Un vel im farvign
Ibern vinter mit a treyst
Mit a sheynem nign."

Zogt di mame: "Nite, kind"
Un zi veynt mit trern
"Vest kholile oyfn boym
Mir far froyrn vern."

Zog ikh:"Mame, s'iz a shod
Dayne sheyne oygn
Un eyder vos un eyder ven,
Bin ikh mira foygl."

Veynt di mame :"Itsik, kroyn,
Ze, um gotes viln,
Nem zikh mit a shalikl,
Kenst zikh nokh farkiln."

"Di Galoshn tu zikh on,
S'geyt a sharfer vinter
Un di kutshme nem oykh mit
Vey iz mir un vind mir."

Un dos vinter laybl nem,
Tu es on, du shovte,
Oyb du vilst nit zayn keyn gast
Tsvishn ale toyte.

Kh'heyb di fligl, s'iz mir shver,
Tsu fil, tsu fil zakhn,
Hot di mame ongeton
Ir feygele, dem shvakhn.

Kuk ikh troyerik mir arayn
In mayn mames oygn,
Shot ir libshaft nit gelozt
Vern mir a foygl.

Oyfn veg shteyt a boym,
Shteyt her ayngebogen,
Ale feygl funem boym
Zaynen zikh tsefloygn.

Kanga e Kurbetit
(*Traditional from Kosovo*)

Ju nis burri o për kurbet
Kaloi tokë e kaloi det.
Vet i mbet o djali n'djep
Zemërbardha pret e pret.

Pret nji mot o njizet vjet
Qe e re e u tha krejt
Pyet djali o për babanë
Si t'i thotë e shkreta nanë.

Shamizeza o si t'i thotë
Sdi ku e ka varrin né botë.
Laymin me gajtan të zi
Po e mban si plagë në gji.

Me lot iku o nusënia
Ju nxi vetlla e shamia.
Thahen lisat e plasin gurë
Qé s'ju kthye burri kurrë.

Ani Kaj Lujile
(*Albanian traditional from Macedonia*)

Ani kaj lulije lot si gruni — o
Ç'ka i bane nanës që t'përzuni — o

Unë nanës ju pata mërzite — o
Bajram për bajram fustan i kam lyp

Ani kaj lulije dimri bardha — o
Kur t'vijnë hallat kush ju del perpara — o

Po ja lae motres amanete — o
Lej t'ju del o sikur jam kanë vetë — o

Ç'ka po i len nanës për malle — o
po ja lae nja pesë gishta kane — o

Ç'ka po i len babës për malle — o
po ja lae nja pesë gishta kane —o

Vaj Si Kenka
(*Traditional from Albania*)

Vaj si kenka bo dynjaja
mos me t'u ba me kenë gjallë.
Unë i mjeri fukaraja
paskam lindun o pa ikball.

Gjithë prej hallit, prej sikletit
m'u ba borxh me dal me tret.
Morra rrugët e gyrbetit
selametin mee gjet.

Rrugën mor me lot e lava
derisa mrrina jabanxhi.
Zemra m thotë gjithmonë se kjava
qysh i vogël o deri npleqni.

Schonster Aberstarn
(*Traditional from Switzerland*)

Schönster Abestärn
O wie gsehn i di so gärn
Wenn i di vo Witem gseh,
Diiecht's mi, wenn i scho bi dir wär.
Schönstes, weine nicht,
Ich bin verliebt mit dir.

Schönstes Röseli rot,
Könnt i di liebe bis in den Tod
Könnt i di liebe e Viertelstund,
So würde mis kranke Härzeli gsund.
Schönstes, weine nicht,
Ich bin verliebt mit dir.

Schönster Tulipa,
Dini Schönheit lacht mich a,
Du bist der Schönste uf dieser Welt,
Der mim Herz so wohlgefällt
Schönster, weine nicht,
Ich bin verliebt mit dir.

Elina Duni

performer

Nata in una famiglia di artisti a Tirana, Albania, nel 1981, Elina Duni muove i primi passi sulle scene come cantante all'età di cinque anni, esibendosi per la Radiotelevisione Nazionale. Nel 1992, dopo la caduta del regime comunista, si stabilisce a Ginevra, in Svizzera, con la madre, dove inizia lo studio del pianoforte classico e più tardi scopre il jazz. In seguito segue i corsi di musica jazz alla Hochschule der Künste di Berna. In questo periodo fonda il quartetto Elina Duni con Colin Vallon al piano, Patrice Moret al contrabbasso e Norbert Pfammatter alla batteria, che rappresenta un ritorno alle sue radici musicali, attraverso una combinazione di canzoni popolari dei Balcani e musica jazz. Dopo due album, *Baresha* (2008) e *Lume Lume* (2010), entrambi per Meta Records, il quartetto ha continuato a pubblicare per ECM nel 2012, *Matanë Malit* (Oltre il monte), e nel 2015, *Dallëndyshe* (Rondine), celebrati dai media europei per la leggerezza e per il loro modo sottile di esplorare il folklore albanese. Nel 2014 Elina Duni ha pubblicato il suo primo album come cantautrice in Kosovo e Albania, intitolato *Muza e Zezë* (La musa nera). Nel 2017 è stata tra i destinatari del Premio Svizzero per la Musica e ha iniziato una collaborazione con il chitarrista londinese Rob Luft. Il progetto intitolato *Partir*, con Elina Duni come solista al pianoforte, alla chitarra acustica e alle percussioni, è uscito in disco nell'aprile del 2018 per l'etichetta ECM. Nel 2020 è uscito *Lost Ships* per ECM, con Rob Luft, Fred Thomas e Matthieu Michel.

Born into an artistic family in Tirana, Albania, in 1981, Elina Duni took her first steps on the stage as a singer aged five, singing for National Radio and Television. In 1992, after the fall of the communist regime, she settled in Geneva, Switzerland, with her mother, where she started studying classical piano and thereafter discovered jazz. She went on to study on the jazz programme at the Hochschule der Künste in Bern. During this time she formed the Elina Duni Quartet with Colin Vallon on piano, Patrice Moret on double bass and Norbert Pfammatter on drums. This represented a return to her musical roots, a combination of Balkan folk songs and jazz. After two albums, *Baresha* (2008) and *Lume Lume* (2010), both on Meta Records, the quartet went on to release for ECM in 2012, *Matanë Malit* (Beyond the Mountain), and in 2015, *Dallëndyshe* (Swallow), which were praised by the wider European media for their lightness as well as their subtle manner of exploring Albanian folklore. In 2014, Elina Duni released her first album as a singer-songwriter in Kosovo and Albania, entitled *Muza e Zezë* (The Black Muse). In 2017 Elina Duni was one of the recipients of the Swiss Music Prize and started to work with the highly acclaimed London guitarist Rob Luft. The project entitled *Partir* featuring Elina Duni as a soloist (accompanying herself on piano, acoustic guitar and percussion), was released on record in April 2018 on ECM. In 2020 *Lost Ships* was released on ECM records featuring Rob Luft, Fred Thomas and Matthieu Michel.

LEZIONI DI MUSICA / MUSIC LESSONS

CLAUDIO MONTEVERDI (1567-1643)
VESPRO DELLA BEATA VERGINE (1610)

un programma di Rai Radio 3 condotto da /
a Rai Radio 3 program presented by
Giovanni Bietti

a cura di / curated by
Paola Damiani

25.09.2021 | H 9.00
Rai Radio 3
in diretta da / live from
Ca' Giustinian, Sala delle Colonne

Giovanni Bietti
Lezioni di Musica

La terza Lezione del ciclo affronta un nome d'obbligo, quello del maggior compositore italiano della prima metà del Seicento: Claudio Monteverdi (1567-1643), che lavorò a Venezia a partire dal 1613 ricoprendo tra l'altro il ruolo di Maestro di cappella in San Marco. Il brano preso in esame, famosissimo, non fu tuttavia scritto a Venezia ma a Mantova, e fu pubblicato (a Venezia) nel 1610: è il *Vespro della Beata Vergine*, una delle raccolte più innovative e più complesse nella storia della musica religiosa. La figura eccezionale di Monteverdi, sorta di Giano bifronte che allo stesso tempo chiude l'esperienza rinascimentale e apre la strada al Barocco, risalta in maniera straordinaria nel *Vespro*, composizione che non a caso lega tra loro idealmente tutte le Lezioni del ciclo: Monteverdi infatti mette in musica molti testi di Salmi presenti nella raccolta di Willaert del 1550 (tra i quali *Dixit Dominus* e *Laudate Pueri*), unisce voci e strumenti, termina la raccolta con un *Magnificat*.

Giovanni Bietti

The third Lesson in the cycle deals with a name that must be mentioned, that of the greatest Italian composer of the first half of the 17th century: Claudio Monteverdi (1567-1643), who worked in Venice from 1613 onwards, including as Maestro di cappella in San Marco. The famous piece analysed in this lesson was, however, not composed in Venice but in Mantua, and was published (in Venice) in 1610: it is the *Vespro della Beata Vergine*, one of the most innovative and complex collections in the history of religious music. The exceptional figure of Monteverdi, a sort of two-faced Janus who at the same time closed the Renaissance experience and paved the way for the Baroque, stands out in an extraordinary way in the *Vespro*, a composition that ideally links together all the Lessons of the cycle: Monteverdi in fact sets to music many texts of Psalms present in Willaert's 1550 collection (including *Dixit Dominus* and *Laudate Pueri*), combines voices and instruments, and ends the collection with a *Magnificat*.

Giovanni Bietti

foto di / photo by Deborah Lopati

25.09.2021 | H 11.00
Conservatorio di Musica
"Benedetto Marcello"

Marta Gentilucci

Incontri

INCONTRI / TALKS

MARTA GENTILUCCI
TESTO POETICO E SPAZIO SONORO /
POETIC TEXT AND SOUND SPACE

Marta Gentilucci ha studiato Canto al conservatorio “Francesco Morlacchi” di Perugia (IT), dove ha poi conseguito, con lode, il Master in Lingue e Letterature Straniere. Ha ottenuto il Master in Composizione e in Composizione / Computer Music presso l’Università di Musica e Arti dello Spettacolo di Stoccarda (DE) sotto la guida di Marco Stroppa. È stata selezionata per il programma biennale in Computer Music all’IRCAM (Cursus 1 e 2). Ha conseguito il dottorato in composizione presso l’Università di Harvard con Chaya Czernowin e Hans Tutschku. La sua formazione come cantante d’opera ha influenzato e formato il suo essere compositrice, così come la sua attrazione per la struttura interna del suono, il suo modo di risuonare nello spazio e oscillare in un arco temporale, le sue metamorfosi timbriche e formali. È particolarmente interessata alla musica vocale ed elettronica, alla possibilità di costruire e sovrapporre molteplici spazi acustici e virtuali. La sua profonda necessità artistica è quella di creare uno spazio musicale che sia percepito non solo come costruzione intellettuale, ma anche come sensazione fisica. Tra le sue attività più recenti, nel 2020 le sono stati commissionati dall’IRCAM e dai Neue Vocalsolisten due nuovi lavori per voce e live-electronics, entrambi eseguiti in prima assoluta durante il Festival MANIFESTE (Parigi, 2020) e al Festival ECLAT nel 2021. Tra i prossimi progetti nel 2021/’22, la prima di un nuovo pezzo per voce, percussioni e *live-electronics* in collaborazione con l’Experimentalstudio des SWR Freiburg (DE), un pezzo per elettronica e danza in collaborazione con la ballerina con Netta Weiser, e un’installazione sonora-visiva creata con la fotografa Susan Meiselas. È residente dell’Académie de France a Roma – Villa Medici 2021/’22.

Marta Gentilucci studied Vocal Arts as a soprano at the Conservatory “Francesco Morlacchi” of Perugia (IT). In Perugia she obtained, *cum laude*, her Master in Foreign Languages and Literature. She completed her Master Degree in composition and in composition/computer music at the University of Music and Performing Arts Stuttgart (DE) under the guidance of Marco Stroppa. She was selected for the two year program in computer music at IRCAM (Cursus 1 and 2). She gained a PhD in Composition from Harvard University, mentored by Chaya Czernowin and Hans Tutschku. Her formal training as an opera singer influenced and formed her as a composer, as well as her attraction to the inner structure of sound, its way of resonating in space and oscillating within a timespan, its metamorphosis in color and “shape”. She is particularly interested in vocal music and technology, and the different possibilities of building acoustic and virtual spaces. Her deep artistic necessity is to create a musical space where music and sounds are perceived not only as an intellectual construct, but also as a physical sensation. Among her most recent activities, in 2020 she was commissioned by IRCAM and Neue Vocalsolisten two new pieces for voice and live-electronics, both premiered during the MANIFESTE Festival (Paris, 2020) and performed at the ECLAT Festival 2021. Her forthcoming projects in 2021/’22 include the premiere of a new piece for voice, percussion and live-electronics in collaboration with the Experimentalstudio des SWR Freiburg (DE), a piece for electronics and dance for the dancer Netta Weiser, and a sound-visual installation created with the photographer Susan Meiselas. She is resident at the Académie de France in Rome – Villa Medici 2021/’22.

JENNIFER WALSHE (1974)
IS IT COOL TO TRY HARD NOW?
solo performance per voce / for voice, film e / and live electronics

2017 (33')

prima italiana / Italian premiere

commissione / commissioned by
Moving on Music
finanziata da / with funds provided by
the Arts Council of Northern Ireland

JENNIFER WALSHE (1974)
A LATE ANTHOLOGY OF EARLY MUSIC VOL. 1:
ANCIENT TO RENAISSANCE
Adam De La Halle, *Robins M'Aime*
John Dowland, *Flow My Tears*

2020 (6')

Jennifer Walshe
performer e compositore / and composer

EVO Ensemble
Veronica Bartolomei soprano
Eleonora Braconi soprano
Cinzia D'Anella contralto / alto
Alessandro Cavazzani tenore / tenor
Ervin Dos Santos baritono / baritone
Emanuele Gizzi baritono / baritone

25.09.2021 | H 17.00
Arsenale, Teatro alle Tese (III)

Is it cool to try hard now? tracks from A Late Anthology of Early Music

Jennifer Walshe

Non ho una sola voce. Ho molte, molte voci. La mia voce - questa struttura biologica situata nel mio corpo, un apparato che di solito funziona in stretta collaborazione con la tecnologia - è il palco per mostrare tutto ciò che ho sentito e tutti i luoghi in cui ho vissuto. C'è materiale infinito a cui attingere, in modi infinitamente diversi.

Tutti noi dobbiamo confrontarci con la sovrabbondanza di voci che hanno lasciato un segno nella nostra. Ci dicono che l'obiettivo è trovare la "nostra" voce. Ma a me interessa questa polifonia, questa confusione. Non voglio scegliere.

Ascolto e raccolgo voci costantemente. Registro, annoto, mi appunto i time-code mentre guardo un video per poter tornare indietro e memorizzare le voci. Molto del mio lavoro comporta la negoziazione e l'editing di questo enorme archivio. Il primo pezzo che ho scritto per la mia voce, come *mo cheann*, riguardava la ricerca di tutti i suoni che potevo emettere lungo un asse fisico verticale, proiettandoli dallo spazio sopra la mia testa fin sotto i piedi. Ho composto brani per la mia voce che rappresentano le connessioni tra le migliaia di campionamenti di canzoni pop nel mio cervello; ho composto brani che sono il risultato di ore e ore di ascolto di versi di animali, insetti e rane; brani nei quali le registrazioni di apparecchi per il sequenziamento del DNA, vulcani sottomarini e i bagni della Stazione Spaziale Internazionale formano una partitura sonora.

Perché amo le voci, amo il linguaggio. Lo vedo come un sottoinsieme di ciò che fa una voce. Sono affascinata da come funziona offline e online. Amo lo slang e il linguaggio tecnico, l'argot; amo i neologismi. Attraverso il linguaggio, le voci ci regalano una vivida istantanea dei tempi in cui viviamo. Tempi pieni di strobing delle clavicole, meta-predatori e *procrastibking*. *Hate-wathcing*, nootropi e incendi di cassonetti. Uomini-bambini, compagni di letto e liquidi aromatizzati per sigarette elettroniche. Leggo scritte queste parole che rimbalzano, prendendo vita nella mia testa come voci.

Oltre al ricchissimo mondo sonoro in cui la voce può essere inserita, sono affascinata dalla voce perché fornisce un'apertura attraverso la quale il

I don't have a voice. I have many, many voices. My voice – this biological structure located in my body, an apparatus which usually functions in close collaboration with technology – is the staging area for everything I've ever heard and everywhere I've ever lived. There is infinite material to draw on, in infinitely different ways.

We all grapple with the plethora of voices that have made their mark on ours. We're told the goal is to find "our" voice. But this polyphony, this confusion, is what interests me. I don't want to choose.

I listen to and collect voices constantly. Recording, notating, jotting down times as I watch a video so I can go back and memorise voices.

A lot of my work deals with negotiating and editing this huge archive of material. The first piece I ever wrote for my voice, as mo cheann, was concerned with investigating all the vocal sounds I could make along a vertical physical axis, projecting from the space above my head to below my feet. I've made pieces for my voice which represent the connections between the thousands of pop song samples in my brain; I've made pieces which are the result of hours upon hours of listening to animal, insect and frog sounds; pieces for which recordings of DNA microarray machines, underwater volcanoes and the toilets on the International Space Station form an aural score.

Because I love voices, I love language. I view language as a subset of what a voice does. I am fascinated by how language functions off- and online. I love slang and argot technical language; I love newly-invented words. Through language, voices give a vivid snapshot of the times we live in. Times filled with collarbone strobing, meta predators and procrastibking. Hate-watching, nootropics and dumpster fires. Manbabies, co-sleepers and e-liquids. I read these words on the page and they bounce into life in my head as voices.

Aside from the extremely rich sound world the voice can be implicated in, I'm fascinated by the voice because it provides an aperture through which the world comes rushing in. The Thai artist Larry Achiampong states that "our lives are politi-

mondo entra in corsa. L'artista tailandese Larry Achiampong dichiara che "le nostre vite sono politiche perché lo sono i nostri corpi". Io estenderei questa affermazione e direi che le nostre vite sono politiche perché lo sono le nostre voci. Genere, sessualità, abilità, classe, etnia, nazionalità - li riconosciamo tutti nella voce. La voce è un nodo dove cultura, politica, storia e tecnologia si possono aprire.

Jennifer Walshe
(da *Ghosts of the Hidden Layer*, discorso tenuto ai Darmstädter Ferienkurse, 25 luglio 2018)

cal because our bodies are". I would extend this statement and say our lives are political because our voices are. Gender, sexuality, ability, class, ethnicity, nationality – we read them all in the voice. The voice is a node where culture, politics, history and technology can be unpacked.

Jennifer Walshe
(from *Ghosts of the Hidden Layer*, talk given at the Darmstädter Ferienkurse, 25 July 2018)

Jennifer Walshe

Is it cool to try hard now?

This death was expensive

This death was expensive
This death was useless
This death was meaningless

I feel so much better already
I'm unbelievably better already
I'm truly better already
I'm so much better already

This death was expensive
This death was useless
This death was meaningless

I feel so much better already
I feel so much better already
Unbelievably better already
I'm truly better already

She took out her BlackBerry, and as the track began to play she surfed through lists of phrases she had copied from magazines and television programs. She showed me a few: "life in the fast lane," "crying shame," "high and mighty," "mirrors don't lie," "don't let them see you cry." Some phrases were categorized under headings like "Sex and the City," "Interjections," and "British Slang."

I feel so much better already
I feel so much better already
Unbelievably better already
I'm truly better already

Fast-forward the doom
There is salt in your mouth
There are micro plastics in your mouth
There are a 1000 species in your mouth
And the tears are just exhaustion

The tears are just a way of collapsing
Because maybe it's as good as listening to New Age music walking through an airport
Knowing you are going home

Goop

Ok, this seems weird, but in my quest to discover innovation in the wellness space I found this pea milk
Ok, this seems weird, but I am getting a romance vibe between those two and I am into it
Ok, this seems weird, but there is intense, unbalanced melting, and I am scared to death

I burned down your house with my mind

Ok, this seems weird, but there are edible herbs that can help your body adapt to stress
Ok, this seems weird, but teenagers and truckers who are not in relationships are talking to Siri

I burned down your house with my mind

This one (is to be sung)

This one is to be sung while standing through the open sunroof of a moving car
And this one, this one is to be sung while bursting into animated tears
This one is to be sung while wearing a mid-1980s Brooks Brothers sweater vest
This one is to be sung while pretending you are dead or at the very least asleep
This one is to be sung while high the whole time
This one is to be sung while crowd surfing
This one is to be sung while entering calories into MyNutritionPal
And this one is to be sung while your uterine lining is slowly being discharged out of your vagina
This one is to be sung while being a dad
And this one is to be sung while punching the air/I think we should get our highlights expertly blended

At the Museum

- It was observed that the distinguished Japanese professor of robotics interviewed on the museum's video display did, in fact, himself look like a robot.

- It was something to do with the hair.

- The hair looked like expensive velvet. The hair looked like moss sprayed with a super-black pigment patented by the military. The hair looked like it grew in black, and then was dyed black. Just to be sure.
- No. NO. It wasn't the hair. It was the skin.

- The distinguished professor of robotics' skin looked resurfaced. It looked like it had been sprayed on. There were no pores. It was like dewy Royal Icing. It was amazing. It was *enviable*.

- Let's get back to the robots, though. It was noted that the first robot created by the distinguished professor of robotics featured an approximation of the human secondary sex characteristics associated with the female gender.

- This robot was referred to as "she".

- This robot wore a skirt and sleeveless jacket combo which brought to mind *the fashion choices of women in religious cults in America.*

- It was decided unanimously to refer to this robot as "Karen".

- I don't know. She just LOOKED like a Karen.

- It was observed that Karen's function is to sit, nodding and murmuring affirmatively at whatever her conversational partner is saying. It was observed that to be Karen is to be trapped, for eternity, on the worst Internet date in the history of the universe.

- It was related that multiple experiments have demonstrated that men and women typically overestimate how much women talk in conversation. Statistics were produced detailing how any woman talking over 30% of the time in a given conversation is regarded as having talked over 50% of the time. The team concurred that this is *fuuuuucked.*

- It was observed that Karen's voice came out of a speaker on the wall and that this was a) disorienting but more importantly b) unintentionally hilarious.

- The team paused in their deliberations as a group of teenagers approached Karen. Several male members of the team Facebook Lived Karen's responses as they asked her "do you want it in the azzzz" and demanded that Karen "show us your robo-tits".

Kyle

There was a model-type with a rapper-type and like 15 actor-types

I need you to scream some reassurance at me. I need some screaming and some reassurance.
I need some

You are ok
Despite what the doctors say

So there's an American advertising executive's view of advertising versus my view of advertising versus the hipster who does the music for the advertising association award's show's view of advertising versus an Italian advertising executive's view of advertising versus my uni lecturer's view of advertising

Because if you perform happiness on social media people always reward it at least on social media

You are ok
Despite what the doctors say

Because he is an illegal and he is a dead people. I have seen the studies and the information. I have seen the evidences. This is belief that I have maintained. And this is the origin point for that particular strain of ideology.

You are ok
Despite what the doctors say

The drummer on this track, his name is Kyle. Kyle's not a real person, he's an auto-drummer, which means he's just a construct within the software this music was written in. According to the software, Kyle is "influenced by modern rock, but comfortable with most genres. He plays "straightforward rock beats on a natural, versatile kit."

Now, Kyle's friends are clearly going to have names like Cody and Tanner, because Kyle has to be a white American guy with short blonde hair. Or he could be another type of Kyle, but the difference is, he is also white American, and he's the life of the party.

You are ok
Despite what the doctors say

I tried to make Kyle sound as funky as possible. I tried to make his "Crash the Party" beat as funky as possible. There are options within the Kyle vector space. I paired him with samples like "Disco Delight", "Disco Freak" and "Drop the Funk". But Kyle just ended up sounding confused. Because this, apparently........THIS....is as funky as Kyle gets.

I will fight this

I will fight this with every fibre of my carbon-based being

I mean, you need to be thinking along the lines of ending disease, winning the war on hunger, living forever. Or else you are paltry and measly.

I will fight this with every fibre of my carbon-based being
On the last day, on the last day we make bridges
Formal education is just too investment-heavy and high-risk....instead we need to work toward lifelong learning, think about the skills we want to develop. Would I enjoy being empathetic in a medical setting? Should I learn how to bite back class rage so that I can massage the super-rich?

I will fight this with every fibre of my carbon-based being

My body is an excellent candidate for technological optimisation, what with its inconvenient leaks, the exhausting task of trying to track the discharge and mucus, pus, blood, blood pressure, cycling, steps and so forth, and whatnot, and so on, and whatnot, and there you go....stuff.

I will fight this with every fibre of my carbon-based being

Humans are the next platform

Jennifer Walshe

performer

"La voce compositiva più originale in Irlanda negli ultimi vent'anni" ("The Irish Times") e "La ragazza selvaggia di Darmstadt" ("Frankfurter Rundschau"), la compositrice e performer Jennifer Walshe è nata a Dublino. La sua musica è stata commissionata, trasmessa ed eseguita in tutto il mondo. Ha ricevuto borse di studio e premi dalla Foundation for Contemporary Arts di New York, il DAAD Berliner Künstlerprogramm, l'Internationales Musikinstitut di Darmstadt e l'Akademie Schloss Solitude. Progetti recenti comprendono *Time Time Time*, un'opera scritta in collaborazione con il filosofo Timothy Morton, e *The Site of an Investigation*, epopea di trenta minuti per orchestra e voce della Walshe commissionata dalla National Symphony Orchestra of Ireland. *The Site* è stata eseguita da Jennifer Walshe con la NSO, la BBC Scottish Symphony Orchestra e anche dalla Lithuanian State Symphony Orchestra. *A Late Anthology of Early Music Vol. 1: Ancient to Renaissance*, il suo terzo album da solista, è uscito per Tetbind nel 2020. L'album si avvale dell'intelligenza artificiale per rielaborare opere canoniche della storia della musica antica occidentale. *A Late Anthology* è stato nominato album dell'anno da "The Irish Times", "The Wire" e "The Quietus". Jennifer Walshe è attualmente docente alla Hochschule für Musik und Darstellende Kunst di Stoccarda.

"The most original compositional voice to emerge from Ireland in the past twenty years" ("The Irish Times") and "Wild girl of Darmstadt" ("Frankfurter Rundschau"), composer and performer Jennifer Walshe was born in Dublin. Her music has been commissioned, broadcast and performed all over the world. She has been the recipient of fellowships and prizes from the Foundation for Contemporary Arts, New York, the DAAD Berliner Künstlerprogramm, the Internationales Musikinstitut, Darmstadt and Akademie Schloss Solitude among others. Recent projects include *Time Time Time*, an opera written in collaboration with the philosopher Timothy Morton, and *The Site of an Investigation*, a thirty-minute epic for Walshe's voice and orchestra, commissioned by the National Symphony Orchestra of Ireland. *The Site* has been performed by Walshe and the NSO, the BBC Scottish Symphony Orchestra and also the Lithuanian State Symphony Orchestra. *A Late Anthology of Early Music Vol. 1: Ancient to Renaissance*, her third solo album, was released on Tetbind in 2020. The album uses AI to rework canonical works from early Western music history. *A Late Anthology* was chosen as an album of the year in "The Irish Times", "The Wire" and "The Quietus". Walshe is currently a professor at the Hochschule für Musik und Darstellende Kunst, Stuttgart.

EVO Ensemble

EVO Ensemble è un ensemble vocale giovanile fondato e coordinato da Virginia Guidi e ha come manifesto l'apertura verso diversi generi musicali, grazie anche al differente background dei propri componenti, che spazia dalla musica antica alla classica, al jazz, al cantautorato, al *beatboxing* e alle tecniche vocali estese.

EVO Ensemble ha debuttato nel 2017 con la performance *Le petit livre meurtre* di Augustin Maurs in occasione di *Ubi fracassorium, ibi fuggitorium*. Nell'autunno 2018 ha partecipato alla colonna sonora del film *Koi* di Lorenzo Squarcia e Simone Spampinato con il brano 記憶します ("Kioku Shimasu"), scritto da Edoardo Maria Bellucci e Giangiacomo Gallo. Il film, distribuito da Journeyman Pictures, ha vinto il Mosaic World Film Festival 2019.

Sempre nel 2019 ha collaborato con Anna Korsun per l'Accademia Tedesca di Villa Massimo a Roma, cantando la prima italiana di *Ulenflucht* (diretta da Tonino Battista e in collaborazione con il Voxnova Italia) e di *Moshi Moshi*, una performance per voci e smartphone.

Nell'ottobre dello stesso anno ha partecipato a *Mirabilia Urbis* presso l'Accademia d'Ungheria a Roma con la performance di Carlo Caloro *Binding or not-Binding Commitments* per quattro performer, *neurofeedback* ed elettronica, con musica di Edoardo Maria Bellucci e lavoro sul *neurofeedback* del dott. Cozzuto.

Nell'aprile 2020, per cercare di aiutare il nostro pianeta, crea l'*EVO Forest*, una foresta virtuale dove ognuno è invitato a contribuire piantando un albero.

EVO Ensemble is a vocal ensemble of young singers founded and co-ordinated by Virginia Guidi, whose philosophy is openness to diverse music genres, also on the strength of the varied backgrounds of its members, ranging from ancient to classical music, jazz, singer-song writing, beatboxing and extended vocal techniques.

EVO Ensemble debuted in 2017 with a performance of Augustin Maurs's *Le petit livre meurtre* on the occasion of *Ubi fracassorium, ibi fuggitorium*. In autumn 2018 the ensemble contributed to the soundtrack for Lorenzo Squarcia and Simone Spampinato's film *Koi* with the 記憶します ("Kioku Shimasu") written by Edoardo Maria Bellucci and Giangiacomo Gallo. Distributed by Journeyman Pictures, the film won the 2019 Mosaic World Film Festival.

In 2019 the ensemble worked with Anna Korsun for the Villa Massimo German Academy in Rome, singing the Italian premiere of *Ulenflucht* (directed by Tonino Battista with Voxnova Italia) and *Moshi*, a voice and smartphone performance.

In October that same year it took part in *Mirabilia Urbis* at the Hungarian Academy in Rome with Carlo Caloro's performance *Binding or not-Binding Commitments* for four performers, neurofeedback and electronics, with music by Edoardo Maria Bellucci and neurofeedback by Dr. Cozzuto.

In April 2020, in an attempt to give our planet a helping hand, the ensemble created *EVO forest*, a virtual forest to which everyone was invited to contribute by planting a tree.

JOY FREMPONG (1978)
CHANGE AND CHANCE
solo performance per voce, film e live electronics / for voice, film and live electronics

2021 (40')

prima assoluta / world premiere

produzione / production
La Biennale di Venezia - CIMM, Centro di Informatica Musicale e Multimediale

in collaborazione con / in collaboration with
Settore Cultura Comune di Venezia

CITTA' DI VENEZIA
CULTURA VENEZIA
TEATRO DEL PARCO

Joy Frempong
voce, tastiere ed elettronica / vocalist, keys, electronics

Martin Ruch
ingegnere del suono / sound engineer

Guglielmo Bottin
sintetizzatori e programmazione suoni / synthesizers and programming

Marcel Blatti
collaborazione alla produzione / additional production

25.09.2021 | H 21.00
Teatro del Parco, Bissuola (Mestre)

Change and Chance

Joy Frempong

Joy Frempong eseguirà una performance da solista sviluppata appositamente per La Biennale di Venezia, che comprende la sua voce, alcune *loop machine*, tastiere, campioni sonori registrati a Venezia ed elementi narrativi.

Conosciuta per creare combinazioni tra *pattern groove*, linee vocali cantate da lei e ritornelli accattivanti, Joy Frempong ama fondere elementi musicali allegri e spensierati con rumore e suoni sperimentali.

I brani e le atmosfere si aggireranno intorno al tema dei cambiamenti positivi che potremmo riuscire a ottenere grazie al mutamento, inaspettato e non voluto, che ha colpito le nostre vite all'improvviso e ci ha costretti ad adattarci, a improvvisare e a trovare soluzioni.

"Se il Cambiamento e il Caso fossero buoni amici, di cosa parlerebbero tra loro al bar?"

Joy Frempong will perform a solo act elaborated especially for La Biennale di Venezia, based on her voice, loop machines, keyboards, samples of sounds recorded in Venice, and narrative elements. Known for combining electronic groove patterns with her vocal chants and catchy hook lines, she loves to merge lighthearted musical elements with experimental and noisy sounds.

The songs and ambiences will loosely move around the topic of what positive changes we could be able to achieve out of the unexpected and unwanted change that suddenly struck our lives and forced us to adapt, to improvise, to find solutions.

"If Change and Chance were good friends, what would they talk about at the bar?"

Joy Frempong

Change, Choice & Chance

Goodday, please meet my friend Change.
He's a good fellow except he tends to force himself onto people.
But Change loves to hang out with another friend, Choice, and together they're usually quite good company. Together they bring excitement, sparkling energy into dull conversations, they're the couple that feed each other with inspiration while improvising a story that will then end with the perfect punch line. Change and Choice yeah, they will entertain a bar for a full night - and everyone will go out feeling better, feeling like they have no limits, feeling freed and very certain that they'll never repeat any of their recurring mistakes. People who have become the impersonification of their better selves, carrying their potential on their heads visible for everyone – not with arrogance, but with healthy self-confidence that finally, from now on, everything's going to be different.
But when Change hangs out alone, he often causes distress. He's responsible for nervous looks, for people fiddling with their smart phones even more unnecessarily than they already tend to do, sunddenly making panic calls to friends and family. People crying, people looking at what used to be as the holy grail – although they had been constantly complaining in the old days too.
And when Change takes his sister Chance out? The first reaction is usually silence.
Almost like at a meditation camp, except no-one here cares about meditation. It's more this feeling of avoiding the topic, and going – "it doesn't concern me, does it? If I just stay here, still, and do nothing, I can skip being part of this? If I continue as before, if I make myself invisible, this will be of no concern to me right? It's not that bad, I mean, it's ok. It's always been ok. It will stay ok for a while." Change and Chance are more like a silent energy that pulls up a mirror in front of people. People can avoid to face it, look down on the floor, up at the ceiling, but they will always be aware of this mirror. Deciding to face it though might make Choice appear and add sudden dynamics to the situation.
Now, when Change hangs out with his buddy Climate. Ohh, that's no good news.
They usually get into a fight and immediately Challenge joins in. Challenge speaks empty words, Choice and Chance pass by, get very loud and are yet often drowned by these empty words.

Joy Frempong

Joy Frempong è una cantante e compositrice che spazia liberamente fra musica elettronica, jazz, melodie sperimentali e pop, con un'inclinazione per la narrazione. Si è dedicata principalmente a girare il mondo con OY – un duo con il batterista e co-autore Lleluja-Ha. Il loro album di debutto *First Box Then Walk* (2010) ha incontrato il favore della critica ed è stato seguito da inviti a festival come il Sonar Festival (ES), Montreux Jazz (CH) e SXSW (USA). Per l'album del 2014, *No Problem Saloon*, pubblicato dall'etichetta discografica di culto belga Crammed Discs, Joy è partita per raccogliere campioni registrati sul campo e tematiche in un viaggio che ha toccato l'Africa occidentale e meridionale. L'album ha catapultato di nuovo il duo dal loro studio di Berlino nel mondo, con oltre duecento spettacoli in più di venti Paesi. Nel 2016 è seguito *Space Diaspora*, una vera epopea spaziale che si posiziona sotto l'ombrello dell'afrofuturismo.

In passato Joy ha collaborato con numerosi musicisti, dall'avant-pop all'improvvisazione, in particolare con la crew hip-hop dadaista Infinite Livez vs Stade (Big Dada Records/Ninja Tune). Ha anche lavorato come compositrice per radiodrammi e cortometraggi di animazione sperimentale. Nata in Ghana nel 1978, si è trasferita in Svizzera con la famiglia nel 1986 e vive a Berlino dal 2008. Ha studiato canto e composizione jazz. Il suo tratto distintivo è una chimica fatta di suoni giocosi, melodie e parlato, un mix di frammenti hip hop e frasi meccaniche provenienti da campionatori e altri dispositivi sonori.

Joy Frempong is a singer and composer who moves freely between electronica, jazz, experimental music and pop, with an affinity for storytelling. Joy has been mostly touring the world with OY – a duo with drummer and co-writer Lleluja-Ha. OY's debut album *First Box Then Walk* (2010) met with critical success followed by invitations to festivals such as the Sonar Festival (ES), Montreux Jazz (CH) and SXSW (USA). For the 2014 album *No Problem Saloon*, released on the Belgian Cult-Label Crammed Discs, Joy set off to collect field-recorded samples and topics on a trip to Western and Southern Africa. This album again catapulted the duo from their Berlin studio into the world, playing more than two-hundred shows in over twenty countries. It was followed in 2016 by *Space Diaspora*, a space opera that fits comfortably under the umbrella of Afrofuturism.

Joy previously collaborated with many musicians from avant-pop to improv, most notably with the dadaistic hip-hop-crew Infinite Livez vs Stade (Big Dada Records/Ninja Tune). She has also worked as a composer for radio plays and experimental animation short films. She was born in Ghana in 1978, moved to Switzerland with her family in 1986 and has lived in Berlin since 2008. She studied vocals and composition in the field of jazz. Her trademark is a chemistry made up of playful sounds, melodies and spoken word, blending scraps of hip hop with mechanical utterances from samplers and other sound machines.

LEZIONI DI MUSICA / MUSIC LESSONS

ANTONIO VIVALDI (1678-1741)
MAGNIFICAT
per soli, due cori e due orchestre /
for soloists, two choirs and two orchestras RV 610a
(ca. 1715-1725)

un programma di Rai Radio 3 condotto da /
a Rai Radio 3 program presented by
Giovanni Bietti

a cura di / curated by
Paola Damiani

26.09.2021 | H 9.00
Rai Radio 3
in diretta da / live from
Ca' Giustinian, Sala delle Colonne

Giovanni Bietti

Lezioni di Musica

Proprio un grande *Magnificat* veneziano, quello "In due cori" scritto da Antonio Vivaldi nei primi decenni del Settecento (le probabili datazioni variano tra il 1715 e il 1725), viene esaminato nella quarta Lezione. Lo stile è ormai quello del pieno Barocco, la policoralità è solo accennata e la tradizione veneziana si riconosce piuttosto nell'uso del contrasto e del chiaroscuro, con un risultato di grande forza e immediatezza espressiva. La varietà timbrica e strumentale di Gabrieli e di Monteverdi, pionieristica, sperimentale, sorprendente, lascia il posto alla compatta orchestra Settecentesca della quale Vivaldi è un maestro indiscusso. Il compositore scrisse anche una seconda versione del *Magnificat*, sostituendo alcune sezioni corali con Arie solistiche, spesso iper-virtuosistiche, destinate a dare pieno risalto alle qualità vocali di alcune allieve dell'Ospedale della Pietà, che vengono specificamente nominate in partitura.

Giovanni Bietti

A great Venetian *Magnificat*, the one "in due cori" composed by Antonio Vivaldi in the first decades of the 18th century (the probable dates vary between 1715 and 1725), will be examined in the fourth Lesson. The composition reflects the typical style of mature Baroque; polychorality is only hinted at and the Venetian tradition can be recognised in the use of contrast and chiaroscuro, resulting in a piece characterised by great strength and expressive immediacy. Gabrieli's and Monteverdi's pioneering, experimental, surprising timbre and instrumental variety gives way to the compact 18th-century orchestra of which Vivaldi is an undisputed master. The composer also wrote a second version of the *Magnificat*, replacing some choral sections with solo arias, often hyper-virtuosic, designed to give full prominence to the vocal qualities of some of his pupils at the Ospedale della Pietà, who are individually named in the score.

Giovanni Bietti

Cerimonia di consegna
PREMIO DELLA GIURIA
DEGLI STUDENTI DEI CONSERVATORI DEL VENETO 2021
THE JURY PRIZE OF THE STUDENTS
OF THE VENETO CONSERVATORIES 2021
Award Ceremony

26.09.2021 | H 12.00
Ca' Giustinian, Sala delle Colonne

Premio della Giuria degli studenti dei Conservatori del Veneto

In occasione del Festival *Choruses*, La Biennale di Venezia intende assegnare un Premio alla Migliore Prima Esecuzione Assoluta tra quelle presenti in programma e al Migliore Ensemble Vocale o Coro.
Il Premio verrà assegnato da una giuria di giovani studenti dei Conservatori del Veneto, nominati dai rispettivi Conservatori di appartenenza.
Obiettivo del Premio è il coinvolgimento e la responsabilizzazione dei giovani studenti dei Conservatori veneti, offrendo loro un'occasione di ascolto, riflessione e dibattito sulla nuova creatività musicale. La Giuria sarà presieduta e coordinata da Francesco Antonioni, compositore, giornalista musicale e conduttore radiofonico di programmi musicali di Rai Radio 3.
Per i compositori, gli ensemble vocali e i cori presenti nel Festival *Choruses*, il Premio e le motivazioni presentate dagli studenti coinvolti nella giuria saranno un'occasione di confronto con la nuova generazione di musicisti, con le loro esperienze di ascolto e la loro autonoma percezione estetica. Il Premio intende infatti creare un fertile terreno di confronto tra creatività musicali diverse, tecniche compositive ed esecutive sviluppate nel tempo dai protagonisti della nuova scena musicale e la platea degli ascoltatori, un pubblico giovane, sensibile e preparato come quello degli studenti dei Conservatori.

La Giuria dell'edizione 2021 del Premio sarà formata da studenti delle seguenti istituzioni:
Conservatorio di Venezia
Conservatorio di Padova
Conservatorio di Vicenza
Conservatorio di Verona
Conservatorio di Castelfranco Veneto
Conservatorio di Rovigo
Conservatorio di Adria

Il Premio consisterà in una targa e sarà assegnato nella giornata conclusiva del Festival.
Le categorie designate per il Premio sono: la Migliore Prima Esecuzione Assoluta e il Migliore Ensemble Vocale o Coro.

On the occasion of the Festival *Choruses*, La Biennale di Venezia intends to award a Prize for the Best World Premiere Performance of the programme and the Best Vocal or Choral Ensemble. The Prize will be awarded by a jury consisting of young students from the Veneto Conservatories, who will be nominated by their respective institutions.
The purpose of the Prize is to involve and empower the young students of the Veneto Conservatories by offering them the opportunity to listen, reflect on and discuss these examples of new musical creativity. The Jury will be chaired and coordinated by Francesco Antonioni, composer, musical journalist and radio presenter for the musical programmes of Rai Radio 3.
For the composers, the vocal ensembles and choirs participating in the Festival *Choruses*, the Prize and the rationale for its award as presented by the students who form the jury will provide an opportunity for dialogue with the new generation of musicians, who have their own listening experiences and their own aesthetic perceptions. The purpose of the Prize, in fact, is also to create a fruitful dialogue between the different musical creativities, compositional and performative techniques developed over time by the protagonists of the new musical scene and their audience – in this case a young, sensitive, well-informed audience of Conservatory students.

The Jury for the 2021 edition of the Prize will be made up of students from the following institutions:
Conservatorio di Venezia
Conservatorio di Padova
Conservatorio di Vicenza
Conservatorio di Verona
Conservatorio di Castelfranco Veneto
Conservatorio di Rovigo
Conservatorio di Adria

The Prize, in the form of a plaque is awarded on the final day of the Festival.
The categories for the Prize are: Best World Premiere Performance and Best Vocal or Choral Ensemble.

Alla selezione per la Migliore Prima Esecuzione Assoluta partecipano con i loro lavori:
Maria Vincenza Cabizza
Daniele Carcassi
Sivan Eldar
Francesco Filidei
Joy Frempong
Marta Gentilucci
Christina Kubisch
X. Lee
George Lewis
Manuel Hidalgo Navas
Agita Reke
Kaija Saariaho
Jack Sheen
ZULI
Chonglian Yu

Alla selezione per il Miglior Ensemble Vocale o Coro partecipano:
accentus
Cappella Marciana
EVO Ensemble
Neue Vocalsolisten
Sequenza 9.3
SWR Vokalensemble
Theatre of Voices

In the category Best World Premiere Performance the Prize will be decided between the works of:
Maria Vincenza Cabizza
Daniele Carcassi
Sivan Eldar
Francesco Filidei
Joy Frempong
Marta Gentilucci
Christina Kubisch
X. Lee
George Lewis
Manuel Hidalgo Navas
Agita Reke
Kaija Saariaho
Jack Sheen
ZULI
Chonglian Yu

In the category Best Vocal or Choral Ensemble the Prize will be decided between:
accentus
Cappella Marciana
EVO Ensemble
Neue Vocalsolisten
Sequenza 9.3
SWR Vokalensemble
Theatre of Voices

MANUEL HIDALGO NAVAS (1998)
ir
per ensemble vocale e tape /
for vocal ensemble and tape
testo dal sonetto / text after the sonnet
"ir y quedarse" di / by Lope de Vega

2021 (20')

prima assoluta / world premiere

MARIA VINCENZA CABIZZA (1991)
THE DIFFERENCE BETWEEN BEING AND STAYING
per ensemble vocale di cinque voci /
for five-voice vocal ensemble
testo di / text by Maria Vincenza Cabizza

2021 (20')

prima assoluta / world premiere

LUCA FRANCESCONI (1956)
HERZSTÜCK
per sei voci / for six voices
su un testo di / on a text by Heiner Müller

2012 (27')

Neue Vocalsolisten

Johanna Vargas
soprano acuto / high soprano
Susanne Leitz-Lorey
soprano
Truike van der Poel
mezzosoprano / mezzo
Martin Nagy
tenore / tenor
Guillermo Anzorena
baritono / baritone
Andreas Fischer
basso / bass

produzione / production
La Biennale di Venezia - CIMM, Centro Informatica Musicale e Multimediale

Biennale COLLEGE

26.09.2021 | H 18.00
Arsenale, Tese dei Soppalchi

Neue Vocalsolisten

Manuel Hidalgo Navas Maria Vincenza Cabizza Luca Francesconi

Un'attenzione a tematiche legate al linguaggio lega i tre pezzi scelti per il concerto dei Neue Vocalsolisten, che si apre con le prime assolute dei lavori di due giovani compositori selezionati per la Biennale College Musica 2021.

Sceglie il sonetto di Lope de Vega *ir y quedarse* Manuel Hidalgo Navas per il suo pezzo *ir* per quintetto vocale. I sentimenti di solitudine, assenza, disagio e frustrazione dell'amante in assenza dell'amato vengono resi dal poeta spagnolo attraverso diversi espedienti linguistici, che vanno dall'impiego dell'infinito per accentuare l'effetto di immobilità all'utilizzo di ossimori e chiasmi per esaltare il senso di solitudine e la sofferenza. La scrittura musicale sviluppa due idee principali: il sorgere di un complesso soliloquio a cinque voci, e il gioco degli opposti. Come negli altri due pezzi del programma, anche in questo c'è una dimensione teatrale che prescinde dalla pura dimensione scenica e che si manifesta nel trattamento musicale delle voci. Emergendo da una nuvola di rumori, con la propria materialità le voci affrontano il testo conferendogli una forma definita. Giocando sul doppio binario del linguaggio, gabbia di parole ma anche veicolo di comunicazione, la musica ridà vita alla parola del poeta e le restituisce significati nuovi.

Maria Vincenza Cabizza sviluppa il testo di *The difference between being and staying*, per ensemble vocale di cinque voci, come un collage casuale di ritagli di stampa su tutti quei popoli che lottano per la propria sopravvivenza. La frammentazione delle frasi, di cui si colgono solo parole isolate, intende provocare l'illusione di una comprensione sfuggevole e di una mutazione apparente di significato. Sul piano performativo, in primo piano il basso sovrasta scenicamente e musicalmente, mentre sullo sfondo le altre quattro voci intonano armonie su un testo in continuo movimento, che stravolge il senso dei messaggi espressi dal basso. Le quattro ombre prendono via via il sopravvento e il basso viene costretto a un graduale mutismo. Il suo flusso di parole si spegne in un puro movimento labiale come in un tentativo di comunicare un messaggio, che non gli appartiene più. In alcune sezioni, il testo e i

A common focus on themes linked to language connects the three works chosen for this concert, which opens with the pieces by two young composers selected for the Biennale College Musica 2021, performed here for the first time.

Manuel Hidalgo Navas chooses the sonnet *ir y quedarse* by Lope de Vega for his piece for vocal quintet entitled *ir*. The feelings of loneliness, loss, unease and frustration of the lover in the absence of the beloved are conveyed by the Spanish poet by means of various linguistic expedients ranging from the use of the infinitive to emphasise the effect of immobility to the use of oxymorons and chiasmi to enhance the sense of loneliness and suffering. The music develops two principal ideas: on one hand, the emergence of a complex soliloquy for five voices, and on the other the game of opposites. As in the other two compositions in the programme, in this, too, there is an element of theatricality, not just on the concert platform, but manifest also in the musical treatment of the voices. Emerging from a cloud of noises, in their materiality the voices confront the text, imparting to it a definite form. Playing with the double role of language – at once a constricting cage made up of words and a means of communication – the music gives life back to the words of the poet and confers on them new meanings.

Maria Vincenza Cabizza develops the text of *The difference between being and staying*, for five-part vocal ensemble, as a random collage of press cuttings relating to all those peoples struggling for their own survival. The fragmentation of the phrases, from which we hear only isolated words, is designed to create the illusion of a fleeting understanding and of an apparent change in meaning. On the performative level, in the foreground it is the bass who dominates both on the concert platform and in the music, while in the background the other four voices intone harmonies on a text in constant movement which distorts the sense of the messages being expressed by the bass. The four shadows slowly gain the upper hand and the bass is forced gradually to muteness as his flow of words fades

suoni di un canto Sel'knam, popolazione estinta di nativi degli estremi territori australi dell'America Meridionale, oggi ormai intraducibili, vuole essere un simbolo della relazione fra la vita di un popolo e l'uso attivo della lingua.

Due personaggi senza nome e identità. Due numeri: uno e due. Uno: "Posso deporre il mio cuore ai suoi piedi?", due: "Se non mi sporca il pavimento", uno: "Il mio cuore è puro", due: "Si vedrà". Sono le battute secche di un dialogo dal sapore surreale in bilico fra insensatezze sentimentali e crudeltà elisabettiane che si esaurisce in sole undici battute pervase di cinico umorismo. È *Herzstück*, dramma del cuore ma anche pezzo di cuore, che il drammaturgo Heiner Müller scrive all'inizio degli anni Ottanta. Come già per l'opera *Quartett* di solo un anno prima, Luca Francesconi si rivolge ancora una volta alla produzione del drammaturgo tedesco per trarre materiale drammaturgico per il suo *Herzstück* composto per le sei voci dei Neue Vocalsolisten, che l'hanno eseguito in prima assoluta al Theaterhaus di Stoccarda nell'ambito del Festival ECLAT nel 2012.

Lo stesso breve dialogo di Müller viene riproposto in sei segmenti diversi che presentano sei punti di vista differenti dello stesso materiale drammaturgico seguendo un'esile traccia narrativa, nella quale ai sei interpreti vengono assegnati dei ruoli. Così la coppia di basso e mezzosoprano rappresenta una doppia relazione fra vittima e carnefice, come la coppia Valmont e Merteuil in *Quartett*, mentre quello fra tenore e soprano di coloratura è piuttosto un legame affettivo quasi da soap opera, il baritono vuole essere un'incarnazione di Heiner Müller e il soprano lirico l'outsider che assume il ruolo del protagonista.

Nel primo segmento, il testo è recitato con distacco brechtiano da mezzosoprano e basso su uno sfondo sonoro di sospiri del soprano lirico. Il dialogo a due sfocia in un complesso intreccio per tutte le voci dell'ensemble, che decompongono il testo in frammenti ripetuti in variazioni che sfilacciano l'esile trama e frantumano ogni

into purely lip movements, as if he is trying to convey a message that no longer belongs to him. In certain sections the text and the sounds of a song of the Sel'knam, an extinct native population of the extreme southern territories of South America, today untranslatable, is intended as a symbol of the relationship between the life of a people and the active use of their language.

Two characters without names or identities. Two numbers: One and Two. One: "May I lay my heart at your feet?" Two: "If you don't soil my floor." One: "My heart is pure." Two: "We'll see about that." This is the dry humour of a dialogue of surreal flavour suspended between sentimental nonsense and Elizabethan cruelty which is all over in eleven lines of cynical humour. This is *Herzstück*, a drama of the heart but also a piece of heart, which the playwright Heiner Müller penned at the beginning of the 1980s. As in the case of his opera *Quartett* of only a year earlier, Luca Francesconi turned again to the works of the German dramatist for the material for his own *Herzstück*, composed for the six voices of the Neue Vocalsolisten and premiered by them at the Theaterhaus Stuttgart during the 2012 edition of the ECLAT Festival.

Müller's brief dialogue is re-proposed in six short sections, each offering a different viewpoint on the dramatic material following a slender narrative thread in which the six interpreters are assigned different roles. The bass and mezzo-soprano couple represents a double relationship of victim and torturer, like the couple Valmont and Merteuil in *Quartett*, while that of the tenor and coloratura soprano is more of an emotional bond, almost out of a soap opera; the baritone is meant to be an incarnation of Heiner Müller, while the lyric soprano assumes the role of the protagonist.

In the first section the text is recited with Brechtian detachment by the mezzo-soprano and the bass against a background provided by the sighs of the lyric soprano. The dialogue between the two leads to the work's second segment, a com-

possibile significato. Segue "The classroom", dedicato al nume dell'avanguardia teatrale Tadeusz Kantor, nel quale il soprano diventa l'insegnante che riporta l'ordine e si pone come guida degli altri cantanti fino a quando l'autoritarismo non provoca una rivolta risolta "come un grammelot" nella tradizione della Commedia dell'Arte reinventata da Dario Fo, con un parlato velocissimo che simula un significato che non esiste e si sublima in puro suono nella successiva variazione ("bridge"). L'ultimo segmento è un "Hommage à Morton Feldman", evocato nel passo estremamente dilatato della declamazione del testo che si sospende in una completa fissità quando il dramma giunge al suo climax: cinque cantanti armati di coltello si rivolgono minacciosi verso il soprano, svelando così il senso premonitore del suo iniziale lamento. Si tratta di un "teatro clandestino", secondo la definizione dello stesso compositore, nel quale la continua ripetizione di frammenti del testo alludono alla perdita di senso della parola provocata da una "violenta e crescente saturazione di informazioni che ci sommerge da più di vent'anni, ha devastato ogni ordine di merito, di qualità, ma anche l'attribuzione di un significato condiviso." (*sn*)

plex interweaving for all the voices of the ensemble, who decompose the text into fragments which are repeated in variations that completely unravel the slender plot and destroy every possible meaning. In the section that follows, "The classroom", dedicated to the numen of avant-garde theatre Tadeusz Kantor, the soprano becomes the teacher who reimposes order and sets herself up to lead the other singers, until her authoritarianism provokes a revolt which is resolved "like a grammelot" in the tradition of the Commedia dell'Arte as reinvented by Dario Fo, a very rapid speech patter that feigns a meaning that does not exist and finally dissolves into pure sound in the next variation ("bridge"). The last section is a "Hommage à Morton Feldman", evoked in the extremely slow declamation of the text; the pace of the declamation becomes ever more drawn out until it reaches a kind of standstill in sound as the drama reaches its climax: five singers armed with knives turn threateningly towards the soprano, confirming her sense of premonition in her initial lament.

According to the definition of the composer himself the work is a piece of "clandestine theatre" in which the continual repetition of fragments of the text alludes to the loss of the sense of the words that results from a "violent and increasing saturation of information that has submerged us for over twenty years, ravaging any degree of merit or of quality, and even of any attribution of shared meaning." (*sn*)

Luca Francesconi

HERZSTÜCK

Testo di / Text by Heiner Müller

EINS Darf ich Ihnen mein Herz zu Füßen legen?
ZWEI Wenn Sie mir meinen Fußboden nicht schmutzig machen.
EINS Mein Herz ist rein.
ZWEI Das werden wir ja sehn.
EINS Ich kriege es nicht heraus.
ZWEI Wollen Sie, dass ich Ihnen helfe?
EINS Wenn es Ihnen nichts ausmacht.
ZWEI Es ist mir ein Vergnügen. Ich kriege es auch nicht heraus.
EINS *heult*
ZWEI Ich werde es Ihnen herausoperieren. Wozu habe ich ein Taschenmesser. Das werden wir gleich haben. Arbeiten und nicht verzweifeln. So, da hätten wir's. Aber das ist ja ein Ziegelstein. Ihr Herz ist ein Ziegelstein.
EINS Aber es schlägt nur für Sie.

Maria Vincenza Cabizza

THE DIFFERENCE BETWEEN BEING AND STAYING

(*Basso / Bass*)

Bin, sou, én, am, ka | shì, io, én, ich, sono | ka, io, ngar, én, anì, I, ka | je, I, ngar, én, anì, eu. én | Bin, sou, én, am, ka | shì, io, én, ich, sono | shì. wayat, ngar, suis, |

Be our energy, give us your consent.
Soul and work will free our people from this dark descent.
Endorse our cause and you will get nothing more than other countries respect.
Amaze me with your faith, I promise you will get what you expect.
Kaleidoscopic lies from our traitors will never break our will to build the future.

Shivers and fear are legacy of the past.
Your worst betrayal is to make them last.
Endorse your leaders and give them power.
Ichnites of change will last forever.
Sons of freedom, rise with me!

Katanas against the threats, leaders for your country.
You are pillars for democracy
Ngarara monsters await for you out of these borders, ready to take everything
Enclose and fight those who are enemies
Animate the spirit of supremacy
Let those traitors perish alone
Karate moves are useless against a free mind
Jewels in our land, envy of the others
Imagine our worth once we reach our dream

---

losing the meaning

Any in faith I anger, fear will promise past
Endorse give them power en
    Amaze me
    Shì ka breack our pride get your ancestors
Any worst them last
Eu are against free perish will be your gift of
    eu | ich who are

Endless glory monsters await for
To take
Fear while rest
Betrial
Expect any injustice
Will rest on the past
Anger fear
èn | ngar | ich | sono | am
leaders for your country
en
shì | èn | ich | sono
you are pilars of democracy
from our traitors
our will future
Endless glory monsters await for
will take you as gods!

(*Altre voci / Other voices*)

National police used excessive force in responding to massive demonstrations, some of them violent, in 2019. Thousands of people were injured or reported serious abuses in detention, including brutal beatings and sexual abuse. While initial steps have been taken to reform the police, structural changes to prevent police misconduct and strengthen oversight and accountability are still pending.
The country faces important human rights challenges related to prison conditions, accountability for past abuses, and protecting the rights of women; indigenous people; lesbian, gay, bisexual, and transgender people; migrants; and refugees.
Massive, mostly peaceful, protests over public services and economic inequality erupted in October 2019. Some demonstrators threw rocks and Molotov cocktails at police and burned public and private property. Some people took advantage of the chaos to loot. Police responded using excessive force against demonstrators and bystanders, whether they were engaged in violence or not.
1,228 administrative investigations into possible abuses against protesters was opening in June. Of those, 173 resulted in disciplinary action, including the expulsion from the force of 14 officers. In September, the Comptroller's Office pressed charges in an administrative proceeding against seven police generals for not complying with use of force protocols.
The Prosecutor's Office told that 5,084 people were indicted for crimes related to lootings, arson, public disorder, and institutional violence related to the demonstrations and unrest that started in October 2019. Seventy-five state agents were indicted, mostly police officers.
One police officer was convicted.
The country has taken preliminary steps to reform the police, in response to abuses.
A council convened in December 2019, issued recommendations in the first months of 2020 to overhaul the institution, including by improving transparency, training, and accountability.
In addition, there were at least four reform bills pending in Congress to modernize security forces.

However, the bills do not go far enough in overhauling the police disciplinary system to ensure accountability for abuses.

On January 6, the police detained 99 ethnic people for traveling without documentation in the country where they were born and lived all their lives.

The ethnic people – mostly women as well as children reportedly as young as 5 years old – were apparently bound for another country. They tried to find out from the oppression of their country

Ethnic people are effectively denied citizenship under the 1982 Citizenship Law so the government considers them "illegal" aliens, refusing to issue legal documentation that would allow them to travel within the country.

Manuel Hidalgo Navas

ir

Sonetto di / A sonnet by Lope de Vega

IR Y QUEDARSE, y con quedar partirse,
partir sin alma, y ir con alma ajena,
oír la dulce voz de una sirena
y no poder del árbol desasirse;

arder como la vela y consumirse
haciendo torres sobre tierna arena;
caer de un cielo, y ser demonio en pena,
y de serlo jamás arrepentirse;

hablar entre las mudas soledades,
pedir prestada, sobre fe, paciencia,
y lo que es temporal llamar eterno;

creer sospechas y negar verdades,
es lo que llaman en el mundo ausencia,
fuego en el alma y en la vida infierno.

Lope De Vega
da / from “Rimas humanas” LXI

To go and stay, and staying go away,
to leave without one’s soul, and go with another,
to hear the sweet voice of a siren
and not be able to untie oneself from the mast;

to burn like a candle and be consumed
building towers on the soft sand;
to fall from a sky, and be a dream in torment
and never repent;

to speak in mute solitudes,
to borrow patience but in good faith,
and to call what is worldly eternal;

to believe suspicions and deny truths,
is what in this world they call absence,
fire in one’s soul and hell in life.

Translation by Michael Smith

Manuel Hidalgo Navas

compositore / composer

Nato a Cordova nel 1998, dopo aver studiato viola e composizione al conservatorio della sua città, è entrato al Centro Superior de Música del País Vasco (Musikene) con Gabriel Erkoreka e Ramón Lazkano. Attualmente sta completando gli studi con Gérard Pesson al Conservatoire National Supérieur de Musique et de Danse di Parigi, dove si dedica anche alla composizione elettroacustica con Yan Maresz e Luis Naon.
Grazie al suo interesse per il dialogo tra le arti, in particolare al nesso e al possibile scambio tra suono e immagine, pittura e scultura, Manuel Hidalgo basa spesso la sua musica su riferimenti visivi, sviluppando una riflessione sull'intertestualità e il rilievo del suono.
Con il sostegno della Fondazione SGAE, Manuel Hidalgo ha partecipato ad accademie come la Biennale College Musica 2021, la XXX edizione dell'accademia Voix Nouvelles - Fondazione Royaumont, nonché l'accademia del Quatuor Diotima. È stato sostenuto da compositori come Peter Eötvös, Alberto Posadas, Philippe Manoury, Hèctor Parra, Francesco Filidei, Dmitri Kourliandski e Raphaël Cendo e ha lavorato, tra gli altri, con la SWR Symphonieorchester, Ensemble Recherche, Christine Chapman (Ensemble Musikfabrik) e Divertimento Ensemble.
I suoi prossimi progetti comprendono una collaborazione con la Deutsche Radio Philharmonie Orchester e la Bilbao Orkestra Sinfonikoa, oltre a nuovi brani per Ryoko Aoki, gli ensemble Intercontemporain e Cairn.

Born in Córdoba in 1998, after viola and composition studies in the conservatory of Córdoba he entered the Centro Superior de Música del País Vasco (Musikene) with Gabriel Erkoreka and Ramón Lazkano. Currently, he is completing his studies with Gérard Pesson at the Conservatoire National Supérieur de Musique et de Danse in Paris where he also practices electroacoustic composition with Yan Maresz and Luis Naon.
Interested in the dialogue between arts, particularly in the nexus and the possible exchange between sound and image, painting and sculpture, Manuel Hidalgo frequently bases his music on visual references, carrying out a reflection on intertextuality and the relief of sound.
Sponsored by the SGAE Foundation, Manuel Hidalgo has participated in academies such as the Biennale College Musica 2021, the XXX edition of the academy Voix Nouvelles – Royaumont Foundation, as well as in the Quatuor Diotima academy. He has been advised by composers such as Peter Eötvös, Alberto Posadas, Philippe Manoury, Hèctor Parra, Francesco Filidei, Dmitri Kourliandski and Raphaël Cendo; and he has worked with musicians such as the SWR Symphonieorchester, Ensemble Recherche, Christine Chapman (Ensemble Musikfabrik) and the Divertimento Ensemble, among others.
His upcoming projects include a collaboration with the Deutsche Radio Philharmonie Orchester and Bilbao Orkestra Sinfonikoa; and new pieces for Ryoko Aoki, and the ensembles Intercontemporain and Cairn.

Maria Vincenza Cabizza

compositrice / composer

Nata a Sassari nel 1991, ha iniziato la sua carriera musicale come violinista per dedicarsi in seguito allo studio della composizione, inizialmente con Luca Macchi e in seguito nella classe di Gabriele Manca al Conservatorio di Milano, dove ha conseguito la laurea con lode.
È stata selezionata nelle masterclass di Francesco Filidei, Mauro Lanza, Stefano Gervasoni, Fabien Lévy, Helmut Lachenmann, Hanspeter Kyburz, Giogio Netti, Marco Stroppa, Daniele Ghisi. Nel 2018/2019 ha vinto la selezione per il corso di composizione organizzato dal Divertimento Ensemble di Milano con la commissione di tre brani, e il concorso IDEA “International Workshop for Young Composers 2019” organizzato dallo stesso ensemble. Nel 2020 è stata selezionata come giovane compositrice per l’Ulysses Network.
Suoi brani sono eseguiti in molte importanti istituzioni internazionali e da famosi ensemble, tra cui il Divertimento Ensemble e il MDI Ensemble. La sua opera *Sì (I’m smiling)* è stata presentata al Festival Milano Musica 2018. Lo scorso giugno, il brano *Sono le 3* per pianoforte preparato è stato eseguito presso la Fabbrica del Vapore a Milano. Attualmente è impegnata in un progetto di ricerca artistica in collaborazione con l’Orpheus Insitituut di Ghent e i Conservatori di Milano e di Firenze, progetto nel quale sviluppa e testa nuove strategie di cura per migliorare i mezzi comunicativi della musica contemporanea mantenendo un punto di vista artistico.

Born in Sassari in 1991 she debuted musically as a violinist before moving into the study of composition, initially with Luca Macchi and then at Gabriele Manca’s classes at Conservatorio di Milano, where she graduated with full marks.
She was selected at the masterclasses of Francesco Filidei, Mauro Lanza, Stefano Gervasoni, Fabien Lévy, Helmut Lachenmann, Hanspeter Kyburz, Giogio Netti, Marco Stroppa and Daniele Ghisi. In 2018/’19 she was selected for the composition course organised by the Divertimento Ensemble in Milan with the commission of three pieces, and for the IDEA International Workshop for Young Composers 2019 organised by this same ensemble. In 2020 she was selected as young composer for the Ulysses Network.
Her music has been performed at many important international institutions and by famous ensembles, including Divertimento Ensemble and MDI Ensemble. Her work *Sì (I’m smiling)* was presented at the Festival Milano Musica in 2018. Last June, her piece *Sono le 3* for prepared piano was presented at Fabbrica del Vapore in Milan. She is currently working on an artistic project in conjunction with the Ghent Orpheus Insitituut and the Milan and Florence conservatories to develop and test new strategies with which to improve contemporary music’s communication media whilst maintaining an artistic perspective.

Luca Francesconi

compositore / composer

Luca Francesconi ha studiato pianoforte al Conservatorio di Milano e composizione con Azio Corghi, a Roma con Karlheinz Stockhausen, a Tanglewood con Luciano Berio, di cui è stato anche assistente tra il 1981 e il 1984. Inoltre ha studiato jazz a Boston. A Milano nel 1990 ha fondato Agon Acustica Informatica Musica, un centro di produzione e ricerca musicale con le nuove tecnologie. Ha scritto oltre settanta lavori per svariati organici (spaziando dal solista alla grande orchestra, dall'opera al multimedia), molti dei quali commissionati da importanti istituzioni musicali ed emittenti radiofoniche, con le quali collabora regolarmente. Numerose istituzioni internazionali di prestigio hanno programmato concerti monografici dedicati esclusivamente alla sua musica.

Accanto all'attività di compositore, da venticinque anni affianca quella di docente sia nei Conservatori italiani sia in corsi di perfezionamento in tutto il mondo. Nel 2012 è stato professore residente alla Fondazione Gulbenkian e alla nuova Académie Acanthes, trasferitasi all'IRCAM di Parigi. Nel 2013 è stato compositore residente alla Casa da Música di Oporto. È docente e capo del Dipartimento di Composizione alla Musikhögskolan di Malmö in Svezia.

Numerosi sono stati i premi e i riconoscimenti internazionali al compositore. Fra questi, il Kranichsteiner Musikpreis nel 1990, il Premio per giovani talenti della Ernst-von-Siemens-Musikstiftung nel 1994 e il Prix Italia per l'opera radiofonica *Ballata del rovescio del mondo* nel 1994; più di recente, il Premio "Antonio Feltrinelli" per la Composizione Musicale nel 2018 e il Prix Italiques per l'opera *Trompe-la-Mort*.

Fra il 2008 e il 2011 è stato Direttore del Settore Musica della Biennale di Venezia. Nel 2011 è stato anche consulente artistico del Festival Ultima a Oslo.

Luca Francesconi has studied piano at Conservatorio di Milano and composition with Azio Corghi, in Rome with Karlheinz Stockhausen and in Tanglewood with Luciano Berio, whose assistant he was from 1981 to 1984, and also jazz in Boston. In Milan in 1990 he founded Agon Acustica Informatica Musica, a production and experimentation centre on new technologies in music. He has written over seventy compositions for various ensembles and genres ranging from soloists to the great orchestras, from opera to multimedia, many of which were commissioned by important music institutions and radio stations with whom he works on an ongoing basis. A great many prestigious international institutions have held concerts devoted exclusively to his music.

Alongside his composing he has been teaching at Italian conservatories and in training courses around the world for twenty five years. In 2012 he was resident professor at the Gulbenkian Foundation and the new Académie Acanthes, which transferred to the Paris IRCAM. In 2013 he was resident composer at Casa da Música in Oporto. He teaches at and heads the Composition Department at Musikhögskolan in Malmo, Sweden.

He has received many international awards and recognitions. These included the Kranichsteiner Musikpreis in 1990, the Ernst-von-Siemens-Musikstiftung youth talent prize in 1994 and Prix Italia, for his radio piece *Ballata del rovescio del mondo* in 1994. More recently he has won Premio "Antonio Feltrinelli" per la Composizione Musicale in 2018 and Prix Italiques for *Trompe-la-Mort*.

From 2008 to 2011 he was the Artistic Director of the Music Department of La Biennale di Venezia. In 2011 he was also artistic consultant at the Ultima Festival in Oslo.

DANIELE CARCASSI (1993)
ZERO
performance multicanale per sintetizzatore, giradischi e / multi - channel performance for synthesizers, turntable and live electronics

2021 (15')

prima assoluta / world premiere

AGITA REKE (1992)
B-NETWORK
ambient, experimental live electronics performance per voce pre-registrata e flauto / with pre-recorded voice and live flute elements

2021 (25')

prima assoluta / world premiere

X. LEE (1991)
RADIOMANCER

2021 (20')

prima assoluta / world premiere

Daniele Carcassi
Agita Reke
X. Lee
performer / performers

produzione / production
La Biennale di Venezia - CIMM, Centro Informatica Musicale e Multimediale

Biennale COLLEGE

26.09.2021 | H 21.00
Teatro Piccolo Arsenale

Daniele Carcassi
Agita Reke
X. Lee

Le tre performance sperimentali presentate durante l'ultimo concerto del Festival sono state sviluppate nel contesto della Biennale College Musica 2021. I tre giovani compositori sono stati selezionati attraverso una call internazionale dedicata al *turntablism*, al *controllerism* e al *live electronics* applicato a suoni vocali preregistrati.

Nella prima performance, *Zero*, l'italiano Daniele Carcassi utilizza materiali elettronici, elementi vocali, elaborazione digitale e paesaggi sonori "per la costruzione di un mondo nuovo". Così Carcassi spiega la scelta di un numero come titolo per il proprio pezzo: "Il numero è l'essenza di tutte le cose. Tutte le cose sono identificabili e descrivibili in maniera oggettiva, universale, valida per tutti in base a dati quantitativi, grazie cioè ai numeri. Ma quando questi iniziano a sfaldarsi e ricomporsi il loro significato diventa ignoto".

Per la seconda performance, *B-Network*, la lituana Agita Reke dichiara di essersi ispirata alla conoscenza derivante dalla meditazione Yoga Nidra e alla sua relazione con il corpo umano. "Lo Yoga Nidra o sonno yogico è uno stato di coscienza a metà tra la veglia e il sonno", spiega. Per quanto riguarda la performance, essa "include le mie sensazioni soggettive riguardo ai cinque corpi attraversati dallo Yoga Nidra. Attraverso questa performance la mia intenzione è presentare diversi stati emotivi e fisici. Come parole chiave indicherei: corpo fisico; rete energetica; struttura umana; consapevolezza delle sensazioni; esperienza extracorporea; vibrazioni; freddo o calore; pesantezza o leggerezza; piacere e dolore; totale assenza di piacere e dolore". Per creare la giusta atmosfera, Reke usa *live electronics*, sintetizzatori, oggetti rumorosi, campioni vocali ed effetti di flauto dal vivo e registrati.

La terza performance, *RADIOMANCER* di X. Lee, rivela già dal titolo i suoi due elementi principali: la "radio", concepita come un dispositivo in grado di trasmettere voci ma anche di valorizzare frequenze elettriche, e il suffisso "*-mancer*" ("-mante"), che allude a "una persona che pratica la divinazione – la ricerca di una conoscenza sul futuro o sull'ignoto attraverso mezzi soprannaturali". *RADIOMANCER* è

The three experimental performances that are presented in the last concert of the Festival were developed in the context of the Biennale College Musica 2021. The three young composers were selected through an international call devoted to turntablism/controllerism and live electronics applied to pre-recorded voice.

In the first, *Zero*, the Italian Daniele Carcassi employs electronic materials, vocal elements, digital processing and soundscapes "for the construction of a new world". He explains the choice of a number as the title of his piece because "numbers are the essence of all things. All things are identifiable and describable in an objective, universal way, valid for everyone on the basis of quantitative data, that is, thanks to numbers. But when these begin to flake off and recompose their meaning becomes unknown."

In the second, *B-Network*, the Latvian Agita Reke declares that she was inspired by the knowledge that yoga nidra meditation gives and its relation to the human body: "yoga nidra or yogic sleep is a state of consciousness between waking and sleeping" she explains. As regards the performance, it "includes my subjective feelings about five bodies that Yoga Nidra goes through. I would like to show different emotional and physical conditions through this performance. Key words would be physical body; energy network; human structure; awareness of sensations; out of body experience; vibrations; coldness or heat; heaviness or lightness; pleasure and pain; total absence of pleasure and pain." To create the right atmosphere, she makes use of live electronics, synthesizer sounds, noise objects, voice samples and live / recorded flute effects.

The third performance, X. Lee's *RADIOMANCER* reveals already from the title its two key elements: "radio" to be understood as a device conveying voices but also exploiting electro-frequencies, and the suffix "mancer", which alludes to "a practitioner of a divination – the seeking of knowledge of the future or unknown by supernatural means". *RADIOMANCER* is an experimental dj/turntablist piece

un DJ set sperimentale al giradischi che utilizza i tipici elementi di una consolle per DJ per manipolare ed assemblare un'esperienza concertistica. È anche inteso come un'esplorazione del rituale sottostante a una performance da DJ, ovvero la pratica di concentrare l'energia e di guidare gli ascoltatori attraverso il tempo. Nelle parole di X. Lee: "C'è una particolare 'presenza' che si stabilisce guardando un performer che crea suoni attraverso tecniche tattili da DJ (lo *scratch*, il mixaggio, il *beat juggling*...). Insieme alle luci e alla messa in scena, tale performance genera uno spazio distante dalle nostre realtà quotidiane – scivola in una dimensione di straniamento".
Coerentemente con il tema della Biennale Musica 2021, la voce umana, X. Lee utilizza come materiali sonori di partenza registrazioni radiofoniche di "voci" digitali, interferenze radio, e i campi elettromagnetici che ci circondano costantemente in città. Descrive il suo progetto come "un'allegoria dell'immersione totale, della manifestazione onnicomprensiva della nostra era cibernetica. Frequenze digitali che non sentiamo riempiono il nostro etere, il nostro spazio, e sono entrate in simbiosi con la nostra percezione della natura nelle città senza che ce ne rendiamo conto. Queste frequenze radio ed elettroniche sono come fermi immagine, impronte del tempo".
La performance di X. Lee si propone di investigare il bilanciamento di questi segnali e di queste frequenze abitate da voci digitali, e il loro carattere *meta* ovvero la loro capacità autoreferenziale intrinseca di esplorare la matrice della coscienza e delle memorie umane. (*sn*)

– using the typical tools of a classic DJ setup to manipulate and piece together a concert experience. It is also meant to be an exploration of the ritual of a DJ performance, i.e. the conjuring of energy and guidance through time. "There is a presence that is established through watching a performer unfolding sounds through tactile DJ techniques (scratching, mixing, beat juggling, etc.). Alongside lights and staging – it sets a space removed from our daily realities - shifting into a disorienting realm" in X. Lee's words. Coherently with the overarching theme of the Biennale Musica 2021, which is the human voice, he employs recordings of digital "voices" through radio, radio interference, and the electromagnetic fields that are ever surrounding us in cities as sonic material used in the project. He describes this as "an allegory of the absolute immersion and all-encompassing manifestation of our present cyber age. These unheard digital frequencies fill our air, space, and have become symbiotic with our perception of nature in cities without our consciousness of it. These radio and electro-frequencies are snapshots/imprints of time." X. Lee's performance intends to investigate the balance and meta nature of these signals and frequencies of digital voices to inherently explore the matrix of human consciousness and memories. (*sn*)

RADIOMANCER

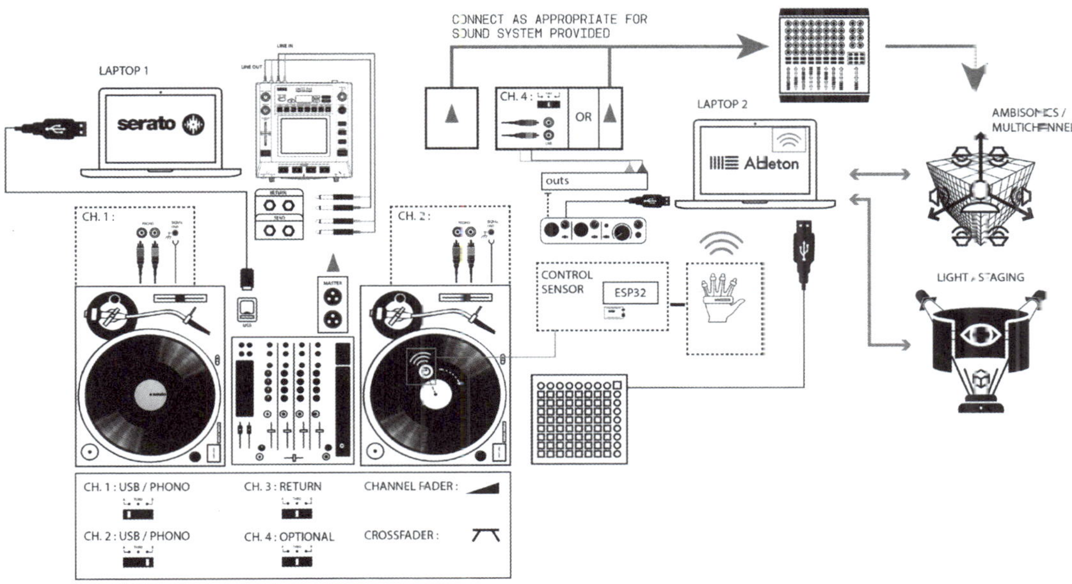

X. Lee, TECH SETUP
Biennale College Musica 2021 – Experimental Performance: Turntablism / Controllersim
and Live Electronics (with KAOSS Pad)

Daniele Carcassi

performer

Daniele Carcassi è un musicista sperimentale e DJ con base tra Firenze e Bologna. È laureato con lode in Musica elettronica al Conservatorio di Bologna con una tesi sull'Acousmonium e sull'interpretazione acusmatica. Frequenta adesso nello stesso Conservatorio il master in Sound Design.
Le sue produzioni sono un connubio di sintetizzatori analogici, elaborazioni digitali, musiche pre-esistenti e *field-recording*. Concentra la ricerca sonora principalmente sulla diffusione e sulla spazializzazione dei suoni, prediligendo impianti multicanale da controllare in tempo reale durante le proprie performance. Versa particolare attenzione anche al mondo dell'improvvisazione, ricercando continuamente nuovi metodi e linguaggi improvvisativi. I suoni dei suoi DJ set, proposti con lo pseudonimo di Abo, presentano una selezione in vinile di wordmusic miscelata a sonorità acid, rave e house.
Nella sua attività concertistica ha avuto modo di suonare insieme ad artisti come Alvin Curran, Giorgio Magnanensi, Francesco Giomi ed Elio Martusciello. Ha all'attivo varie uscite discografiche e collabora costantemente con realtà culturali del territorio fiorentino e bolognese.

Daniele Carcassi is an experimental musician and DJ who divides his time between Florence and Bologna. He graduated with full marks in Electronic music from the Bologna Conservatorio with a dissertation on *Acousmonium and Acousmatic Performance*. He is currently studying for a Master's in Sound Design at this same conservatory.
His productions are a blend of analogue synthesisers, digital elaborations, pre-existing music and field recording. His experimentation revolves primarily around the dissemination and spatialisation of sounds with a preference for multi-channel systems that he monitors in real time during his performances. He is especially interested in the world of improvisation, too, in a constant search for new improvisation methods and languages. The sounds of his DJ sets, presented under the pseudonym Albo, consist of a selection of wordmusic records mixed up with acid, rave and house sounds.
In his concerts he has played with artists such as Alvin Curran, Giorgio Magnanensi, Francesco Giomi and Elio Martusciello. He has released a number of singles and works on an ongoing basis with cultural bodies in the Florence and Bologna areas.

Agita Reke

performer

Agita Reke frequenta attualmente un Master presso il Dipartimento di Composizione Elettroacustica dell'Accademia Estone di Musica e Teatro. Da compositrice, ha collaborato con ensemble di professionisti come Multilatérale (Francia), Fractales (Belgio), Names (Germania), Art-i-shock (Lettonia), il Coro della Radio Lettone diretto da Kaspars Putnins. Ha sviluppato le proprie tecniche compositive frequentando vari workshop in Lettonia, Germania e Austria con compositori come Yann Robin, Francesco Filidei, Johanness Maria Staud, Mark Andre, Janis Petraskevics, Ruta Paidere, Dimitris Maronidis, Gundega Smite, Andris Dzenitis e Rolands Kronlaks. Tra luglio e agosto 2020 ha proseguito il suo stage Erasmus+ con il compositore Gilles Gobert presso il Conservatorio Reale di Liegi, continuando poi la collaborazione con l'Ensemble Fractales di Bruxelles, con la creazione di una nuova performance elettroacustica che sarà presentata nell'ottobre 2021 al Decibels Festival di Riga, in Lettonia.

Agita ha lavorato soprattutto nel campo delle performance artistiche, creando un paesaggio sonoro su misura per letture di poesia o progettando il *sound* per mostre d'arte. In collaborazione con l'Accademia di Cultura della Lettonia, ha composto le musiche per il cortometraggio *Duna* (2018), diretto da Una Cekule, e altri cortometraggi. Negli ultimi due anni il suo lavoro si è concentrato progetti elettroacustici e multimediali, come compositrice e performer elettronica dal vivo.

È una componente del duo elettronico *Flower Power*, fondato nel maggio 2021. In precedenza ha partecipato a un progetto/gruppo sperimentale elettroacustico, Systema Solaris in Lettonia, che comprende organo, violoncello, elettronica e diversi tipi di rumore e percussioni.

Agita Reke is currently studying for a Master's degree at the Estonian Academy of Music and Theatre, Electroacoustic Composition Department. Firstly, as a composer, she has collaborated with professional ensembles like Multilatérale (France), Fractales (Belgium), Names (Germany), Art-i-shock (Latvia), Latvian Radio choir (conductor Kaspars Putnins). She has developed her compositional skills in different workshops, in Latvia, Germany and Austria with composers like Yann Robin, Francesco Filidei, Johanness Maria Staud, Mark Andre, Janis Petraskevics, Ruta Paidere, Dimitris Maronidis, Gundega Smite, Andris Dzenitis, Rolands Kronlaks. From July to August 2020 she continued her Erasmus+ internship with composer Gilles Gobert at the Conservatory Royal De Liège, later continuing her collaboration with the Ensemble Fractales in Brussels, creating a new electroacoustic performance whose premiere will be held on October 2021, at the Decibels Festival in Riga, Latvia.

Agita has notably worked in the field of art performances, for example, creating a sonic landscape tailored for the poetry event, or sound design for an art exhibition. In collaboration with the Culture Academy of Latvia, she composed the music for the short movie *Duna* (2018) directed by Una Cekule, and other short films. In the last two years, she has focused on electroacoustic and multimedia projects, as a composer and live electronic performer.

She is a member of the electronic duo *Flower Power*, which was founded in May 2021. Before that, she was a member of an electroacoustic experimental project/group Systema Solaris (Latvia) which includes organ, cello, electronics and different kinds of noise/ percussion instruments.

X. Lee

performer

X. Lee inizia a suonare musica dance elettronica all'età di dodici anni e trascorre la tarda adolescenza facendo il DJ in tutti i locali della Bay Area di San Francisco, Los Angeles, Pechino e Shanghai, affermandosi come l'artista più giovane a esibirsi sul palco dell'Opulent Temple al Burning Man e condividendo il palco con celebrità nel mondo della musica elettronica come Carl Cox, Armin Van Buren e Aphrodite. Le sue esperienze nel mondo della musica techno hanno avuto un impatto sostanziale sullo sviluppo della sua estetica compositiva. Come compositore di musica classica contemporanea, ha frequentato i corsi estivi di composizione di François Paris, Allain Gaussin e Martin Matalon al Conservatoire Américain de Fontainebleau. Il programma forniva l'opportunità di collaborazioni tra compositori e studenti di architettura dell'Ecole des Beaux-Arts de Fontainebleau, divenute un elemento chiave nella sua ricerca e nei suoi progetti attuali, nei quali inserisce ideologie progettuali di spazio, design, interattività umana e realtà virtuale. All'Institut de Recherche et Coordination Acoustique/Musique (IRCAM) di Parigi ha potuto sviluppare strumenti per creare metodi più estesi e approfonditi di interazione fra *performance*. Ha eseguito un lavoro audiovisivo originale nello Studio 5 dell'IRCAM e, l'anno successivo, l'elettronica di *The Edges are no longer Parallel* di Franck Bedrossian per pianoforte ed elettronica al Centre Georges Pompidou. Le composizioni di X. Lee hanno vinto numerosi premi e sono state eseguite in strutture come il National Sawdust e gli Open Bushwick Studios a New York. Ha preso parte anche al programma radiofonico della Eastman School of Music, dedicato a compositori contemporanei trans e di genere non binario, per non citare l'NTS live Radioshow: "TAFELMUSIK". Nel 2021 sarà *commissioned composer* durante la sua permanenza come artista residente al Jack Studio con il Jack Quartet.

X. Lee began performing electronic dance music at age twelve and spent his late teen years DJing at venues all over the Bay Area, Los Angeles, Beijing, and Shanghai, notably being the youngest to perform on the Opulent Temple stage at Burning Man, sharing the same stage with renowned electronic music entities such as Carl Cox, Armin Van Buren, and Aphrodite. His experiences in the world of techno music have had an influential impact on the development of his compositional aesthetic. As a contemporary classical composer, he attended the summer courses of composition held by François Paris, Allain Gaussin and Martin Matalon at the Conservatoire Américain de Fontainebleau. The program provided the opportunity for collaborations between composers and architecture students of the Ecole des Beaux-Arts de Fontainebleau. These collaborations have become a key element in his current research and projects: incorporating design ideologies of space, design, human interactivity, and virtual reality. At the Institut de Recherche et Coordination Acoustique/Musique (IRCAM) in Paris he could develop tools to create more extensive and thorough methods of performance interactions. He performed an original audio-visual work in IRCAM's Studio 5, and in the following year, the electronics of Franck Bedrossian's *The Edges are no longer Parallel* for piano and electronics at the Centre Georges Pompidou. X. Lee's compositions have won multiple awards, and have been performed at institutions such as National Sawdust and Open Bushwick Studios in NY. He has also been featured on the Eastman School of Music's radio show highlighting trans and gender non-binary contemporary composers, as well as the NTS live Radioshow: "TAFELMUSIK". In 2021 he will be a commissioned composer during his Jack Studio residency with the Jack Quartet.

CHORUSES
Biennale College Musica

Biennale College Musica 2021

Il progetto dei College della Biennale di Venezia è nato nel 2008, per sostenere la creatività e il lavoro delle giovani generazioni di artisti. In particolare per il Settore Musica della Biennale questa innovazione è stata fondamentale, in quanto non vi sono in Italia residenze artistiche per giovani compositori e la formazione in Conservatorio non include programmi di incentivi o sostegni per tentare una possibile esistenza da compositore freelance.
Negli anni passati, sotto la direzione artistica di Ivan Fedele, l'esperienza del College nell'ambito della Biennale Musica è stata molto positiva e ha dato a molti giovani compositori la possibilità di realizzare progetti complessi creando un proprio team per produzioni di teatro musicale, mettendo a disposizione dei giovani artisti i due studi di musica elettronica creati dalla Biennale, gli studi CIMM, presenti a Venezia nell'ambito dell'Arsenale e a Mestre Bissuola.
Il team della Biennale Musica ha maturato negli anni una grande esperienza nella collaborazione produttiva con i giovani musicisti, compositori e performer, creando sempre le migliori condizioni possibili di lavoro, organizzando e gestendo i tempi di creazione individuali, così come le lezioni e gli scambi di opinioni con i tutor.
Anche quest'anno il team del settore DMT ha seguito dall'inizio l'ideazione compositiva e performativa dei sette musicisti selezionati e dell'ensemble vocale, costruendo un percorso di attenzione e mediazione che ha portato i giovani non solo a creare dei lavori specifici per gli spazi veneziani ma anche a conoscere il contesto operativo dell'organizzazione della Biennale e a interagire con i diversi operatori e tutor che la Biennale Musica ha ingaggiato. Questo grandioso e articolato dialogo a tantissime voci ha generato un laboratorio di creatività e di scambio di idee che sarà raccontato da cinque radio-documentari ideati e curati da Giovanna Natalini per *Tre soldi* di Radio 3. Il pubblico della Biennale Musica potrà quindi ascoltare i diversi lavori, risultato di un anno di discussione artistica, e anche capire attraverso quali fasi, quali linguaggi e quali problematiche tecniche e operative i giovanissimi artisti selezionati sono arrivati a proporre delle composizioni in prima esecuzione assoluta nell'ambito del Festival *Choruses*.

The genesis of the Colleges of La Biennale di Venezia dates to 2008 and was designed to support the creativity and work of young artists. For the Music Department of La Biennale, in particular, it was a fundamentally important innovation as there are no residencies for young composers in Italy and conservatoire training does not encompass incentives or support for aspiring freelance composers.
Over the past years, under the artistic direction of Ivan Fedele, the experience of the College in the Biennale Musica has been a very positive one which has given many young composers the chance to bring complex projects to fruition on the strength of musical theatre production teams and making two electronic music studios created by La Biennale, the CIMM studios present in Venice at the Arsenale and Mestre Bissuola, available to young musicians.
The Biennale Musica team has many years of experience in fertile collaboration with young musicians, composers and performers, always generating the best possible working conditions, organising and managing individual creation time frames, as well as lessons and exchange of opinion sessions with tutors.
Also this year the team of the DMT sector has also followed from the outset the musical composition and performance of the seven selected musicians and the vocal ensemble, building a trajectory of attention and mediation which helped these young people not only to create specific works for La Biennale's Venetian venues, but also to gain familiarity with La Biennale's organisational and operational context and interact with the various staff and tutors employed by the Biennale Musica. This magnificent and structured many-voiced dialogue generated a workshop of creativity and idea exchange, which will be narrated in five radio documentaries designed and curated by Giovanna Natalini for Radio 3's *Tre Soldi*.
The Biennale Musica audience will thus be able to listen to the various works culminating from a year of musical dialogue and also gain an insight into the various phases, languages and technical and operational issues the very young selected musicians passed through in order to bring their compositions to fruition in world premières during the *Choruses* Festival.

La selezione e i seminari tenuti dall'ensemble dei tutor sono stati dedicati ai compositori interessati alla scrittura per ensemble vocale a cappella, alla creazione di installazioni sonore *site-specific*, alla performance sperimentale e all'esecuzione di lavori per ensemble vocale.
Oggetto di discussione e riflessione sono stati la concezione del lavoro, il trattamento del testo, la sperimentazione delle differenti tecniche vocali, la specifica notazione per la scrittura vocale, le diverse tecniche connesse con il trattamento della voce pre-registrata e dal vivo, grazie al supporto di Guido Barbieri e Samir Odeh-Tamini. I giovani selezionati hanno potuto ascoltare prove sperimentali dei propri schizzi compositivi realizzate dai Neue Vocalsolisten, registrare *samples* sonori con le voci degli stessi Neue Vocalsolisten per le loro installazioni sonore, partecipare attivamente alle sperimentazione vocale creata da Jennifer Walshe per il Festival, creare sessioni di prova di elaborazione e trattamento elettronico con Guglielmo Bottin, Roberto Benozzo e Thierry Coduys, e lavorare alla realizzazione di performance vocali complesse sotto la guida attenta di Catherine Simonpietri e Andreas Fischer.

Lucia Ronchetti

Progetti selezionati per la Biennale College Musica 2021

Compositori per ensemble vocale
Maria Vincenza Cabizza, *The difference between being and staying*
Manuel Hidalgo Navas, *ir*

Installazioni sonore site-specific
Jack Sheen, *Croon Harvest (1490-1562)*
Chonglian Yu, *I see the cloud in the water*

Experimental Performance
Daniele Carcassi, *Zero*
Agita Reke, *B-Network*
X. Lee, *RADIOMANCER*

Ensemble vocale
EVO Ensemble

The selection process and the seminars held by the team of tutors were designed for composers interested in vocal a cappella ensemble composition, the creation of site-specific sound installations, experimental performance and vocal ensemble work.
The topics of discussions and thought included the conception of the work, the treatment of the text, experimentation with different vocal techniques, specific notation for vocal composition and the various techniques bound up with the treatment of pre-recorded and live voices, thanks to the support of Guido Barbieri and Samir Odeh-Tamini. The young people selected were able to listen to experimental rehearsals of their draft compositions by Neue Vocalsolisten, record sound samples with the voices of the Neue Vocalsolisten for their sound installations, take an active part in the vocal experimentation created by Jennifer Walshe for the Festival, create elaboration and electronic treatment rehearsal sessions with Guglielmo Bottin, Roberto Benozzo and Thierry Coduys and work on the creation of complex vocal performances under the careful guidance of Catherine Simonpietri and Andreas Fischer.

Lucia Ronchetti

**Projects selected
for the Biennale College Musica
2021**

Composers for vocal ensemble
Maria Vincenza Cabizza, *The difference between being and staying*
Manuel Hidalgo Navas, *ir*

Site-specific sound installations
Jack Sheen, *Croon Harvest (1490-1562)*
Chonglian Yu, *I see the cloud in the water*

Experimental Performances
Daniele Carcassi, *Zero*
Agita Reke, *B-Network*
X. Lee, *RADIOMANCER*

Vocal ensemble
EVO Ensemble

Calendario

Journal

Venerdì / Friday
17.09.2021

H 12.00 / 12 PM
Ca' Giustinian – Sala delle Colonne
Cerimonia di consegna del Leone d'Oro alla carriera / Golden Lion for Lifetime Achievement Award Ceremony
KAIJA SAARIAHO
a seguire / to be followed by
Tom Service in dialogo con / in a dialogue with Kaija Saariaho

H 16.00 / 4 PM
Conservatorio di musica "Benedetto Marcello"
BIENNALE COLLEGE MUSICA
presentazione di / presentation by
Lucia Ronchetti, Thierry Coduys
JACK SHEEN
CROON HARVEST (1490 – 1562)
installazione sonora / sound installation, 2021 (90') ***
produzione / production
La Biennale di Venezia - CIMM, Centro Informatica Musicale e Multimediale

H 20.00 / 8 PM
Teatro La Fenice
HANS ABRAHAMSEN / CLAUDE DEBUSSY
CHILDREN'S CORNER, 2012 (18')
versione per orchestra / version for orchestra
KAIJA SAARIAHO
NOTES ON LIGHT, 2006 (28')
per violoncello e orchestra / for cello and orchestra
—
Orchestra del Teatro La Fenice
Ernest Martínez Izquierdo, direttore / conductor
Ansi Karttunen, violoncello / cello
in collaborazione con / in collaboration with
Fondazione Teatro La Fenice

Sabato / Saturday
18.09.2021

H 9.00 / 9 AM
Ca' Giustinian – Sala delle Colonne
LEZIONI DI MUSICA RAI RADIO 3 / RAI RADIO 3 MUSIC LESSONS
a cura di / curated by Paola Damiani
ADRIAN WILLAERT (ca. 1490-1562)
Salmi Spezzati a due cori / for two choirs
Giovanni Bietti, presentazione / presentation

H 10.00 > 18.00 / 10 AM > 6 PM
Conservatorio di Musica "Benedetto Marcello"
BIENNALE COLLEGE MUSICA
JACK SHEEN
CROON HARVEST (1490–1562)
installazione sonora / sound installation, 2021 (90') ***
produzione / production
La Biennale di Venezia - CIMM, Centro Informatica Musicale e Multimediale

H 15.00 / 3 PM
Arsenale – Sala d'Armi E
BIENNALE COLLEGE MUSICA
presentazione di / presentation by
Lucia Ronchetti, Thierry Coduys, Chonglian Yu
CHONGLIAN YU
I SEE THE CLOUD IN THE WATER
installazione sonora / sound installation, 2021 (30') ***
produzione / production
La Biennale di Venezia - CIMM, Centro Informatica Musicale e Multimediale

H 19.00 / 7 PM
Teatro Malibran
KAIJA SAARIAHO
ONLY THE SOUND REMAINS, 2016 ** (100')
opera in due parti / in two parts
coproduzione / co-production
La Biennale di Venezia, Tokyo Bunka Kaikan, Palau de la Musica
—
Clement Mao-Takacs, direttore / conductor
Aleksi Barrière, regia / director
in collaborazione con / in collaboration with
Fondazione Teatro La Fenice

*** prima assoluta / World premiere
** prima europea / European premiere
* prima italiana / Italian premiere

Il programma può subire variazioni / The programme may be subject to change

Domenica / Sunday
19.09.2021

H 9.00 / 9 AM
Ca' Giustinian – Sala delle Colonne
LEZIONI DI MUSICA RAI RADIO 3 /
RAI RADIO 3 MUSIC LESSONS
a cura di / curated by Paola Damiani
GIOVANNI GABRIELI (ca. 1555-1612)
In ecclesiis a tre cori e basso continuo /
In ecclesiis for three choirs and basso continuo
Exaudi me Domine a quattro cori / for four choirs
Giovanni Bietti, presentazione / presentation

a partire dalle H 10.00 / starting from 10 AM
Arsenale – Sala d'Armi E
BIENNALE COLLEGE MUSICA
CHONGLIAN YU
I SEE THE CLOUD IN THE WATER
installazione sonora / sound installation, 2021 (30') ***
produzione / production
La Biennale di Venezia - CIMM, Centro Informatica Musicale e Multimediale

H 10.00 > 18.00 / 10 AM> 6 PM
Conservatorio di Musica "Benedetto Marcello"
BIENNALE COLLEGE MUSICA
JACK SHEEN
CROON HARVEST (1490–1562)
installazione sonora / sound installation, 2021 (90') ***
produzione / production
La Biennale di Venezia - CIMM, Centro Informatica Musicale e Multimediale

H 16.00 / 4 PM
Arsenale – Teatro alle Tese (III)
GEORGE LEWIS
AMO, 2020 (25') ***
per cinque voci e / for five voices and live electronics
commissione / commissioned by
La Biennale di Venezia
SERGEJ NEWSKI
DIE EINFACHEN, 2021 (35') *
opera documentario per cinque cantanti, elettronica e video / documentary opera for five singers, electronics and video
libretto da Sergej Newski basato su lettere dalla Russia 1920, scoperte e pubblicate da Ira Roldugina / libretto by Sergej Newski based on letters of 1920s Russia, discovered and published by Ira Roldugina
commissione / commissioned by
Musik der Jahrunderte

—
Neue Vocalsolisten

H 19.30 / 7.30 PM
Ca' Giustinian – Sala delle Colonne
L'EMANCIPAZIONE DELLA VOCE.
SULLE COMPOSIZIONI SPERIMENTALI PER ENSEMBLE VOCALI / THE EMANCIPATION OF THE VOICE. ON EXPERIMENTAL COMPOSITIONS FOR VOCAL ENSEMBLES
conferenza / lecture
GIANMARIO BORIO

a seguire / to be followed by
H 21.00 / 9 PM
DAVID LANG
THE LITTLE MATCH GIRL PASSION, 2008 (35')
per quattro voci / for four voices
ARVO PÄRT
STABAT MATER, 1985 (25')
per soprano, contralto, tenore, violino, viola, violoncello / for soprano, contralto, tenor, violin, viola, cello
—
Theatre of Voices
PMCE Parco della Musica Contemporanea Ensemble
in coproduzione con / in co-production with
Fondazione Musica per Roma

Il programma può subire variazioni /
The programme may be subject to change

Lunedì / Monday
20.09.2021

H 10.00 > 18.00 / 10 AM > 6 PM
Conservatorio di Musica "Benedetto Marcello"
BIENNALE COLLEGE MUSICA
JACK SHEEN
CROON HARVEST (1490–1562)
installazione sonora / sound installation, 2021 (90') ***
produzione / production
La Biennale di Venezia - CIMM, Centro Informatica Musicale e Multimediale

H 12.00 / 12 PM
Ca' Giustinian – Sala delle Colonne
Cerimonia di consegna del Leone d'Argento / Silver Lion Award Ceremony
NEUE VOCALSOLISTEN
a seguire / to be followed by
Björn Gottstein in dialogo con / in dialogue with Neue Vocalsolisten

H 18.00 > 20.00 / 6 PM > 8 PM
Arsenale – Sala d'Armi E
BIENNALE COLLEGE MUSICA
CHONGLIAN YU
I SEE THE CLOUD IN THE WATER
installazione sonora / sound installation, 2021 (30') ***
produzione / production
La Biennale di Venezia - CIMM, Centro Informatica Musicale e Multimediale

H 20.00 / 8 PM
Arsenale – Teatro alle Tese (III)
FRANCESCO FILIDEI
TUTTO IN UNA VOLTA, 2020 (15') ***
per doppio coro / for double choir
MORTON FELDMAN
ROTHKO CHAPEL, 1971 (30')
per soprano, contralto, coro misto e strumenti / for soprano, alto, mixed choir and instruments
SAMIR ODEH-TAMIMI
TIMNA, 2018-2020 (20') *
per doppio coro / for double choir
commissione / commissioned by
SWR Vokalensemble
—
SWR Vokalensemble
PMCE Parco della Musica Contemporanea Ensemble
Yuval Weinberg, direttore / conductor
in coproduzione con / in co-production with
Fondazione Musica per Roma

Martedì / Tuesday
21.09.2021

a partire dalle H 10.00 / starting from 10 AM
Arsenale – Sala d'Armi E
BIENNALE COLLEGE MUSICA
CHONGLIAN YU
I SEE THE CLOUD IN THE WATER
installazione sonora / sound installation, 2021 (30') ***
produzione **BIENNALE COLLEGE MUSICA**
JACK SHEEN
CROON HARVEST (1490–1562)
installazione sonora / sound installation, 2021 (90') ***
produzione / production
La Biennale di Venezia - CIMM, Centro Informatica Musicale e Multimediale

H 11.00 / 11 AM
Conservatorio di Musica "Benedetto Marcello"
incontro con / meeting with **GEORGE LEWIS**

H 18.00 / 6 PM
Arsenale – Teatro alle Tese (III)
GEORGES APERGHIS
WÖLFLI - KANTATA, 2006 (70') *
per ensemble vocale e coro / for vocal ensemble and choir
—
Neue Vocalsolisten
SWR Vokalensemble
Yuval Weinberg, direttore / conductor
H 21.00 / 9 PM
Basilica di San Marco
CHRISTINA KUBISCH
IL VIAGGIO DELLA VOCE / TRAVELLING VOICES, 2021 (50') ***
per voci registrate e diffuse

basato sul repertorio della scuola veneziana del 1500 / for recorded and diffused voices based on the repertoire of the 16th century Venetian school
commissione / commissioned by
La Biennale di Venezia
con composizioni di / with compositions by
ADRIAN WILLAERT, CLAUDIO MONTEVERDI, GIOSEFFO ZARLINO, ANDREA GABRIELI, GIOVANNI GABRIELI, CLAUDIO MERULO
—
Cappella Marciana
Marco Gemmani, direttore / conductor
sonorizzazione curata dal / sound curated by
La Biennale di Venezia - CIMM, Centro Informatica Musicale e Multimediale
in collaborazione con / in collaboration with
Basilica e Procuratoria di San Marco

Mercoledì / Wednesday **22.09.2021**

a partire dalle H 10.00 / starting from 10 AM
Arsenale – Sala d'Armi E
BIENNALE COLLEGE MUSICA
CHONGLIAN YU
I SEE THE CLOUD IN THE WATER
installazione sonora / sound installation, 2021 (30') ***
produzione / production
La Biennale di Venezia - CIMM, Centro Informatica Musicale e Multimediale

H 10.00 > 18.00 / 10 AM > 6 PM
Conservatorio di Musica "Benedetto Marcello"
BIENNALE COLLEGE MUSICA
JACK SHEEN
CROON HARVEST (1490–1562)
installazione sonora / sound installation, 2021 (30') ***
produzione / production
La Biennale di Venezia - CIMM, Centro Informatica Musicale e Multimediale

H 11.00 / 11 AM
Conservatorio di Musica "Benedetto Marcello"
incontro con / meeting with
CHRISTINA KUBISCH

H 17.00 / 5 PM
Teatro Piccolo Arsenale
BIENNALE COLLEGE MUSICA
JENNIFER WALSHE
A FOLK SONG COLLECTION, 2011 (20') *
PETER ABLINGER
STUDIEN NACH DER NATUR, 1995, 2002 (10') *
CLAUDE VIVIER
LOVE SONGS, 1977 (30')
produzione / production
La Biennale di Venezia
—
EVO Ensemble

H 21.00 / 9 PM
Teatro del Parco Bissuola (Mestre)
ZULI, 2021 (60') ***
live performance per voce & elettronica / for voice & electronics

Il programma può subire variazioni /
The programme may be subject to change

Giovedì / Thursday
23.09.2021

a partire dalle H 10.00 / starting from 10 AM
Arsenale – Sala d'Armi E
BIENNALE COLLEGE MUSICA
CHONGLIAN YU
I SEE THE CLOUD IN THE WATER
installazione sonora / sound installation, 2021 (30') ***
produzione / production
La Biennale di Venezia - CIMM, Centro Informatica Musicale e Multimediale

H 10.00 > 18.00 / 10 AM > 6 PM
Conservatorio di Musica "Benedetto Marcello"
BIENNALE COLLEGE MUSICA
JACK SHEEN
CROON HARVEST (1490–1562)
installazione sonora / sound installation, 2021 (90') ***
produzione / production
La Biennale di Venezia - CIMM, Centro Informatica Musicale e Multimediale

H 11.00 / 11 AM
Conservatorio di Musica "Benedetto Marcello"
incontro con / meeting with **JENNIFER WALSHE**

H 18.00 / 6 PM
Arsenale - processione all'aperto / outdoor procession e / and Teatro alle Tese (II)
MARTA GENTILUCCI
MOVING STILL - PROCESSIONAL CROSSINGS, 2020 – 2021 (50') ***
per quattro voci recitanti ed ensemble vocale / for four speaking voices and vocal ensemble
—
Percorso processionale su testi originali di / processional work with original texts by
Elisa Biagini, Evie Shockley, Irène Gayraud e Shara McCallum
—
Commissione / commissioned by
La Biennale di Venezia
—
Elisa Biagini, Evie Shockley,
Irène Gayraud e Shara McCallum,
voci recitanti / reciting voices
Ensemble vocale Sequenza 9.3
voci selezionate dalla classe di canto del / voices selected from the singing class of
Conservatorio di Musica "Benedetto Marcello"
Antonello Pocetti, regia / direction
Maria Grazia Chiuri, costumi / costume design
sonorizzazione curata dal / sound curated by
CIMM (Centro Informatica Musicale e Multimediale de La Biennale di Venezia)
Catherine Simonpietri, direttore / conductor
in collaborazione con / in collaboration with
Conservatorio di Musica "Benedetto Marcello"

H 21.00 / 9 PM
Basilica di San Marco
VALENTIN SILVESTROV
LITURGICAL CHANTS, 2005 (40')
per coro misto a cappella / for mixed a cappella choir

—
Cappella Marciana
Marco Gemmani, direttore / conductor
in collaborazione con / in collaboration with
Basilica e Procuratoria di San Marco

Il programma può subire variazioni /
The programme may be subject to change

Venerdì / Friday
24.09.2021

a partire dalle H 10.00 / starting from 10 AM
Arsenale – Sala d'Armi E
BIENNALE COLLEGE MUSICA
CHONGLIAN YU
I SEE THE CLOUD IN THE WATER
installazione sonora / sound installation, 2021 (30') ***
produzione / production
La Biennale di Venezia - CIMM, Centro Informatica Musicale e Multimediale

H 10.00 > 18.00 / 10 AM > 6 PM
Conservatorio di Musica "Benedetto Marcello"
BIENNALE COLLEGE MUSICA
JACK SHEEN
CROON HARVEST (1490–1562)
installazione sonora / sound installation, 2021 (90') ***
produzione / production
La Biennale di Venezia - CIMM, Centro Informatica Musicale e Multimediale

H 11.00 / 11 AM
Conservatorio di Musica "Benedetto Marcello"
incontro con / meeting with **KAIJA SAARIAHO**
e / and **ALEKSI BARRIÈRE**

H 18.00 / 6 PM
Arsenale – Teatro alle Tese (III)
KAIJA SAARIAHO
RECONNAISSANCE, 2019 (20') ***
per coro, percussione e contrabasso commissione accentus / for choir, percussion and double bass, commissioned by accentus
SIVAN ELDAR
AFTER ARETHUSA, 2019 (10') ***
per coro ed elettronica commissione accentus / for choir and electronics commissioned by accentus
KAIJA SAARIAHO
TAG DES JAHRS, 2001 (15') *
per coro e / for choir and live electronics
SYLVANO BUSSOTTI
PER 24 VOCI BIANCHE O ADULTE, 1967 (7')
—
accentus
Marcus Creed, direttore / conductor

H 21.00 / 9 PM
Ca' Giustinian – Sala delle Colonne
ELINA DUNI
PARTIR, 2018 (75')
solo performance per voce, chitarra, percussioni e pianoforte / solo performance for voice, guitar, percussion and piano

Sabato / Saturday
25.09.2021

H 9.00 / 9 AM
Ca' Giustinian – Sala delle Colonne
LEZIONI DI MUSICA RAI RADIO 3 / RAI RADIO 3 MUSIC LESSONS
a cura di / curated by Paola Damiani
CLAUDIO MONTEVERDI (1567-1643)
Vespro della Beata Vergine
Giovanni Bietti, presentazione / presentation

a partire dalle H 10.00 / starting from 10 AM
Arsenale – Sala d'Armi E
BIENNALE COLLEGE MUSICA
CHONGLIAN YU
I SEE THE CLOUD IN THE WATER
installazione sonora / sound installation, 2021 (30') ***
produzione / production
La Biennale di Venezia - CIMM, Centro Informatica Musicale e Multimediale

H 10.00 > 18.00 / 10 AM > 6 PM
Conservatorio di Musica "Benedetto Marcello"
BIENNALE COLLEGE MUSICA
JACK SHEEN
CROON HARVEST (1490–1562)
installazione sonora / sound installation, 2021 (90') ***
produzione / production
La Biennale di Venezia - CIMM, Centro Informatica Musicale e Multimediale

H 11.00 / 11 AM
Conservatorio di Musica "Benedetto Marcello"
incontro con / meeting with **MARTA GENTILUCCI**

H 17.00 / 5 PM
Arsenale – Teatro alle Tese (III)
JENNIFER WALSHE
IS IT COOL TO TRY HARD NOW?, 2017 (35') *
solo performance per voce / for voice, film e / and live electronics
A LATE ANTHOLOGY OF EARLY MUSIC VOL. 1: ANCIENT TO RENAISSANCE, 2020 (5')
Adam De La Halle, Robins M'Aime
John Dowland, Flow My Tears
—
Jennifer Walshe
EVO Ensemble

H 21.00 / 9 PM
Teatro del Parco, Bissuola (Mestre)
JOY FREMPONG
CHANGE AND CHANCE, 2021 (40') ***
solo performance per voce / for voice, film e / and live electronics

Domenica / Sunday
26.09.2021

H 9.00 / 9 AM
Ca' Giustinian – Sala delle Colonne
LEZIONI DI MUSICA RAI RADIO 3 /
RAI RADIO 3 MUSIC LESSONS
a cura di / curated by Paola Damiani
ANTONIO VIVALDI (1678-1741)
Magnificat per soli, due cori e due orchestre /
Magnificat for soloists, two choirs
and two orchestras RV 610a
Giovanni Bietti, presentazione / presentation

a partire dalle H 10.00 / starting from 10 AM
Arsenale – Sala d'Armi E
BIENNALE COLLEGE MUSICA
CHONGLIAN YU
I SEE THE CLOUD IN THE WATER
installazione sonora / sound installation, 2021 (30') ***
produzione / production
La Biennale di Venezia - CIMM, Centro Informatica
Musicale e Multimediale

H 10.00 > 18.00 / 10 AM > 6 PM
Conservatorio di Musica "Benedetto Marcello"
BIENNALE COLLEGE MUSICA
JACK SHEEN
CROON HARVEST (1490–1562)
installazione sonora / sound installation, 2021 (90') ***
produzione / production
La Biennale di Venezia - CIMM, Centro Informatica
Musicale e Multimediale

H 12.00 / 12 PM
Ca' Giustinian – Sala delle Colonne
Cerimonia di consegna / Award Ceremony
Premio della Giuria degli studenti dei Conservatori del Veneto /The Jury Prize of the students of the Veneto Conservatories

H 18.00 / 6 PM
Arsenale – Tese dei Soppalchi
BIENNALE COLLEGE MUSICA
MANUEL HIDALGO NAVAS
IR, 2021 ***
MARIA VINCENZA CABIZZA
THE DIFFERENCE BETWEEN BEING
AND STAYING, 2021 ***
LUCA FRANCESCONI
HERZSTÜCK, 2012 (27')
per ensemble vocale / for vocal ensemble
—
Neue Vocalsolisten
produzione / production
La Biennale di Venezia - CIMM, Centro Informatica
Musicale e Multimediale

H 21.00 / 9 PM
Teatro Piccolo Arsenale
BIENNALE COLLEGE MUSICA
DANIELE CARCASSI (1993)
ZERO, 2021 (15') ***
performance multicanale per sintetizzatore,
giradischi e live electronics /
multi - channel performance for synthesizers,
tourn table and live electronics
AGITA REKE (1992)
B-NETWORK, 2021 (25') ***
ambient, experimental live electronics performance
per voce pre-registrata e flauto / with pre-recorded
voice and live flute elements
X. LEE (1991)
RADIOMANCER, 2021 (20') ***
EXPERIMENTAL PERFORMANCE
produzione / production
La Biennale di Venezia - CIMM, Centro Informatica
Musicale e Multimediale

Il programma può subire variazioni /
The programme may be subject to change

Info

In linea con i protocolli igienico-sanitari previsti per le attività culturali, si raccomanda di presentarsi muniti di mascherine, di indossarle durante lo spettacolo e mantenere il posto assegnato. Attenzione: a seguito del D.L. 23/07/2021 n.105, si rende obbligatoria la presentazione del Green Pass o certificazione equivalente riconosciuta dallo Stato Italiano per accedere alle Sale Teatrali. Per consentire una gestione ottimale degli ingressi si consiglia di arrivare almeno 30' prima dell'orario dello spettacolo prescelto.

To comply with the health emergency protocols required for cultural activities, please wear your face mask during the show and keep your seat. Attention: In accordance with the provisions of the D.L. 23/07/2021 n.105, access to theatres will be granted only to individuals with a COVID-19 Green Certificate or equivalent certificate recognized by the Italian Government. To ensure a smooth process of the entrance control, please arrive at least 30 minutes before the start of the performance.

INFORMAZIONI / INFO

Tel. +39 041 5218828
promozione@labiennale.org
www.labiennale.org

Lun. / Mon. > Ven. / Fri.
10.00 > 13.00
10.00 am > 1.00 pm

14.00 > 17.00
2.00 pm > 5.00 pm

Sab. / Sat.
10.00 > 13.00
10.00 am > 1.00 pm

Non è consentito l'ingresso a concerto iniziato /
Entry will not be permitted once the concert has started

I biglietti non sono rimborsabili né duplicabili /
Tickets cannot be duplicated or refunded

CONCERTI / CONCERTS

Acquisto biglietti esclusivamente online /
Online ticketing only

Per informazioni e tariffe biglietti consultare il sito /
For information and ticket prices consult the website
www.labiennale.org

NAVETTA GRATUITA / FREE SHUTTLE BOAT

da / from Arsenale
al termine del concerto del /
after the concert on
20.09 h 20.00

INGRESSO GRATUITO / FREE ADMISSION

Accompagnatori degli spettatori con inabilità motoria e bambini fino a sei anni /
People accompanying disabled people and children up to six years old

CERIMONIE LEONI /
AWARDS CEREMONIES

INCONTRI AL / TALKS AT CONSERVATORIO "BENEDETTO MARCELLO"

LEZIONI DI MUSICA /
MUSIC LESSONS

CONCERTI / CONCERTS
21 - 23.09 BASILICA DI SAN MARCO

INSTALLAZIONE /
INSTALLATION BIENNALE COLLEGE MUSICA
AL / AT CONSERVATORIO "BENEDETTO MARCELLO"

Accesso gratuito solo con prenotazione online /
free entry - online reservation mandatory
www.labiennale.org

VIVATICKET

Online su www.vivaticket.it
Call center Vivaticket (dall'Italia) 892.234
Info e costi su www.vivaticket.it
Online on www.vivaticket.it
Call center Vivaticket (from outside Italy)
+39 041 2719035
Information and prices on www.vivaticket.it

La Biennale di Venezia
labiennale
la_Biennale
BiennaleChannel

#BiennaleMusica2021

CITYPASS VENEZIA UNICA

Media Partner
Rai Cultura
Rai Radio 3

LA BIENNALE DI VENEZIA

65. Festival Internazionale di Musica Contemporanea
65th International Festival of Contemporary Music

Direttore Generale /
Director General
Andrea Del Mercato

STRUTTURA ORGANIZZATIVA / ORGANISATIONAL STRUCTURE

SERVIZI CENTRALI / CENTRAL SERVICES

AFFARI LEGALI E ISTITUZIONALI, RISORSE UMANE E VICARIATO / LEGAL AND INSTITUTIONAL AFFAIRS, HUMAN RESOURCES AND PROXY
Direttore / Director
Debora Rossi

Affari Legali e Istituzionali / Legal and Institutional Affairs
Martina Ballarin
Lucrezia Stocco

Risorse Umane / Human Resources
Graziano Carrer
Claudia Capodiferro
Luca Carta
Giovanni Drudi
Antonella Sfriso
Alessia Viviani
Loris Zennaro
Rossella Zulian

SEGRETERIE / SECRETARIATS
Segreteria Generale
General Secretariat
Caterina Boniollo
Maria Cristina Cinti
Elisabetta Mistri
Chiara Rossi

Cerimoniale
Protocol Office
Francesca Boglietti
Lara De Bellis
Marta Isman

Segreteria Biennale College
Biennale College Secretariat
Giacinta Maria Dalla Pietà

AMMINISTRAZIONE, FINANZA, CONTROLLO DI GESTIONE E SPONSORSHIP, PROMOZIONE PUBBLICO / ADMINISTRATION, FINANCE MANAGEMENT SUPERVISION AND SPONSORSHIP, PROMOTION
Direttore / Director
Valentina Borsato

Amministrazione, Finanza, Controllo di Gestione / Administration, Finance, Management Supervision
Bruna Gabbiato
Elia Canal
Marco Caruso
Martina Fiori
Gregorio Granati
Elisa Meggiato
Manuela Pellicciolli
Cristina Sartorel
Sara Vianello

Sponsorship
Paola Pavan

Promozione Pubblico / Promotion
Beatrice Bonfè
Caterina Castellani
Lucia De Manincor
Elisabetta Fiorese
Stefania Guglielmo
Emanuela Padoan
Marta Plevani

PROGETTI SPECIALI, PROMOZIONE SEDI / SPECIAL PROJECTS, PROMOTION OF VENUES
Direttore / Director
Arianna Laurenzi

Progetti Speciali / Special Projects
Davide Ferrante
Valentina Baldessari
Elisabetta Parmesan

Promozione Sedi / Promotion of Venues
Nicola Bon
Cristina Graziussi
Alessia Rosada

SERVIZI TECNICO LOGISTICI / TECHNICHAL AND LOGISTICAL SERVICES
Direttore / Director
Cristiano Frizzele

Progettazione Mostre, Eventi e Spettacolo dal vivo / Exhibition Design, Events and Live Performance
Massimiliano Bigarello
Cinzia Bernardi
Alessandra Durand de la Penne
Jessica Giassi
Valentina Malossi
Sandra Montagner

Facility Management
Giulio Cantagalli
Francesco Paolo Di Cuia
Piero Novello
Maurizio Urso

Information Technology
Andrea Bonaldo
Michele Schiavon
Leonardo Viale
Jacopo Zanchi

SERVIZIO ACQUISTI, APPALTI E AMMINISTRAZIONE PATRIMONIO / PURCHASING, PROCUREMENT AND ASSETS
Direttore / Director
Fabio Pacifico

Ufficio Acquisti e Appalti / Purchasing and Procurement
Silvia Gatto
Silvia Bruni
Annamaria Colonna
Cristiana Scavone

Ufficio Ospitalità / Hospitality
Linda Baldan
Jasna Zoranovic
Donato Zotta

Amministrazione Patrimonio / Assets
Maurizio Celoni
Antonio Fantinelli

UFFICIO STAMPA ISTITUZIONALE E CINEMA / INSTITUTIONAL AND CINEMA PRESS OFFICE
Responsabile / Head
Paolo Lughi

Francesca Buccaro
Michela Lazzarin
Fiorella Tagliapietra

UFFICIO ATTIVITÀ EDITORIALI E WEB / EDITORIAL ACTIVITIES AND WEB
Responsabile / Head
Flavia Fossa Margutti

Giovanni Alberti
Roberta Fontanin
Giuliana Fusco
Nicola Monaco
Maddalena Pietragnoli

COLLABORATORI PER IL 65. FESTIVAL INTERNAZIONALE DI MUSICA CONTEMPORANEA / COLLABORATORS FOR THE 65TH INTERNATIONAL FESTIVAL OF CONTEMPORARY MUSIC
Valentina Apollonio
Andrea Avezzù
Michele Braga
Francesca Callegari
Valentina Campana
Riccardo Cavallaro
Marzia Cervellin
Francesco Cocco
Rosaria Crotone
Francesco Di Cesare
Lia Durante
Fabrizia Ferragina
Marta Maria Gagliardi
Matteo Giannasi
Ilaria Grando
Elena Leonardi
Ornella Mogno
Beatrice Mosole
Stefano Nardelli
Giulia Nicosia
Ilaria Pellanda
Federico Pian
Emma Soletti
Gaudi Tione Fanelli
Carlotta Vinanti
Paolo Zanin
Veronica Zuanel
Giulia Maria Zucchetta

SETTORE DANZA, MUSICA, TEATRO / DANCE, MUSIC, THEATRE DEPARTMENT
Dirigente Responsabile Organizzativo / Executive Head of Organisation
Francesca Benvenuti

Segreteria / Secretariat
Veronica Mozzetti Monterumici

Programmazione e Produzione / Programming and Production
Michela Mason
Federica Colella
Maya Romanelli

UFFICIO STAMPA DANZA, MUSICA E TEATRO / DANCE, MUSIC, THEATRE PRESS OFFICE
Responsabile / Head
Emanuela Caldirola

SETTORE ARTI VISIVE - ARCHITETTURA / ARCHITECTURE - VISUAL ARTS DEPARTMENT
Dirigente Responsabile Organizzativo / Executive Head of Organisation
Joern Rudolf Brandmeyer

Marina Bertaggia
Marco Bagaggia
Emilia Bonomi
Stefania Fabris
Stefania Guerra
Francesca Aloisia Montorio
Luigi Ricciari
Micol Saleri
Paolo Scibelli

UFFICIO STAMPA ARTI VISIVE - ARCHITETTURA / ARCHITECTURE - VISUAL ARTS PRESS OFFICE
Responsabile / Head
Maria Cristiana Costanzo

Claudia Gioia

SETTORE CINEMA / CINEMA DEPARTMENT
Direttore Generale / Director General
Andrea Del Mercato

Segreteria / Secretariat
Mariachiara Manci
Alessandro Mezzalira

Programmazione della Mostra Internazionale d'Arte Cinematografica / International Film Festival Programming Office
Giulia Carbone
Helga Greggio
Silvia Menegazzi
Daniela Persi

Accrediti Industry Cinema / Industry Cinema Accreditations
Flavia Lo Mastro
Ilaria Cicconi

Biennale College Cinema
Valentina Bellomo

ARCHIVIO STORICO DELLE ARTI CONTEMPORANEE / HISTORICAL ARCHIVES OF CONTEMPORARY ARTS
Dirigente Responsabile Organizzativo / Head of Organisation
Debora Rossi

Archivio Storico / Historical Archives
Maria Elena Cazzaro
Giovanna Bottaro
Michela Campagnolo
Marica Gallina
Michele Mangione
Adriana Rosaria Scalise
Alice Scandiuzzi

Biblioteca / Library
Valentina Da Tos
Erica De Luigi
Valentina Greggio
Manuela Momentè
Elena Oselladore

NOTE / NOTES

La Biennale di Venezia

65. Festival Internazionale di Musica Contemporanea
65th International Festival of Contemporary Music

CHORUSES

Attività Editoriali e Web /
Editorial Activities and Web
Responsabile / Head
Flavia Fossa Margutti

Ideazione / Concept
Lucia Ronchetti

Redazione, coordinamento e testi delle note /
Editing, Coordination and Notes
Stefano Nardelli

Redazione / Editing
Ilaria Pellanda

Redazione per l'inglese /
English Editing
Michael Webb

Traduzioni / Translations
Richard Carr da italiano a inglese / from Italian to English
Leonardo Mezzalira da inglese a italiano / from English to Italian
Christopher Brent Murray da francese a inglese / from French to English

Intras Congressi Bologna
Isabella Johnson da italiano a inglese / from Italian to English
Maura Tamborini da inglese a italiano / from English to Italian

Progetto grafico e impaginazione /
Design Project and Layout
Headline

Stampa / Print
Graficart, Resana (TV)

Stampato con / Printed on

FSC
www.fsc.org
MISTO
Carta da fonti gestite in maniera responsabile
FSC® C092784

ISBN: 9788898727582